ERMEL Géométrie CE2 CM

32 Situations pour l´apprentissage de la géométrie et de l'espace

Direction de la publication

Jacques Douaire

Conception et rédaction

Henri-Claude Argaud, Jacques Douaire,
Fabien Emprin, Marianne Frémin

L'Équipe ERMEL est une équipe de Recherche sur l'Enseignement des Mathématiques à l'École Élémentaire associée à l'Institut Français de l'Éducation (IFé-ENS-Lyon).

Hatier

Les situations présentées dans cet ouvrage ont été expérimentées à l'origine, dans le cadre des recherches de l'équipe ERMEL « Apprentissages géométriques et résolution de problèmes du CE2 au CM2 » et « Rôle de l'argumentation dans les phases de validation », qui avaient conduit, en 2006, à la publication de l'ouvrage « Apprentissages géométriques et résolution de problèmes du CE2 au CM2 » dont les rédacteurs étaient : Henri-Claude Argaud, Roland Charnay, Jacques Douaire, Marie-Paule Dussuc, Fabien Emprin, Claude Fini, Marianne Frémin, Gérard Gerdil-Margueron, Christiane Hubert, Michel Mante, Jean-Louis Porcheron et Claude Rajain.

Les problématiques développées dans cet ouvrage et l'organisation des progressions prennent en compte les recherches ultérieures de l'équipe qui remercie tous les enseignants et formateurs sollicités pour un avis, un conseil, et plus particulièrement Stéphane Desgeorges, Stéphanie Duffour, Fabienne Emprin-Charotte, Yves Gourgaud, James Guérin, Dominique Lhotellier, Véronique Siegler.

Responsable éditoriale : Corinne Caraty
Édition : Laura Vitoux, Sandra Bellemin
Principe maquette : Hung Ho Thanh
Mise en page : Dany Mourain
Schémas et dessins : Domino
Iconographie : Hatier Illustration

ISBN : 978-2-401-10802-8

Présentation

Cet ouvrage met à la disposition des enseignants et des formateurs les résultats de recherches, notamment celles conduites par l'équipe ERMEL dans le cadre de l'Institut français de l'Éducation (Ifé-ENS-Lyon, ex-INRP).

Il propose des problèmes prenant en compte les connaissances initiales des élèves et leurs potentialités de raisonnement permettant une acquisition des savoirs géométriques. Il offre un ensemble complet de situations couvrant l'intégralité des apprentissages spatiaux et géométriques du CE2 au CM2 et décrit précisément leur mise en œuvre. Il présente des synthèses sur les savoirs dans des rubriques « Questions sur », « Éclairages sur » et « Enjeux didactiques ».

La fiabilité de ces dispositifs d'enseignement s'appuie sur des expérimentations menées pendant plusieurs années dans de nombreuses classes de différents milieux sociaux.

UNE STRUCTURATION EN TROIS THÈMES

Thème 1 : Repérages et Alignement

Ce thème porte d'une part sur l'usage du plan pour se repérer dans l'espace et d'autre part sur le tracé de lignes droites et l'alignement de points.

Thème 2 : Objets et relations du plan

L'approche progressive des relations (perpendicularité, symétrie axiale, parallélisme, etc.) conduit à l'étude des figures du plan et de leurs propriétés.

Thème 3 : Objets et relations de l'espace

L'analyse des solides, notamment des faces des polyèdres, aborde aussi celle de leurs représentations.

Une organisation sur les 5 périodes des 3 années

Dans une même période, les situations portent chacune, sauf exception, sur un seul de ces thèmes.

UNE ENTRÉE PAR LES SITUATIONS

Le problème proposé, les connaissances visées et l'apport de la situation à la progression sont explicités dans le descriptif de chaque situation.

Une description précise de leur mise en œuvre

Les situations sont structurées en plusieurs phases. Un nombre de séances est proposé pour leur mise en œuvre. Le déroulement de chaque phase est détaillé : description du dispositif, des consignes, des tâches des élèves, des interventions de l'enseignant, des propositions de synthèse ou de trace écrite.

Des commentaires précisent les objectifs de chaque phase, les procédures observées, le vocabulaire associé, le rôle des mises en commun et l'adaptation éventuelle du déroulement selon les caractéristiques de la classe.

Un ensemble de ressources

Le matériel nécessaire, collectif, individuel ou par groupe, est listé pour chaque situation. Les fichiers photocopiables (figures, patrons, etc.) sont fournis en version numérique (cf. liens de téléchargement p. 250).

Une analyse des situations et de leurs enjeux

À la suite de la plupart des descriptifs, une rubrique « Questions sur » propose, selon la situation, une analyse :

- ✔ de la place de la situation dans la progression ;
- ✔ de la prise en compte des connaissances initiales et de l'évolution des connaissances au cours de la situation ;
- ✔ des productions des élèves ;
- ✔ des échanges oraux lors des mises en commun, qui sont des moments privilégiés d'acquisition du langage géométrique.

Des activités d'accompagnement

Des entrainements, permettant de renforcer ou de stabiliser certains apprentissages, sont proposés en fin de situation ou regroupés à la fin de chaque thème.

Des situations optionnelles sont proposées en version numérique.

UNE EXPLICITATION DES APPRENTISSAGES

Des éclairages sur les progressions

Les enjeux de chaque thème et les évolutions attendues des connaissances sont développés dans la rubrique « Éclairages sur » qui clôture chaque thème.

Des compléments pour la gestion des situations

La partie « Compléments pédagogiques » en fin d'ouvrage apporte des informations communes aux situations pour faciliter leur mise en œuvre. Celles-ci portent notamment sur les phases d'échanges oraux (organisation des mises en commun, « situations de communication »), le contenu de la boite à outils de géométrie et l'emploi de technologies numériques pour enseigner la géométrie.

Une explicitation des enjeux

La dernière partie de l'ouvrage, « Les enjeux des apprentissages », explicite les problématiques d'apprentissage et d'enseignement ainsi que nos choix didactiques.

Sommaire

Thème 3
OBJETS ET RELATIONS DE L'ESPACE

COMPLÉMENTS POUR LA GESTION DES SITUATIONS

LES ENJEUX DES APPRENTISSAGES SPATIAUX ET GÉOMÉTRIQUES

ANNEXES

Nos propositions pour l'enseignement

DES CONSTATS PARTAGÉS

La géométrie à l'école élémentaire est riche de perspectives pour les élèves : elle contribue à la connaissance du monde qui les entoure et leur permet d'entrer dans un domaine scientifique dont les objets sont distincts de ceux qu'ils côtoient dans la vie courante et où ils devront progressivement recourir à des raisonnements fondés sur des propriétés pour établir la vérité.

Pourtant de nombreux enseignants expliquent mettre en place les mêmes activités (description de figure) d'une année sur l'autre à cause de la rareté de problèmes qui permettraient aux élèves de développer leur réflexion et leurs potentialités en géométrie.

Ces constats, à l'origine de nos recherches, nous ont donc conduits à :

- ✔ analyser les connaissances des élèves, liées à leurs actions sur les objets qui les entourent ;
- ✔ réfléchir à des articulations possibles entre ces connaissances initiales et les savoirs géométriques ;
- ✔ élaborer des progressions ;
- ✔ expérimenter des situations dans différentes classes.

Les situations d'apprentissage, qui résultent de ce travail, prennent donc en compte les connaissances initiales des élèves et visent à les faire évoluer.

LES CONNAISSANCES EN JEU

Elles sont composées de :

- ✔ la résolution des problèmes spatiaux et géométriques que les élèves ont éventuellement eu à résoudre les années précédentes à l'école primaire ;
- ✔ les procédures qu'ils ont mises en œuvre pour résoudre ces problèmes (gestes avec des objets – tels que déplacer, retourner, plier, assembler – et tracés instrumentés ou à main levée), parfois sans pouvoir les formuler en des termes géométriques conventionnels ;
- ✔ les propriétés géométriques des figures qu'ils emploient parfois implicitement ;
- ✔ les constats qu'ils effectuent sur les effets de leurs actions, avec des méthodes de vérification d'abord pratiques (par exemple, contrôler un emboitement), puis par comparaison des productions et de l'énoncé ;
- ✔ les moyens de représentations, les tracés, les formulations langagières ;
- ✔ les instruments géométriques utilisés, qu'ils soient standards ou fabriqués pour un apprentissage.

UNE PROGRESSION DES APPRENTISSAGES

Pour chacun des savoirs, nous proposons une progression portant sur les trois années, qui s'inscrit dans la continuité des apprentissages réalisés au CP et au CE1[1]. Elle se décline en trois thèmes.

Thème 1 : repérage et alignement

Ce thème a une double fonction. D'une part, les situations relatives au repérage développent des connaissances sociales, comme l'utilisation d'un plan, et conduisent à l'appréhension d'un système de coordonnées. Elles fournissent à l'élève des outils pour connaitre le monde, qui lui serviront aussi dans d'autres disciplines scolaires.

D'autre part, les situations relatives à l'alignement contribuent à préparer les élèves à travailler dans l'espace graphique des figures. Au CP et au CE1, les élèves ont découvert pourquoi et comment prolonger un trait droit ainsi que ce qu'il permet de représenter[2]. La ligne droite avait donc été appréhendée par ses propriétés de rectitude. Au CE2 et au CM1, elle sera associée à l'alignement de points.

Thème 2 : objets et relations du plan

Ce thème aborde les relations géométriques : perpendicularité, symétrie, parallélisme, égalité de longueurs… Au CE2, les élèves agissent sur des objets physiques, puis progressivement construisent et étudient des figures planes, pour aborder au CM2 des problèmes présentés exclusivement à partir d'énoncés (sans le support d'une figure ou d'un dispositif matériel). De même, les preuves produites évoluent pour aboutir à des raisonnements fondés sur des propriétés géométriques.

Les situations proposées amènent les élèves à comprendre que les procédures à employer pour étudier les figures diffèrent de celles qu'ils utilisaient avec des objets physiques : le recours aux propriétés remplace la perception ou la mesure. Nous proposons des moyens de contrôle adaptés à ces nouvelles procédures.

Thème 3 : objets et relations de l'espace

L'étude des solides est, bien entendu, en interaction avec celle des figures planes. Elle vise à caractériser des objets de l'espace sensible par des propriétés géométriques (nature et nombre de faces, etc.) et non plus par des propriétés qualitatives perceptibles. Elle aborde aussi la représentation en 2D d'objets de l'espace ainsi que les patrons de solides.

1. Cf. Ermel Géométrie CP-CE1 (Hatier, 2020)
2. Cf. Ermel Géométrie CP-CE1 (Hatier, 2020), « Éclairages sur les tracés et usages de traits droits » p. 51

L'organisation des trois années

LES SITUATIONS DU CE2

Période 1 Produire un plan orienté – Placer un point aligné avec d'autres

Thème	Situation	Objectif principal
1	POSITIONS ET PLAN	• *Construire un plan d'un dispositif.* • *S'approprier le vocabulaire associé au repérage dans l'espace de la salle.*
1	ÉPINGLE SUR PLI	• *Produire, décrire et contrôler l'alignement d'un point avec deux autres par différentes procédures.*

Période 2 Identifier des formes symétriques

Thème	Situation	Objectif principal
2	PAREIL, PAS PAREIL ? (1)	• *Passer d'une perception globale d'une forme à l'analyse de ses composantes.* • *Reconnaitre si deux formes planes sont superposables ou non.*
2	PUZZLE	• *Déterminer si deux formes sont superposables sans ou après retournement.* • *Analyser une figure pour la reproduire.*

Période 3 Analyser un solide et ses faces

Thème	Situation	Objectif principal
3	TROUVER LE POLYÈDRE	• *Caractériser un polyèdre par la nature des faces et le nombre de faces, d'arêtes ou de sommets.*
3	CONSTRUIRE UN SOLIDE	• *Caractériser un polyèdre par la nature des faces et le nombre d'arêtes, de sommets ou de faces.* • *Comprendre qu'il existe des contraintes de longueurs de côtés entre les faces dans un solide.*

Période 4 Appréhender les angles, dont l'angle droit du rectangle – Approcher le parallélisme

Thème	Situation	Objectif principal
2	RECTANGLE À TERMINER (1)	• *Établir un lien entre les connaissances sur les « coins » de rectangle et la perpendicularité des côtés.* • *Tracer des traits perpendiculaires et identifier différents instruments appropriés.*
2	AUX COINS CITOYENS !	• *Comprendre qu'un angle est déterminé par l'ouverture entre ses côtés, et non leur longueur ou la superficie qu'ils peuvent induire.*
2	FEUILLE QUI COULISSE	• *Tracer un trait parallèle à un trait donné par glissement ou report.* • *Expliciter des critères pour valider des procédures : superposition des traits par glissement, écarts constants entre les traits, inclinaison des traits, etc.*

Période 5 Produire des lignes droites perpendiculaires

Thème	Situation	Objectif principal
2	TRAIT SUR TRAIT	• *Appréhender les relations spatiales produites par des pliages : la perpendicularité et le parallélisme.* • *Identifier des instruments appropriés pour produire des traits perpendiculaires.* • *Distinguer différentes significations associées au terme « droit ».*
2	CONSTRUIRE UN ANGLE DROIT	• *Reconnaitre l'angle droit comme étant l'angle du rectangle et celui du pliage « trait sur trait ».* • *Produire des angles droits par tracé ou pliage.*
2	C'EST D'ÉQUERRE	• *Identifier et construire des segments perpendiculaires dans différents contextes.* • *Savoir utiliser l'équerre.*

LES SITUATIONS DU CM1

Période 1 Comparer des distances grâce au cercle – Séparer des zones du plan par des lignes droites

Thème	Situation	Objectif principal
2	PÉTANQUE	• *Comparer des distances avec différentes méthodes : report, mesure, utilisation du cercle défini par son centre et un point du cercle.* • *Représenter au moyen de cercles concentriques la zone de points plus près du centre qu'un point A et plus loin qu'un point B.*
1	ŒILSURTOUT	• *Identifier des points alignés.* • *Stabiliser les procédures de tracés de traits (prolongement, etc.) pour contrôler ou produire un alignement.* • *Caractériser des traits droits par deux points (distincts).*

Période 2 Connaitre le rectangle

Thème	Situation	Objectif principal
2	RECTANGLE À TERMINER (2)	• *Étendre la relation de perpendicularité à des segments qui ne se croisent pas.*
2	CONSTRUIRE UN RECTANGLE	• *Mettre en œuvre différentes procédures conduisant toutes à la réalisation d'un rectangle avec les instruments appropriés.*

Période 3 Associer un solide avec ses faces ou des solides entre eux

Thème	Situation	Objectif principal
3	POLYCUBES PAREILS	• *Identifier si deux solides sont identiques.* • *Comprendre que la nature d'un solide est indépendante de sa position et de son orientation.*
3	ASSEMBLONS LES FACES	• *Appréhender les patrons de solides.* • *Comprendre les relations entre un polyèdre et ses patrons.* • *Identifier les patrons du cube.*

Période 4 Analyser des figures

Thème	Situation	Objectif principal
2	EMPREINTES	• *Associer les notions de forme symétrique, de forme réversible et l'existence d'un axe de symétrie.* • *Vérifier par pliage la réversibilité d'une forme.*
2	TRACER PAREIL	• *Savoir reproduire des figures simples.* • *Identifier des figures par leurs propriétés.* • *Reconnaitre deux figures superposables directement ou après retournement.*
2	L'ATTRAPE (1)	• *Trouver les axes de symétrie d'une figure plane.* • *Construire le symétrique d'un point par rapport à un axe.* • *Comprendre l'équivalence des trois propriétés : être réversible, être « pliable » en deux parties superposables, coïncider avec sa propre image dans un miroir (placé selon un axe de symétrie).*

Période 5 Construire des lignes droites parallèles

Thème	Situation	Objectif principal
2	SUR LA TRACE DES ROUES	• *Utiliser l'écart constant entre deux droites, selon une direction perpendiculaire pour reconnaitre ou tracer des droites parallèles.*
2	PARAPUZZLE	• *Construire un réseau de droites parallèles.*
1	FAISCEAUX DE TRAITS	• *Identifier des éléments homologues de deux configurations.* • *Repérer les points ou traits à construire pour reproduire une figure.*

LES SITUATIONS DU CM2

Période 1 Analyser des figures pour les décrire

Thème	Situation	Objectif principal
1	REPÉRAGE SUR QUADRILLAGE	• *Construire un plan d'un dispositif.* • *Construire un système de coordonnées simple de type lignes/colonnes.*
2	PAREIL, PAS PAREIL ? (2)	• *Analyser et décrire une figure à l'aide de propriétés géométriques.* • *Comparer deux figures.* • *Identifier une figure à partir d'une description.*

Période 2 Distinguer des figures

Thème	Situation	Objectif principal
2	IDENTIFIER LA FIGURE	• *Utiliser les propriétés des polygones.* • *Utiliser le vocabulaire adapté : côté, sommet, côtés de même longueur, parallèles, perpendiculaires, angle droit, axe(s) de symétrie.*
2	COMBIEN DE POLYGONES ?	• *Caractériser les quadrilatères par leurs propriétés, et non par leurs mesures.* • *Utiliser un dessin à main levée pour explorer des solutions.* • *Construire des figures avec des instruments (règles, compas, équerre).*
2	L'ATTRAPE (2)	• *Trouver les axes de symétrie d'une figure plane.* • *Construire, sur quadrillage, le symétrique d'une figure.* • *Construire, sur papier blanc, le symétrique d'un point ou d'un segment par rapport à un axe.*

Période 3 Associer un solide et ses représentations

Thème	Situation	Objectif principal
3	BOUCHER LE TROU	• *Approcher le patron comme un assemblage de figures planes qui, plié, permet de construire le solide sans superposition et d'un seul tenant.* • *Déterminer, avant de le construire, si un assemblage de figures planes est un patron de solide.*
3	REPRÉSENTER UN SOLIDE	• *Comprendre qu'une représentation plane de solide nécessite le recours à des « conventions » graphiques ou la représentation de plusieurs vues.* • *Communiquer les propriétés géométriques des objets 3D.*

Période 4 Utiliser des propriétés

Thème	Situation	Objectif principal
2	UN POLYGONE ET SES ANGLES	• *Savoir que la donnée des longueurs des côtés ne suffit pas toujours à déterminer un polygone.* • *Identifier un polygone à partir d'informations sur ses angles.*
2	TRIANGLES, QUADRILATÈRES ET ANGLES DROITS	• *Prouver une propriété en élaborant des raisonnements faisant appel à des connaissances géométriques.* • *Produire et commenter un schéma.*

Période 5 Développer des raisonnements

Thème	Situation	Objectif principal
2	RECHERCHE DE TOUS LES QUADRILATÈRES	• *Comprendre que les figures sont caractérisées par leurs propriétés géométriques et non leurs dimensions ou leur orientation.* • *Évoluer du dessin spatial à la figure mathématique.*
2	LA ROTONDE	• *Construire des segments parallèles (dont l'écart est fixé) dans un cercle.*

L'organisation d'un thème

LA STRUCTURE D'UN THÈME

1. La présentation du thème, avec les **objectifs** des situations et des activités d'accompagnement ainsi que leur **place dans la progression** des trois années, accompagnée du planning du thème.
2. Les **situations** :
   - ✔ une description détaillée ;
   - ✔ des réponses à des questions sur les apprentissages et l'enseignement après la mise en œuvre de ces situations (rubriques « Questions sur »).
3. **Des activités d'entrainement, de stabilisation** des connaissances.
4. **Des éclairages complémentaires** sur les notions en jeu dans le thème.

UN DESCRIPTIF DE SITUATION

Le descriptif d'une situation comporte :

- ✔ un lien pour télécharger les documents numériques nécessaires à la situation ;
- ✔ un résumé du problème posé, des connaissances visées et de l'organisation possible en classe ;
- ✔ un descriptif détaillé, pour chacune des phases, du déroulement des activités, des consignes, des fonctions (présentation, recherche, mise en commun…) et des formes de travail (1re colonne) ;
- ✔ des commentaires didactiques et pédagogiques présentant les procédures observées, illustrées parfois par des productions et les choix possibles de l'enseignant (2e colonne).

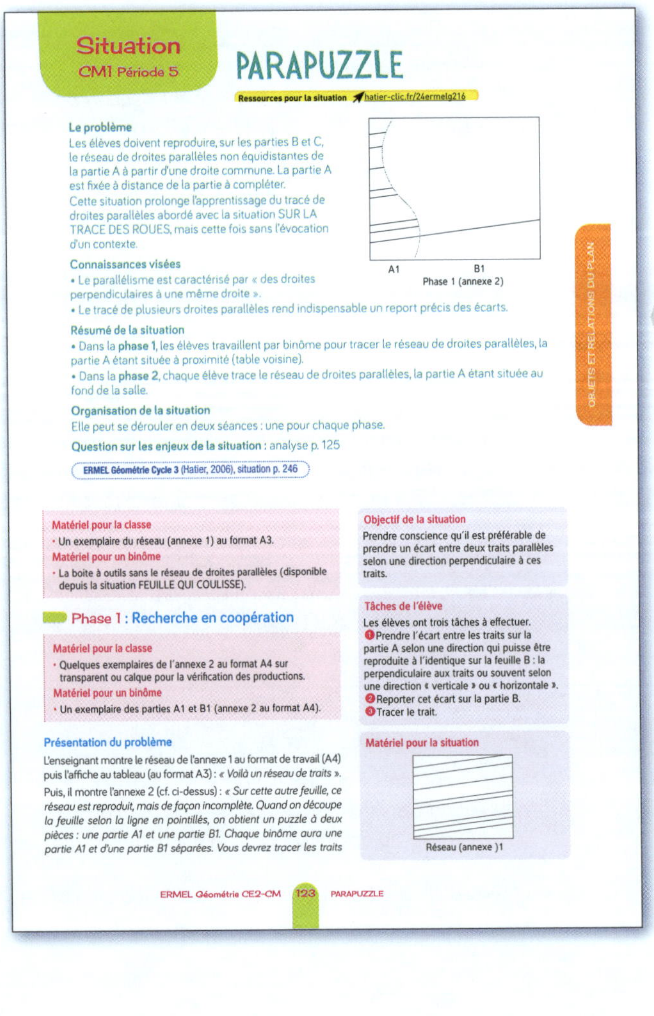

Situation
CM1 Période 5

PARAPUZZLE

Ressources pour la situation hatier-clic.fr/24ermelg216

Le problème
Les élèves doivent reproduire, sur les parties B et C, le réseau de droites parallèles non équidistantes de la partie A à partir d'une droite commune. La partie A est fixée à distance de la partie à compléter.
Cette situation prolonge l'apprentissage du tracé de droites parallèles abordé avec la situation SUR LA TRACE DES ROUES, mais cette fois sans l'évocation d'un contexte.

A1 B1
Phase 1 (annexe 2)

Connaissances visées
• Le parallélisme est caractérisé par « des droites perpendiculaires à une même droite ».
• Le tracé de plusieurs droites parallèles rend indispensable un report précis des écarts.

Résumé de la situation
• Dans la **phase 1**, les élèves travaillent par binôme pour tracer le réseau de droites parallèles, la partie A étant située à proximité (table voisine).
• Dans la **phase 2**, chaque élève trace le réseau de droites parallèles, la partie A étant située au fond de la salle.

Organisation de la situation
Elle peut se dérouler en deux séances : une pour chaque phase.

Question sur les enjeux de la situation : analyse p. 125

ERMEL Géométrie Cycle 3 (Hatier, 2006), situation p. 246

OBJETS ET RELATIONS DU PLAN

Matériel pour la classe
• Un exemplaire du réseau (annexe 1) au format A3.
Matériel pour un binôme
• La boite à outils sans le réseau de droites parallèles (disponible depuis la situation FEUILLE QUI COULISSE).

Objectif de la situation
Prendre conscience qu'il est préférable de prendre un écart entre deux traits parallèles selon une direction perpendiculaire à ces traits.

Phase 1 : Recherche en coopération

Matériel pour la classe
• Quelques exemplaires de l'annexe 2 au format A4 sur transparent ou calque pour la vérification des productions.
Matériel pour un binôme
• Un exemplaire des parties A1 et B1 (annexe 2 au format A4).

Tâches de l'élève
Les élèves ont trois tâches à effectuer.
❶ Prendre l'écart entre les traits sur la partie A selon une direction qui puisse être reproduite à l'identique sur la feuille B : la perpendiculaire aux traits ou souvent selon une direction « verticale » ou « horizontale ».
❷ Reporter cet écart sur la partie B.
❸ Tracer le trait.

Présentation du problème
L'enseignant montre le réseau de l'annexe 1 au format de travail (A4) puis l'affiche au tableau (au format A3) : *« Voilà un réseau de traits ».*
Puis, il montre l'annexe 2 (cf. ci-dessus) : *« Sur cette autre feuille, ce réseau est reproduit, mais de façon incomplète. Quand on découpe la feuille selon la ligne en pointillés, on obtient un puzzle à deux pièces : une partie A1 et une partie B1. Chaque binôme aura une partie A1 et d'une partie B1 séparées. Vous devrez tracer les traits*

Matériel pour la situation
Réseau (annexe)1

ERMEL Géométrie CE2-CM 123 PARAPUZZLE

La description du déroulement (matériel, consignes, etc.) permet, dès sa première lecture, une mise en œuvre fiable.

Des informations générales (problème posé, connaissances en jeu, etc.) sont données d'emblée.

Les enjeux spécifiques et les modalités d'organisation de chaque phase sont détaillés.

Les activités d'accompagnement, le matériel, les liens de téléchargement

Les apprentissages s'appuient avant tout sur les situations décrites dans cet ouvrage.

Mais pour assurer une meilleure stabilisation des notions abordées ou des procédures, des activités complémentaires et des supports matériels de plusieurs types sont proposés.

DES ACTIVITÉS D'ACCOMPAGNEMENT

Des entrainements

Les activités d'accompagnement poursuivent les objectifs de la plupart des situations et peuvent aisément être le support de travail en autonomie :

- ✔ à la suite de chaque problème ; c'est le cas notamment de celles figurant sous les rubriques « Reprise » ou « Reprise éventuelle » en fin de phase ou de situation ;
- ✔ plus tard dans l'année, si l'enseignant le juge préférable ; cela peut être le cas de celles qui sont proposées en fin de chaque thème.

Certaines activités d'accompagnement en lien avec le repérage (thème 1), telles que la lecture de plans et la « chasse au trésor », peuvent être communes à plusieurs disciplines tout en sollicitant naturellement des connaissances géométriques.

L'utilisation des technologies numériques

Si l'usage des visualiseurs ou des smartphones facilite la présentation des consignes ou l'affiche des productions lors des mises en commun (cf. « Compléments pour la gestion des situations » en fin d'ouvrage p. 204), les outils numériques sont surtout utiles pour proposer des activités dans un cadre de recherche interactif.

Les activités supplémentaires ŒILSURTOUT REVIENT et TRACE DE PLI (cf. p. 41 et 42), prolongent les situations ŒILSURTOUT et TRAIT SUR TRAIT. Elles conservent leur contexte mais proposent de résoudre les problèmes avec des logiciels de géométrie dynamique. Un intérêt de ces activités est d'obliger l'élève à décrire ses actions avant de les réaliser.

Certaines activités d'accompagnement permettent d'expérimenter des déplacements dans des espaces 3D virtuels (des labyrinthes ou une ville). D'autres activités proposent d'utiliser des outils de programmation informatiques pour réaliser des déplacements de robots (cf. p. 40).

DES DISPOSITIFS MATÉRIELS VARIÉS

Le matériel nécessaire à la mise en œuvre de chaque situation est indiqué dans le descriptif. Les fichiers photocopiables (figures, patrons, etc.) sont fournis en numérique (cf. « Liens de téléchargement » ci-dessous).

Plusieurs possibilités sont proposées pour le matériel à imprimer sur des supports rigides, par exemple les patrons de solides à fabriquer :

- ✔ des fiches à imprimer (fournies en numérique via les liens de téléchargement) ;
- ✔ des modèles pour impression 3D (fichiers .obj fournis en numérique via les liens de téléchargement) permettant à l'enseignant de fabriquer les solides utilisés dans nos situations ;
- ✔ des formes prédécoupées pour celles qui sont communes aux situations de CP-CE1[3].

Dans la plupart des situations, les élèves ont une boite à outils de géométrie à disposition (une boite pour deux élèves), sauf si l'apprentissage visé suppose l'absence d'un instrument précis, ce qui est alors précisé. Le contenu de la boite à outils est détaillé dans les compléments pédagogiques en fin d'ouvrage (cf. p. 201).

DES LIENS DE TÉLÉCHARGEMENT

Pour chaque situation, un lien indiqué sous le titre dans le bandeau « Ressources pour la situation » (lien du type : hatier-clic.fr/24ermelg105) permet d'accéder à l'ensemble des documents nécessaires, regroupés dans un même fichier PDF.

3. Ermel Géométrie CP-CE1, Matériel élèves, 72 formes prédécoupées (Hatier, 2020)

Des gestes professionnels pour la conduite des situations

DES QUESTIONS SUR LES GESTES PROFESSIONNELS

Cet ouvrage explicite des choix didactiques et des suggestions concernant les interventions de l'enseignant. En particulier, citons quelques exemples de questions liées à l'enseignement de la géométrie :

- ✔ comment prendre en compte la diversité des connaissances des élèves pour adapter une situation ?
- ✔ comment permettre à un élève de résoudre un problème et non d'agir simplement avec des objets ?
- ✔ comment favoriser la coopération entre les élèves, avec le recours à un langage qui décrive et accompagne les actions effectuées ?
- ✔ comment organiser des échanges lors des mises en commun, pour faciliter la validation par les élèves des productions et l'acquisition des savoirs en jeu ?

OÙ TROUVER DES PROPOSITIONS DE RÉPONSES ?

Des réponses à ces questions sont apportées dans le descriptif de certaines situations, ainsi que :

- ✔ dans la partie « Compléments pour la gestion des situations » en fin d'ouvrage, dont les rubriques « La mise en œuvre des situations », « Les situations de communication » et « Les différentes organisations pour les mises en commun » proposent des synthèses sur les choix de l'enseignant ;
- ✔ dans certaines rubriques « Questions sur », qui analysent des interventions de l'enseignant et illustrent le déroulement effectif des situations.

Le tableau ci-dessous présente les situations et les gestes professionnels concernés.

Gestes professionnels	Situations ou (« Questions sur » associées)
Mise en place d'une activité initiale pour des élèves qui n'auraient pas résolu ce problème au CE2 ou au CM1	**Thème 2** RECTANGLE À TERMINER (2), phase 1 **(CM1)** **Thème 1** REPÉRAGE SUR QUADRILLAGE, phase 1 **(CM2)**
Présentation détaillée du dispositif matériel	**Thème 1** POSITIONS ET PLAN **(CE2)** ÉPINGLE SUR PLI **(CE2)** ŒILSURTOUT **(CM1)** **Thème 2** RECTANGLE À TERMINER (1) **(CE2)** FEUILLE QUI COULISSE **(CE2)** SUR LA TRACE DES ROUES **(CM1)** **Thème 3** POLYCUBES PAREILS **(CM1)**
Mise en place d'une coopération entre élèves (binômes, groupes...)	**Thème 1** POSITIONS ET PLAN **(CE2)** **Thème 3** TROUVER LE POLYÈDRE **(CE2)**
Organisation d'une situation de communication	**Thème 1** POSITIONS ET PLAN **(CE2)** REPÉRAGE SUR QUADRILLAGE **(CM1)** **Thème 2** IDENTIFIER LA FIGURE **(CM2)** UN POLYGONE ET SES ANGLES **(CM2)** **Thème 3** TROUVER LE POLYÈDRE **(CM2)** REPRÉSENTER UN SOLIDE **(CM2)**
Gestion de la mise en commun	**Thème 1** POSITIONS ET PLAN **(CE2)** **Thème 2** PAREIL, PAS PAREIL ? (1) **(CE2)** TRAIT SUR TRAIT **(CE2)** RECHERCHE DE TOUS LES QUADRILATÈRES **(CM2)** TRIANGLES, QUADRILATÈRES ET ANGLES DROITS **(CM2)**

THÈME 1
Repérage et alignement

Repérage

- Produire et utiliser un plan pour se repérer dans l'espace.
- Utiliser et construire un système de coordonnées en lignes et colonnes.

Alignement

- Identifier des alignements en produisant des tracés de traits droits.
- Identifier des alignements de points permettant de construire une figure.

Présentation du thème 1
Repérage et alignement

Les apprentissages du thème 1 « Repérage et alignement » font évoluer les élèves de savoir-faire liés à leurs expériences dans l'espace (se déplacer, cacher, viser...) vers des connaissances géométriques (lignes droites, points sur une droite, direction...) associées à un usage des instruments.

CE2 PÉRIODE 1 PRODUIRE UN PLAN ORIENTÉ

La situation POSITIONS ET PLAN

Les élèves doivent produire un message pour communiquer la position d'un objet. Ils comprennent quelles informations il est nécessaire de fournir sur un plan afin que quelqu'un puisse identifier un lieu.

Questions sur la gestion de la classe avec plusieurs lieux dans POSITIONS ET PLAN

Les élèves sont répartis en deux groupes : les élèves récepteurs d'un message ne doivent pas voir son élaboration par les élèves émetteurs. Ce texte propose une organisation pour que l'enseignant puisse assurer le bon fonctionnement de cette situation de communication.

CE2 PÉRIODE 1 ALIGNER DES POINTS

La situation ÉPINGLE SUR PLI

Un pli caché n'est identifiable que par deux épingles placées à chacune de ses extrémités. Les élèves doivent trouver comment placer une troisième épingle sur ce pli.

Questions sur l'usage du vocabulaire et des instruments dans ÉPINGLE SUR PLI

Ce texte explicite comment la résolution d'un même problème, d'abord sur une maquette en ayant recours à divers outils pour identifier les positions possibles, puis sur feuille, permet aux élèves d'établir la relation entre la rectitude des instruments et l'alignement de points.

CM1 PÉRIODE 1 SÉPARER DES ZONES DU PLAN PAR DES LIGNES DROITES

La situation ŒILSURTOUT

Les élèves doivent déterminer si des personnages peuvent être vus par un observateur ou s'ils sont cachés de celui-ci. Ils élaborent leurs solutions, d'abord empiriques sur une maquette, puis en recourant au tracé de traits droits sur feuille.

Questions sur l'alignement et les changements d'espace dans ŒILSURTOUT

Ce texte présente l'évolution des procédures, du recours à la règle pour représenter la visée au tracé de traits droits pour définir des zones.

CM1 PÉRIODE 5 PRODUIRE UN RÉSEAU DE LIGNES DROITES

La situation FAISCEAUX DE TRAITS

À partir d'un ensemble de points, les élèves doivent reconstituer un réseau de lignes droites. Dans la deuxième phase, la réalisation du réseau nécessite la construction de points intermédiaires.

Questions sur les procédures à retenir dans FAISCEAUX DE TRAITS

Ce texte analyse les étapes de la construction du réseau et explicite les améliorations de procédures, notamment l'abandon de la mesure des écarts au bénéfice de l'alignement des points.

CM2 PÉRIODE 1 SE REPÉRER AVEC DES LIGNES ET DES COLONNES

La situation REPÉRAGE SUR QUADRILLAGE

Le premier problème est analogue à celui de la situation POSITIONS ET PLAN. Les élèves explorent ensuite le système de repère absolu fondé sur des coordonnées exprimées relativement à des lignes et des colonnes.

ACTIVITÉS D'ACCOMPAGNEMENT

Les activités d'accompagnement visent à stabiliser les connaissances développées dans les situations. Elles comportent des exercices de tracé mais aussi plusieurs activités utilisant des logiciels de géométrie dynamique ou d'autres technologies numériques.

ÉCLAIRAGES SUR LE REPÉRAGE ET L'ALIGNEMENT

Ce texte présente les finalités des apprentissages et les objectifs des situations de ce thème.

Planning du thème

Au CE2

	SITUATION	SÉANCES		ACTIVITÉS D'ACCOMPAGNEMENT
Période 1	POSITIONS ET PLAN p. 16	1	Phase 1 : Un seul nombre mystère	Usages des plans p. 38 Déplacements avec les outils numériques p. 38
		2	Phase 2 : Un nombre mystère individuel	
		3	Phase 3 : Mise à l'épreuve des stratégies	
	ÉPINGLE SUR PLI p. 20	1	Phase 1 : Deux épingles sur une maquette	Trace de pli p. 41
		2		
		3	Phase 2 : Sur feuille, hors intervalle entre épingles	

Au CM1

	SITUATION	SÉANCES		ACTIVITÉS D'ACCOMPAGNEMENT
Période 1	ŒILSURTOUT p. 25	1	Phase 1 : Appropriation et résolution sur une maquette	Œilsurtout revient p. 42
		2	Phase 2 : Résolution graphique	
		3		
		4	Phase 3 : Résolution graphique avec d'autres contraintes	
		5		
Période 2	FAISCEAUX DE TRAITS p. 31	1	Phase 1 : Reproduction sans construction d'éléments intermédiaires	Étoile à cinq branches p. 42
		2	Phase 2 : Reproduction avec construction d'éléments intermédiaires	

Au CM2

	SITUATION	SÉANCES		ACTIVITÉS D'ACCOMPAGNEMENT
Période 1	REPÉRAGE SUR QUADRILLAGE p. 35	1	Phase 1 : Repérages sur quadrillage	Usages des plans p. 38 Déplacements avec les outils numériques p. 38
		2	Phase 2 : Choix d'un système de repère Phase 3 : S'approprier un système de repère	

Situation
CE2 Période 1

POSITIONS ET PLAN

Ressources pour la situation hatier-clic.fr/24ermelg101

Le problème

L'enseignant désigne un des nombres placés dans des cerceaux. L'élève doit produire un message indiquant l'emplacement de ce nombre pour qu'un autre élève (quelle que soit sa position) puisse le retrouver. Cela nécessite qu'il place sur son dessin des informations sur des objets fixes du lieu (fenêtres, portes…) afin que l'élève qui le lira puisse l'orienter.

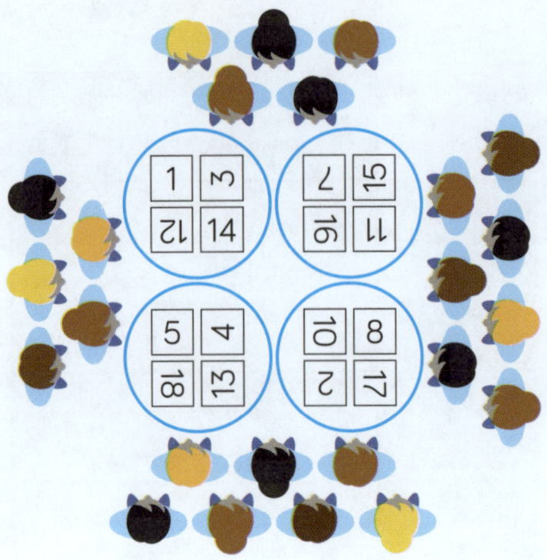

Connaissances visées

- Communiquer efficacement l'orientation d'un dispositif. Plusieurs types de repérages sont efficaces : par rapport à soi ou à l'observateur (« *dans le rond vers moi ou à ma gauche quand je regarde la fenêtre* »), par rapport à des objets fixes (« *le plus proche du radiateur* »), ou de façon absolue (« *quatrième colonne et troisième ligne* »).
- Construire un plan d'un dispositif dans un lieu.
- S'approprier le vocabulaire associé au repérage.

Résumé de la situation

Les élèves sont placés dans un espace, moins familier que celui de la classe, autour d'un dispositif non orienté et doivent communiquer une position par un plan.

Organisation de la situation

Elle peut se dérouler en trois séances : une par phase. Des accompagnements peuvent être conduits tout au long de l'année en lien avec d'autres enseignements.

Questions sur la gestion de la classe avec plusieurs lieux : conseils p. 19

ERMEL Géométrie Cycle 3 (Hatier, 2006), situation p. 571

Phase 1 : Un seul nombre mystère

Matériel pour la classe

- 4 cerceaux ou marquages circulaires.
- 16 étiquettes « nombres » (annexe 1a et 1b).

Matériel par binôme

- Des feuilles A5 blanches.

Une partie des élèves, les récepteurs, patiente dans le couloir ou une salle attenante (porte ouverte pour que l'enseignant en ait toujours la surveillance) le temps que les autres élèves, les émetteurs, réalisent en binôme le message pour faire trouver le nombre mystère désigné par l'enseignant.

Le matériel est disposé, sur le sol ou sur un regroupement de quatre tables, dans un espace suffisamment grand dans lequel les élèves n'ont pas de beaucoup de repères, par exemple dans une autre salle de classe que la leur ou encore sous le préau. La présence de deux portes permet de faire entrer les récepteurs par une porte différente de celle où sont entrés les émetteurs. Les élèves sont placés tout autour de la salle pour avoir une vue d'ensemble de celle-ci et du dispositif.

Objectifs de la phase 1

- Pour les émetteurs : prendre conscience qu'il faut communiquer des repères fixes relatifs au lieu (fenêtres, porte, meubles…) pour que le récepteur puisse orienter correctement le message.
- Pour les récepteurs : orienter le message et le dispositif de façon similaire pour trouver une position.

Organisation pédagogique de la phase 1

Nous proposons, en phase 1, une appropriation collective durant laquelle les élèves émetteurs dessinent un message par deux et ont tous le même nombre à indiquer. Cela leur permet ensuite de bien observer les stratégies des récepteurs et de prendre conscience des difficultés liées à l'orientation du message.
Il est possible de cacher les nombres lors du décodage du message.

L'enseignant dispose les étiquettes « nombres » avec les numéros visibles exactement comme dans le modèle de dispositif suivant :

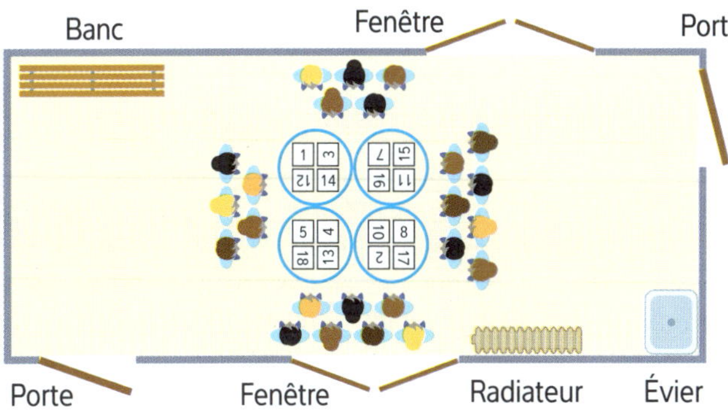

Communication du problème

Tous les élèves sont réunis autour du dispositif.

L'enseignant : « *Une partie des élèves va aller dans le couloir. Je vais montrer aux autres un nombre mystère, un de ceux qui est ici. Les élèves qui sont dans la salle vont avoir une feuille blanche. Ils devront dessiner sur leur feuille de façon que n'importe lequel des élèves qui est sorti puisse retrouver le nombre mystère. Vous n'avez pas le droit d'écrire des mots ou des nombres, ni en chiffres ni en lettres, sur le message.* »

Réalisation du message

L'enseignant désigne les élèves récepteurs qui sortent de la classe (un tiers du groupe). Il constitue des binômes d'élèves émetteurs, qui sont du même côté du dispositif, et leur distribue une feuille blanche. Il choisit le nombre 8 et le montre aux élèves émetteurs. L'enseignant attribue une lettre à chaque binôme et leur demande de l'indiquer sur le message. Les élèves doivent se souvenir ou noter la lettre de leur binôme. À la fin de la recherche, avant que les récepteurs n'entrent, l'enseignant ramasse les feuilles et cache le nombre.

Décodage du message

Les élèves récepteurs reviennent dans la salle. L'enseignant leur distribue à chacun un message et les disperse sur les quatre côtés du dispositif. Ils cherchent, sous les yeux des élèves émetteurs, qui n'ont pas le droit d'intervenir. Quand ils pensent tous avoir trouvé, ils notent le nombre repéré sur le message.

Mise en commun

Les élèves récepteurs présentent leurs solutions, qui sont en général différentes. L'enseignant explique l'enjeu de cette mise en commun : « *J'ai montré le même nombre à tous et vous avez désigné des nombres différents. Certains de vos messages ont permis de trouver le nombre mystère et d'autres non. La prochaine fois, nous allons refaire la même situation. Vous devez expliquer, ce qui fait qu'un message a permis de trouver le nombre et ce qui fait que certains messages n'ont pas fonctionné. Je le note au tableau. Ainsi, la prochaine fois, vous pourrez produire un plan efficace.* »

Trace écrite provisoire

Les explications données par les élèves et notées par l'enseignant au tableau constituent une première trace, encore partielle. Elle est recopiée par les élèves ou photocopiée par l'enseignant.

Choix des élèves émetteurs et récepteurs

En début d'année, il est difficile d'anticiper les connaissances, aussi les rôles et binômes peuvent être constitués de façon hétérogène selon des critères autres que mathématiques.

Dessins des émetteurs

- Centrés sur le cerceau
- Montrant les 4 cerceaux mais sans l'orientation du dispositif
- Avec position de l'observateur
- Avec l'orientation du dispositif par des éléments fixes de la classe

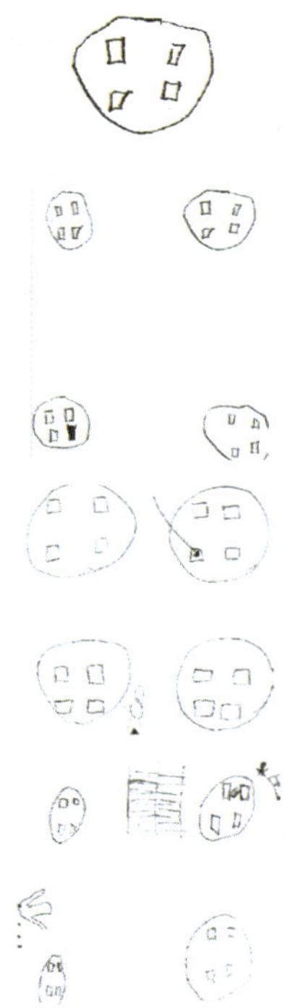

Exemple de trace écrite

- Pour réussir le message, il faut :
  - dessiner tous les cerceaux ;
  - dessiner des choses de la classe (radiateur, tableau, fenêtre) ;
  - bien dessiner pour qu'on les reconnaisse.
- Pour trouver le nombre, il faut tourner le plan pour le mettre dans le même sens que la classe.
- Ce qui n'a pas fonctionné :
  - ne dessiner que son cerceau ;
  - se dessiner (le récepteur ne sait pas qui on est ou pense que c'est lui) ;
  - ne dessiner que les cerceaux car on ne sait pas comment regarder ;
  - dessiner la maitresse (elle bouge).

Phase 2 : Un nombre mystère individuel

Matériel pour la classe
- Le dispositif de la phase 1.

Matériel individuel
- Une étiquette « nombre mystère » (annexes 1a et 1b).
- Deux feuilles A5 blanches pour le message et la réponse.

Communication du problème

L'enseignant : *« Aujourd'hui le travail va être individuel, chacun va dessiner son plan. Je vais vous donner une feuille avec un nombre mystère, vous ne devez pas le montrer aux autres. Vous chercherez ensuite dans le dispositif votre nombre. Je vais aussi vous donner une feuille blanche. Vous dessinerez un plan sur votre feuille de façon que n'importe lequel de vos camarades puisse retrouver votre nombre mystère quand tous les nombres sont cachés. Il est interdit d'écrire des mots ou des nombres. »*

Recherche

Les élèves dessinent. L'enseignant intervertit ensuite les plans : le récepteur doit être orienté différemment de l'émetteur et ne pas avoir eu le même nombre mystère. Il indique : *« Observez bien le plan et essayez de trouver le nombre mystère de votre camarade. »*, puis, *« Sur la feuille-réponse, indiquez le nombre que vous avez trouvé. Si le plan ne permet pas de trouver un nombre, vous expliquez pourquoi sur la feuille. »*

Échanges par groupe

L'enseignant met en groupes de quatre des élèves ayant échangé le même message (par exemple, deux « 1 » avec deux « 17 ») et indique aux autres élèves : *« Vous avez reçu leur message. Vous devez regarder ensemble si les récepteurs ont trouvé le nombre mystère et pourquoi ça a fonctionné ou non. Vous marquez sur la feuille "trouvé" ou "non" ».* Il laisse le temps aux élèves de comparer les nombres mystères et les nombres trouvés et d'examiner les messages. Puis, de la même façon, il demande de faire examiner les messages des nombres mystères 10, 16 et 17.

Mise en commun et trace écrite modifiée

Dans un premier temps les échanges reviennent sur la validation des messages. L'enseignant demande ensuite d'imaginer collectivement un dessin qui permettrait de trouver une position donnée à coup sûr. Les caractéristiques d'un tel dessin permettent de revenir sur les critères établis en phase 1 (trace partielle).

Les nouveaux critères constituent une nouvelle trace, qui est recopiée par les élèves ou photocopiée par l'enseignant.

Phase 3 : Mise à l'épreuve des stratégies

Le dispositif et le déroulement sont les mêmes que dans la phase 2. L'enseignant commence par faire relire le bilan de phase 2, pour que, lors des échanges par groupes, les élèves contrôlent point par point la conformité des plans aux critères du bilan. La mise en commun est plus rapide et vise à faire compléter ou améliorer la trace écrite.

Activités d'accompagnement : descriptions et liens p. 38

Objectif de la phase 2

Expérimenter individuellement la nécessité d'orienter un plan tant pour communiquer que pour trouver une position.

Attribution des nombres

L'enseignant distribue les nombres mystères (6 nombres différents au maximum par exemple 1, 4, 7, 10, 16, 17), en faisant en sorte que des élèves orientés différemment aient le même nombre.
Il note dans un tableau pour chaque élève leur orientation (côté Nord, Sud, Est, Ouest du dispositif) et leur nombre mystère (ce tableau n'est pas communiqué aux élèves, il servira à planifier les échanges).

Recherche

L'enseignant échange les plans selon les nombres mystères (1 ↔ 17 ; 4 ↔ 16 ; 7 ↔ 10) sans dire ce critère de choix aux élèves. Les noms des élèves étant derrière les feuilles, les élèves n'ont pas le droit de les retourner pour qu'ils ne puissent pas identifier l'émetteur et ainsi réorienter la feuille dans son sens.

Choix des groupes

L'enseignant regroupe les élèves qui ont échangé sur les plans menant aux nombres mystères 1 et 17, puis les partage en deux groupes, en mêlant plans efficaces et inefficaces (idem pour 4 et 16, puis 7 et 10). Il s'agit d'éviter que des groupes n'aient aucun plan correct à traiter.

Interventions de l'enseignant

Lors de l'analyse en groupe d'une erreur de désignation du nombre mystère, les élèves peuvent avoir du mal à identifier qu'elle peut venir du message ou de son interprétation. L'enseignant peut intervenir pour expliquer que l'enjeu n'est pas de mettre la responsabilité sur l'émetteur ou le récepteur mais bien chercher ce qui pourrait éviter les ambigüités : *« Pourquoi est-ce important de mettre des objets de la salle (radiateur, fenêtre) ? » ; « Pourquoi untel a montré 17 alors que c'était 1 ? », « Comment faire pour indiquer que c'est 1 et pas 17 ? »*. Toutes ces questions renvoient à l'orientation du plan.

Trace écrite modifiée

Elle permet de retravailler les formulations pour qu'elles soient plus générales.

Objectifs de la phase 3

Mettre à l'épreuve la liste de critères définie à la phase 2 pour dessiner un plan efficace.

Questions sur GESTION DE LA CLASSE AVEC PLUSIEURS LIEUX DANS « POSITIONS ET PLAN »

La situation POSITIONS ET PLAN est une des premières situations de communication (voir compléments p. 200) nécessitant l'organisation en plusieurs lieux. Dans ces situations, il est important que les élèves récepteurs ne voient ni n'entendent le travail des élèves émetteurs. Pour autant, l'enseignant doit garder tous les élèves sous sa surveillance. Selon la structure des écoles et les espaces existants ou disponibles, plusieurs solutions sont possibles pour obtenir deux lieux bien distincts sous surveillance de l'enseignant. Nous ne précisons pas les cas où une personne autorisée peut prendre la responsabilité d'une partie des élèves.

LES DIFFÉRENTS TYPES D'ESPACE

Sans chercher à garantir l'exhaustivité des cas, nous avons pu rencontrer différents types de structuration des espaces dans les écoles.

Lorsqu'une seule salle de classe desservie par un couloir est disponible, l'enseignant peut prendre la salle comme lieu numéro 1 et le couloir comme lieu numéro 2. Les espaces sont attribués en fonction des besoins de la situation. Dans POSITIONS ET PLAN, les élèves doivent être répartis autour de tables regroupées. Les émetteurs se trouvent donc dans la salle de classe et les récepteurs dans le couloir. La porte d'entrée de la classe reste alors ouverte et l'enseignant se positionne entre les deux espaces pour voir tous les élèves.

L'existence d'une salle attenante à la salle de classe permet la même organisation, mais avec une installation plus confortable des élèves. La porte de séparation reste ouverte pour permettre la surveillance.

Les préaux, cours et salles polyvalentes sont en général assez grands pour que les élèves restent tous dans un même lieu. Un coin est alors réservé aux émetteurs et un autre aux récepteurs. L'enseignant fait assoir les élèves récepteurs loin et dos au dispositif. Ainsi, il leur est quasiment impossible de voir et d'entendre ce qui se passe entre les émetteurs.

LES ACTIVITÉS DES ÉLÈVES EN ATTENTE

Pendant que les émetteurs produisent leur message, les récepteurs font une activité, qui ne nécessite pas d'écrire à une table. De plus, le temps d'attente étant difficilement estimable, l'activité doit pouvoir être facilement arrêtée. Ce peut être, par exemple, des jeux de calcul mental menés par un élève du groupe.

LE DÉROULEMENT D'UNE SITUATION DE COMMUNICATION

Prenons l'exemple d'une classe desservie par un couloir pour la situation POSITIONS ET PLAN.

❶ La communication du problème se déroule avec tout le groupe devant le dispositif.

L'enseignante donne la consigne, puis présente les différents lieux et le dispositif. Elle explique les tâches des émetteurs et des récepteurs. Les récepteurs partent alors dans le couloir.

❷ Les émetteurs (en vert et bleu) sont répartis tout autour du dispositif. Les récepteurs (en jaune) ne connaissent donc pas la position des émetteurs lorsque ceux-ci produisent les messages.

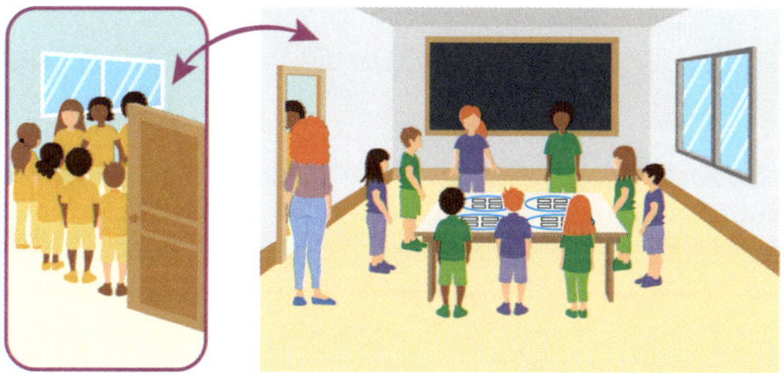

Une fois que tout le monde a produit son message, l'enseignante éloigne les émetteurs du dispositif et ramasse les messages.

❸ Elle fait entrer les récepteurs (en jaune) et leur distribue les messages à leur entrée dans la salle.

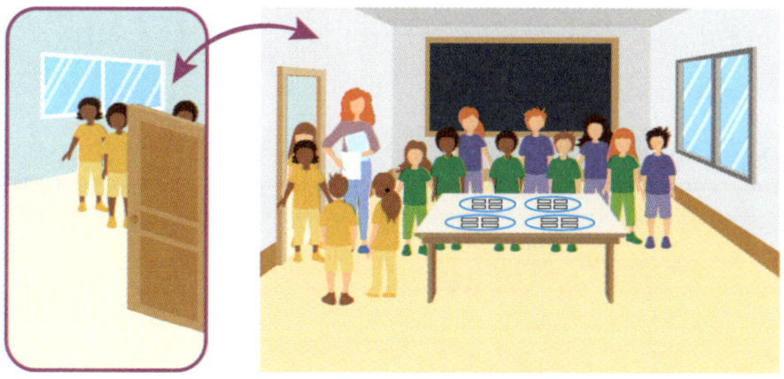

Les récepteurs cherchent le nombre.

❹ La mise en commun se déroule avec tout le groupe devant le dispositif.

Situation
CE2 Période 1

ÉPINGLE SUR PLI

Ressources pour la situation hatier-clic.fr/24ermelg102

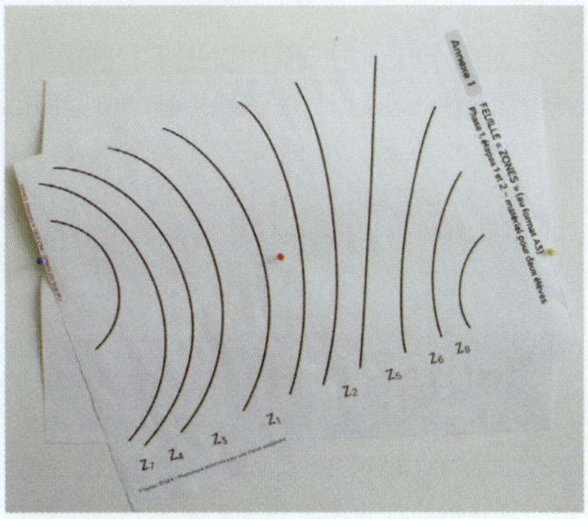

Le problème

Les élèves doivent placer un point, dans une zone précise, aligné avec deux points initiaux.

Connaissances visées

- Produire et contrôler l'alignement de points.
- Un progrès dans les expressions employées pour traduire des actions ou des observations : « ligne », « trait », « trait droit » sont utilisés d'entrée ; « point » sert à indiquer la trace matérielle d'une épingle ; « aligné », « droite », « segment » peuvent être utilisés par des élèves.

Résumé de la situation

- Dans la **phase 1**, les élèves ont à placer, sur une maquette, une épingle entre deux autres épingles (déjà en place) de façon que les trois épingles soient alignées, d'abord en s'appuyant sur des instruments pouvant joindre les épingles, puis sans ces instruments.
- Dans la **phase 2**, ils ont à placer un point entre deux autres points puis à l'extérieur de leur intervalle, de façon que les trois points soient alignés.

Organisation de la situation

En trois séances : une pour chaque étape de la phase 1 et une pour la phase 2.

Questions sur l'usage du vocabulaire et des instruments : analyse p. 24

ERMEL Géométrie Cycle 3 (Hatier, 2006), situations p. 110 et 116

Phase 1 : Deux épingles sur une maquette

Matériel par équipe de deux

- Pour la maquette (cf. « Montage » à l'étape 1) :
  - un plateau (en polystyrène extrudé, qui ne se déchire pas, ou en carton), pour y piquer les épingles, bien verticalement ;
  - une feuille A blanche de format A3, à plier en biais, de façon bien marquée et à fixer sur le plateau ;
  - 8 épingles à têtes rondes, de 3 cm au plus, de couleurs différentes (il importe qu'elles restent bien verticales) ;
  - une feuille B avec les zones (annexe 1 au format A3, cf. photo ci-dessus) à fixer sur la feuille A, entre les deux épingles, avec des punaises à trois pointes. Le pli est ainsi caché.
- La boite à outils (sans outil pour écrire) : la grande règle est nécessaire pour la conduite conforme de la situation.
- Une feuille de route pour noter les résultats (annexe 2).

Matériel collectif

- Le même dispositif, mais non encore monté.

Objectifs de la phase 1

- Comprendre les éléments mis en jeu dans un alignement : deux points distincts donnés et un troisième point, situé sur une ligne droite entre ces deux points.
- Élaborer des procédures pour placer le troisième point.

Choix didactiques de la phase 1

- L'épingle est à placer entre les deux épingles. L'emploi d'un seul instrument à bord droit permet la résolution.
- Le pli est « porteur » de la propriété de rectitude et il est moins évocateur de l'usage de la règle qu'un trait droit. Le pli doit être entièrement caché par la feuille B.

ÉTAPE 1 : UN SEUL INSTRUMENT À BORD DROIT SUFFIT

Montage de la maquette

L'enseignant explique le montage en montrant les éléments au fur et à mesure : *« J'ai pris un plateau, et dessus, j'ai placé une grande feuille, comme celle-ci (feuille A), que j'ai pliée, en marquant bien le pli avec l'ongle. »* Il déplie la feuille, la fixe sur le plateau (avec la colle repositionnable) avec le creux du pli au-dessus.

Montage de la maquette

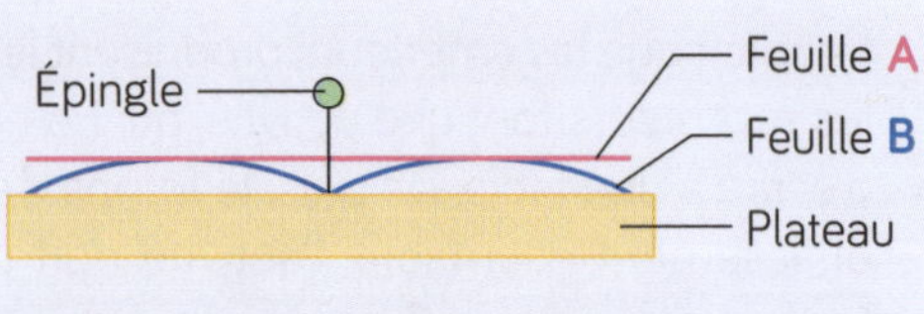

Le pli doit apparaitre « en creux », pour que, une fois la feuille annexe B placée dessus, il ne puisse être perçu avec le doigt.

« Ensuite, j'ai pris deux épingles, comme celles-ci, et je les ai piquées, avec beaucoup de précision, bien à chaque extrémité du pli, à chaque bout du pli. » Les élèves viennent contrôler. *« Puis j'ai pris une feuille comme celle-là (feuille B), avec des zones que j'ai appelées Z1, Z2… et j'ai fait pivoter la feuille comme ceci, jusqu'à ce qu'elle vienne prendre appui sur les épingles ».* L'enseignant fait le mouvement, puis fixe la feuille B avec des punaises à trois pointes.

Communication du problème

L'enseignant continue : *« Qu'est-ce qu'on peut dire maintenant ? »* Des élèves font des propositions : *« la feuille B est de travers » ; « le pli est caché » ; « on le voit plus du tout » ; « les épingles sont juste aux bouts du pli »* ; les autres confirment, l'enseignant aussi.

Il montre une troisième épingle : *« Je vais vous donner encore une épingle… qu'est-ce que je vais vous demander de faire avec ? »* Les élèves font des hypothèses que l'enseignant valide ou non avant de conclure : *« En effet, vous devez piquer l'épingle dans le pli. »*

Consignes

L'enseignant : *« Avant de commencer, je vais donner un numéro à chaque élève de l'équipe. Vous allez travailler ensemble, en vous aidant. On attendra que tout le monde ait fini pour continuer. »* Il demande à chaque équipe successivement d'aller chercher sa maquette au fond de la classe. Puis, il distribue une épingle à chacune, en demandant de ne pas commencer à travailler.

« Les numéros 1, vous allez piquer l'épingle dans la zone 1. Quand vous aurez fini, ce sera aux numéros 2 de piquer l'épingle, mais dans la zone 2. On continuera ainsi pour les autres zones. Pour chaque zone, je donnerai le signal de départ et dirai qui doit faire quoi. »

Recherche par équipe de deux

Les élèves numéro 1 font leur essai, puis, au signal de l'enseignant, les numéros 2 font à leur tour leur essai dans la zone 2.

Validation et première mise en commun

Les élèves soulèvent la feuille B (sans ôter les épingles) pour examiner leur travail. L'enseignant les invite à faire des remarques. Les élèves contrôlent ensuite si chaque trou d'épingle est dans le pli et notent le résultat sur la feuille de route.

Reprise avec les zones 3 à 8

Les essais dans les autres zones sont réalisés dans les mêmes conditions. L'enseignant demande aux élèves de travailler avec précision. Ils vérifient le positionnement des trous d'épingle, remplissent la feuille de route et comptent le nombre d'essais réussis.

Mise en commun

Les feuilles B « zones » sont ôtées des plateaux et les épingles ramassées. Toutes les équipes affichent au tableau leur feuille de route et leur feuille B « zones » côte à côte, ce qui permet d'avoir une vue de dessus des productions. Les élèves font des remarques.

L'enseignant peut demander pour des impacts particuliers (réussis ou non) : *« Cette équipe a placé une croix (x) (ou un rond (o)) sur ce trou ; peut-elle venir montrer au tableau comment elle a procédé ? »* Les équipes placent le plateau de travail face aux autres élèves, à plat et à hauteur des yeux des élèves (particulièrement important si la procédure de visée a été employée).

Travailler « ensemble »

Il est important que les élèves d'une équipe comprennent qu'ils ne jouent pas l'un contre l'autre, mais l'un avec l'autre.

Consignes

L'épingle sera placée successivement :
- par le numéro 1 dans les zones 1, 3, 5, 7 ;
- par le numéro 2 dans les zones 2, 4, 6, 8.

Procédures à l'étape 1

- P1 : Au jugé.
- P2 : En visée (placement de l'œil dans le prolongement des épingles).
- P3 : Avec un instrument (règle de longueur insuffisante) appuyé sur un seul point.
- P4 : Avec un instrument (règle de longueur suffisante) appuyé sur les deux points.

La visée est le plus souvent une procédure de contrôle, une fois l'épingle piquée.

Lors de la recherche

Des élèves peuvent demander s'ils peuvent utiliser la règle. L'enseignant évitera de répondre *« Bien entendu »*, et dira *« Je n'ai pas donné d'interdiction »*.

Validation

- Une erreur dans la position de l'impact peut provenir d'une procédure inadaptée, mais aussi d'une imprécision dans le placement de l'épingle ou dans l'appui de la règle sur les épingles données.
- Une discussion s'établit entre les élèves visant à un accord raisonnable sur la validité de la position : *« Ce n'est pas parce que le trou n'est pas tout à fait sur le pli que l'équipe a mal travaillé. »*
- Certains élèves sont souvent étonnés que l'impact de leur épingle ne soit pas dans le pli, d'où la nécessité d'être très précis dans la façon de piquer l'épingle.
- Aperçu de la feuille de route (annexe 2)

Zone du point	Réussi : × Pas réussi : 0
Z1	
Z2	

(idem pour les zones Z3 à Z8)

Enjeux de la mise en commun

- Faire exprimer, et si nécessaire faire reformuler, des observations spontanées, les difficultés rencontrées, les réussites et les raisons perçues, les procédures.
- Faire comparer les positions, examiner les erreurs et les raisons possibles.

L'enseignant sollicite les élèves, il ne valorise pas de procédure, ni ne fait d'apport magistral de connaissances.

ÉTAPE 2 : UN INSTRUMENT À BORD DROIT NE SUFFIT PLUS

Matériel par équipe de deux

- Le même qu'à l'étape 1, mais deux nouvelles feuilles A (pli) et B (zones) sont distribuées.
- La grande règle et le fil sont ôtés de la boite à outils.

Communication du problème et consigne

L'enseignant présente une maquette montée au tableau.

Il répartit les élèves (numérotés 1 et 2) en équipes de deux. Il demande aux élèves de piquer l'épingle dans le pli, dans les zones 1 et 3 pour le numéro 1, et dans les zones 2 et 4 pour le numéro 2.

Recherche par équipe de deux

Les élèves s'aperçoivent en général rapidement de l'absence de certains instruments dans la boite. Ils interrogent l'enseignant, qui répond : *« C'est votre problème... À vous de le résoudre. »*

Validation pour les zones 1 à 4 et reprise pour les zones 5 et 6

Les élèves exposent leurs procédures. L'enseignant leur demande ensuite de vérifier les impacts, et de continuer leurs recherches pour les zones 5 et 6.

Mise en commun

Chaque équipe vient au tableau avec son plateau et présente sa façon de faire (une boite à outils est mise à disposition). La méthode montrée doit souvent être décrite plusieurs fois, et des élèves éprouvent le besoin de faire des schémas au tableau pour mieux l'expliquer. Chaque méthode est débattue ; elle est validée par la qualité des arguments et de sa réussite.

Reprise pour les zones 7 et 8

Les élèves qui ont eu des difficultés s'inspirent des procédures qu'ils ont reconnues valides pour les zones 5 et 6. La présentation des travaux s'effectue comme la précédente. Il s'en suit un temps de réflexion collective sur les procédures : *« Est-ce que nous pourrions expliquer en quelques mots les manières de faire possibles, quand on a la grande règle, et quand on ne l'a pas ? »*

Objectifs de l'étape 2

- Abandonner les procédures imprécises, telles qu'au jugé (P1).
- Percevoir des procédures de substitution possibles, telle que la visée (P2), ainsi que P5 et P6 (voir ci-dessous).
- Invalider le report ou le prolongement (avec le doigt) d'un même instrument.

Matériel

Les élèves ne sont pas prévenus de la modification de leur boite à outils.

Procédures complémentaires à l'étape 2

- P5 : Chevauchement ou mise bout à bout d'instruments rectilignes.
- P6 : Appui sur une position déjà validée.

Le placement de l'épingle dans les zones 1 à 4 est suivi d'un contrôle de la position des trous : des élèves peuvent penser à utiliser ces éventuelles positions valides pour la suite.

Remarques d'élèves lors de la recherche

« Depuis la première fois qu'on a juste, on met la règle sur ce point. » (un point déjà validé) ; *« C'est dur avec deux règles : on n'arrive pas bien à les accrocher. »*

Phase 2 : Sur feuille, hors intervalle entre épingles

Matériel collectif

- Une maquette montée comme à la phase 1 mais avec une nouvelle feuille B « zones » (annexe 3 au format A3, veiller à ce que la distance entre les épingles ne dépasse pas 20 cm).
- Une affiche « énoncé » (annexe 4).

Matériel par équipe de deux

- Une boite à outils, sans instrument rectiligne dépassant 20 cm, et un feutre fin.
- Un plateau avec seulement une feuille A (A3) pliée (cf. phase 1).
- Une feuille B « zones » (annexe 3 au format A3).
- Une feuille de route (annexe 2).
- Trois épingles : deux de même couleur (par ex. bleues) pour placer la feuille B sur la maquette et une d'une autre couleur (par ex. verte) à placer dans les zones 1 et 2.

Objectifs de la phase 2

- Abandonner les procédures dépendant du contexte (les épingles).
- Utiliser des procédures mettant en jeu des tracés de traits, prolongement de traits, utilisation de points intermédiaires.

Matériel

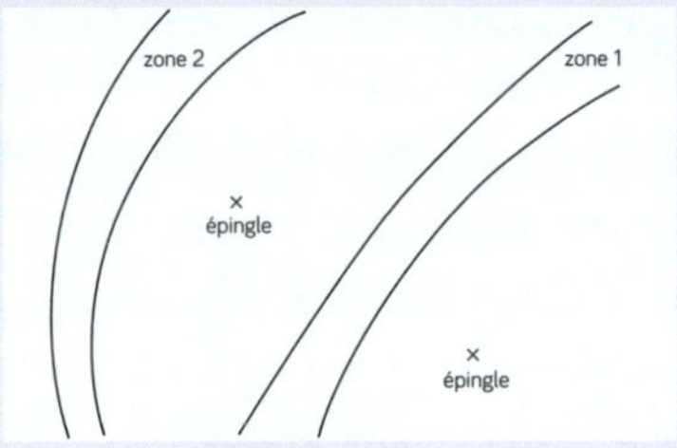

Annexe 3

Communication du problème dans les nouvelles contraintes

La maquette collective complète est présentée par l'enseignant : *« Sur le plateau sont fixées la feuille pliée, une nouvelle feuille "zones" et les épingles aux emplacements marqués par une croix »* (les élèves remarquent les différences d'avec la maquette de la phase 1). Il retire ensuite les épingles et la feuille « zones » qu'il pose à part.

L'enseignant affiche la feuille « zones » qu'il va donner aux élèves et la fait décrire (il complète ou rectifie si nécessaire) : *« Il y a des croix ; elles marquent l'emplacement des épingles. Il y a deux zones : la zone 1 située entre les deux épingles et la zone 2 avant les deux épingles. »* Il ajoute : *« Vous allez recevoir une feuille comme celle-ci ; elle est semblable à celle qui est fixée au tableau… ; vous allez aussi recevoir une boite à outils. Qu'aurez-vous à faire ? »*

Il présente l'affiche « énoncé » et la fait lire : *« Marquez, dans la zone 1, la position d'une épingle. Quand on piquera l'épingle à cet emplacement, elle devra faire un trou juste dans le pli qui est caché. Faites de même ensuite dans la zone 2. »*

L'enseignant ajoute : *« Plus tard, pour vérifier vos emplacements, je vous distribuerai des épingles. »*

Recherche par équipe de deux

L'enseignant précise : *« Vous pouvez écrire sur la feuille si vous en avez besoin. »* Ils indiquent les positions avec le feutre pour qu'elles soient bien visibles de loin lors de la mise en commun.

Mise en commun

Les équipes passent au tableau avec leur feuille « zones » pour exposer « ce qu'elles ont fait ». Les différentes procédures sont discutées ; des hypothèses sont faites sur la validité de chaque production.

À la fin, l'enseignant demande : *« Comment pourrait-on s'assurer que les emplacements que vous avez trouvés sont corrects ? »* et attend la réponse : *« En plaçant sur le plateau la feuille avec le pli et la feuille "zones" par-dessus, et en piquant les épingles bleues dans les croix prévues et l'épingle verte aux endroits que l'on a marqués. Après, on regardera si les trous de l'épingle verte sont dans le pli. »*

Validation

Les équipes disposent de leur plateau sur lequel est déjà fixée la feuille A pliée, de leur feuille B « zones » de travail, et des trois épingles. L'enseignant explique : *« Vous allez maintenant vérifier votre travail grâce à la maquette en quatre étapes :*

1. *piquez les épingles bleues sur les croix de la feuille zones ;*
2. *piquez bien précisément les épingles bleues sur le pli de la feuille du dessous ; veillez à ce que la feuille zones soit bien à plat ;*
3. *piquez l'épingle verte sur chaque position que vous avez trouvée ;*
4. *contrôlez la position des trous d'épingle sur la feuille pliée. »*

Les élèves gardent, pour le moment, pour eux leurs conclusions et ils laissent leur maquette montée en l'état.

Activités d'accompagnement : descriptions et liens p. 38

Choix didactiques

- Les épingles ne sont disponibles que pour la validation.
- Un des emplacements à déterminer est en dehors de l'intervalle les séparant.
- L'emplacement à trouver dans la zone 1 ne pose pas de difficulté en utilisant la règle de 20 cm. Pour la zone 2, une seule règle ne suffit pas pour un tracé direct.
  Les élèves peuvent alors utiliser le tracé de traits et leur prolongement.

Procédures observées

- Placer la règle en appui sur les deux emplacements d'épingles initiaux et placer l'épingle par prolongement au jugé.
- Tracer un trait droit entre les deux emplacements d'épingles initiaux avec la règle, puis placer la règle au bout du trait obtenu en contrôlant à l'œil son alignement avec le trait.
- Faire glisser la règle en conservant sa direction ou la retourner sur sa « largeur ».
- Placer la règle en appui sur le point placé dans la zone 1 et sur l'emplacement d'épingle initial le plus proche de la zone 2 de façon qu'elle atteigne la zone 2.
- Tracer un trait entre les deux emplacements initiaux, ou entre un emplacement initial et le point placé dans la zone 1, puis le prolonger en zone 2.

Mise en commun

Des éléments de conclusion « provisoires » sont exprimés pour chaque production en attendant la validation pratique.

Validation

Les élèves peuvent recourir, s'ils y pensent, à la grande règle (50 cm) pour vérifier et contrôler leur production.
Les élèves marquent par x ou o leur jugement sur le trou d'épingle et le transcrivent sur la feuille de route (annexe 2).

Conclusion

Les conclusions de la vérification sont présentées collectivement et discutées.

Questions sur USAGE DU VOCABULAIRE ET DES INSTRUMENTS DANS « ÉPINGLE SUR PLI »

La situation ÉPINGLE SUR PLI propose d'établir **le lien entre la rectitude d'objets** (notamment les instruments de la boite à outils) **et l'alignement d'objets sur un plan** (têtes d'épingles, points sur feuille). L'élève doit piquer une troisième épingle dans un pli dont n'apparaissent que les extrémités (signalées par deux épingles).

Les têtes d'épingles et les bords rectilignes de la phase 1 sont représentés par des points et des traits droits à la phase 2, cette représentation sera réinvestie dans des problèmes ultérieurs.

EMPLOI DES TERMES

Trois points distincts sont considérés **alignés** si on peut trouver un « objet » **rectiligne** s'appuyant sur ces trois points. L'« objet » rectiligne peut être virtuel (un axe de visée), matériel (bord d'un instrument), ou graphique (un trait « droit »). Le terme « rectiligne » est employé par souci de précision à la place de « droit » qui a plusieurs autres significations : angle droit ; trait droit, car vertical ; trait droit, car perpendiculaire à un autre. Le terme « rectiligne » n'est utilisé en classe que si des élèves l'expriment. En revanche, il est important que l'enseignant s'assure que le terme « droit » est employé par les élèves, dans les justifications, avec la signification de « rectiligne ». Il peut y parvenir en posant des questions : *« À quoi tu le vois qu'il est droit ? »* L'élève peut répondre *« Il n'est pas tordu. »*, *« Il suit bien le bord de la règle. »*, et faire un geste du doigt, tendre un fil ou dessiner deux traits (un droit et un qui ne l'est pas). Le terme « aligné » n'est, en général, pas exprimé par les élèves et il n'est pas nécessaire de l'introduire.

UTILISATION D'UN SEUL INSTRUMENT

Tanguy prend **une règle** courte. Il l'appuie sur une épingle, l'oriente dans la direction de la seconde épingle et place la troisième épingle dans la zone. Il prolonge ensuite du doigt le bord droit de la règle pour figurer la partie manquante de l'instrument jusqu'à la deuxième épingle à l'extrémité du pli.

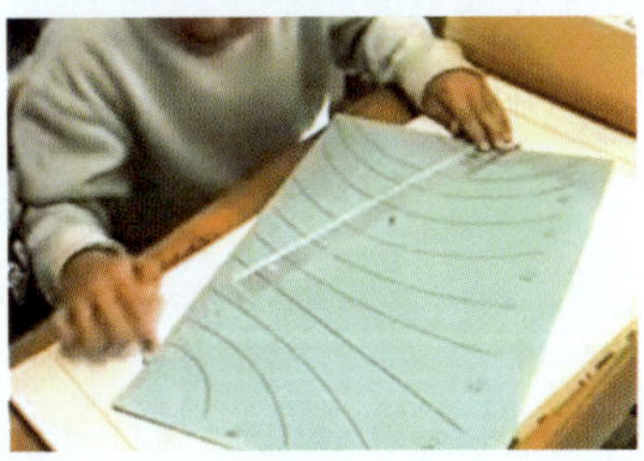

Il ne perçoit pas son erreur de direction de la règle.

USAGE DES INSTRUMENTS

Les épingles ont été placées dans les deux premières zones sans la grande règle. Lors de la mise en commun de l'étape 2, une élève dit : *« Avec les deux règles* (en chevauchement), *c'est plus difficile, parce qu'on n'arrive pas bien à les accrocher. Avec la grande règle* (à l'étape 1), *c'était plus facile, parce que là une règle ne fait pas toute la longueur. »* Sur un plateau installé au tableau, Johanna présente sa méthode : *« J'ai pris la règle de 20 cm et la règle de 30 cm et je les ai placées comme ça. »*

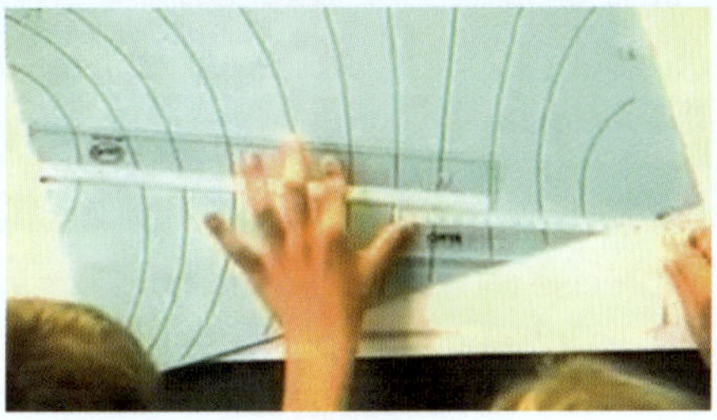

Les autres élèves demandent des explications. Johanna reprend plusieurs fois les manipulations en précisant la position des règles et en disant : « *Là, il faut bien regarder que ça soit bien droit* (que les règles soient bien jointes par un bord commun). » Alors que Johanna tient son dispositif de règles en place, une autre élève, Éva va au tableau et explique, en suivant les deux bords blancs du doigt : *« La ligne droite, elle est là ! »*

BILAN

Le pli et les emplacements des épingles à ses extrémités ont été marqués au crayon. Les trous d'épingles sont codés (« × » pour réussi et « o » pour non réussi).

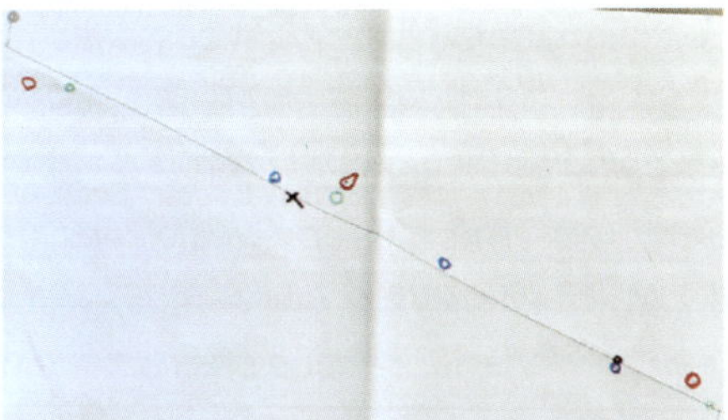

Les erreurs sont nombreuses mais finement identifiées et beaucoup sont peu importantes. Les procédures valides (P5 et P6, cf. p. 22) apparaissent comme les plus sures pour réussir mais ne sont pas comprises immédiatement par tous. Les problèmes suivants (zones 5 à 8) permettent à tous les élèves de les mettre en œuvre, pas à pas, lors des recherches et des mises en commun, sans aide de l'enseignant. Les élèves s'avèrent ingénieux en les laissant agir.

Situation
CM1 Période 1

ŒILSURTOUT

Ressources pour la situation hatier-clic.fr/24ermelg103

Le problème

Œilsurtout possède un laser pour surveiller son domaine sur lequel se trouve un mur. Les élèves doivent déterminer si les positions d'Œilsurtout lui permettent de repérer les voleurs Kruel et Férocel.

Les élèves s'approprient la situation à l'aide d'une maquette 3D, puis sont amenés à tracer des traits et placer des points sur une représentation 2D de la situation.

Connaissances visées

Étendre les connaissances spatiales relatives à l'alignement, mettant en jeu des objets réels ou virtuels (lignes de visée), aux relations entre des points et des traits droits sur feuille :
- une ligne droite réelle (bord de règle, trait droit) ou virtuelle (ligne de visée) est déterminée par deux points distincts ;
- il existe de nombreux points (alignés avec deux autres ou non alignés avec deux autres) ;
- le trait support de points alignés constitue une frontière entre deux familles de points.

Résumé de la situation

- Dans la **phase 1**, les positions des trois personnages sont indiquées sur la maquette 3D et les élèves doivent déterminer en équipe si Kruel et Férocel sont vus d'Œilsurtout.
- Dans la **phase 2**, les élèves doivent chercher en équipe des positions qu'Œilsurtout ne peut pas voir à partir d'une représentation plane de la situation.
- Dans la **phase 3**, ils cherchent les positions qui permettent à Œilsurtout de surveiller tout le domaine.

Organisation de la situation

En 5 séances : une séance pour la phase 1 puis deux séances pour chacune des phases 2 et 3.

Questions sur l'alignement et les changements d'espace : analyse p. 30

ERMEL Géométrie Cycle 3 (Hatier, 2006), situation p. 126

Phase 1 : Appropriation et résolution sur une maquette

Matériel par équipe de deux

- Une maquette composée d' :
  - un plateau (polystyrène extrudé ou carton rigide et plat) ;
  - un exemplaire de l'annexe 1a (au format A3), sur laquelle figurent les positions des personnages (Œilsurtout, Férocel et Kruel), à fixer sur le plateau avec de la colle repositionnable ;
  - épingles (colorées) et perles polyédriques pour matérialiser les personnages, à fixer avec de la colle repositionnable sur l'annexe 1a ;

  - un « mur » (en carton) à fixer sur le trait tracé sur l'annexe 1a.
- La boite à outils (complète), colle repositionnable et feutre (un peu épais).
- Une affiche « énoncé » (annexe 1b).

Matériel collectif

- La maquette sans les personnages en perles ou épingles (seulement leurs traces avec la colle repositionnable).
- Une affiche « énoncé » (annexe 1b).
- Une table, près du tableau, devant les élèves.

Objectifs de la phase 1

- Distinguer des positions alignées avec deux points distincts et des positions non alignées.
- Renforcer les procédures rencontrées antérieurement (tracer un trait, le prolonger, etc.) pour contrôler ou produire un alignement.
- Caractériser des traits droits par deux points (distincts).

Choix didactiques

- L'alignement est abordé par un problème contextualisé.
- Le domaine (avec le mur) et les personnages sont en 3D pour faire mobiliser des connaissances spatiales.
- Un personnage est repéré, un autre non.
- Les positions des personnages sont assez éloignées de la limite de vision pour que les justifications ne soient pas ambigües.

Présentation de la situation et communication du problème

L'enseignant demande : *« Savez-vous ce qu'est un laser ? »*

Les élèves expriment des hypothèses. L'enseignant précise : *« C'est un appareil, qu'on place quelque part et qui peut pivoter sur lui-même. Il permet d'éclairer un endroit même s'il est très éloigné. Avec, on peut voir très loin, y compris dans l'obscurité. Mais, sa lumière n'est pas en mesure de traverser les obstacles. »*

L'enseignant présente la maquette : *« Voici maintenant la maquette sur laquelle nous allons travailler. Elle représente le domaine d'un personnage, Œilsurtout. Pour protéger et surveiller son terrain* (il le montre du plat de la main), *il a installé son laser ici* (il montre l'emplacement sur la feuille, et il fixe la perle représentant le laser à l'emplacement prévu) *pour surveiller s'il n'y a pas des voleurs voulant son trésor. Dans son domaine, il y a également un mur* (il le montre). *Il se demande si ce mur ne va pas le gêner pour pouvoir bien regarder, partout, dans son domaine. En fait, deux voleurs – Kruel et Férocel – se sont introduits sur le domaine et sont en train de chercher le trésor ici* (il montre les emplacements et y place les perles). *»* L'enseignant dit alors : *« Auriez-vous une idée de la question à laquelle vous devrez répondre ? »* Les élèves émettent des hypothèses.

L'enseignant conclut en affichant l'énoncé, qui est lu à haute voix.

« Kruel et Férocel seront-ils repérés par Œilsurtout ?
Entoure ta réponse : Oui / Non. Explique-la bien. »

Recherche par équipe de deux ou trois

L'enseignant informe les élèves qu'ils vont travailler à plusieurs et constitue les équipes (de deux ou trois). Chaque équipe a sur sa table : la boite à outils, la maquette (avec les personnages), un feutre un peu épais et l'énoncé. Si des élèves sont bloqués pour donner une explication, l'enseignant peut les aider à exprimer leur idée, sans donner d'indication de solution complémentaire.

Mise en commun

Chaque équipe présente son travail consécutivement. Elle apporte sa maquette et la pose devant tous les élèves sur une table près du tableau. Puis, elle effectue ses manipulations ou ses essais, les explicite, les justifie, et lit sa réponse. À la suite de l'exposé, les autres élèves réagissent et débattent : ils peuvent demander des compléments d'information, contredire les auteurs, faire des propositions d'amélioration, déclarer leur accord, etc.

Conclusion de la séance

Les réponses validées sont *« Kruel est vu »* ; *« Férocel n'est pas vu »*. Les élèves les auront justifiées par des procédures valides. Il peut arriver que la procédure de visée (P2) ne soit apparue dans aucune équipe. L'enseignant peut alors demander : *« N'auriez-vous pas une autre méthode pour que l'on soit bien sûr des réponses ? »*

Si une procédure associée à l'alignement n'apparait pas, l'enseignant n'a pas à l'introduire.

Matériel

- **Domaine d'Œilsurtout**

Dans le texte, on désigne les différents éléments par les lettres suivantes.
- Laser d'Œilsurtout : L ;
- Kruel : K ;
- Férocel : F ;
- Mur : M ;
- Extrémité droite du mur : E.

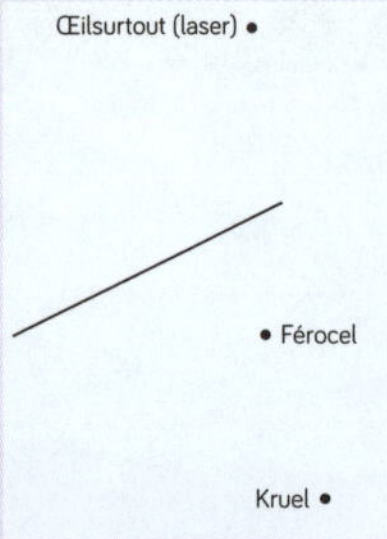

Annexe 1a

Procédures

- P1 : Le jugé (appréciation de la position sans contrôle des éléments pouvant la déterminer).
- P2 : La visée (contrôle de l'alignement de L, M, K et F).
- P3 : L'emploi d'un élément rectiligne (instrument ou tracé) s'appuyant sur les positions L et E.
- P4 : L'emploi d'un élément rectiligne (instrument ou tracé) s'appuyant sur les positions L et K ou F.

Vocabulaire

- Dans l'énoncé, le terme « repérés » est préféré à « vus » pour moins induire de procédure.
- Pour les élèves, « ne pas être vu », « ne pas être repéré » et « être caché » sont synonymes et sont relatifs aux voleurs. Les verbes « voir » ou « repérer » semblent avoir un sens plus large que « cacher ».

L'enseignant évitera les interrogations négatives, par exemple *« Kruel ne sera-t-il pas repéré ? »*, qui risquent d'induire des réponses négatives ambigües.

Mise en commun

L'enseignant contrôle le contenu des échanges. Il peut :
- faire reformuler ;
- faire apparaitre des contradictions pour faire réagir les élèves ;
- mieux expliciter ou invalider des faits.

Pour chaque maquette, il vérifie que toutes les remarques qu'il est possible de faire ont été énoncées et débattues.

Phase 2 : Résolution graphique

Matériel collectif

- La maquette avec la nouvelle feuille de travail (annexe 2a) découpée selon les pointillés et sans le mur en carton (conservé à part).
- Une boite à outils pour la mise en commun (celle d'une équipe).
- Une affiche « énoncé » (annexe 2b).

Matériel par équipe de deux

- Un exemplaire de l'annexe 2a au format A3 (pour être visible lors de la mise en commun) à fixer à la colle repositionnable sur le plateau.
- Un exemplaire des annexes 2c et 2d au format A3 ou A4.
- La boite à outils et un feutre, de couleur de préférence, pour que les solutions se distinguent des données.

Communication du problème

L'enseignant présente l'annexe 2a et un « mur » : « *Voilà toujours le domaine d'Œilsurtout. On reconnait ici l'emplacement du mur.* » Pour se faire comprendre, il pose le mur puis le laser d'Œilsurtout sur leurs emplacements. Il enchaine : « *La question est la suivante.* » Il affiche l'énoncé et le fait lire par les élèves, silencieusement puis à haute voix :

« *Œilsurtout s'est positionné pour faire le guet. Y a-t-il des endroits où Férocel et Kruel peuvent se placer pour ne pas être repérés ? Si oui, montre tous les endroits possibles. Si non, explique pourquoi.* »

Afficher l'énoncé au tableau permet aux élèves de s'y référer pour valider les productions : « *La question demande* ***tous*** *les endroits possibles ; là il n'y en a que deux.* »

Les élèves peuvent remarquer qu'Œilsurtout a changé de place.

Recherche par équipe de deux

Chaque équipe de deux reçoit son matériel.

Mise en commun

Les équipes passent successivement au tableau, selon la hiérarchie des procédures (cf. ci-contre).

Chacune y fixe sa feuille de travail (2a) au moyen d'aimants, puis explique les procédures utilisées en s'aidant d'instruments. Par exemple, un des élèves place la règle selon le trait frontière (LE) et dit « *Ils peuvent se mettre là, parce que le laser, il peut aller jusque-là.* », en montrant les endroits proposés.

Reprises

Deux autres problèmes semblables sont posés aux élèves (annexes 2c et 2d). Le déroulement est le même que précédemment. Les zones où un voleur peut être vu ou non sont plus délicates à déterminer (cf. choix didactiques ci-contre).

Il est possible de limiter les feuilles de travail à un format A4.

L'enseignant rappellera la nécessité de soigner le travail et d'être très précis si l'on fait des tracés.

De plus en plus d'élèves traduisent graphiquement des réponses par des points, un ensemble de traits, voire des zones.

Enjeux de la phase 2

- Transposer la situation à l'espace graphique (2D) pour développer des procédures s'appuyant sur des tracés.
- Comprendre qu'il existe une pluralité de solutions au problème.

Matériel

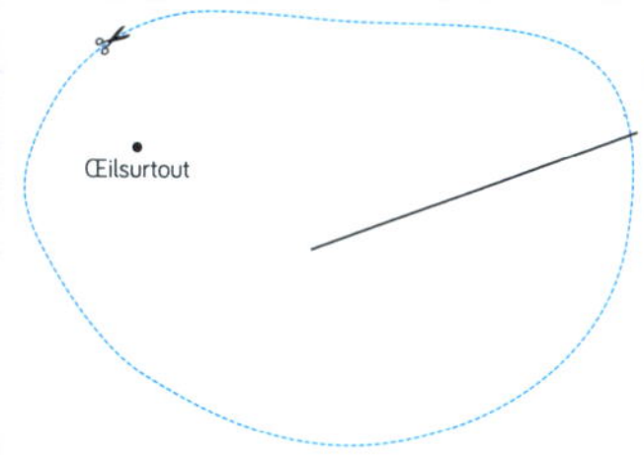

Annexe 2a

Choix didactiques

- Pour augmenter la difficulté, le laser est placé assez loin de l'extrémité du mur et n'est pas dans son alignement (annexe 2a).
- Pour exiger plus de précision, le laser est placé plus proche de l'extrémité du mur (annexe 2b) ou presque dans son alignement (annexe 2c).

Procédures observées

Elles appartiennent à deux grandes catégories :

- A : détermination des zones où un voleur peut être vu (celles où il ne peut pas être vu sont déduites par opposition) ;
- B : détermination directe des zones où un voleur ne peut pas être vu.

- P5 : Emploi d'un élément rectiligne s'appuyant sur L et pivotant autour pour figurer l'axe de vision, sans tracé.
- P6 : Comme P5 mais avec tracé d'un trait à chaque fois.
- P7 : Tracé direct du trait frontière (LE) entre les zones où un voleur est vu et celles où il n'est pas vu.

Exemples de productions d'élèves

- Absence de point solution.
- Quelques points, juste derrière le mur.
- Quelques points dans la zone correcte.
- Tracé du trait frontière et de nombreux points dans la zone correcte.
- Tracé du trait frontière et indication de la zone correcte, par coloriage par exemple.

Phase 3 : Résolution graphique avec d'autres contraintes

Matériel pour la classe

- Une affiche pour chaque énoncé (annexes 3a et 3b).

Matériel par équipe de deux ou trois et pour chaque étape

- Une feuille affiche blanche (format A3) et un feutre un peu épais.
- Une feuille « réponse » (annexe 3c) au format A5 (étape 1).
- La boite à outils (même si elle peut s'avérer très accessoire).

Objectif de la phase 3

Rechercher des points alignés avec ceux d'un trait droit.

Matériel

- Feuille réponse (annexe3c) :

Œilsurtout a raison. Savantine a raison.
Entoure ta réponse.

- La boite à outils reste à disposition mais n'est pas nécessaire, car la recherche peut se faire seulement par le raisonnement.

ÉTAPE 1 : PREMIÈRE RECHERCHE DE SOLUTIONS

Présentation du problème et consigne

L'enseignant : *« Œilsurtout n'est pas content ... Si vous voulez comprendre pourquoi, lisez ceci. »*

Il affiche l'énoncé au tableau et en demande la lecture silencieuse :

« Œilsurtout est désolé de voir qu'à chaque fois qu'il se place pour faire le guet, il y a des endroits où Férocel et Kruel ne peuvent pas être repérés.

Désespéré, il s'exclame : "C'est pas possible !!! Il y aura toujours des endroits où je ne pourrai pas repérer les voleurs." Savantine le rassure : "Si, si, c'est possible..."
À ton avis, qui a raison : Œilsurtout ou Savantine ?
Explique pourquoi. »

Il demande aux élèves d'identifier les personnages (Œilsurtout et Savantine), la question que se pose Œilsurtout, et ce que lui répond Savantine. Puis, il demande à trois élèves de lire l'énoncé à voix haute (un élève par personnage et un élève pour l'énoncé).

Il laisse un temps pour que les élèves expriment leurs réactions face à cette nouvelle situation, puis explique : *« Vous allez, par équipe, réfléchir et essayer de répondre à cette question pour dire qui a raison : Œilsurtout ou Savantine. Vous expliquerez votre réponse. Quand chaque équipe aura fini, on écoutera ce que chacune aura à dire. »*

Première recherche par équipe

Les équipes reçoivent la feuille affiche blanche pour travailler. Les réflexions et discussions s'organisent et s'activent entre les équipiers.

Après s'être assuré que les réflexions sont terminées, l'enseignant distribue une feuille « réponse » (format A5) à chaque équipe pour qu'elle entoure sa réponse. Il ajoute : *« Tout à l'heure, chaque équipe expliquera sa réponse. »*

Première recherche

Pour la plupart des équipes, la boite à outils n'est pas employée : des dessins sont faits à main levée.
Pour d'autres, des solutions sont traduites gestuellement : index posé à un emplacement et représentant un trait droit (la direction de vision) ; ce geste est reproduit plusieurs fois en rotation autour du point position choisi au début.
D'autres encore ne donnent pas de réponse.

Première mise en commun rapide

L'enseignant demande à chaque équipe sa réponse. Les équipes pensant qu'Œilsurtout a raison vont en premier au tableau pour donner oralement une explication. C'est ensuite au tour des équipes pensant que Savantine a raison.

Les explications suscitent en général des échanges. À ce stade, elles peuvent être encore confuses et difficiles à exprimer par écrit, c'est pourquoi une expression orale peut suffire.

Finalement des élèves concluent : *« On n'est pas tous d'accord. »*

Première mise en commun rapide

- Des élèves qui seraient en panne pourront identifier des éléments pertinents dans des présentations.
- L'enseignant commente la conclusion des élèves pour les responsabiliser : *« Vous n'êtes pas d'accord pour dire qui a raison... C'est votre problème. Si Savantine a raison, il faut expliquer pourquoi ; si Œilsurtout a raison, il faut expliquer pourquoi. »*

Nouvelle consigne

Des arguments ayant été exprimés sans conduire à un accord, il continue : « *Je vais vous donner un feutre, une feuille affiche blanche (pour affichage) pour que vous trouviez des arguments afin de convaincre vos copains que vous avez raison. Rappelez-vous qu'il n'y a qu'un mur, indestructible, et qu'un seul laser.* »

Nouvelle recherche par équipe

Mise en commun

Chaque équipe présente ses arguments à tour de rôle : il n'y a pas de validation explicite des réponses mais les réponses inadaptées sont disqualifiées ; le débat s'arrête sur la diversité des remarques et réponses des élèves. Mais, au fur et à mesure des présentations, des élèves concluent : « *On est toujours d'accord pour dire que Savantine a raison.* »

Mise en commun

L'enseignant attend que les élèves n'aient plus de remarques à faire sur une production avant de demander la présentation de l'équipe suivante.

ÉTAPE 2 : RECHERCHE DE « TOUTES » LES SOLUTIONS

Présentation de la nouvelle consigne

L'enseignant : « *Maintenant, vous allez avoir la réponse de Savantine.* » Il affiche l'énoncé et demande à plusieurs élèves de le lire à voix haute :

« "Eh ! Pas mal ! Mais à mon avis, tu peux te placer ailleurs !!!"
Savantine a-t-elle raison ?
Si oui, montre tous les endroits possibles.
Si non, explique pourquoi. »

Après les réactions d'élèves, l'enseignant explique : « *Il faut donc que vous montriez à Œilsurtout tous les endroits où il peut se placer pour toujours voir les voleurs. Essayez de les lui indiquer sur la grande feuille.* »

Recherche et mise en commun intermédiaire

L'enseignant peut effectuer un bilan intermédiaire s'il constate au cours de la recherche que des élèves ne répondent pas à la question et se contentent de placer seulement quelques points.

Productions

- Les explications se développent, notamment par des schémas présentant par exemple quelques propositions de positionnements.
- Représentation de solutions ponctuelles :
  - plusieurs domaines sont représentés, avec chacun une localisation ;
  - un seul domaine est représenté.
- Représentation de l'ensemble des solutions par un trait :
  - tracé en reliant deux points ;
  - tracé directement (sans points).

Mise en commun et institutionnalisation

Les équipes présentent leurs travaux. Dans la conclusion à l'activité, il est utile de faire identifier les différences entre les deux principales manières de répondre :
- en plaçant des points dans l'alignement du mur ;
- en traçant un trait figurant la continuité des positions.

Des éléments langagiers peuvent être aussi soulignés.

Activités d'accompagnement : descriptions et liens p. 38

Questions sur ALIGNEMENT ET CHANGEMENTS D'ESPACE DANS LA SITUATION « ŒILSURTOUT »

Le problème de la situation ŒILSURTOUT est posé d'abord avec un dispositif matériel (une maquette), puis sur feuille. Ce texte explicite des productions à chacune des phases de la situation.

AVEC UNE MAQUETTE (PHASE 1)

Dans la phase 1 de la situation, les élèves ont une maquette dans laquelle les personnages sont matérialisés par des perles, et le mur par une plaque de carton. Le problème consiste à trouver si un personnage est repéré ou non par Œilsurtout grâce à son laser.

Dans une classe, trois équipes ont fait des productions ou des interprétations erronées :

• 1re équipe : « *Ils seront repérés.* »
La classe n'est pas d'accord car « *la réponse ne doit pas être la même pour les deux voleurs* », sans justifier cette affirmation de façon précise. Les élèves ont pu interpréter le problème ainsi : si l'enseignant propose deux positions, alors une position est bonne (effet de contrat didactique[1]).

• 2e équipe : « *Il ne va pas les voir.* »
L'ambigüité de la réponse fait réagir la classe et les échanges montrent que les élèves de cette équipe n'ont pas véritablement compris le problème et pensent que les personnages peuvent bouger et aller se cacher.

• 3e équipe : un des élèves prend une règle, la pose en appui de façon approximative sur deux « points » (le laser et un autre) et explique : « *Nous, au départ, on a mesuré comme ça. Et on a trouvé qu'il pouvait être vu.* » Un élève lui demande : « *Quand tu dis "On mesure", pourquoi tu veux mesurer ?* » Un élève de l'équipe réagit avec des gestes : « *On voulait dire comme ça, tu vois…on tourne la règle pour toucher le voleur.* » Cette formulation de l'élève illustre que, pour les élèves, la première fonction de la règle est de mesurer.

Il est important que l'enseignant permette à toute la classe d'expliciter et critiquer ces différentes interprétations pour que les caractéristiques du problème soient comprises par tous. Ainsi les connaissances pourront évoluer à la phase suivante.

DANS L'ESPACE GRAPHIQUE (PHASE 2)

Dans la phase 2, les élèves disposent maintenant d'une feuille de travail avec seulement un trait pour le mur et un point pour le laser. L'enseignant signale que le problème est nouveau et demande : « *Y a-t-il des endroits où Férocel et Kruel peuvent se placer pour ne pas être repérés ?* »

Des élèves figurent le rayon laser avec une règle qui traverse la trace du mur. Ils la font pivoter autour du point L (laser) et placent à chaque déplacement un point, souvent collé au mur. Ces élèves se détachent peu de la situation avec la maquette (phase 1).

Lors de la mise en commun, les élèves diront « *Ils peuvent se placer là.* » en montrant de la main une zone imprécise.

Plusieurs équipes ont tracé le trait « frontière », comme ci-dessous, qu'elles ont pu compléter par des traits représentant des exemples de rayons butant sur le mur (photo 1). D'autres équipes se limitent à la zone des positions (photo 2).

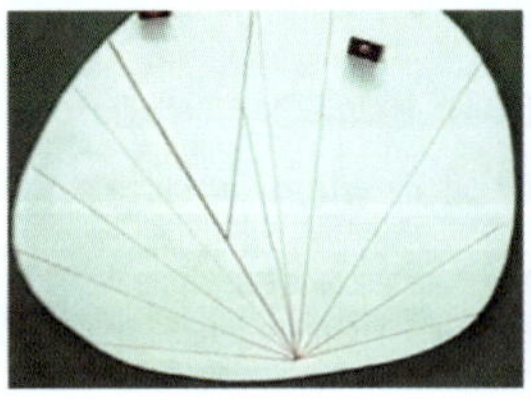

Photo 1

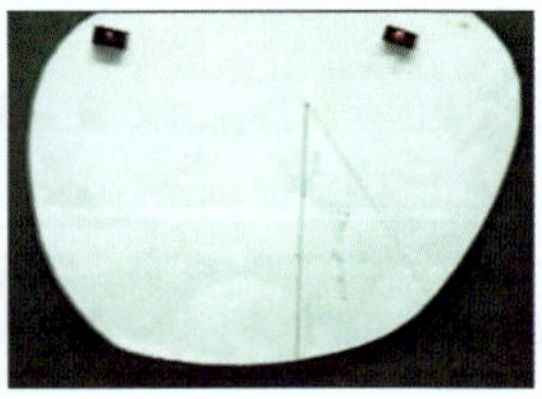

Photo 2

SANS QU'UN ESPACE NE SOIT DONNÉ (PHASE 3)

Pour le dernier problème, dans la phase 3, ne sont fournis qu'une feuille blanche et des feutres. Les élèves doivent trouver où peut être placé le laser pour surveiller partout. Des équipes représentent plusieurs dessins consécutifs du mur accompagnés chaque fois d'une position possible avec un texte : « *Il peut se mettre à plusieurs endroits.* »

QUELLE ÉVOLUTION ?

Grâce aux changements d'« espace » successifs, les élèves représentent des réponses de plus en plus exhaustives et s'écartent peu à peu du point de vue exclusivement spatial.

1. Cf. Enjeux didactiques p. 216

Situation
CM1 Période 5

FAISCEAUX DE TRAITS

Ressources pour la situation hatier-clic.fr/24ermelg105

Le problème

Les élèves doivent reproduire un faisceau de traits donné à partir d'une reproduction partielle constituée seulement de points.

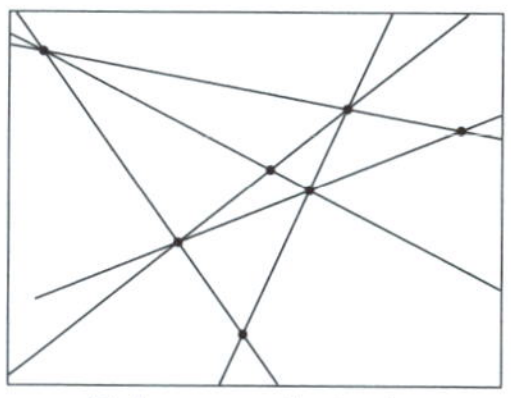

Faisceau de traits (annexe 1a)

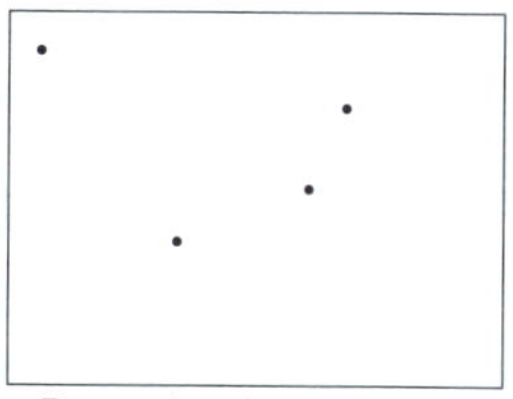

Reproduction partielle (annexe 1b)

Connaissances visées

- Repérer des éléments homologues entre deux configurations (points ou traits).
- Identifier des éléments déjà reproduits et des éléments absents.
- Enchainer plusieurs tracés successifs dans un ordre précis.
- Caractériser un trait droit par deux points distincts et caractériser un point comme intersection de deux traits droits (non parallèles).

Résumé de la situation

- Dans la **phase 1**, la reproduction du faisceau de traits ne nécessite pas la construction de points intermédiaires.
- Dans la **phase 2**, la reproduction de certains éléments du faisceau de traits nécessite la construction préalable de points et traits intermédiaires.

Organisation de la situation

Elle peut se dérouler en deux séances : une pour chaque phase.

Questions sur les procédures à retenir : analyse p. 34

ERMEL Géométrie Cycle 3 (Hatier, 2006), situation p. 153

Phase 1 : Reproduction sans construction d'éléments intermédiaires

Matériel pour deux élèves (éventuellement individuel)

- Un feutre normal ou pour transparent.
- Un faisceau à reproduire (annexe 1a, au format A4) sur transparent ou calque.
- Une reproduction partielle (annexe 1b, au format A4) sur papier, transparent ou calque.
- Une boite à outils de géométrie.

Matériel pour la classe

- Un vidéoprojecteur ou un visualiseur (éventuel) pour les mises en commun.
- Le faisceau à reproduire et la reproduction partielle (annexes 1a et 1b, cf. haut de page) au format A3 sur papier.
- Une affiche « énoncé » (annexe 3).

Présentation des figures

L'enseignant affiche au tableau le dessin de l'annexe 1a : « *Sur cette feuille, voilà ce que j'ai fait. Qu'est-ce que c'est ? Qu'est-ce que vous voyez ?* ». Les élèves peuvent répondre : « *C'est une figure, un dessin* » ; « *il y a des points* », « *il y a des lignes* », « *il y a des traits* », « *il y a des triangles* », etc. Des élèves peuvent employer des termes comme « segment » et « droite ». À chaque fois, l'enseignant ne réagit que sur les assertions erronées et les rectifie éventuellement.

Objectif

Comprendre que certains objets d'une figure (points ou traits) peuvent être reproduits directement par relations d'incidence (alignement, appartenance d'un point à une droite, intersection de droites) sans avoir recours aux mesures de longueurs, alors que d'autres objets nécessitent la construction d'objets intermédiaires non encore existants.

Remarques sur le matériel

- L'utilisation de transparents a plusieurs avantages :
  - ils peuvent être réutilisés car les traits tracés au feutre peuvent être effacés ;
  - les productions peuvent être vérifiées par superposition avec le modèle ;
  - les productions peuvent être placées sur vidéoprojecteur lors des mises en commun.
- Les annexes 1a et 1b sont à détourer et à orienter différemment sur leur support pour rendre l'identification des éléments homologues non immédiate.
- Le format A3 agrandit les figures et rend les procédures au jugé moins efficientes, et donc plus facilement invalidables.

L'enseignant peut résumer les observations : *« Nous dirons qu'il y a des points et des traits (qui sont droits). »*

Il fixe au tableau la reproduction partielle de l'annexe 1b : *« Sur cette autre feuille, qu'est-ce que vous voyez ? »*

Les élèves répondent : *« il y a des points » ; « il n'y a que des points ».*

L'enseignant peut répéter chaque réponse correcte, sans commentaire et sans faire identifier les éléments homologues par les élèves.

Communication du problème

L'enseignant : *« Certains éléments de la première figure sont placés sur la deuxième feuille, exactement comme ils sont sur le faisceau de départ ; d'autres ne sont pas tracés... À vous de les construire pour compléter la figure. »* Il affiche l'énoncé : *« Sur la première feuille, il y a un dessin de figure. Sur la deuxième feuille, des points du premier dessin ont été reproduits. Terminez la reproduction du dessin. »*

Recherche individuelle ou par deux

L'enseignant fixe, avec deux morceaux d'adhésif, les deux feuilles (annexes 1a et 1b) sur chaque table (dans le cas de transparents, les placer sur des feuilles blanches). Il fait aussi distribuer les boites à outils. L'enseignant n'a pas d'aide particulière à apporter.

Mise en commun

1er temps : examen rapide des productions d'élèves

L'enseignant fait afficher au tableau un exemplaire de l'annexe 1a, et en dessous les productions des élèves. Il leur demande : *« Avez-vous des choses à dire sur ces productions ? »*

Les élèves font des observations, remarquent des erreurs, identifient des analogies, demandent des explications et font des hypothèses ; les auteurs d'une production en cause expliquent et argumentent.

2e temps : présentation par les élèves de leurs procédures

L'enseignant : *« Chaque équipe va venir au tableau à tour de rôle présenter à tous comment elle a fait. »*

Les critères permettant de valider ou d'invalider les productions portent sur les éléments utilisés pour en obtenir d'autres (points, traits) et la conformité de ces éléments construits avec les éléments homologues de la figure de départ. Le contrôle par superposition (et transparence) des feuilles 1a et 1b ne se fera qu'en dernier si nécessaire.

La classe doit se mettre d'accord pour chaque production : réussie ? pas réussie ? presque réussie ? La décision est notée dans un tableau.

3e temps : identification des procédures à retenir

L'enseignant pose des questions à la classe (voir ci-contre), qui dépendent des procédures évoquées par les élèves pendant le 2e temps. Le but est de faire le bilan sur les principaux critères de comparaison entre procédures.

Phase 2 : Reproduction avec construction d'éléments intermédiaires

Matériel pour deux élèves

- Un faisceau à reproduire (annexe 2a au format A3 sur papier).
- La reproduction partielle (annexe 2b au format A3).

Choix didactiques

Les points donnés sur la reproduction partielle (annexe 1b) permettent aux élèves de tracer directement tous les faisceaux de traits sans placer des points intermédiaires.

Présentation des figures

L'enseignant amène les élèves à expliciter ce qui apparait (des points) et ce qui manque (des points et des traits) sans faire identifier les éléments homologues.
Des élèves peuvent dire : *« Sur le deuxième dessin, tu as fait des points du premier. »* Dans ce cas, l'enseignant pourra répondre *« En effet ! J'ai tracé certains points du premier dessin. »* mais il ne laissera pas leur identification s'effectuer.

Procédures

Elles sont délicates à identifier et se modifient selon les étapes de la reproduction.
Les éléments manquants sont construits :
- P1 : au jugé ;
- P2 : grâce à des longueurs (*« Le point est à 3 cm de celui-là. »*) ;
- P3 : à partir d'éléments antérieurs soit existants déjà, soit venant d'être construits, en employant les relations d'incidence.

Les élèves peuvent alterner P1, P2 et P3.

Enjeu de la mise en commun

Amener les élèves à comprendre que P2 (mesure de longueurs) est beaucoup moins opérante que P3 (relations d'incidence).

Organisation du 2e temps

L'enseignant peut commencer avec une production sur laquelle des erreurs ont été repérées et poursuivre avec des productions présentant des erreurs semblables, puis avec d'autres présentant des erreurs différentes.
Il peut terminer avec les productions encore susceptibles d'être valides.

Questions du 3e temps

L'enseignant peut commencer par *« Y a-t-il une façon de faire qui soit plus précise que les autres ? »*, puis :
- pour une procédure au jugé (P2 ou P3) : *« Est-ce que cette équipe a fait pareil que celle-là ? Pourquoi ? » ; « Est-ce que leur méthode est fiable ? Pourquoi ? »*
- pour une procédure par construction (P3 par exemple) : *« Qui peut redire comment cette équipe a fait ? » ; « Qu'est-ce qui est important dans leur méthode ? » ; « Par quoi ont-ils commencé ? Pourquoi ? » ; « Avec cette manière de faire, qu'est-ce qui a été construit en dernier ? »*

Matériel pour la classe
- Un vidéoprojecteur (éventuel).
- L'affiche « énoncé » de la phase 1 (même consigne dans les deux phases).

Communication du problème

Elle se déroule comme en phase 1. L'enseignant affiche le faisceau de traits (annexe 2a) au tableau et demande : *« Qu'est-ce ? »*

Après les réponses des élèves, il fait de même avec la reproduction partielle (annexe 2b), puis poursuit : *« Vous savez ce que vous avez à faire ? »*

Après les réponses des élèves, il conclut : *« Il y a une figure sur la première feuille. Des éléments de cette figure sont construits sur la deuxième feuille, d'autres ne sont pas construits... À vous de les construire. »* Puis, il affiche l'énoncé.

Recherche par deux

Les élèves travaillent à deux, en raison de la plus grande difficulté du problème. Si certains élèves sont bloqués, il est possible de détacher l'annexe 2b pour qu'ils puissent soit l'orienter différemment, soit la superposer à l'annexe 2a. Pour ne pas leur suggérer ces opérations, l'enseignant peut seulement leur dire : *« Si cela peut vous aider, détachez la deuxième feuille. »*

Mise en commun

Il est proposé de la conduire différemment de la phase 1, en demandant à chaque équipe comment elle a procédé. À la fin de chaque exposé, les questions pourront porter sur la production proprement dite et son tracé, ainsi que sur les procédures employées. Il est alors utile de faire rappeler, par des questions, des critères qui ont servi en phase 1 :

– *« Simplement, en regardant les deux dessins, est-ce que le dessin de la deuxième feuille est correct ? »* ;

– *« Est-ce qu'il y a des éléments mal placés ? »* ;

– *« Que pensez-vous de leur méthode ? »* ;

– *« Ce point que vous avez placé là, où se trouve-t-il sur la première feuille ? »* ;

– *« Comment avez-vous tracé ce trait ? construit ce point ? »* ;

– *« À quoi fallait-il bien penser ou que fallait-il faire pour que ce point soit bien au bon endroit ? »*.

Conclusion et trace écrite

L'enseignant : *« Quelle méthode fallait-il utiliser pour réussir ? Pourquoi ? »*

Puis, en affichant une nouvelle annexe 2a et une nouvelle annexe 2b : *« Voici une nouvelle deuxième feuille. Je vais donner des noms aux points A, B, C, D, E... Vous allez guider l'un d'entre vous pour qu'il fasse devant vous au tableau les tracés successifs. »*

Une trace écrite pourra être constituée d'une photo de l'annexe 2a, d'une photo de l'annexe 2b complétée au tableau et du « texte » élaboré en commun.

La construction peut être refaite « au propre » si cela parait utile.

Activités d'accompagnement : descriptions et liens p. 38

Objectifs de la phase 2
- Abandonner le plus possible les procédures au jugé et avec les longueurs.
- Renforcer la procédure de construction à partir d'éléments antérieurs soit existants déjà, soit venant d'être construits.

Matériel pour la phase 2

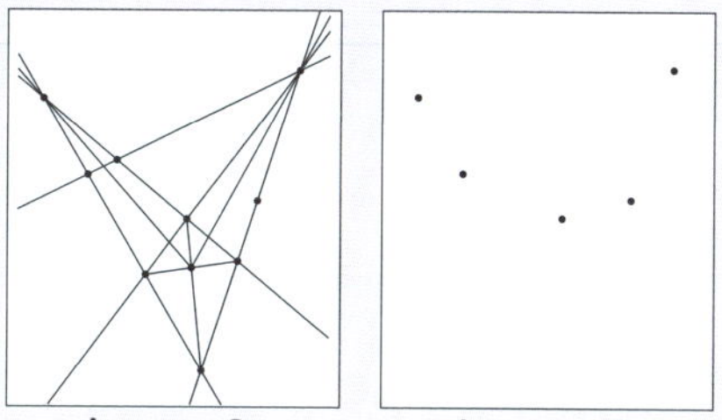

Annexe 2a — Annexe 2b

Choix didactique

Les points donnés sur la reproduction partielle (annexe 2b) ne permettent pas aux élèves de tracer directement tous les faisceaux de traits : ils doivent placer des points intermédiaires.

Enjeux de la mise en commun
- Faire expliciter les difficultés, les erreurs, leur explication, les points clés et les procédures.
- Mettre en évidence les procédures les plus efficaces.

Conclusion

Pour reproduire la figure au tableau, il est important de repérer les éléments qui sont déjà reproduits et ceux qui peuvent être tracés directement. Les derniers éléments seront construits à partir de ceux qui viennent d'être tracés.
Les élèves reformulent les actions :
« Trace le point qui... » ;
« Non. Trace d'abord le trait droit AC » ;
« Prolonge-le » ;
« Trace maintenant le trait BD » ;
« Fais le point là où ils se rencontrent » ;
« Trace le trait qui va de ce point à celui-là... (oubli de le désigner...) », etc.

Trace écrite

L'enseignant peut :
– soit écrire les actions réalisées au fur et à mesure (si elles sont acceptables) ;
– soit les faire rectifier, par exemple en commençant la phrase et en demandant aux élèves de la continuer.

Questions sur LES PROCÉDURES À RETENIR DE LA SITUATION « FAISCEAUX DE TRAITS »

Comme cela apparait en conclusion de la situation ŒILSURTOUT (p. 25), les élèves parviennent maintenant à se détacher plus facilement des éléments purement spatiaux (contextes, procédures). La situation FAISCEAUX DE TRAITS prend en compte cet aboutissement et propose la reproduction d'une figure, à partir de sa reproduction partielle (des points).

Chaque reproduction nécessite d'identifier au préalable les points homologues, c'est-à-dire les points de la figure initiale qui sont présents sur la reproduction partielle. Les élèves peuvent le déterminer visuellement au jugé, par du mesurage ou du repérage spatial : les distances, les longueurs, le repérage dans un plan et le jugé sont des connaissances auxquelles ils recourent facilement. L'enseignant se limite donc à dire : *« Certains éléments de la première figure sont tracés sur la deuxième feuille, exactement comme ils sont sur le faisceau de départ. »*

DISQUALIFIER LE RECOURS AUX DISTANCES

Prenons un exemple : les points A, B, C et D sont donnés et le point M est à construire à partir du prolongement des segments [AB] et [CD].

Or, le point M pourrait aussi être construit à partir de la détermination de sa distance au point B ou D. Alors, comment amener les élèves à considérer une telle procédure comme inadaptée ici ?

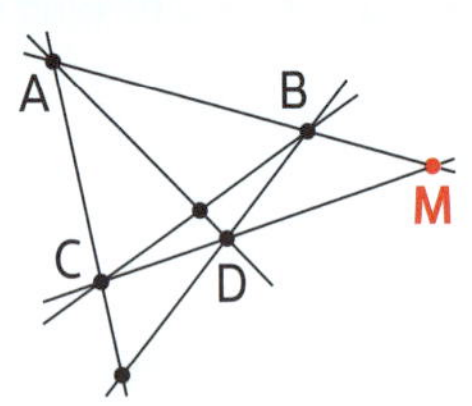

En discutant la production erronée d'un élève qui a utilisé la distance du point M au point B :

- en faisant une approximation dans le mesurage ;
- en plaçant M aligné et à distance (sans prolonger [AB]), au jugé ou grâce à un instrument mal ajusté.

Lors de la validation, l'erreur engendrée peut apparaitre visuellement, et la procédure sera alors invalidée. En revanche, si l'erreur est plus fine, la disqualification de la procédure est plus délicate. La vérification des productions peut alors se faire par comparaison avec la figure d'origine sur transparent.

Il est important que ce type de procédure inadaptée apparaisse et soit invalidée (pour une raison de précision) lors de la résolution du premier problème (phase 1), pour sensibiliser les élèves au fait qu'il est nécessaire de procéder autrement. Pourtant, lors du deuxième problème (phase 2), l'emploi de ce type de procédure n'est pas à exclure.

À QUELLES CONCLUSIONS ABOUTIR ?

Les éléments à retenir portent sur :

- la pertinence des relations d'incidence en regard des distances pour reproduire la figure ;
- l'identification des points homologues (possible à l'aide des distances et du repérage spatial) ;

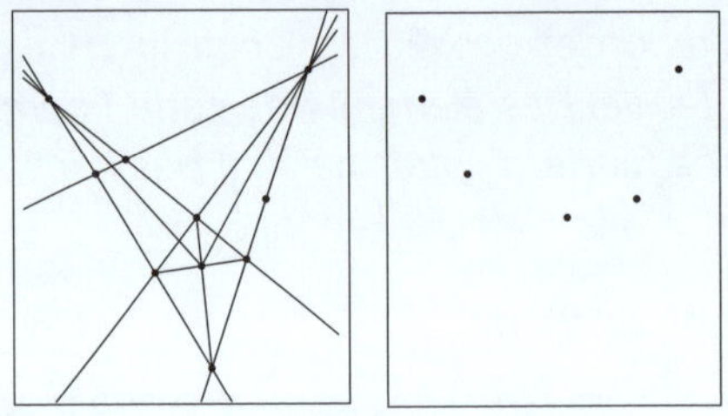

- les étapes d'une procédure adaptée, ce qui peut se traduire à la fin par une trace écrite, telle que ci-dessous.

❶ *Je repère les points sur la feuille. Je les appelle A, B, C, D et E.*

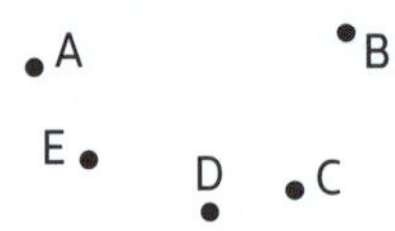

❷ *Je cherche les traits de la figure que je peux tracer à partir de ces points. Il y en a cinq : (AE), (BC), (BD), (BE) et (AD).*

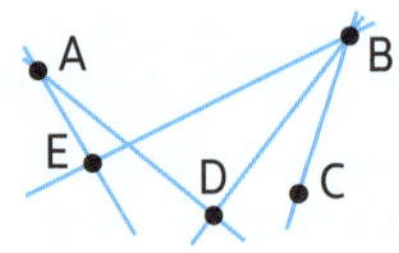

❸ *Les traits (BE) et (AD) se coupent en Q.*

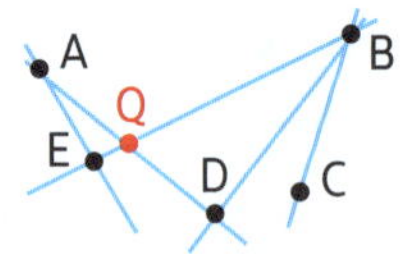

❹ *Je prolonge les traits (BC), (AE), (AD), et (BD) si besoin.*
- *(BC) et (AE) se coupent en R.*
- *(BC) et (AD) se coupent en S.*
- *(BD) et (AE) se coupent en T.*

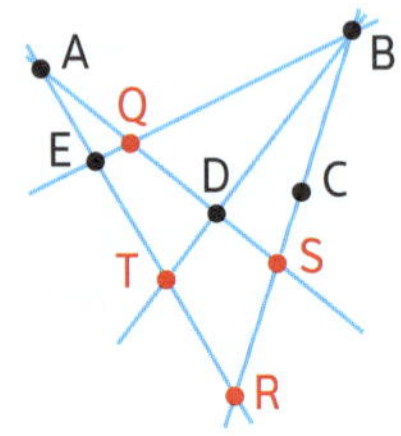

❺ *Je trace les segments [ST] et [DR]. Ils se coupent en I.*

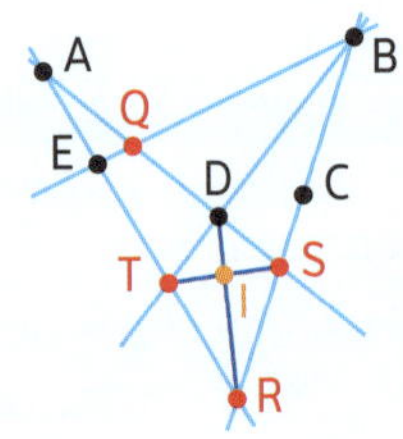

❻ *Je trace les segments [AI] et [BI].*

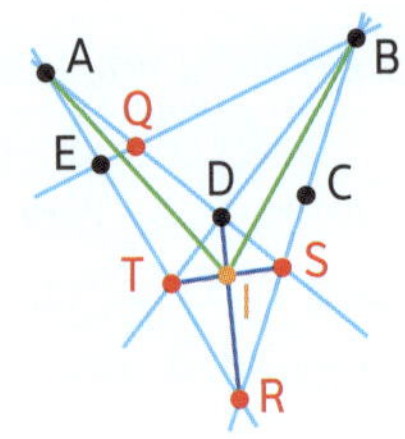

REPÉRAGE SUR QUADRILLAGE

Ressources pour la situation hatier-clic.fr/24ermelg105

Le problème

L'élève doit produire un message indiquant l'emplacement d'un objet caché par l'enseignant dans une grille rectangulaire pour qu'un autre élève (quelle que soit sa position) puisse le retrouver. Il doit pour cela trouver un moyen de communiquer cette position en précisant l'orientation du dispositif dans la salle. Le système de repérage en lignes et colonnes, précisant l'origine du repère et l'orientation choisies, s'avère le plus efficace quand il y a plusieurs points à communiquer.

Connaissances visées

- Comprendre qu'un repérage absolu (*« quatrième colonne et troisième ligne »*) et orienté est un moyen efficace pour communiquer des positions dans une grille rectangulaire.
- S'approprier ou construire un système de coordonnées simple de type lignes/colonnes, utiliser le vocabulaire associé et la notation usuelle (C ; 4) ou (3 ; 4).

Résumé de la situation

Les élèves doivent construire (**phase 1**) puis utiliser (**phase 2**) un système de repère pour communiquer une position dans une grille rectangulaire. La **phase 3** permet l'appropriation de différents systèmes de coordonnées.

Organisation de la situation

La situation est menée en deux séances, une par phase, suivies de temps plus courts pour la phase 3.

ERMEL Géométrie Cycle 3 (Hatier, 2006), situations p. 579, 581 et 587

Phase 1 : Repérages sur quadrillage

Matériel pour la classe

- Une grande grille carrée 4 × 4 d'au moins 1 m sur 1 m.
- 16 fiches carrées en papier épais (non transparent).
- 16 fiches numérotées (sans 6 et 9 pour éviter les confusions).

Matériel individuel

- Une fiche « nombre mystère » (annexes 1a et 1b).
- Une feuille carrée 21 × 21 cm avec un quadrillage carré 4 × 4 (annexe 1c).
- Une feuille A5 pour la réponse.

Cette situation poursuit le travail réalisé dans la situation POSITIONS ET PLAN (p. 16) en changeant le dispositif dans le but de passer à un autre système de repère. Le déroulement est le même, des élèves émetteurs doivent faire un message pour les élèves récepteurs, et dans le même type d'espace suffisamment grand, avec des repères fixes.

Objectif de la situation

Prendre conscience de la nécessité d'orienter le dispositif pour communiquer une position.

Procédure des élèves

- Sans orientation : comme sur le dessin ci-contre ou avec des parcours codés par des flèches hors du quadrillage
→ → → ↑.

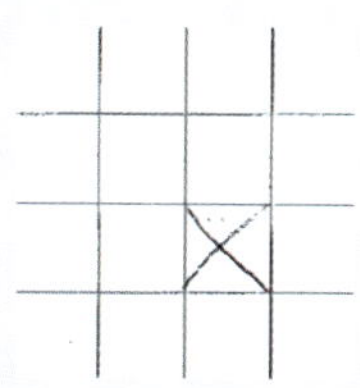

- Avec orientation : sur le dessin ci-contre l'élève représente des éléments fixes de la salle.

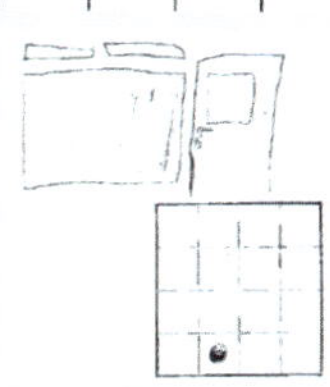

Communication du problème

L'enseignant : « *Je vais vous donner une fiche avec un nombre mystère, vous ne devez pas le montrer aux autres. Vous chercherez ensuite votre nombre dans le dispositif. Je vais aussi vous donner une feuille avec un quadrillage. Il faut que vous fassiez un dessin de façon que n'importe lequel de vos camarades puisse retrouver votre nombre mystère. Vous n'avez pas le droit de mettre de chiffres ou de lettres sur le message. Marquez bien votre nom au dos de la feuille.* »

Recherche

Les élèves produisent leur message. Puis, l'enseignant intervertit les messages en prenant garde que le récepteur soit orienté différemment de l'émetteur et n'ait pas eu le même nombre mystère.

L'enseignant : « *Essayez de trouver le nombre mystère de votre camarade. Sur la feuille réponse, indiquez le nombre que vous avez trouvé. Si le message ne permet pas de trouver un nombre, vous devez expliquer pourquoi sur la feuille.* »

Mise en commun par groupe

L'enseignant constitue des groupes de quatre élèves qui ont échangé leurs messages (deux « 12 » avec deux « 15 », etc.) et leur explique : « *Les autres élèves du groupe ont reçu votre message et vous avez reçu le leur. Vous devez regarder ensemble si les récepteurs ont trouvé le nombre mystère et pourquoi ça a fonctionné ou non. Vous marquez sur la feuille "trouvé" ou "non".* »

Il laisse le temps aux élèves de comparer les nombres mystères et les nombres trouvés et d'examiner les messages.

Mise en commun

L'enseignant demande « *Certains ont trouvé le nombre mystère d'autres non. Quels messages permettent de réussir ?* »

Trace écrite provisoire

Les élèves mettent en évidence qu'il faut représenter des éléments fixes de la salle sur le quadrillage pour indiquer au récepteur dans quel sens l'orienter.

Phase 2 : Choix d'un système de repère

Matériel individuel

- Une feuille quadrillée orientée avec 5 points (modèle A ou B, annexes 2a et 2b) si possible sur calque pour la validation.
- Une feuille quadrillée orientée vierge (annexe 2c).
- Une feuille A5 pour le message et un feutre.

Les élèves sont répartis en deux groupes : élèves A et élèves B.

Communication du problème

L'enseignant : « *Vous avez un quadrillage avec cinq points. Vous devez écrire un message qui permette de placer les cinq points au même endroit sur un quadrillage vide. Puis, vous recevrez un message qui vous indique comment placer cinq autres points sur un quadrillage vide. Vous marquerez ces points avec un feutre.* »

Organisation de la recherche

- L'enseignant donne les fiches « nombre mystère » 12 ; 5 ; 3 ; 15 ; 7 ; 10.
- L'enseignant échange les messages selon les nombres mystères : 12 ↔ 15 ; 5 ↔ 7 et 3 ↔ 10.
- L'enseignant note dans un tableau pour chaque élève leur orientation (côté Nord, Sud, Est, Ouest du dispositif) et leur nombre mystère (ce tableau n'est pas communiqué aux élèves, il lui servira à planifier les échanges).

Choix des groupes

L'enseignant regroupe les élèves qui ont échangé sur les messages menant aux nombres mystères 12 et 15, puis les partage en deux groupes, en mêlant messages efficaces et inefficaces (pareil pour 5 et 7, puis 3 et 10).
Il s'agit d'éviter que des groupes n'aient aucun message correct à traiter.

Reprises

Si un grand nombre d'élèves n'est pas parvenu à produire un message utilisable, des reprises de la situation permettent de mettre à l'épreuve les procédés mis en évidence lors de la mise en commun.

Matériel pour la phase 2

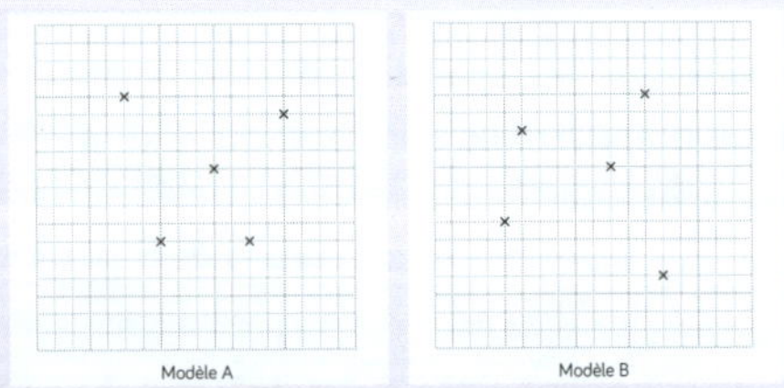

Annexe 2a — Annexe 2b

Choix didactiques

Les feuilles quadrillées sont cette fois orientées pour permettre aux élèves de construire un message en s'appuyant sur le vocabulaire haut/bas et gauche/droite. Pour autant, il est toujours nécessaire d'indiquer le point d'origine du système de repère.
Le nombre de points à placer (5) doit inciter les élèves à construire un système qui leur permettra de gagner du temps dans la communication.

Recherche individuelle

Les élèves produisent leur message. Les binômes A/B échangent leurs messages, puis essaient de les interpréter. Si un message ne permet pas du tout de placer les points, les élèves peuvent écrire, d'une autre couleur, une demande sur ce message et rendre la feuille aux émetteurs.

Validation des productions et identification des erreurs

Les binômes A/B sont réunis pour valider les productions et repérer les erreurs. Deux binômes sont ensuite réunis en groupes de quatre, avec pour consigne d'identifier les erreurs dans les messages et dans les interprétations. Les erreurs peuvent porter sur :

- un décalage d'une ligne dû à la numérotation (début à 0 ou 1) ;
- des confusions ligne/colonne, verticale/horizontale, droite/gauche... ;
- une absence d'indication des directions ;
- un comptage erroné des lignes ou des carreaux ;
- le placement des points à l'intérieur des carreaux.

Trace écrite

Les élèves recensent les procédures qui permettent de produire un message efficace. Ils indiquent qu'il faut préciser :

- l'origine (*« d'où on part »*) ;
- les directions (*« on va de gauche à droite »*), pour la numérotation des lignes (repérage absolu) ou les déplacements (repérage relatif) ;
- si l'on se réfère aux lignes ou aux carreaux.

Procédures des élèves

1 Repérage de type absolu

- Les élèves repèrent l'origine, par exemple le coin en haut à gauche, puis indiquent des déplacements :
  - en utilisant des flèches :
    « on part du premier carreau en haut le plus à gauche →→↓↓↓→→ × » ;
  - en comptant lignes et colonnes ;
  - en comptant les carreaux « verticalement » et « horizontalement » ;
- Les élèves choisissent l'origine, souvent en haut à gauche, et graduent les deux axes avec des lettres et des chiffres ou uniquement avec des chiffres pour donner les coordonnées de chaque point.

2 Repérage de type relatif

- Les élèves décrivent un chemin qui va de point en point pour les placer.
- Les élèves utilisent le vocabulaire de repérage donné sur la feuille (annexe 2a et 2b): « descendre, monter, aller vers la droite, aller vers la gauche, aller en diagonale ».

Reprises

Plusieurs reprises de cette situation sont possibles en changeant les positions des points.

Phase 3 : S'approprier un système de repère

Matériel individuel

- Fiches 1 et 2 de travail (annexes 3a et 3b).
- Quelques calques des fiches de travail (annexes 3a et 3b).

Matériel pour la phase 3

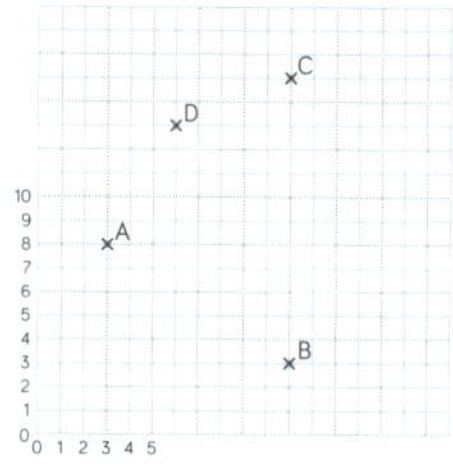

Fiche 1 (annexe 3a)

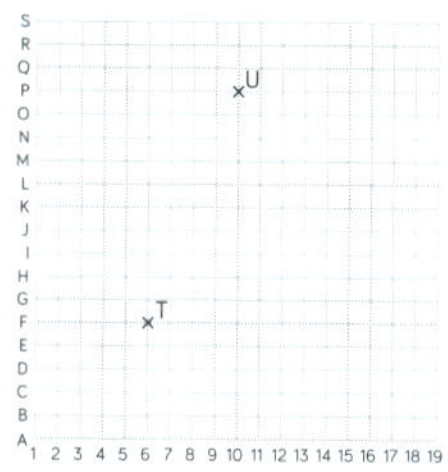

Fiche 2 (annexe 3b)

Communication du problème

L'enseignant : « *Vous aviez trouvé lors de l'activité précédente, que pour communiquer un point sur un quadrillage, on pouvait numéroter les lignes et les colonnes. On appelle "coordonnées du point" les deux numéros qui décrivent sa position dans le quadrillage. J'ai fait deux numérotations différentes sur la fiche 1 et la fiche 2. Vous devez placer les points dont je vous donne les coordonnées et trouver les coordonnées des points qui sont dans le quadrillage.* »

Communication du problème

Si la phase 3 ne se déroule pas directement après la phase 2, un rappel de la trace écrite doit être mené.

Recherche individuelle

Mise en commun et institutionnalisation

L'enseignant fait passer les calques dans les groupes pour rectifier les productions. Il demande aux élèves d'expliquer les éventuelles erreurs et le fonctionnement des systèmes de coordonnées. Il est notamment important que les élèves repèrent que, dans le deuxième système, l'ordre des coordonnées est important.

Mise en commun par groupe de 4

Les élèves, ayant travaillé sur la même fiche, comparent leurs productions et les rectifient éventuellement.

Activités d'accompagnement : descriptions et liens p. 38

Activités d'accompagnement POUR LE THÈME

Ressources hatier-clic.fr/24ermelg106

Fiches à télécharger
- Les plans du labyrinthe pour LE LABYRINTHE
- Un descriptif de la situation optionnelle ŒILSURTOUT REVIENT
- La figure à reproduire et quatre figures à compléter pour ÉTOILE À CINQ BRANCHES

EN RELATION AVEC LES SITUATIONS SUR LE REPÉRAGE

✔ Ces activités d'accompagnement permettent d'amener les élèves à mobiliser leurs connaissances du repérage dans un contexte complexe, réel ou simulé.

✔ Les apprentissages portent principalement sur :
- l'interprétation et la production de plans ;
- la mise en correspondance entre espaces et plans.

✔ Les activités sont de formes variées :
- travail individuel sur logiciel ou dans un espace réel ;
- projets collectifs ;
- jeux de communication.

USAGES DES PLANS (CE2)

RECONNAITRE LA CONVENTION D'UN PLAN

L'enseignant présente aux élèves le plan d'un lieu qu'ils connaissent (la classe, le préau, l'école) et chacun doit dire ce qu'il reconnait. Cette activité permet de pointer les conventions d'un plan : représentation des portes, des fenêtres, des murs, des escaliers, etc.

CORRIGER UN PLAN

L'enseignant donne aux élèves des plans de la salle de classe qui contiennent des erreurs : certains référents (portes, fenêtres, etc.) peuvent être dessinés avec ambigüité ou aux mauvais endroits…

Il précise : *« Ces plans représentent la salle de classe, les fenêtres, les portes, le tableau, le tableau du maitre et l'armoire, mais dans chaque plan (ou certains plans), il y a des erreurs, à vous de les trouver. »*

CHASSE AU TRÉSOR

Les élèves doivent trouver un trésor caché à partir d'un plan. Cette activité peut se passer dans un espace limité et fabriqué, par exemple la cour : l'enseignant place des bancs et des plots, et cache le trésor sous l'un d'eux. Le trésor peut être un numéro caché dans une enveloppe particulière à retrouver parmi un ensemble d'enveloppes placées à différents endroits.

DÉPLACEMENTS AVEC LES OUTILS NUMÉRIQUES (CM1)

LE LABYRINTHE VIRTUEL

Le labyrinthe est accessible gratuitement sur ordinateur ou tablette :
hatier-clic.fr/24ermelg107

Les élèves doivent sortir d'un labyrinthe virtuel, qui ne comporte aucun indice visuel (les murs sont tous identiques).

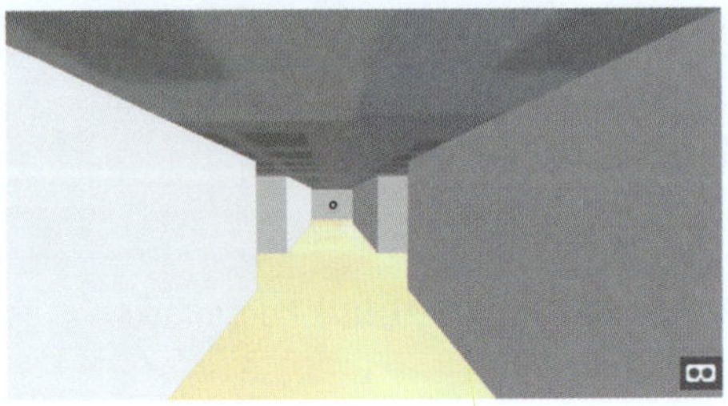

Ils utilisent les flèches du clavier pour se déplacer et la souris pour tourner la tête. Cet outil est aussi utilisable avec les casques de réalité virtuelle en cliquant en bas à droite sur l'icône représentant un casque.

Le labyrinthe est conçu de sorte que les élèves aient très peu d'informations à mémoriser pour réussir à sortir (solution : « *première à droite* » ; « *jusqu'au bout* » ; « *à gauche* » ; « *suivre le chemin* » ; « *deuxième sortie à droite* »). Les élèves doivent comprendre qu'il n'est pas utile de repérer toute la complexité du tracé, mais seulement les points de changement de direction.

Plusieurs variantes de jeu sont possibles :

1. Les élèves n'ont aucune indication ;
2. Les élèves n'ont aucune indication mais ont une feuille pour prendre des notes ;
3. Les élèves ont le plan du labyrinthe (annexe 1), qu'ils peuvent consulter avant d'utiliser le logiciel mais pas pendant le jeu, et ne connaissent pas leur position de départ ;
4. Comme la variante 3, mais la position de départ est indiquée sur le plan ;
5. Les élèves naviguent dans l'espace virtuel avec le plan du labyrinthe.

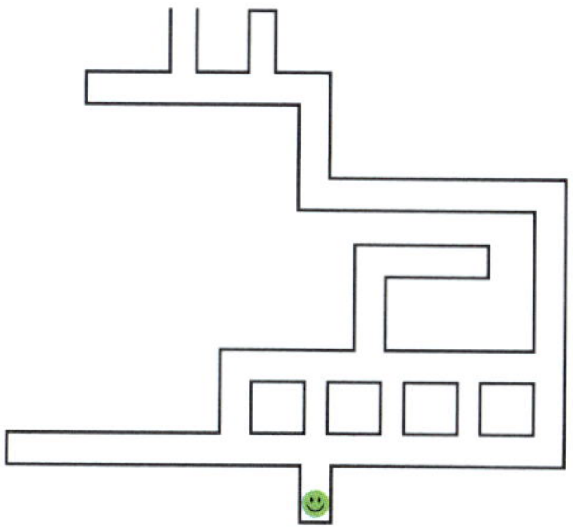

Plan du labyrinthe (annexe 1)

Des situations de communication peuvent aussi être envisagées. Par exemple, un élève a le plan du labyrinthe et l'autre élève est sur l'ordinateur. Aucun des deux ne voit ce que l'autre voit. L'élève sur l'ordinateur doit demander à son camarade les informations pour sortir du labyrinthe.

ERMEL Géométrie Cycle 3 (Hatier, 2006), situation p. 590

VISITE VIRTUELLE DE LA VILLE

L'enseignant choisit une ville, celle de son école ou une autre.

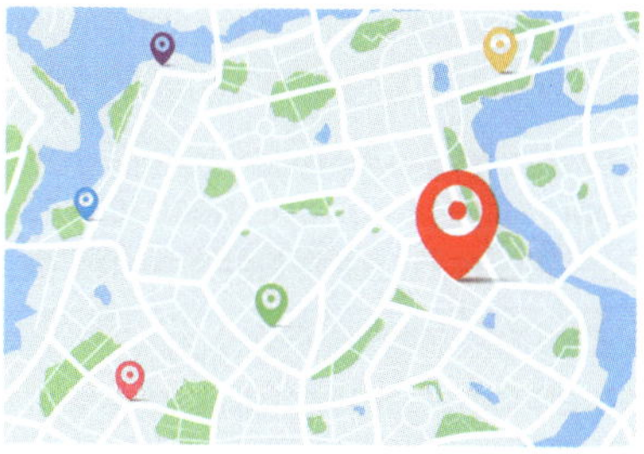

Il utilise un site de cartographie en ligne, qui permet une navigation virtuelle (street view). Il détermine une zone et imprime son plan.

Il choisit trois lieux (ou plus) ayant des caractéristiques faciles à reconnaitre et les indique sur la carte. Il écrit également des questions auxquelles les élèves ne peuvent répondre que s'ils trouvent le lieu.

Par exemple : *« Quel mot est écrit sur la structure à côté de l'INSPé au point indiqué Chaussée du port ? »*

L'enseignant fixe un point de départ éloigné des points à trouver. Il peut être transmis aux élèves grâce à l'adresse URL complète correspondant à cette position dans le site. Il est aussi possible de créer un lien court ou générer un QRcode, par exemple grâce aux outils proposés par le site La Digitale (Digilink et Digcode).

Pour notre point de départ dans Châlons-en-Champagne, nous avons fixé le lien : hatier-clic.fr/24ermelg108

Les élèves se connectent sur tablette ou ordinateur à l'adresse de départ. L'enseignant indique : *« Vous êtes dans la ville de Châlons-en-Champagne. Vous avez le plan sur votre fiche et les questions auxquelles vous devez répondre. Vous devez aller d'abord au point 1 et noter le mot qui est écrit en bleu sur la tour à côté du bâtiment. Puis vous irez au point 2 et vous noterez […]. Pour vous déplacer, vous pouvez "glisser" pour vous orienter (votre curseur change de forme) et cliquer sur la flèche qui apparait pour avancer dans les rues. Vous n'avez pas le droit de cliquer sur le plan, vous devez avancer dans les rues. »*

Pour réussir, les élèves doivent mettre en correspondance le plan et l'espace virtuel, c'est-à-dire orienter le plan dans le même sens que leur déplacement. Ils doivent également prendre des repères durant leur déplacement pour identifier leur orientation dans l'espace virtuel par rapport au plan.

LES ROBOTS DE PLANCHER

Le travail sur les robots de plancher vise de nombreux objectifs non mathématiques, liés à la connaissance des objets techniques et au langage.

La programmation des robots permet également de mobiliser des connaissances liées au repérage (cf. « Les technologies numériques pour enseigner la géométrie », p. 204). En effet, pour indiquer un changement de direction (par exemple, tourner à droite), on doit prendre en compte la position relative du robot au moment où l'ordre est donné, et non celle de l'observateur.

Nous utilisons des robots programmables de type Thymio (https://www.thymio.org) ou Edison (https://meetedison.com) associés à un langage de programmation par blocs, tel que Blockly ou Scratch.

Les élèves doivent programmer le robot dans le cadre d'un projet pluridisciplinaire ou de défi robotique, par exemple :

- ✔ faire danser les robots pour illustrer les émotions liées à une musique (projet associant art et technologie) ;
- ✔ faire sortir son robot le plus vite possible d'un labyrinthe quelconque ;
- ✔ faire dessiner des figures géométriques à son robot (cercle, carré, rectangle, pentagone), puis lui faire reproduire une figure complexe (en lien avec la connaissance des figures du plan).

PROGRAMMATION EN SCRATCH

Le logiciel Scratch est accessible gratuitement sur ordinateur (https://scratch.mit.edu) et sur tablette (application « Scratch junior »).

Le même type de défi ou de projet que celui des robots de plancher ci-dessus peut être réalisé dans un espace graphique virtuel en Scratch.

Le travail par projet est la démarche fondatrice de cet outil, les connaissances travaillées apparaissent comme nécessaires pour réussir le projet (cf. « Les robots de plancher et les lutins » p. 206). Néanmoins, des activités d'entrainement sont possibles, notamment pour rendre visibles les apprentissages communs :

- ✔ anticiper l'effet d'un programme ;
- ✔ débugger (corriger) un programme ;
- ✔ réaliser de petits défis intermédiaires.

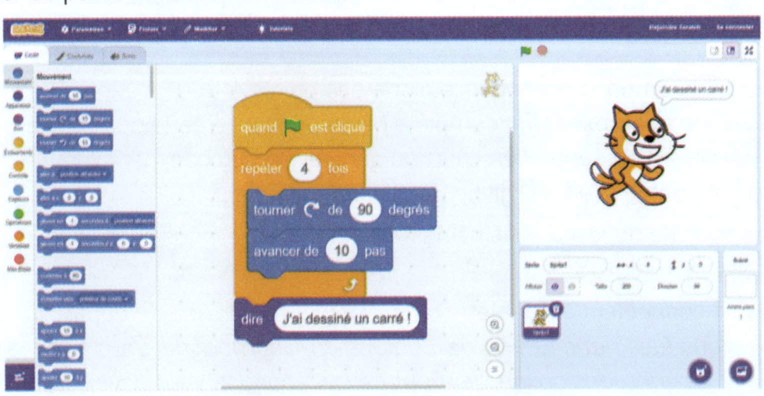

Si l'école est équipée de tablettes Android, les élèves peuvent également produire des programmes (jeux), avec un langage de programmation par blocs, pour smartphone avec l'application gratuite https://appinventor.mit.edu. Ils peuvent ainsi exploiter les capteurs de ces appareils, comme le capteur d'inclinaison de luminosité pour déclencher des actions.

MATHCITYMAP

Le projet européen MathCityMap a produit une application gratuite pour smartphone IOS ou Android qui permet de créer des parcours mathématiques géolocalisés. Les élèves se déplacent donc dans leur environnement, l'école, la ville, et doivent répondre à des énigmes. Pour plus d'informations, voir le site : https://mathcitymap.eu/fr/

EN RELATION AVEC LES SITUATIONS SUR LES ALIGNEMENTS

✔ Les apprentissages portent principalement sur :
- l'alignement de points ;
- les relations d'incidence ;
- la recherche de solutions non uniques.

✔ Les activités proposées reposent sur l'utilisation d'un logiciel de géométrie dynamique. Le passage d'une résolution d'un même problème sur papier avec crayon à l'utilisation d'un logiciel de géométrie dynamique est un facteur d'apprentissage :
- l'élève est amené à utiliser des « outils », qui ne sont efficaces que s'ils sont bien appliqués. Par exemple, quand l'élève choisit l'outil « perpendiculaire », il doit nécessairement indiquer une droite (ou un segment) à laquelle la droite doit être perpendiculaire et un point par lequel cette perpendiculaire doit passer sinon l'outil ne trace pas ;
- la « résistance » des constructions à l'écran permet de contrôler si l'élève a bien communiqué les propriétés de la figure au logiciel (cf. paragraphe « La géométrie dynamique » dans « Les technologies numériques pour enseigner la géométrie », p. 205).

✔ Le travail est individuel ou par deux.

EN RELATION AVEC LA SITUATION ÉPINGLE SUR PLI (CE2)

TRACE DE PLI

Il s'agit de travailler les problèmes de la situation ÉPINGLE SUR PLI, résolus sur papier avec crayon p. 20, avec un logiciel de géométrie dynamique.

Cette activité d'accompagnement permet aux élèves :
- de se familiariser avec les premiers outils de construction du logiciel de géométrie dynamique (point, point sur, segment, demi-droite ou droite) ;
- d'adapter les procédures employées en papier-crayon aux outils logiciels, devant être mobilisés de façon plus conceptuelle par du langage (par exemple, « perpendiculaire à ... passant par .... »).

À l'écran apparaissent deux épingles qui figurent les extrémités d'un pli (droite masquée), ainsi que des zones.

❶ Placer un point sur le pli dans la zone entre les deux épingles

Deux procédures sont possibles :
- au jugé ;
- avec un l'outil « segment » apportant de la rigueur.

La position du point est validée par le déplacement du pli à l'écran.

❷ Placer un point sur le pli dans une zone extérieure à l'intervalle entre épingles

Deux procédures sont possibles :
- au jugé ;
- avec les outils « droite » ou « demi-droite » apportant de la rigueur.

La position du point est validée par le déplacement du pli.

EN RELATION AVEC LA SITUATION ŒILSURTOUT (CM1)

ŒILSURTOUT REVIENT

Cette situation optionnelle est accessible en numérique via le lien :
hatier-clic.fr/24ermelg106

Les objectifs sont les mêmes que ceux de la situation ŒILSURTOUT proposée dans l'ouvrage mais la résolution du problème se fait dans un logiciel de géométrie dynamique simulant les caractéristiques d'un méso-espace (cf. Lexique p. 246).

Les procédures permettent notamment de délimiter des zones du plan.

EN RELATION AVEC LA SITUATION FAISCEAUX DE TRAITS (CM1)

ÉTOILE À CINQ BRANCHES

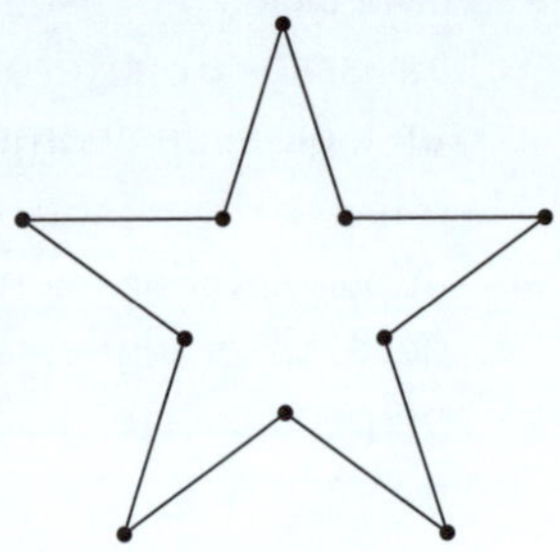

Cette activité vise à renforcer l'emploi des relations d'incidence pour reproduire une figure : point sur segment ou droite, point d'intersection.

La figure à reproduire est une étoile à cinq branches, qui fait apparaitre 10 points : 5 points aux pointes et 5 « en creux ». L'élève doit tracer l'étoile à partir d'une reproduction partielle constituée de 5 points. Quatre reproductions partielles sont proposées.

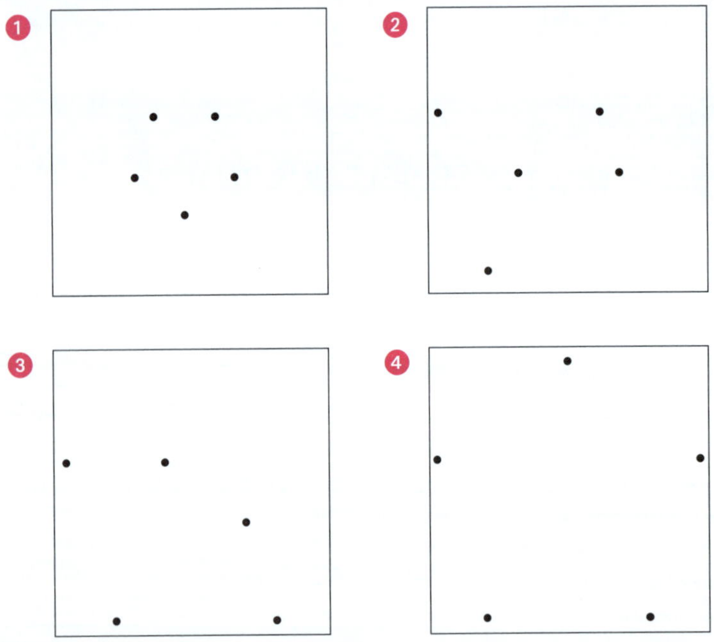

Cette activité peut être faite sur feuille, avec règle, crayon et gomme, à partir des annexes fournies en numérique. On invitera l'élève à anticiper l'usage de la gomme en traçant les traits, certains devant être gommés ensuite.

Elle peut également être réalisée avec un logiciel de géométrie dynamique. Dans ce cas, l'élève dispose également de la figure (étoile) et des points permettant sa reproduction complète. Le tracé est validé si la figure « résiste », c'est-à-dire si elle conserve ses propriétés lorsque les points donnés sont déplacés. Une figure qui résiste à ces déplacements a nécessairement été construite en utilisant les outils « point sur ... », « segment passant par... et ... » et « intersection ».

Éclairages sur LE REPÉRAGE

Les apprentissages sur le repérage diffèrent en partie de ceux mis en œuvre dans les autres thèmes de cet ouvrage. D'une part, ils sollicitent des connaissances spatiales développées dans des contextes familiers de la vie courante (lecture de plan, orientation...) ou d'autres disciplines scolaires (parcours d'orientation en EPS, programmation de robots de planchers...). D'autre part, certaines notions abordées n'auront qu'une relation tardive avec les mathématiques étudiées au collège, telles que le repérage cartésien et la construction du graphique des fonctions.

Il nous semble donc utile d'analyser les connaissances en jeu dans ces activités, de dégager les caractéristiques communes des problèmes décrits, d'expliciter des problématiques d'apprentissage et de justifier nos choix de situations.

LES FINALITÉS DES APPRENTISSAGES

Elles sont diverses et ne relèvent pas seulement des mathématiques ; elles sont relatives à :

- ✔ des connaissances sociales utiles à l'enfant (et à l'adulte) telles que l'identification d'une position et l'utilisation d'un plan ;
- ✔ des expérimentations préalables à des apprentissages géométriques, la prise en compte du point de vue du récepteur dans la communication ;
- ✔ l'élaboration de raisonnements ;
- ✔ l'usage d'un vocabulaire approprié pour communiquer et notamment l'utilisation d'un système de repérage par coordonnées.

LES CONNAISSANCES EN JEU

Les connaissances initiales

Au CP et au CE1, l'élève est confronté à des déplacements et des repérages dans des espaces réels ou virtuels. Il apprend à se décentrer et comprend que l'autre ne voit pas nécessairement la même chose que lui. Il s'approprie le vocabulaire du repérage, la latéralisation et se rend compte de l'intérêt d'utiliser des termes précis. Le travail sur les plans lui permet de comprendre les conventions associées (dessins vus de dessus...) et leur intérêt (mémoriser un espace).

Les difficultés des élèves

Certains élèves, au CE2, restent sur un point de vue égocentré. La situation POSITIONS ET PLAN vise à permettre à ces élèves de se rendre compte de l'existence de différents points de vue. La nécessité d'un langage commun est transversale à tous les enseignements. Elle prend particulièrement ancrage dans des situations de communication (cf. p. 200) telles que celles présentes dans le thème 1 (POSITIONS ET PLAN, ÉPINGLE SUR PLI et ŒILSURTOUT).

L'interprétation des conventions des plans, si elle n'a jamais été étudiée par les élèves, peut être déroutante. La situation LA MAISON[1] visant à jouer avec différentes vues d'un objet, notamment avec le logiciel Blockcad, peut être aussi réexploitée.

L'évolution visée

Les procédures de résolution développées par les élèves pour l'identification de positions s'affinent :

- ✔ la nécessité de communiquer un ou des points fixes pour orienter un dispositif est travaillée dans la situation POSITIONS ET PLAN au CE2 ;
- ✔ l'efficacité du système de coordonnées (B ; 3) ou (2 ; 3) ainsi que les contraintes afférentes, telles que fixer un point d'origine et une orientation, émergent de la situation REPÉRAGE SUR QUADRILLAGE en fin de CM1 ;
- ✔ la mise en correspondance de l'espace et du plan dans les espaces virtuels est réinvestie dans les activités d'accompagnement (cf. p. 38).

Ces connaissances sont stabilisées grâce aux contextes de repérage proposés dans les situations et formulées lors des phases de mise en commun.

LES OBJECTIFS DES SITUATIONS

Communiquer une position

Les situations POSITIONS ET PLAN et REPÉRAGE SUR QUADRILLAGE se déroulent dans le méso-espace (cf. Lexique p. 246), assez grand pour que la position de l'élève dans le dispositif change son point de vue sur celui-ci. Dans ces situations de communication, les émetteurs et les récepteurs d'un message peuvent ainsi être placés sur des côtés différents du dispositif.

Dans les dernières phases de REPÉRAGE SUR QUADRILLAGE, le travail est à réaliser dans l'espace de la feuille de papier orientée par la légende du quadrillage. Ainsi le bas ou le haut et la gauche ou la droite de la feuille est le même pour tous. Dans cette situation, la

1. Cf. Ermel Géométrie CP-CE1 (Hatier, 2020), situation LA MAISON p. 172

position à communiquer évolue également, passant de la case au nœud. Cela vise à préparer le passage au collège, où une précision croissante dans le système de coordonnées sera attendue, notamment avec l'utilisation des nombres décimaux pour indiquer une position dans le plan.

Utiliser un plan pour réaliser des déplacements

Les activités qui permettent de développer les connaissances sur l'élaboration et l'interprétation d'un plan sont à l'intersection de plusieurs disciplines et des usages de la vie courante : la géographie, la robotique et la programmation, les déplacements liés à la vie de la classe… Déjà au CP et surtout au CE1[2], les élèves ont appris à représenter des déplacements sur un plan de leur salle de classe, puis sur un plan d'une salle qu'ils ne connaissaient pas.

Se déplacer dans des espaces virtuels

Les activités d'accompagnement proposent des déplacements dans des espaces virtuels pour des raisons de sécurité et de maitrise de l'espace. Ce sont autant d'occasions de rendre opératoires les connaissances développées dans les situations de communication.

Utiliser des conventions communes

La communication joue un rôle important dans les situations de ce thème. Elle justifie le recours à des représentations communes, partageables, et donc la nécessité des conventions. Par exemple, la représentation d'une porte ou d'un radiateur doit pouvoir être comprise par l'élève récepteur pour qu'il puisse orienter le schéma. Les élèves réalisent leurs propres représentations au CE2 et identifient la nécessité de conventions. Les conventions de repérage par coordonnées sont alors introduites au CM1, comme la solution reconnue socialement pour encoder des positions.

Coder un déplacement

Après avoir progressivement stabilisé au CE1 le vocabulaire spatial (« *à gauche* », « *à ma gauche* », « *à gauche de l'arbre* », « *entre l'arbre et…* », « *ligne* », « *colonne* »), les élèves développent des codes écrits pour communiquer une position. Ils apprennent en particulier le code conventionnel formalisé par le couple (abscisse ; ordonnée) dont l'ordre des deux nombres ne peut pas être changé et est lié à l'orientation du dispositif.

Les déplacements sur des plans ont déjà été travaillés au CE1. Les activités du CE2 et CM1 permettent ainsi de réinvestir l'utilisation des codes (flèches, indications de virage) pour réaliser des schémas ou leur interprétation dans les situations de déplacement. Le strict respect des conventions de vues de dessus n'est pas un objectif de l'école primaire, il s'agit bien de se faire comprendre et de comprendre.

LES COMPOSANTES DE L'APPRENTISSAGE

Les procédures de résolution

Les méthodes utilisées par les élèves pour réaliser un plan relèvent de différents niveaux de repérage :

- ✔ la simple prise en compte de son propre point de vue ;
- ✔ l'identification de relations locales entre des objets (voir la position du nombre mystère dans son cerceau et non dans le dispositif entier) ;
- ✔ l'identification de relations globales, mais sans prise en compte de l'ensemble du dispositif (indiquer « *le plus près de la fenêtre* » sans penser qu'un autre cerceau est encore plus près de la fenêtre) ;
- ✔ la communication de l'orientation du dispositif incluant un point de départ absolu ;
- ✔ l'adoption d'une convention partagée.

Les situations proposées font évoluer ces méthodes.

Pour utiliser un plan les élèves peuvent :

- ✔ considérer que leur point de vue correspond à l'orientation du plan ;
- ✔ mettre en correspondance espace et plan, soit en reproduisant les changements d'orientation dans l'espace réel avec le plan (en partant d'une orientation connue), soit en analysant l'environnement pour en déduire l'orientation de déplacement (« *si, quand j'avance, il y a une route à droite c'est que je vais dans ce sens-là, sinon…* »).

LA GESTION DES SITUATIONS

Nous avons fixé un certain nombre de paramètres, tels que les nombres à échanger entre les groupes d'élèves, pour faciliter le travail de l'enseignant. L'enseignant doit ensuite adapter l'organisation de l'espace selon les espaces à disposition tout en conservant les caractéristiques du problème (cf. « Questions sur » p. 19).

Les mises en commun intermédiaires permettent à l'enseignant de montrer à l'élève qu'il est capable d'anticiper, avant même de transmettre le message.

Les mises en commun finales visent à faire reconnaitre l'importance du langage commun.

2. Cf. Ermel Géométrie CP-CE1 (Hatier, 2020), situation OÙ EST MA PLACE p. 160

L'ALIGNEMENT

Dans ce texte, nous présentons les connaissances que peuvent avoir les élèves à l'entrée du CE2 (celles apprises à l'école, celles apprises dans son environnement familier de la vie courante) et celles qu'ils sont susceptibles d'apprendre. Nous développons des perspectives pour faire progresser les élèves au travers des situations construites pour prendre en compte de façon prioritaire les connaissances initiales des élèves.

Dans cet ouvrage, nous proposons de travailler l'alignement du CE2 au CM (aux cycles 2 et 3). Dans le texte suivant, nous précisons les aspects propres au cycle 2 (CP, CE1 et CE2) et ceux spécifiques du cycle 3 (CM).

L'ÉLÈVE ENTRANT AU CE2

La reproduction de figures diverses, simples et composées, est une source importante de problèmes de géométrie dont on peut faire varier la difficulté en fonction des figures à reproduire et des instruments disponibles.

L'alignement n'apparait explicitement dans les programmes qu'à partir de 2002. Les concepts de droites, points et segments y sont proposés en relation avec la résolution de problèmes. Les versions des textes d'accompagnement ont suggéré de *« reconnaitre et utiliser la notion d'alignement ; utiliser la règle (non graduée) pour repérer et produire des alignements »*. On peut donc considérer que les élèves n'ont pas eu d'enseignement sur l'alignement avant le CE2. Mais est-ce à dire qu'ils ne disposent pas de connaissances susceptibles d'être utilisées dans des problèmes d'alignement ?

L'élève peut avoir des connaissances « sociales »

Même si les élèves peuvent ne pas avoir eu d'enseignement sur l'alignement avant le CE2, des connaissances sociales sur **l'alignement** d'objets peuvent exister et être disponibles chez les élèves de CE2 ou CM.

Elles peuvent être très diverses, parce que certains élèves auront été confrontés aux notions d'alignement grâce à des jeux alors que d'autres moins.

De plus, les apprentissages auront pu être variés : apprentissages dans l'environnement familial, quotidien ou dans le temps scolaire.

Dans le quotidien, les élèves peuvent en effet observer de l'alignement sur les lignes d'un cahier, dans l'environnement (poteaux de ligne électrique, carreaux d'un sol de pièce) et dans la nature (arbres d'un verger). Il n'a pas à réaliser d'alignement, il peut simplement l'observer soit en conditions de micro-espace[3] (vue de dessus directe sur l'ensemble des points concernés, comme sur un jeu de morpion), soit dans des conditions de méso-espace[4] (vue indirecte de l'alignement, après déplacement de soi pour se mettre par exemple en position de visée).

Dans ces situations, l'alignement et la rectitude[5] d'objets peuvent être :

- ✔ en rapport constant (les piquets d'un grillage avec le mur qui les soutient, les carreaux de carrelage avec la ligne de joints, etc.) ;
- ✔ en rapport passager (usage d'un cordeau pour effectuer une plantation) ;
- ✔ sans rapport aucun, c'est plus rare et en général moins facilement perceptible.

Peu d'éléments géométriques caractéristiques sont véritablement mis à jour dans les observations que peuvent faire les élèves sur leur environnement.

L'élève devrait disposer de connaissances géométriques « connexes »

Les connaissances dites « connexes » sont celles qui sont en rapport direct avec l'alignement.

Elles portent principalement sur **la rectitude**, qui est une propriété géométrique intrinsèque de certains objets de l'environnement familier de la vie courante (voir paragraphe précédent) ou de l'environnement scolaire (rectitude des bords droits d'instruments - règle, équerre, etc. - et rectitude des lignes droites d'un cahier).

Elles peuvent aussi concerner l'existence de lignes droites qui se coupent et leur intersection.

Ces connaissances, employées à l'occasion d'activités courantes, restent toutefois implicites : l'élève joue au morpion, trace un trait droit pour souligner du texte,

---

3. et 4. Cf. Lexique p. 246

5. Nous explicitons dans ENJEUX DIDACTIQUES (p. 220) pourquoi nous avons développé de façon privilégiée l'apprentissage de la rectitude au CP-CE1, en relation avec le tracé de traits droits (cf. ERMEL Géométrie CP-CE1 (Hatier, 2020) p. 51 et 204) avant celui de l'alignement de points à partir du CE2.

dessine des lignes particulières sur celles d'un quadrillage en joignant des points d'intersection...

Le but des activités que nous proposons est donc de mobiliser de telles connaissances comme outils pour la résolution de problèmes et de leur faire acquérir un statut plus officiel, à travers notamment des instruments de référence ainsi que des termes et des expressions langagières appropriés, qui traduisent correctement des faits tout en restant accessibles aux élèves.

Dans cet ouvrage, trois situations particulières sont proposées : ÉPINGLE SUR PLI, ŒILSURTOUT et FAISCEAUX DE TRAITS. Pour chacune de ces situations sont analysés ci-après les espaces concernés, les contextes, les problèmes, les choix didactiques, les apprentissages et les aspects langagiers.

LA SITUATION « ÉPINGLE SUR PLI » (CE2)

Caractéristiques des problèmes de la situation

Dans le premier problème (phase 1), l'espace concerné est celui d'une feuille A3, qui est fréquemment présent à l'école. Il est composé plus précisément d'éléments d'une maquette : une feuille est pliée, deux épingles sont piquées aux extrémités du pli, une feuille A3 est posée sur le pli pour le cacher (sauf les deux épingles).

Les données du problème sont fortement contextualisées et la question est du domaine pratique : l'élève doit piquer l'épingle sur le pli dans l'intervalle des épingles déjà placées. Les actions qu'a à entreprendre l'élève lui sont aussi familières.

Les **instruments de la boite à outils de géométrie** sont tous à disposition, y compris, à l'étape 1, la grande règle de 50 cm, qui couvre la distance entre les épingles. Cette grande règle n'est plus disponible ensuite à l'étape 2, ce qui contraint l'élève à trouver une procédure de substitution. Une validation pratique est faite en découvrant le pli et en contrôlant les trous.

Dans le second problème (phase 2), l'espace concerné est celui d'une feuille A3 sur laquelle figurent deux points qui matérialisent les impacts d'épingles piquées aux extrémités d'un pli. Le problème reste contextualisé, mais les données font partie de l'environnement papier-crayon. La question est de tracer l'impact que ferait une épingle piquée dans le pli fictif : d'abord dans l'intervalle des deux points déjà placés, puis à l'extérieur de cet intervalle. Les instruments de la boite à outils de géométrie sont disponibles, sauf les instruments rectilignes dépassant 20 cm, ce qui contraint les élèves à produire pour le tracé des points intermédiaires alignés avec les précédents, et à changer de nouveau de procédure. Par ailleurs, dans cette phase, la validation a lieu au moyen des instruments employés au premier problème (emploi d'une règle), et non au moyen du pli.

Quels apprentissages ?

Le contexte permet de proposer un problème sans terme mathématique tout en nécessitant l'usage de l'alignement. L'alignement est ainsi un outil implicite de résolution. Les instruments aident l'élève à réaliser l'alignement : un instrument doit être calé sur chacun des points donnés pour pouvoir placer un autre point aligné avec eux, ou deux instruments à bords droits peuvent être ajustés (par prolongement ou par chevauchement) pour allonger un trait droit et réaliser d'autres alignements (les lignes droites se prolongent...). Enfin, il apparait nécessaire de disposer de plusieurs impacts d'épingles : les deux traces données, mais aussi la trace d'un point que l'on vient de construire et de valider.

Les procédures sont de nature spatiale ; dans des classes, la visée a été employée. Pour réussir, les élèves apprennent être vigilants dans le placement de la règle vis-à-vis des deux épingles, puis des deux points, ainsi que dans le placement de l'épingle ou du point cherché. Ils mettent des mots, qui restent dans le domaine de la terminologie spatiale ordinaire, sur les objets qu'ils considèrent et leurs actions. Le terme « alignés » est peu souvent employé par les élèves ; sinon, il pourrait être accepté par tous. S'il est absent, l'enseignant ne le fournit pas.

Activité d'accompagnement

L'activité TRACE DE PLI prolonge la situation ÉPINGLE SUR PLI. La résolution du problème avec un logiciel de géométrie dynamique renforce les acquis « géométriques ». Puisque les outils doivent être activés pour être utilisés, l'usage et la désignation géométrique des outils « points » « segment » ou « droite » sont rendus explicites. Ces termes se substituent à « trous » et « trait » tout en les distinguant : il existe deux outils logiciels différents (« segment » et « droite ») pour un seul terme courant (« trait »).

La distinction graphique entre les objets produits à l'écran par les outils « segment » et « droite » devient aussi apparente, ainsi que le fait que la trace d'une droite à l'écran peut être prolongée sans déplacer les points qui la définissent.

LA SITUATION « ŒILSURTOUT » (CE2)

Caractéristiques des problèmes

Le premier problème de la situation ŒILSURTOUT (phase 1) présente plusieurs caractéristiques semblables au premier problème de la situation ÉPINGLE SUR PLI.

L'espace proposé est celui d'une maquette, composée d'un domaine (représenté sur feuille) sur lequel est placé un mur (plaque de carton) et des personnages (Œilsurtout avec son laser, Férocel et Kruel), matérialisés chacun par deux perles assemblées par une épingle. Il est ainsi composé d'éléments de l'environnement familier.

Les données sont très contextualisées : alors qu'Œilsurtout surveille son domaine, les voleurs Kruel et Férocel s'y sont introduits pour chercher son trésor. Les voleurs sont placés de part et d'autre de la ligne droite joignant la position d'Œilsurtout à l'extrémité du mur, et plus ou moins éloignés de cette ligne. La question est du domaine pratique : *« Férocel et Kruel seront-ils repérés par Œilsurtout ? »*

L'élève y répond au moyen d'actions de l'environnement familier ; la boite à outils de géométrie complète est disponible.

Une validation peut être effectuée par une procédure différente de celle utilisée pour répondre (avec une règle ou en visée suivant les cas).

Le deuxième problème (phase 2) présente aussi des caractéristiques semblables au problème de la phase 2 d'ÉPINGLE SUR PLI.

Les personnages sont remplacés par des points et le mur par un trait matérialisant sa trace au sol. Le problème reste contextualisé et les données font partie de l'environnement papier-crayon. Ce passage ne relève pas de l'initiative de l'élève : il est proposé par la situation.

La nouvelle question est : *« Y a-t-il des endroits où Férocel et Kruel peuvent se placer pour ne pas être repérés ? »* Elle est de nature différente de celle de la phase 1 bien que les procédures pour y répondre puissent être les mêmes.

Le troisième problème (phase 3) est différent des deux premiers. Comme la conclusion au problème de la phase 2 est que Férocel et Kruel peuvent être cachés à de nombreux endroits, une nouvelle question se pose : *« Œilsurtout pourrait-il mieux se placer pour surveiller tout le domaine ? Si oui, à quels endroits ? »* Le contexte reste présent mais les éléments du contexte sont seulement évoqués dans l'énoncé et n'apparaissent pas sur le matériel fourni (une simple feuille et un feutre). En revanche, les élèves peuvent traduire ces éléments graphiquement et développer ensuite des procédures utilisant des outils de l'environnement papier-crayon : instruments de la boite de géométrie, tracés. Ces tracés ne peuvent pas être validés de façon précise car chaque équipe effectue ses propres constructions. Lors des mises en commun, l'explication et la validation des procédures sont accompagnées de constructions, qui explicitent et étayent le raisonnement des élèves (cf. « Questions sur » p. 30). Dans une certaine mesure, les élèves se détachent du spatial.

Quels apprentissages ?

Le **détachement progressif du spatial**, en essayant de transférer sur feuille les procédures expérimentées avec la maquette, et l'explicitation du raisonnement, en expliquant et justifiant les procédures mises en place, constituent un apprentissage intéressant propre à la géométrie.

Par ailleurs, le premier problème amène à reconnaitre un alignement ou un non-alignement, puis le deuxième problème à considérer tous les points non alignés avec deux points donnés comme deux zones du plan ayant une frontière commune (le trait passant par la position d'Œilsurtout et l'extrémité du mur). Il apparait que des élèves parviennent à déterminer le demi-plan solution (cf. « Questions sur » p. 30).

Pour ces problèmes, les procédures employées amènent des apprentissages propres : visée, tracés de traits droits joignant deux éléments (personnages, extrémité du mur) ainsi que des ébauches de raisonnement. Les apprentissages langagiers ne concernent pas la terminologie ; ils portent sur la formulation des explications.

Activité d'accompagnement

Les problèmes de la situation ŒILSURTOUT sont à résoudre avec un logiciel de géométrie dynamique. Les outils découverts dans ÉPINGLE SUR PLI sont à nouveau utilisés : « point » et « segment » principalement, et aussi « droite » (dans le deuxième problème). Le logiciel permet de déplacer Œilsurtout et d'observer en conséquence la variation de la zone où les voleurs ne peuvent pas être repérés.

Un dernier problème est proposé. Il s'agit d'une reprise de celui de la phase 1, mais l'élève face à l'écran n'est plus en conditions de micro-espace : il ne peut pas voir simultanément à l'écran Œilsurtout et les voleurs. Par conséquent, seul l'outil « droite », passant par la position d'Œilsurtout et l'extrémité du mur, permet de délimiter les zones de points non alignés et de conclure si les voleurs sont repérés ou non.

LA SITUATION « FAISCEAUX DE TRAITS » (CM1)

Caractéristiques des problèmes

Deux problèmes sont proposés, qui présentent plusieurs caractéristiques communes.

L'espace proposé est celui d'une feuille de papier (environnement papier-crayon) et la boite à outils de géométrie est disponible.

Il n'y a aucun élément de contexte, les éléments donnés de l'espace (graphique) sont des points et des traits, qui s'apparentent à ceux d'une figure. La question générique est : « *Une figure étant donnée, compléter sa reproduction partielle.* »

Dans ces **problèmes graphiques**, les éléments donnés (points, traits) sont caractérisés par des relations de distance entre les points, de longueur de traits et d'incidence entre les traits. Les procédures utilisant la distance ou la longueur conduisent presque automatiquement à des imprécisions de tracés et à une reproduction déformée de la figure initiale. La validation pratique, par superposition de la figure initiale sur transparent à la figure tracée, a pour but de détourner les élèves de ce type de procédure.

Les problèmes dans cette situation se différencient au moyen d'une variable didactique : le choix des points de la reproduction partielle. Pour le premier problème, tous les éléments manquants de la figure peuvent être construits directement par des tracés définis par ces points. Dans le second, tous ces tracés ne peuvent être réalisés directement et certains nécessitent des constructions antérieures (cf. « Questions sur » p. 34).

Quels apprentissages ?

La situation a pour but de conduire les élèves :

- ✔ aux tracés de segments ou de droites définis par deux points ;
- ✔ à l'abandon des reports de longueurs quand cela est possible ;
- ✔ à l'utilisation implicite des relations d'incidence, telles que l'intersection de droites, le point d'intersection, le point sur droite (appartenance) ;
- ✔ à une planification d'une reproduction, ou du moins à la distinction entre des éléments qui peuvent être construits directement à partir des données et ceux qui nécessitent des constructions antérieures.

Activité d'accompagnement

L'activité ÉTOILE À CINQ BRANCHES reprend le même type de problèmes que FAISCEAUX DE TRAITS mais dans un environnement de géométrie dynamique. Elle permet de :

- ✔ renforcer les apprentissages liés à l'utilisation du logiciel, déjà abordés dans les activités d'accompagnement des situations ÉPINGLE SUR PLI et ŒILSURTOUT ;
- ✔ disqualifier les procédures utilisant les longueurs au moyen des déplacements de points ;
- ✔ travailler la planification de la reproduction de la figure ;
- ✔ expliciter les relations d'incidence entre les éléments.

CONCLUSION SUR L'ALIGNEMENT AU CE2 ET AU CM

L'alignement figure depuis 2002 dans les programmes, ayant pu apparaitre auparavant dans les apprentissages ou l'enseignement comme allant de soi et secondaire.

Le **lien entre alignement et rectitude**, à travers les instruments et les tracés, devient évident. La rectitude d'objets ou de tracés est abordée de manière approfondie dans les situations proposées au CP et CE1[6] et les situations au CE2 et CM de cet ouvrage les prolongent.

Les situations sont toutes spatiales, mais dans des environnements différents, qui sont tous des micro-espaces : un espace familier (contextualisé), un espace graphique contextualisé (papier-crayon ou logiciel de géométrie dynamique), un espace graphique décontextualisé.

Pour résoudre les problèmes, les outils spatiaux font place à des « outils » géométriques qui s'appliquent à des espaces sensibles[7] (familiers puis graphiques) et qui ont un caractère plus formel, en raison notamment des formulations associées. D'autres aspects sont aussi travaillés, tels que l'approche de l'exhaustivité de solutions et le raisonnement.

---

6. ERMEL Géométrie CP-CE1 (Hatier, 2020)
7. Cf. Lexique p. 246

THÈME 2
OBJETS ET RELATIONS DU PLAN

- Appréhender les relations géométriques : perpendicularité, parallélisme, symétrie axiale.
- Analyser les figures planes, leurs propriétés et leurs tracés.
- Développer des raisonnements géométriques.

Présentation du thème 2
Objets et relations du plan

SITUATIONS DU CE2

CE2 PÉRIODE 2 IDENTIFIER DES FORMES SYMÉTRIQUES

La situation PAREIL, PAS PAREIL ? (1)

Les élèves produisent, représentent puis comparent tous les assemblages possibles de trois pièces (un carré, un triangle et un quart de disque).

Questions sur les enjeux de PAREIL, PAS PAREIL ? (1)

Ce texte décrit l'identification des assemblages qui sont leur propre symétrique.

La situation PUZZLE

Les élèves identifient si des pièces polygonales sont réversibles, d'abord en reconstituant le puzzle, puis sans les manipuler. Enfin, ils représentent les pièces dans un puzzle agrandi en repérant des alignements et le milieu de segments.

Questions sur les enjeux de PUZZLE

Ce texte présente les procédures et les connaissances mises en jeu dans les phases de cette situation et de la situation PAREIL, PAS PAREIL ? (1).

CE2 PÉRIODE 4 APPRÉHENDER LES ANGLES, DONT L'ANGLE DROIT DU RECTANGLE

La situation RECTANGLE À TERMINER (1)

Les élèves doivent compléter un rectangle en traçant l'angle droit manquant sur une feuille où n'est déjà tracé qu'un seul de ses côtés.

Questions sur les enjeux de RECTANGLE À TERMINER (1)

Ce texte explicite les connaissances initiales des élèves sur le rectangle, analyse les procédures inadaptées produites dans la première phase de la situation et replace la situation dans la progression.

La situation AUX COINS CITOYENS !

Les élèves juxtaposent des « coins » de différentes dimensions pour recouvrir une tache. Ils constatent qu'un angle est caractérisé par l'ouverture entre deux traits, indépendamment de leur longueur.

Questions sur l'évolution du « coin » à l'angle

Ce texte analyse l'évolution des connaissances des élèves sur les angles.

CE2 PÉRIODE 4 APPROCHER LE PARALLÉLISME

La situation FEUILLE QUI COULISSE

Les élèves doivent tracer un trait de façon qu'il se superpose ensuite avec un trait donné.

Questions sur les enjeux de FEUILLE QUI COULISSE

Ce texte explicite les différentes significations du parallélisme ainsi que les connaissances construites dans les phases de la situation.

CE2 PÉRIODE 5 PRODUIRE DES LIGNES DROITES PERPENDICULAIRES

La situation TRAIT SUR TRAIT

Cette situation associe le pliage et la production d'angles droits. Dans une première phase, les élèves produisent un ensemble de plis perpendiculaires à un trait. Dans une deuxième phase, ils tracent l'emplacement des plis avant de plier.

Questions sur les mises en commun dans la situation TRAIT SUR TRAIT

Ce texte décrit les mises en commun et l'usage des instruments pour expliquer des procédures.

La situation CONSTRUIRE UN ANGLE DROIT

Cette situation aborde de nouveau l'angle droit du rectangle et réinvestit la production d'angles droits par différentes techniques, dont le pliage découvert dans la situation précédente. Dans une première phase, les élèves tracent des angles droits avec des instruments. Dans une deuxième phase, les élèves produisent des angles droits sans instruments avec des procédures de pliage.

Questions sur les procédures dans CONSTRUIRE UN ANGLE DROIT

Ce texte propose des éléments de synthèse sur l'approche de l'angle droit et l'usage des instruments.

La situation C'EST D'ÉQUERRE

Cette situation propose de reconnaitre puis de produire des tracés de lignes droites perpendiculaires.

Questions sur les instruments dans C'EST D'ÉQUERRE

Ce texte décrit le rôle des instruments dans la situation et expose une preuve par construction instrumentée.

SITUATIONS DU CM1

CM1 PÉRIODE 1 COMPARER DES DISTANCES GRÂCE AU CERCLE

La situation PÉTANQUE

Les élèves comparent les distances d'un point à un ensemble de points, d'abord sur une affiche posée au sol, puis sur feuille. Le tracé d'un cercle apparait comme une solution efficace pour résoudre les problèmes proposés.

Questions sur le cercle comme outil pour comparer des distances

Ce texte décrit l'évolution des procédures, de la comparaison des distances de chaque point au centre jusqu'au tracé de cercles pour déterminer où se trouvent les points plus près du centre que A mais plus loin du centre que B.

CM1 PÉRIODE 2 CONNAITRE LE RECTANGLE

La situation RECTANGLE À TERMINER (2)

Les élèves doivent compléter un rectangle en traçant sur une feuille un côté perpendiculaire à une partie d'un côté déjà tracé.

Questions sur les procédures dans la situation RECTANGLE À TERMINER (2)

Ce texte décrit les procédures des élèves pour tracer deux côtés perpendiculaires et leurs justifications dans le cas où le sommet du rectangle est hors de la feuille. Ce cas difficile permet de mettre en évidence les échanges entre élèves et le rôle de l'enseignant.

La situation CONSTRUIRE UN RECTANGLE

Cette situation constitue une synthèse des connaissances (angle droit, perpendicularité, parallélisme, égalité de longueurs) travaillées dans les situations précédentes. Les élèves construisent des rectangles en utilisant différents instruments.

CM1 PÉRIODE 4 ANALYSER DES FIGURES

La situation EMPREINTES

Les élèves doivent identifier des formes réversibles ou non : d'abord en les découpant, puis avant de découper, enfin en recherchant un axe de symétrie.

Questions sur les enjeux de la situation EMPREINTES

Ce texte analyse l'évolution des connaissances dans les phases de la situation. Il explicite les caractéristiques d'une figure symétrique mises en évidence dans les situations précédentes : réversibilité, pliage et superposition et existence d'un axe de symétrie.

La situation TRACER PAREIL

Les élèves doivent identifier les propriétés d'une figure afin d'en construire une autre superposable et analyser des erreurs de reproduction de figure.

Questions sur les enjeux de TRACER PAREIL

Ce texte explicite l'intérêt de positionner les figures à construire dans des orientations quelconques, ainsi que le rôle du tracé pour faire émerger des propriétés.

La situation L'ATTRAPE (1)

Les élèves ont à trouver des axes de symétrie de figures au moyen d'un miroir semi-réfléchissant (géomiroir). Ils doivent ensuite construire le symétrique d'un point par rapport à un axe, le géomiroir ne servant plus qu'à valider la production.

Questions sur les enjeux de L'ATTRAPE (1)

Les axes de symétrie éventuels des différentes figures proposées dans la situation sont analysés ainsi que l'évolution des connaissances concernant la production du symétrique d'un point.

CM1 PÉRIODE 5 CONSTRUIRE DES PARALLÈLES

La situation SUR LA TRACE DES ROUES

Les élèves doivent tracer le trait manquant, représentant la trace d'une roue d'un véhicule, à partir de la mesure de l'écart entre deux traits sur une feuille située à distance. Pour réussir, cet écart doit être pris et reporté selon une direction perpendiculaire au trait existant.

Questions sur les enjeux de SUR LA TRACE DES ROUES

Ce texte précise l'évolution des connaissances dans la situation et son organisation liée à l'utilisation d'un dispositif en trois parties.

La situation PARAPUZZLE

Les élèves doivent reproduire un réseau de droites parallèles à partir des informations qu'ils vont chercher sur le modèle situé à distance de leurs tables. Cette situation approfondit les propriétés du parallélisme et les techniques de tracé.

Questions sur les enjeux de PARAPUZZLE

Ce texte présente l'insertion de la situation dans la progression sur le parallélisme et aborde la différence de perception chez les élèves entre des exigences techniques et une connaissance mathématique au travers de la question : « *Combien faut-il de points pour tracer une droite ?* »

SITUATIONS DU CM2

CM2 PÉRIODE 1 ANALYSER DES FIGURES POUR LES DÉCRIRE

La situation PAREIL, PAS PAREIL ? (2)

Les élèves construisent, décrivent et comparent des figures. Ils doivent aussi reconnaitre une figure à partir de sa description par un autre élève.

Questions sur les enjeux de PAREIL, PAS PAREIL ? (2)

Ce texte explicite les apprentissages visés dans chacune des phases de la situation.

CM2 PÉRIODE 2 DISTINGUER DES FIGURES

La situation IDENTIFIER LA FIGURE

Les élèves ont à trouver un polygone dans un ensemble de polygones à l'aide de questions auxquelles l'enseignant répond par oui ou non.

Questions sur l'étude des figures au CM2

Ce texte présente la progression des apprentissages portant sur l'analyse des figures, le développement de raisonnements, ainsi que les types de problèmes et supports utilisés.

Questions sur les enjeux d'IDENTIFIER LA FIGURE

Ce texte explicite les figures choisies et les relations réinvesties (égalité ou parallélisme de côtés, etc.).

La situation COMBIEN DE POLYGONES ?

Les élèves cherchent le nombre de quadrilatères ou triangles dont les dimensions des côtés respectent les mesures données, puis ils en construisent certains.

Questions sur les enjeux de COMBIEN DE POLYGONES ?

Ce texte explicite le nombre de solutions pour chacun des énoncés et décrit différents raisonnements nécessaires à la résolution des problèmes proposés.

La situation L'ATTRAPE (2)

Les élèves produisent des assemblages de deux polygones, puis cherchent ceux qui sont symétriques. Ensuite, ils tracent le symétrique d'une figure sur papier blanc puis sur quadrillage.

Questions sur les enjeux de L'ATTRAPE (2)

Ce texte explicite les apprentissages visés dans chacun des problèmes proposés.

CM2 PÉRIODES 4 ET 5 UTILISER DES PROPRIÉTÉS

La situation UN POLYGONE ET SES ANGLES

Les élèves identifient des polygones à partir de messages rédigés par d'autres, puis en construisent.

La situation RECHERCHE DE TOUS LES QUADRILATÈRES

Les élèves cherchent tous les quadrilatères, en faisant des schémas à main levée pour comprendre que ce sont les propriétés géométriques des figures qui permettent de les caractériser et non pas leurs propriétés métriques ou bien leur orientation dans l'espace.

Questions sur les enjeux des situations de synthèse sur l'analyse des figures

Ce texte présente les enjeux des situations UN POLYGONE ET SES ANGLES (période 4) et RECHERCHE DE TOUS LES QUADRILATÈRES (période 5).

CM2 PÉRIODES 4 ET 5 DÉVELOPPER DES RAISONNEMENTS

La situation TRIANGLES, QUADRILATÈRES ET ANGLES DROITS

Dans cette situation, les élèves doivent justifier que des constructions sont impossibles (par exemple un triangle à deux angles droits) par le recours à des propriétés (perpendicularité, parallélisme, etc.).

Questions sur les enjeux de TRIANGLES, QUADRILATÈRES ET ANGLES DROITS

Ce texte explicite les preuves que peuvent produire les élèves et comment elles les conduisent à formuler des raisonnements géométriques.

La situation LA ROTONDE

Les élèves construisent dans un cercle deux segments parallèles représentant les rails d'une rotonde.

Questions sur les enjeux de LA ROTONDE

Ce texte explicite les savoirs sollicités dans cette situation de synthèse.

ACTIVITÉS D'ACCOMPAGNEMENT

Elles visent à stabiliser les connaissances développées dans les situations.

ÉCLAIRAGES SUR LES OBJETS ET RELATIONS DU PLAN

Ce texte explicite l'évolution, sur les trois années, de l'apprentissage des objets du plan et des relations géométriques. Il présente un tableau synthétique des problèmes et notions abordées dans les situations.

Planning du thème

Au CE2

	SITUATION	SÉANCES		ACTIVITÉS D'ACCOMPAGNEMENT
Période 2	**PAREIL, PAS PAREIL ? (1)** p. 56	1	Phase 1 (préliminaire) : Présentation des pièces	Mémory Amnésique p. 155
		2	Phase 2 : Production d'assemblages	
		3	Phase 3 : Comparaison d'assemblages	
	PUZZLE p. 60	1	Phase 1 : Puzzle uniforme Phase 2 : Puzzle multicolore ou non ?	
		2	Phase 3 : Pièce réversible ou non ?	
		3	Phase 4 : Placer une pièce	
Période 4	**RECTANGLE À TERMINER (1)** p. 65	1	Phase 1 : Appropriation de la situation	Reprise de l'activité
		2	Phase 2 : Développement de procédures	
	AUX COINS CITOYENS ! p. 69	1	Phase 1 : Appropriation et comparaison coins - entaille	
		2		
		3	Phase 2 : Comparaison des angles	
	FEUILLE QUI COULISSE p. 76	1	Phase 1 : Appropriation du problème	Trapèze à terminer p. 156
		2	Phase 2 : Tracer un trait parallèle à un trait plus éloigné	
		3	Phase 3 : Tracer un réseau de traits parallèles	
Période 5	**TRAIT SUR TRAIT** p. 80	1	Phase 1 : Production de pliages trait sur trait	Juger sans plier p. 156
		2	Phase 2 : Anticiper le tracé d'un pli passant par un point du trait	
		3		
		4	Phase 3 : Anticiper le tracé d'un pli passant par un point extérieur au trait	
	CONSTRUIRE UN ANGLE DROIT p. 85	1	Phase 1 : Tracer	Chercher dans la boite à outils p. 156
		2	Phase 2 : Fabriquer	
		3		
	C'EST D'ÉQUERRE p. 89	1	Phase 1 : Angles droits dans une figure	
		2	Phase 2 : Angles droits d'une ligne polygonale	
		3		

Planning du thème

Au CM1

	SITUATION	SÉANCES		ACTIVITÉS D'ACCOMPAGNEMENT
Période 1	**PÉTANQUE** p. 94	1	Phase 1 : Trouver la boule la plus proche	Avec un logiciel de géométrie Tracer des cercles p. 157
		2	Phase 2 : Où placer le point pour faire mieux que A et moins bien que B ?	
Période 2	**RECTANGLE À TERMINER (2)** p. 98	1	Phase 1 (facultative) : Appropriation	
		2	Phase 2 : Tracer un trait perpendiculaire à un trait donné sans point commun à celui-ci	
		3		
		4	Phase 3 : Identification de traits perpendiculaires	
	CONSTRUIRE UN RECTANGLE p. 103	1	Phase 1 : Utiliser les propriétés des côtés consécutifs	Exercices 1, 2 et 3 p. 157-158
		2		
		3	Phase 2 : Mettre en œuvre l'égalité de longueur des côtés opposés	
Période 4	**EMPREINTES** p. 107	1	Phase 1 : Production de formes réversibles	Recherche des axes p. 158
		2	Phase 2 : Analyse de formes réversibles	
		3	Phase 3 : Tri de formes	
	TRACER PAREIL p. 111	1	Phase 1 : Tracer pareil	
		2		
		3	Phase 2 : Chercher l'erreur	
	L'ATTRAPE (1) p. 115	1	Phase 1 : Recherche d'axes de symétrie	Le jeu du miroir p. 158
		2	Phase 2 : Jeu de l'attrape avec le géomiroir	
		3	Phase 3 : Jeu de l'attrape (papier-crayon)	
Période 5	**SUR LA TRACE DES ROUES** p. 119	1	Phase 1 : Appropriation du problème	
		2	Phase 2 : Recherche avec d'autres directions	
	PARAPUZZLE p. 123	1	Phase 1 : Recherche en coopération	
		2	Phase 2 : Recherche individuelle	

Planning du thème

Au CM2

	SITUATION	SÉANCES		ACTIVITÉS D'ACCOMPAGNEMENT
Période 1	**PAREIL, PAS PAREIL ? (2)** p. 126	1	Phase 1 : Tracé d'une figure	Tangram et brise-croix p. 159
		2	Phase 2 : Sélection de figures à partir d'une description	
		3		
Période 2	**IDENTIFIER LA FIGURE** p. 130	1	Identifications successives de plusieurs polygones	
		2		
	COMBIEN DE POLYGONES ? p. 134	1	Questions 1 et 3 (étapes 1 et 2)	
		2	Question 2 (étapes 1 et 2)	
		3	Questions 4 et 5 (étapes 1 et 2)	
		4	Question 6 (étapes 1 et 2)	
	L'ATTRAPE (2) p. 137	1	Phase 1 : Obtenir par assemblages des formes avec ou sans axe de symétrie Phase 2 : Compléter une figure par symétrie	
		2	Phase 3 : Construire le symétrique	
		3	Phase 4 : Jeu de l'attrape avec le géomiroir Phase 5 : Jeu de l'attrape (papier-crayon)	
Période 4	**UN POLYGONE ET SES ANGLES** p. 141	1	Phase 1 : La mesure des côtés ne suffit pas toujours à déterminer un polygone	Exercices 1 et 2 p. 159
		2	Phase 2 : Comparer les angles	
		3	Phase 3 : Des gabarits d'angles pour reconnaitre des quadrilatères	
	TRIANGLES, QUADRILATÈRES ET ANGLES DROITS p. 145	1	Phase 1 : Construire un triangle qui a un angle droit (étape 1) ? deux angles droits (étape 2) ?	Tout un programme p. 159
		2	Phase 2 : Construire un quadrilatère qui a deux angles droits (étape 1) ? qui a exactement 3 angles droits (étape 2) ?	
Période 5	**RECHERCHE DE TOUS LES QUADRILATÈRES** p. 148	1	Recherche de tous les quadrilatères	
	LA ROTONDE p. 151	1	Phase 1 : Construire la plaque tournante	
		2	Phase 2 : Programme de construction	

Situation
CE2 Période 2

PAREIL, PAS PAREIL ? (1)

Ressources pour la situation hatier-clic.fr/24ermelg201

Le problème

Les élèves produisent des assemblages de trois pièces : un carré, un quart de disque et un triangle rectangle isocèle (de même longueur de côté ou rayon).
Dans la phase 2, ils ont à produire le plus d'assemblages possibles. Ils identifient ceux qui sont pareils par superposition.
Dans la phase 3, ils doivent reconnaitre parmi un lot d'assemblages dessinés, ceux qui sont superposables, directement ou par retournement.

Trois pièces de l'assemblage

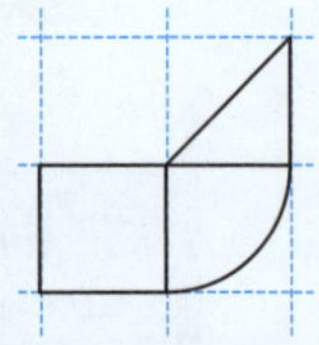

Exemples d'assemblages superposables

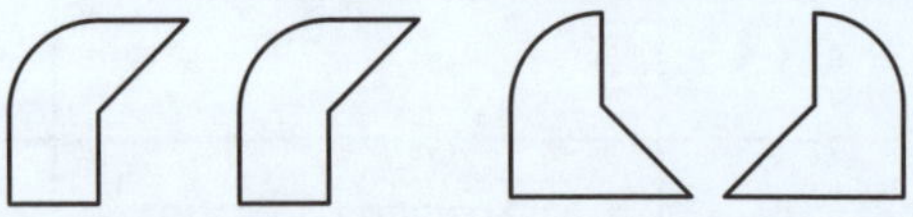

directement — après retournement

Connaissances visées

- Passer d'une perception globale d'une forme à l'analyse de ses composantes.
- Reconnaitre si deux formes planes sont superposables ou non.

Résumé de la situation

- Dans la **phase 1**, les élèves se familiarisent avec le matériel.
- Dans la **phase 2**, ils produisent des assemblages et déterminent s'ils sont différents.
- Dans la **phase 3**, ils déterminent si les dessins d'assemblages sont superposables.

Organisation de la situation

- Une phase préliminaire (phase 1) de quelques minutes, dix à quinze jours avant l'activité.
- Deux séances, une pour chaque phase 2 et 3.

Question sur les enjeux de la situation : analyse p. 59

ERMEL Géométrie Cycle 3 (Hatier, 2006), situation p. 344

Phase 1 : Présentation des pièces

Matériel pour la classe
- Deux agrandissements au format A3 de l'annexe 1.

L'enseignant présente l'annexe 1 agrandie et demande à la classe : *« Sur cette feuille, j'ai dessiné des pièces. Combien y a-t-il de formes de pièces différentes ? »* Un bref échange permet d'insister sur le fait qu'une pièce ne change pas si on la place dans une autre position. Pour emporter la conviction de tous, l'enseignant fait découper toutes les pièces d'un exemplaire de l'annexe 1, regrouper celles qui sont superposables et constater qu'il n'y a bien que trois formes : quart de disque, carré et triangle.

Matériel pour la phase 1

Annexe 1

Phase 2 : Production d'assemblages

Matériel pour la classe
- Les pièces découpées lors de la phase 1 et deux annexes 1 au format A3 pour la vérification des productions.
- Un exemplaire de l'annexe 3 au format A3.
- Deux exemplaires de l'annexe 4 au format A3 à découper pour obtenir 32 pièces de chaque forme.

Enjeu de la phase 2
Il ne s'agit pas de mener une recherche exhaustive mais uniquement de dire ce qu'on entend par assemblages pareils ou différents.

- Des fiches carrées (14,8 cm de côté, découpées dans un A5) de couleur pour que les pièces posées dessus soient visibles.
- Adhésif ; patafix.

Matériel individuel

- Grilles de carrés de côté 3 cm (deux exemplaires de l'annexe 2 au format A4).
- Deux jeux de trois pièces, issues de l'annexe 4 au format A4 (côté/rayon de 3 cm), découpés dans un matériau rigide.

Matériel par groupe de quatre

- Un feutre, des trombones, une paire de ciseaux.
- Grille (huit exemplaires de l'annexe 2 au format A4).

Présentation du problème

L'enseignant : « *Je vais faire des assemblages avec les trois pièces.* »

L'enseignant produit les quatre assemblages de l'annexe 3 en les qualifiant de correct ou d'incorrect. Pour chacun il demande : « *Que pouvez-vous dire de la façon dont les pièces sont placées les unes par rapport aux autres ?* » Il reformule ensuite clairement les raisons pour lesquelles ils sont corrects ou incorrects (cf. ci-contre) et affiche au tableau l'annexe 3 à laquelle les élèves pourront se référer.

Consigne

L'enseignant : « *Vous réaliserez d'autres assemblages en suivant les mêmes règles que moi :*

– il faut utiliser chacune des trois pièces une seule fois ;

– les côtés de deux pièces doivent se toucher sur toute leur longueur. »

Il précise : « *Vous aurez un quadrillage pour vous aider à positionner les pièces. Une fois que vous aurez assemblé les pièces, vous tracerez le contour de l'assemblage avec un feutre.* »

Production individuelle d'assemblage

Les élèves sont répartis en groupes de quatre mais travaillent individuellement pour l'instant. L'enseignant distribue à chaque élève un jeu de trois pièces, fabriquées dans un matériau un peu rigide, et deux grilles (annexe 2) et indique : « *Pour commencer, vous allez dessiner deux assemblages différents chacun.* »

Chaque élève fait deux assemblages sur ses grilles et en dessine le contour. L'enseignant n'intervient que pour faire respecter les règles.

Comparaison des productions par groupe

L'enseignant annonce : « *Vous mettez ensemble tous les dessins d'assemblages que vous avez faits dans votre groupe. Cherchez combien d'assemblages différents vous avez trouvés dans votre groupe. Les assemblages qui sont pareils ne comptent que pour un et vous les attacherez ensemble avec un trombone.* »

Mise en commun intermédiaire

Les groupes présentent leurs regroupements d'assemblages. Si certains regroupements sont remis en cause, l'enseignant fait découper les assemblages et demande de vérifier que ceux qui sont attachés ensemble sont effectivement superposables.

Production de nouveaux assemblages par groupe

Chaque élève reprend son jeu de pièces et dispose de nouvelles grilles vierges. À tour de rôle, chacun propose un nouvel assemblage,

Matériel pour la phase 2

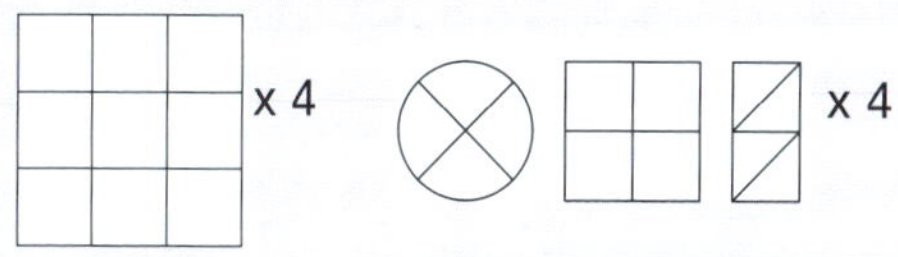

Grilles (annexe 2) — Pièces à découper (annexe 4)

Assemblages corrects (✓) et incorrects (×)

✓ Deux pièces sont en contact par deux côtés sur toute leur longueur.
× Une pièce touche une autre pièce uniquement par un sommet.
× Un côté d'une pièce est en contact avec un côté d'une autre pièce mais pas sur toute la longueur (en décalé).
× Deux côtés assemblés sont de longueurs différentes.

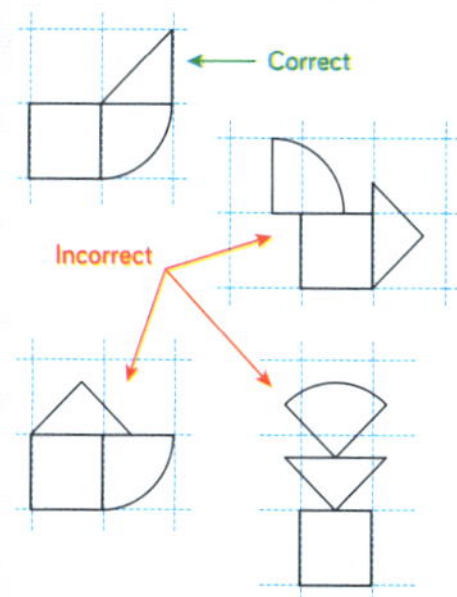

Annexe 3

Vocabulaire

L'enseignant veille à bien faire employer les termes « pièce », « assemblage », « forme ».

Comparaison des assemblages

Les assemblages proposés dans cette phase n'ont pas d'axe de symétrie : chacun a donc son symétrique, qui lui est superposable après retournement mais pas sans retournement.

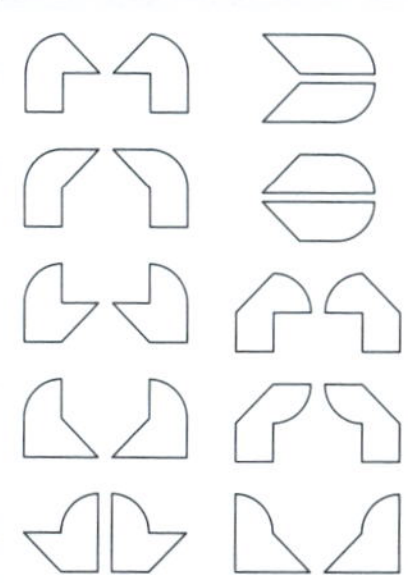

Ensemble des solutions (annexe 5 destinée à l'enseignant)

Mise en commun

L'objectif est de comprendre la signification de « assemblages pareils » en orientant les assemblages de la même façon.

qui doit être différent des assemblages que le groupe a présentés lors de la mise en commun. Il le dessine, sauf si, après discussion, les élèves sont tous convaincus que l'assemblage n'est pas nouveau. Toutes les productions du groupe sont rassemblées.

Mise en commun avec un affichage collectif

Chaque groupe qui pense avoir produit un assemblage différent de ceux déjà affichés vient le présenter au tableau. Il reproduit cet assemblage en collant, avec de la « patafix », des pièces agrandies sur une fiche 14,8 cm × 14,8 cm. Les autres élèves contrôlent et peuvent rapprocher le nouvel assemblage de ceux affichés pour les comparer. Si l'assemblage est accepté, on colle ses pièces avec de l'adhésif. On s'arrête quand personne n'a de nouvelle proposition.

Défi collectif : « Peut-on trouver d'autres assemblages ? »

Il se déroule hors séance. Cherche qui veut à ses moments perdus. Deux fois par semaine, on prend dix minutes pour que les élèves qui pensent avoir trouvé de nouveaux assemblages les présentent. L'affichage évolue selon les propositions.

Affichage collectif des assemblages

Les discussions entre élèves pour déterminer si l'assemblage est nouveau ou non devraient amener à distinguer deux types de superposition : directe ou après retournement. Dans le premier cas, la forme est présentée selon la même orientation que la forme superposable déjà affichée et on n'en garde qu'une. Dans le second cas, la forme est présentée en vis-à-vis de la forme superposable et on conserve les deux.

Défi collectif

Les élèves produisent assez facilement « *le copain* » (le symétrique) des formes qui n'ont pas encore de vis-à-vis.
Le défi continue tant que les élèves sont intéressés.
L'exhaustivité n'est pas un but à atteindre.

Phase 3 : Comparaison d'assemblages

Matériel individuel
Un exemplaire de l'annexe 6 : cartes sur carton coloré à découper.

Présentation des cartes

- Quatre paires de formes (issues de la phase 2), sans axe de symétrie, superposables deux à deux après retournement ;
- Deux formes en double, ayant un axe de symétrie, chacune étant superposable à son double avec et sans retournement.

Premier jeu en binôme (ou par trois)

Un joueur pose une carte au milieu de la table et demande *« la même sans retournement »* ou *« la même après retournement »*.

L'autre joueur cherche dans son jeu une carte qui convient à la demande. Les deux joueurs confrontent les deux formes et décident si c'est gagné ou perdu. Ils trient leurs cartes et rejouent.

L'enseignant incitera les élèves à demander *« la même après retournement »*, ce qu'ils ne font pas toujours spontanément.

Validation

Retourner ou superposer les disques n'apporte pas d'information (ils sont opaques).

La validation amène à placer les cartes dans une position qui facilite la comparaison et suffit à mettre les joueurs d'accord.

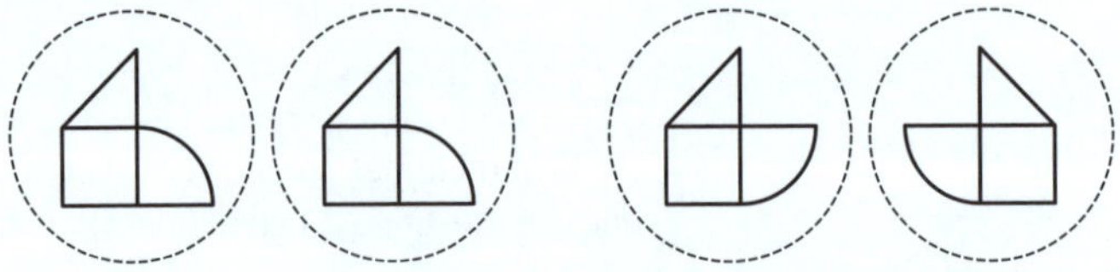

« La même exactement » *« La même après retournement »*
Exemples de positions canoniques

Activités d'accompagnement : Descriptions et liens p. 155

Objectifs de la phase 3

- Identifier des formes superposables directement ou après retournement.
- Disposer les formes de manière à rendre évidents les deux cas de superposition.
- Construire des formes superposables à une forme donnée, directement ou après retournement.

Matériel pour la phase 3

Deux élèves voisins ont des feuilles de couleurs différentes pour pouvoir rapidement constituer les jeux sans se livrer à des tris fastidieux. Ils découpent les contours circulaires et ont donc chacun douze disques.

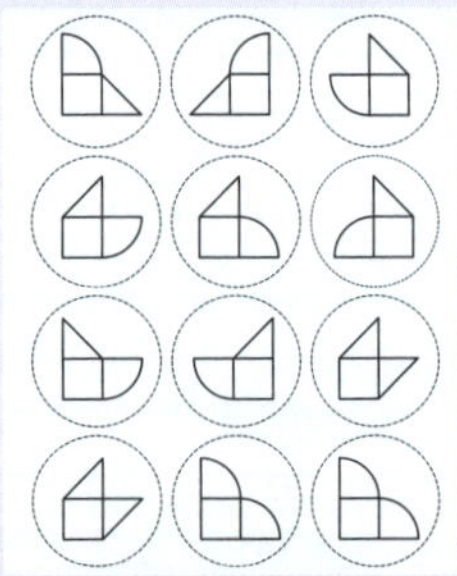

Annexe 6

Validation

Il y a une seule solution pour les pièces asymétriques, deux pour les pièces symétriques, qui sont en double.

Questions sur LES ENJEUX DE LA SITUATION « PAREIL, PAS PAREIL ? (1) »

L'ÉVOLUTION DES CONNAISSANCES

À l'entrée du CE2, les élèves identifient souvent les figures par leur forme générale. Leurs descriptions s'appuient sur la ressemblance avec une figure connue, avec un usage parfois approximatif des termes. Par exemple, les élèves pourront nommer « carré » un rectangle dont la longueur et la largeur sont voisines. Aussi les situations PAREIL, PAS PAREIL ? (1) et PUZZLE visent à rendre nécessaire une analyse des propriétés des figures pour dépasser les ambigüités de cette reconnaissance perceptive.

Les problèmes proposés dans ces situations sont fondés sur la comparaison de formes pouvant être perçues dans un premier temps comme similaires. Dans la situation PAREIL, PAS PAREIL ? (1), ces formes sont composées des mêmes éléments simples (un carré, un quart de disque et un triangle rectangle isocèle) assemblés différemment. La première tâche de l'élève est de distinguer la disposition de ces trois pièces dans chacun des assemblages à comparer.

LES CONNAISSANCES VISÉES

Les connaissances des élèves évoluent au cours de la situation compte tenu du passage de formes manipulables à leur représentation sur feuille et du type de problème proposé.

Identification des pièces par des gestes (phase 1)

Dans la phase 1, les élèves se familiarisent avec les pièces du dispositif. Ils découvrent que ces pièces ont des dimensions communes et qu'elles sont de trois types différents. Cette phase favorise aussi le recours à des gestes (superposer, juxtaposer, orienter, retourner) développés les années précédentes.

Tracés d'assemblages différents en utilisant des gabarits (phase 2)

Dans la phase 2, les élèves changent de support. Ils passent à une **représentation graphique** des formes en associant les trois pièces dans un assemblage dont ils dessinent le contour sur feuille. Lorsque les élèves critiquent des assemblages qui ne satisfont pas aux contraintes, ils font appel à un vocabulaire géométrique précis (côtés, longueur, voire sommet).

Les élèves doivent ensuite tracer de nouveaux assemblages sans à ce niveau chercher à les obtenir tous, ce qui implique de **reconnaitre les assemblages qui sont différents**. Certains assemblages sont perçus différents seulement à cause de leur orientation.

Les élèves remarquent que d'autres assemblages se superposent si on retourne l'un d'entre eux, ou apparaissent « en miroir » si on les juxtapose. En effet, aucun des assemblages proposés n'a d'axe de symétrie ; chacun a donc un symétrique obtenu par retournement. Mais le geste de retourner n'est autorisé dans cette phase que pour lever les incertitudes formulées dans la mise en commun.

Recours explicite au retournement (phase 3)

Dans la phase 3, le recours au retournement est systématisé par une tâche de jugement : les élèves ont à trouver un assemblage identique à un autre directement ou après retournement. Pour valider la réponse, les assemblages doivent être disposés dans une orientation adéquate pour percevoir qu'ils sont symétriques, sans que ce terme ne soit employé.

LE RÔLE DU LANGAGE

La description des similitudes et des différences

Au début de la situation, les élèves reconnaissent globalement les assemblages et les nomment selon leur forme (la souris, le pistolet, etc.), comme ils le faisaient souvent les années précédentes. Les problèmes proposés dans la situation les obligent à nommer chaque pièce et à décrire précisément sa position dans un assemblage.

L'importance des échanges oraux

Le débat entre élèves d'avis opposés ne permet pas toujours d'analyser les confusions qui conduisent aux points de vue erronés. De plus, la conclusion ne convainc pas toujours tous les élèves. Mais il nous semble utile de laisser ce débat se développer dans cette situation, sachant que le recours à la validation pratique permettra de trancher après la mise en commun. En effet, il est important que les élèves puissent exprimer leurs avis, afin que :

- les justifications imprécises ou erronées puissent être exprimées et critiquées ;
- le recours à un vocabulaire précis apparaisse nécessaire face à des significations différentes données à un même terme ;
- les conditions favorables aux échanges lors des mises en commun s'installent dès le début d'année.

Ces échanges lors des mises en commun permettent aussi à l'enseignant d'appréhender la diversité des connaissances de ses élèves en début d'année.

PUZZLE

Ressources pour la situation hatier-clic.fr/24ermelg202

Le problème

L'élève doit identifier parmi les pièces d'un puzzle, qui ne sont pas de la même couleur au recto et au verso, celles qui sont réversibles ou non, en réalisant le puzzle, puis en analysant les pièces sans les manipuler.

Pièces non réversibles — Pièces réversibles

Connaissances visées

- Approfondir la notion de formes superposables pour des formes planes et la distinction entre formes superposables sans ou après retournement (cf. p. 56).
- Prendre conscience que pour certaines formes planes « l'envers vaut l'endroit » (réversibles) et que ce n'est pas le cas pour d'autres (non réversibles).
- Anticiper si une forme plane est réversible ou non (l'existence d'un axe de symétrie comme caractéristique des pièces réversibles sera abordé au CM1).
- Analyser une figure en prenant des repères (milieu, alignement, diagonale) pour l'agrandir.

Résumé de la situation

- Dans la **phase 1**, les élèves s'approprient le dispositif (puzzle).
- Dans la **phase 2**, ils réalisent un puzzle pour reconnaitre des pièces réversibles ou non.
- Dans la **phase 3**, ils identifient les pièces réversibles sans les manipuler.
- Dans la **phase 4**, ils ont à placer une première pièce loin des bords du cadre du puzzle.

Organisation de la situation

Elle peut se dérouler en trois séances : une pour les phases 1 et 2, une pour la phase 3 et une pour la phase 4.

Questions sur les enjeux de la situation : présentation p. 64

ERMEL Géométrie Cycle 3 (Hatier, 2006), situations p. 351 et 357

Phase 1 : Puzzle uniforme

Matériel individuel

- Une feuille à réseau pointé triangulaire pour relever la solution obtenue (annexe 1).
- Les sept pièces et l'hexagone à reconstituer (annexe 2, en carton léger) seront à découper par les élèves.

Matériel collectif

Le matériel individuel agrandi pour un affichage au tableau.

Présentation du problème et consigne

L'enseignant présente l'annexe 2 avec l'hexagone et les sept pièces ainsi que le réseau pointé de l'annexe 1. Il précise : *« Réalisez l'hexagone avec les sept pièces. Quand vous aurez trouvé une solution, notez-la pour vous en souvenir sur la feuille avec des points. Vous pouvez chercher une autre solution s'il vous reste du temps. »*

Recherche individuelle

L'enseignant distribue les annexes 1 et 2 à chaque élève, qui découpe les pièces, et laisse un temps de recherche assez court, de l'ordre de dix minutes.

Enjeu de la phase 1

Amener les élèves à s'approprier le problème et à percevoir des propriétés spécifiques de chacune des pièces, qui favorisent leur encastrement ou juxtaposition.

Matériel pour la phase 1

Annexe 1

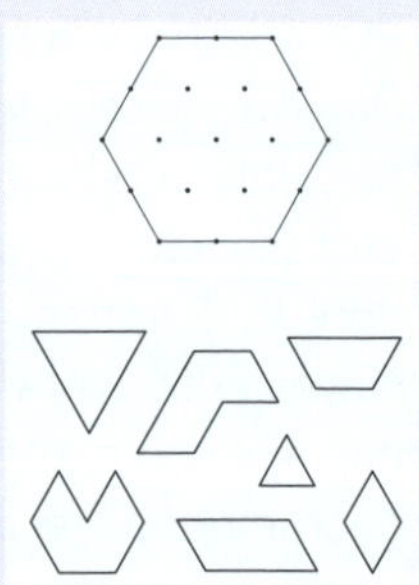

Annexe 2

Mise en commun rapide

Quelques reproductions sont contrôlées collectivement (« *Y a-t-il toutes les pièces ?* », « *La forme globale est-elle respectée ?* »). À l'issue de la mise en commun, l'enseignant fait remarquer qu'il y a de nombreuses solutions.

Phase 2 : Puzzle multicolore ou non

Matériel individuel

- Une série de sept pièces (grises au recto, blanches au verso) à découper (annexe 3, en carton léger, pour trois élèves).
- Un des quatre puzzles (annexe 4a : puzzles 1 et 2 ; annexe 4b : puzzles 3 et 4). Les puzzles sont répartis dans la classe.

Matériel collectif

- Quelques annexes 4a et 4b supplémentaires pour pouvoir donner un autre puzzle aux élèves les plus rapides.
- Le matériel individuel agrandi pour un affichage au tableau.

Consigne

L'enseignant : « *Découpez les pièces et disposez-les comme sur votre modèle de puzzle, puis répondez par vrai ou faux à chacune des affirmations suivantes :*

– on peut faire le puzzle tout en gris ;

– on peut faire le puzzle tout en blanc.

Justifiez rapidement vos réponses. »

Recherche individuelle

Chaque élève reçoit un puzzle. Un nouveau puzzle peut être proposé pour les plus rapides.

Mise en commun

L'enseignant procède à un inventaire rapide des réponses et des justifications pour chacun des puzzles.

Puzzle	Entièrement gris	Entièrement blanc
1	Faux (parallélogramme nécessairement blanc)	Faux (pistolet nécessairement gris)
2	Faux (pistolet nécessairement blanc)	Faux (parallélogramme nécessairement gris)
3	Faux (parallélogramme et pistolet nécessairement blancs)	Vrai
4	Vrai	Faux (parallélogramme et pistolet nécessairement gris)

L'enseignant demande : « *Quelles sont les pièces qui posent problème pour faire les puzzles de la même couleur ?* » et « *Expliquer pourquoi elles posent problème et les autres non.* »

Conclusion

Parmi les sept pièces, il y en a cinq dont « l'envers vaut l'endroit » et deux pour lesquelles « l'envers ne vaut pas l'endroit ».

Objectif de la phase 2

Prendre conscience que, parmi les formes proposées, pour certaines « l'envers vaut l'endroit » (réversibles) et que, pour d'autres, ce n'est pas le cas (non réversibles).

Matériel pour la phase 2

Annexe 3 (la couleur recto est gris et la couleur verso est blanche.)

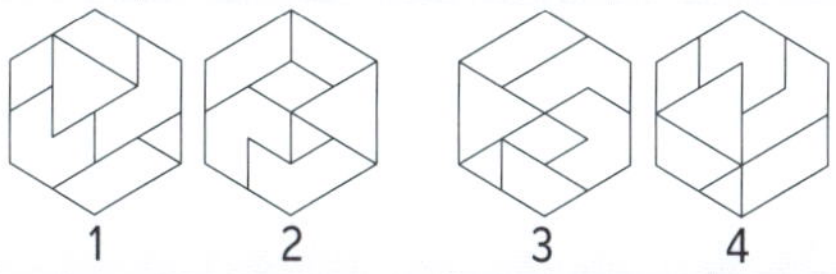

Annexe 4a   Annexe 4b

Réversibilité des pièces

À l'exception du « pistolet » (souvent nommé ainsi par les élèves) et du parallélogramme, toutes les formes possèdent un axe de symétrie et peuvent être placées indifféremment recto (gris) ou verso (blanc) (elles seront dites réversibles).

Mise en commun

- Exemples de justifications d'élèves (vrai/faux) :
  – « *Il y a deux formes que l'on ne peut pas retourner comme les autres.* » ;
  – « *Ce n'est pas possible parce que deux pièces ne peuvent pas se mettre de deux côtés, elles ne peuvent se mettre que d'un côté.* ».
- Exemples d'explications d'élèves pour les pièces non réversibles :
  – « *Quand on les retourne, elles n'ont pas le même sens, les autres c'est pareil quand on les retourne.* » ;
  – « *Quand on retourne cette pièce, la forme ne prend pas la même place.* ».

Phase 3 : Pièce réversible ou non ?

Matériel pour un binôme

Un exemplaire de l'annexe 5 et de l'annexe 6 (les éléments).

Objectif de la phase 3

Identifier, sans les manipuler, les pièces réversibles ou non.

Matériel collectif

- Les annexes 5 et 6 agrandies au format A3.
- La consigne pour un affichage au tableau (annexe 7).

Consigne

« Sur une des feuilles, il y a les pièces d'un puzzle, elles sont rayées du côté que vous voyez et blanches de l'autre (de l'autre côté de la feuille, elles seraient blanches si on les découpait). Sur l'autre feuille, vous avez les "trous" dans lesquels il faut mettre les pièces. Il faut chercher à mettre chaque pièce dans un trou en précisant si on la verra en blanc ou en rayé quand elle sera dans le trou. Vous n'avez pas le droit de découper les pièces.

Pour chaque pièce, il faut compléter la phrase et choisir sa couleur parmi les trois réponses possibles :

La pièce … va dans le trou numéro … On la verra :

- forcément en rayé ;

- forcément en blanc ;

- comme on veut, en rayé ou en blanc. »

Recherche par binôme

Mise en commun

Les pièces sont examinées une par une.

On compte le nombre de pièces pour chaque type de réponse et le débat s'engage en cas de désaccord. L'enseignant fait décrire les mouvements par lesquels on amène les pièces dans leur trou à partir de la position occupée sur la feuille. En cas de difficulté persistante, on pourra découper des pièces.

Conclusion

L'enseignant demande pour quelles pièces « l'envers vaut l'endroit » (les recenser) et de formuler des méthodes pour les reconnaitre.

Matériel pour la phase 3

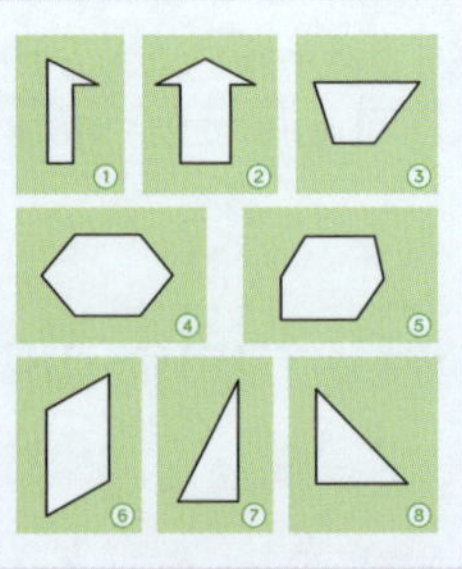

Annexe 5

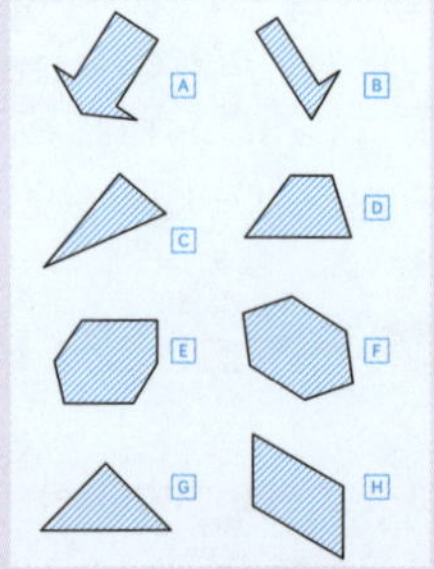

Annexe 6

Réponses

- A 2 rayé ou blanc (axe de symétrie) ;
- B 1 blanc ;
- C 7 blanc (les deux côtés de l'angle droit n'ont pas la même longueur) ;
- D 3 rayé (demi-tour) ;
- E 5 rayé (demi-tour) ;
- F 4 blanc ou rayé (axe de symétrie) ;
- G 8 blanc ou rayé (triangle rectangle isocèle, noter la différence avec C) ;
- H 6 blanc (parallélogramme rencontré dans la deuxième phase).

Conclusion

Les élèves peuvent formuler l'idée qu'une pièce dont « l'envers vaut l'endroit » est « *pareille des deux côtés si on la partage en deux parties par un trait* », mais il n'y a pas lieu d'insister sur ce point, encore moins de parler d'axe de symétrie.

Phase 4 : Placer une pièce

Matériel collectif

Deux exemplaires de l'annexe 8 (aussi en format A4) sur carton léger de couleur.
L'enseignant découpe les pièces d'un exemplaire.

Matériel individuel

- La boite à outils avec les instruments de tracé.
- Colle repositionnable ou patafix.
- Un triangle et un losange découpés par l'enseignant dans l'annexe 9.
- Un exemplaire de l'annexe 10 (10a à l'étape 1 et 10b à l'étape 2)
- Un exemplaire de l'annexe 11 (étape 3)

Objectifs de la phase 4

- Analyser les propriétés de figures (les pièces et le cadre) par repérage des alignements, de milieux de segments.
- Utiliser ces propriétés pour compléter une figure semblable (c'est-à-dire « *pareille mais en plus grand* »).

Variables didactiques

La difficulté croissante des problèmes, d'abord avec le puzzle de cadre hexagonal connu (depuis la phase 1), puis avec un nouveau cadre carré incite à recourir au tracé.

ÉTAPE 1 : PLACER LE TRIANGLE

Présentation

L'enseignant distribue l'annexe 10a (modèle à agrandir et cadre hexagonal) et un triangle qu'il a découpé (annexe 9). Il présente les pièces du puzzle (annexe 8) mais ne les donne pas.

Il présente le matériel : « *Vous reconnaissez un puzzle hexagonal, les pièces et le cadre, et, en petit, c'est un modèle pour placer les pièces. Le puzzle est un peu plus grand que les fois précédentes.* »

Consigne

L'enseignant : « *Il faut trouver la place exacte du petit triangle dans le cadre. Une fois que vous avez trouvé la bonne place, vous le collez comme sur le modèle. Il faudra ensuite que les autres pièces puissent être placées comme sur le modèle.* » Il précise que les boites à outils sont disponibles et que les élèves puissent tracer.

Recherche par binôme

Après avoir éventuellement utilisé les instruments et des tracés, les élèves fixent provisoirement le triangle.

Mise en commun

Il s'agit essentiellement d'invalider les procédures au jugé et d'expliciter la nécessité d'un positionnement précis du triangle.

Les binômes viennent présenter leurs productions. L'enseignant demande : « *Comment savoir si c'est juste ou non ?…en plaçant les six autres pièces du puzzle !* ». Le fait que le « camembert » suffit à invalider ou à valider fait rapidement consensus.

Bilan sur les procédures valides

- Tracer deux diagonales et « caler » le triangle en plaçant un sommet à leur intersection.
- Tracer une diagonale et son milieu, puis placer un sommet du triangle au milieu et un de ses côtés sur la diagonale.

ÉTAPE 2 : PLACER LE LOSANGE

Même déroulement qu'à l'étape 1 mais avec un losange (annexe 10b).

Recherche individuelle

L'élève peut soit « caler » le losange sur deux diagonales de l'hexagone, soit sur une seule mais en déterminant son milieu pour placer un des sommets.

Les élèves ont ainsi l'occasion de mettre en pratique les procédures utilisant les alignements, ce qui s'avère extrêmement efficace.

ÉTAPE 3 : RÉINVESTISSEMENT DU TRACÉ

Les élèves doivent tracer, dans le cadre carré, le contour des pièces selon le modèle du puzzle en haut de page (annexe 11).

Un examen préalable collectif du puzzle permettra de repérer que les pièces sont quatre petits triangles identiques et deux grands triangles identiques.

Validation

On dispose de plusieurs moyens, qui reposent tous sur la conservation de propriétés, pour valider ou invalider les productions :

- Découper les six triangles sur le puzzle que les élèves ont tracé : on doit trouver quatre « petits » et deux « grands » superposables, comme sur le modèle.
- Découper le carré selon une médiane obtenue par pliage et constater par transparence (méthode connue des élèves) que les deux parties sont superposables : cette propriété vérifiée sur le modèle doit l'être également sur le dessin agrandi.

Matériel pour l'étape 1

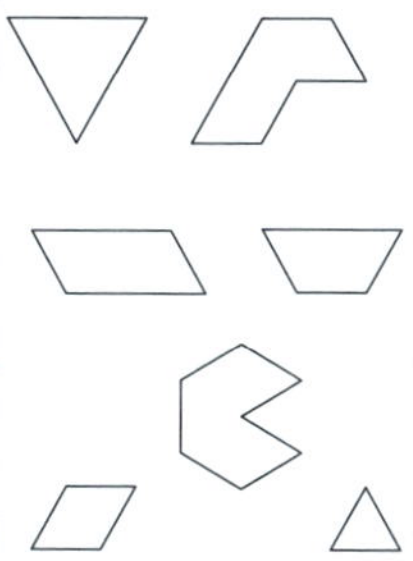

Annexe 8

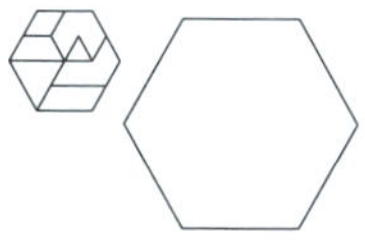

Annexe 10a

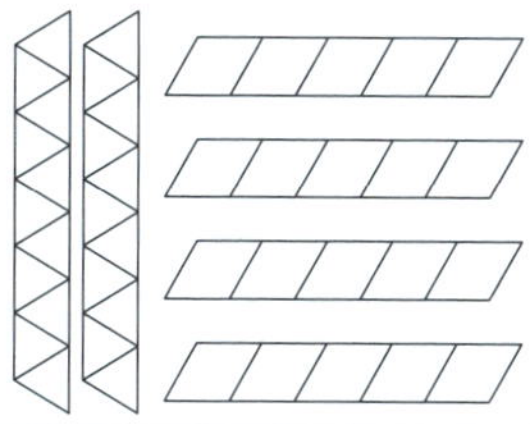

Annexe 9

Procédures pour placer la pièce

- Au jugé à l'intérieur de l'hexagone.
- Grâce à l'alignement des côtés de la pièce avec les diagonales et/ou à la position de ses sommets :
  - une diagonale matérialisée (par un instrument ou un tracé) puis placement au jugé de la pièce sur cette diagonale ;
  - les deux diagonales et placement d'un sommet de la pièce à leur jonction (ou par déplacement de la pièce à partir de contact avec le cadre à droite).

Matériel pour l'étape 2 et 3

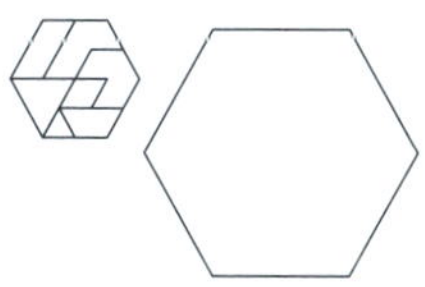

Annexe 10b

Annexe 11

Procédures pour tracer

L'alignement de certains côtés des triangles avec les diagonales du carré a peu de chances d'être perçu. L'utilisation des milieux est efficace.

Questions sur LES ENJEUX DE LA SITUATION « PUZZLE »

LES SAVOIRS VISÉS

Cette situation poursuit les apprentissages abordés dans PAREIL, PAS PAREIL ? (1), en particulier :

- analyser des figures planes et expliciter leurs caractéristiques, dont l'égalité de longueurs ;
- utiliser un vocabulaire précis pour comparer des productions lors des mises en commun ;
- constater qu'une forme réversible « occupera le même emplacement » si elle est retournée et en déduire qu'elle possède un axe de symétrie.

Un nouvel apprentissage est abordé : tracer une figure grâce au repérage initial d'alignements.

LES PROBLÈMES PROPOSÉS

S'approprier le dispositif (phase 1)

L'appropriation du dispositif s'effectue à la phase 1 par le remplissage de l'hexagone avec les 7 pièces polygonales. La recherche de solutions différentes n'est pas un objet de cette phase.

Identifier les pièces réversibles (phases 2 et 3)

Dans la phase 2, les élèves construisent des puzzles à partir de 7 pièces grises au recto et blanches au verso. Ils doivent déterminer si ces puzzles peuvent être d'une même couleur. Ils constatent que certaines pièces ne peuvent être disposées que sur une face dans le puzzle, ce qui les interroge. Cet apprentissage est approfondi dans la phase 3 où les élèves n'ont plus la possibilité de manipuler les pièces et doivent porter un jugement sur la réversibilité d'autres formes.

Les procédures possibles sont diverses :

- anticiper mentalement par pliage ou rotation que des figures sont « pareilles » ;
- identifier une figure déjà connue comme étant réversible (triangle isocèle, flèche) ;
- reconnaitre l'absence de symétrie évidente dans une figure.

Ces problèmes permettent donc aux élèves d'identifier les propriétés des figures, d'abord par la manipulation d'objets, puis par la simple évocation mentale de gestes.

Repérer des alignements pour reproduire une figure (phase 4)

Les élèves ont à reproduire un puzzle avec des pièces agrandies. Ils doivent pour cela placer une première pièce, le triangle équilatéral, dans le cadre hexagonal agrandi du puzzle. Ils valideront ensuite la position du triangle en reconstituant le puzzle dans le cadre.

Pour placer correctement le triangle, il est nécessaire de repérer des alignements à partir de deux diagonales. Certains élèves placent ce triangle au jugé, quelquefois en prenant appui sur le tracé d'une seule diagonale. La mise en commun permet d'analyser les limites de ces procédures. La reprise d'autres problèmes similaires permet ensuite aux élèves de recourir aux alignements.

Le recours à l'alignement pour identifier une position, travaillé ici et déjà abordé dans ÉPINGLE SUR PLI, sera approfondi au cours du CM dans de nombreuses activités dont la situation FAISCEAUX DE TRAITS au CM2.

Principales caractéristiques des deux situations du CE2 « PAREIL, PAS PAREIL ? (1) » et « PUZZLE »

Situations		Supports	Procédures	Connaissances visées
Pareil, pas pareil ? (1)	Phase 1	Pièces manipulables.	Superposition, juxtaposition…	Identifier des catégories de figures.
	Phase 2	Feuille quadrillée. Usage de gabarits.	Orientation de pièces symétriques.	Identifier des figures symétriques ou non.
	Phase 3	Cartes avec des formes symétriques.	Analyse de la disposition des pièces dans un assemblage.	Identifier des figures symétriques ou non.
Puzzle	Phase 1	Pièces manipulables.	Assemblage de pièces.	
	Phase 2	Pièces bicolores manipulables.	Assemblage de pièces avec contraintes.	Réversibilité d'une pièce.
	Phase 3	Feuille avec des figures ayant un axe de symétrie ou non.	Procédures mentales (rotation, pliage…).	Critères de réversibilité.
	Phase 4	Feuille sur laquelle agrandir la figure modèle.	Conjonction d'alignements. Identification du milieu d'un segment.	Identification d'alignements. Tracés de trait.

Situation
CE2 Période 4

RECTANGLE À TERMINER (1)

Ressources pour la situation hatier-clic.fr/24ermelg203

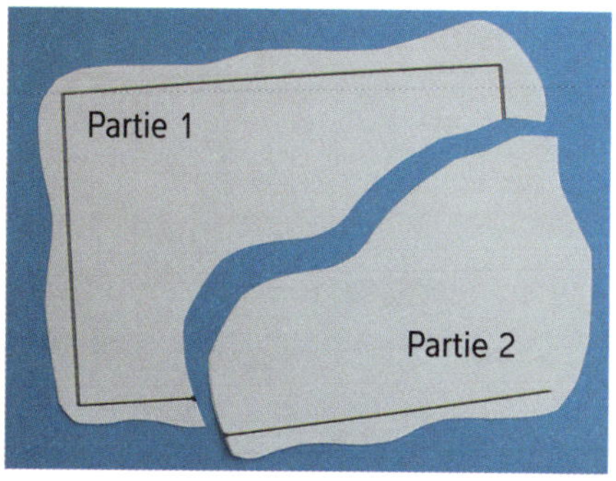

Le problème

Un rectangle, dont un côté n'est pas tracé complètement, a été découpé en deux parties (cf. ci-contre) :

- la partie 1, où se trouvent des éléments de trois côtés, est mise de côté par l'enseignant ;
- la partie 2, qui ne possède de la figure initiale qu'une partie d'un autre côté (un trait droit dont une extrémité est un sommet du rectangle), est pour l'élève.

L'élève doit tracer sur cette partie 2 ce qui permettra d'obtenir le contour complet du rectangle lorsque les deux parties seront jointes.

Connaissances visées

- L'identification, dans un rectangle, de secteurs angulaires ayant une propriété commune (un angle droit) et la relation de perpendicularité de deux traits droits de même extrémité.
- Le choix d'instruments référents de l'angle droit.
- La qualité et la validité des tracés, grâce à un usage approprié des instruments.

Résumé de la situation

- Dans la **phase 1**, les élèves mettent en œuvre des procédures, souvent inadaptées ; la validation les fait s'interroger sur la méthode employée et chercher comment y remédier.
- Dans la **phase 2**, les élèves mettent en place des procédures plus fiables, s'appuyant sur un usage plus approprié des instruments. L'angle droit apparait comme un invariant possédé par certains instruments et par le rectangle objet du problème.

Organisation de la situation

Elle peut se dérouler en deux séances : une par phase.

Questions sur le rectangle : analyse p. 68

ERMEL Géométrie Cycle 3 (Hatier, 2006), situation p. 187

Phase 1 : Appropriation de la situation

Matériel pour la classe

- Un rectangle de référence R0 (annexe 1, format A4) imprimé sur une feuille blanche, détouré et collé sur une feuille de couleur (format A4).
- Un rectangle à terminer R1 (annexe 2, format A4), imprimé sur feuille blanche et détouré.
- Une feuille de couleur (format A4).
- Quelques aimants.

Matériel pour un binôme

- Deux parties 2 du rectangle à terminer R1 (annexe 2, au format A4, à découper), avec la lettre de l'équipe.
- Une boite à outils dont un feutre fin.

Enjeux de la phase 1

- Faire approprier le problème et les conditions de sa résolution (il n'y a qu'un trait à tracer, mais il faut le faire avec soin).
- Faire apparaitre les procédures spontanées.

Communication du problème

Elle se déroule en trois temps :

❶ **La présentation des données :** l'enseignant montre le rectangle de référence R0 complet et le rectangle R1, inachevé et détouré, qu'il découpe en deux parties 1 et 2. Il colle la partie 1 sur la feuille de couleur (cf. ci-contre) ; quelques aimants sont nécessaires pour maintenir plaqués les bords non collés.

❷ **La communication de la question :** *« J'ai photocopié la partie 2 sur une feuille de couleur. »* Il montre, en la faisant glisser sous la partie 1 affichée au tableau, que les deux parties entrent en correspondance. Il demande alors : *« Tracer, sur la partie 2, le trait pour terminer le rectangle. Attention, la partie 1 reste au tableau. »*

❸ **Les avertissements :** bien réfléchir avant de tracer, prendre le feutre pour tracer au signal de l'enseignant.

Recherche en binôme

L'enseignant n'a pas d'aide à apporter, il observe les procédures, le choix d'un ou plusieurs instruments et leur utilisation.

Mise en commun et validation

Un binôme expose sa partie 2. Il la dispose à sa manière en complément de la partie 1 déjà exposée. L'enseignant demande aux élèves s'ils pensent que le tracé va être correct ; ils émettent des avis.

L'enseignant annonce : *« On va vérifier en plaçant la partie 2 à sa place avec la partie 1. »* Il demande au binôme de faire une adjonction correcte des deux parties : les deux traits tracés au départ doivent être correctement joints et alignés (il est utile d'employer une grande règle pour cela) ; le contrôle s'effectue alors entre le trait tracé par les élèves et le trait inachevé du rectangle R1. L'adjonction étant terminée, l'enseignant la fixe avec deux aimants.

Puis, il demande au binôme : *« Est-ce que vous pensez avoir réussi ? »*

Le déroulement est le même ensuite pour tous les autres binômes. Ce sont les élèves, seuls, qui font la jonction entre les deux parties.

Réflexion sur les procédures (en binôme) et reprise

L'enseignant conclut : *« Chaque équipe va maintenant prendre sa partie 2, qui est au tableau, et chacun d'entre vous va, à sa table, bien regarder et réfléchir à ce vous avez fait et à ce que vous auriez dû faire pour mieux réussir. »*

Les élèves n'ont pas à retracer le trait. Ils font, en général, un examen soigné de leur production avec un usage fin des instruments. Ils vérifient même que les angles droits référents qu'ils ont sur les outils conviennent pour les autres coins du rectangle.

Chaque binôme reçoit un nouvel exemplaire de la partie 2 (même coin de rectangle) pour un nouvel essai.

Mise en commun

Une boite à outils est mise à disposition au tableau. Un binôme vient exposer sa partie 2. L'enseignant demande aux autres leurs avis.

Un élève contrôle au moyen d'un rectangle sur transparent (le contrôle avec la partie 1 n'est pas encore permis). Cela amène des réactions d'autres élèves, sans réaction de l'enseignant :

– *« on peut bien le disposer comme on veut parce que les coins sont tous pareils ; on peut les mettre dans tous les sens »* ;

– *« l'équerre ça sert à repérer les angles droits ».*

Fabrication du matériel pour la classe

La partie 1 du rectangle R1 détouré (matériel de l'enseignant) est collée seulement par son bord gauche sur feuille A4 de couleur. Les parties 2 des élèves seront ensuite glissées sous cette partie 1 lors de la validation, pour reconstituer le contour du rectangle (soigner le point de jonction et l'alignement des deux traits composant le grand côté).

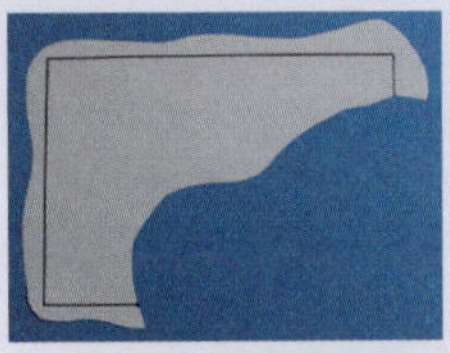

Partie 1 de R1

Partie 2 de R1

Choix didactiques

- Le coin de rectangle en bas à droite est à priori le plus aisé à terminer.
- Le trait à terminer est long, pour rendre bien visibles les erreurs éventuelles.

Procédures de tracé

- Inadaptée (en cherchant un repère sur la découpe par exemple).
- Au jugé sans l'aide d'un instrument référent « angle droit ».
- Au moyen d'un instrument référent « angle droit » non institutionnel (par ex. rectangle en carton ou transparent).
- Au moyen d'un instrument référent « angle droit » institutionnel (équerre...).

Réflexion : instruments évoqués

- Rectangle sur transparent en position verticale, puis horizontale.
- Équerre sur transparent puis équerre en plastique pour tracer et téquerre (bord droit) pour prolonger le trait.

Il est utile que ces usages se répandent et qu'en même temps les utilisations appropriées soient perçues.

Mise en commun : sens du mot « droit »

Des élèves interprètent le mot « droit » par « vertical ». D'autres expliquent : *« Si tu mets un rectangle comme ça* (dans une orientation)*, ou comme ça* (dans une autre) *ça sera toujours un rectangle. »*

Validation du tracé

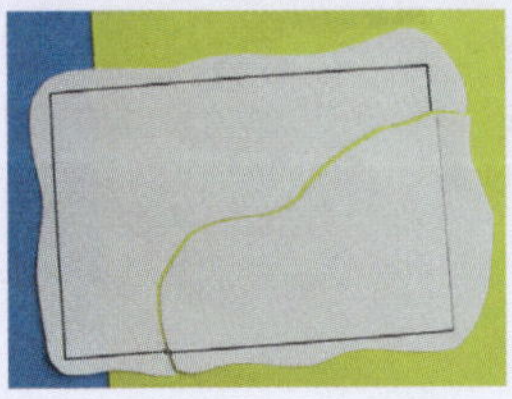

Des élèves expliquent maladroitement leurs manipulations d'instruments.

Les élèves auteurs vérifient avec la partie 1. La rigueur des critères est importante.

Conclusion

L'enseignant fait identifier les progrès. Les élèves commentent.

Phase 2 : Développement de procédures

Matériel pour la classe

- Le rectangle de référence R0 (cf. phase 1).
- Un rectangle à terminer R2 (annexe 3, format A4), imprimé sur une feuille blanche et détouré.
- Une feuille de couleur (format A4).
- Quelques aimants.

Matériel pour un binôme

- Deux parties 2 du rectangle à terminer R2 (annexe 3, au format A4, à découper), avec la lettre de l'équipe.
- Une boite à outils dont un feutre fin.

Communication du problème

L'enseignant a préparé le matériel, sur feuille de couleur, comme en phase 1 : le rectangle à terminer R2 pour la classe, et les parties 2 pour chaque binôme. Il rappelle le problème de la séance précédente (phase 1), puis communique le nouveau problème de la même manière qu'en phase 1.

Il complète : *« Tout à l'heure vous irez au tableau, équipe par équipe, pour expliquer ce que vous avez utilisé pour tracer le trait qui permet de terminer votre rectangle. »*

Recherche en binôme

L'enseignant repère les procédures, le choix des instruments et leur utilisation, pour pouvoir solliciter ensuite les élèves qui ont utilisés des procédures intéressantes, erronées, inadaptées ou singulières.

Mise en commun

Une boite à outils est mise à disposition au tableau.

L'enseignant : *« Pour montrer ce que vous avez fait, j'ai préparé pour chaque équipe une feuille qui ressemble à votre partie 2. Vous passerez au tableau pour refaire ce que vous avez fait sur votre feuille pour tracer le trait. »*

L'enseignant fixe au tableau les parties 2 délibérément de façon que le trait à tracer ne soit pas horizontal. Un binôme présente son tracé et débat avec les autres élèves.

À la suite de cela, l'enseignant demande au binôme de contrôler son tracé en joignant sa partie 2 à la partie 1 (avec des aimants). Le tracé est validé par la classe avec le même critère qu'auparavant (une adjonction précise des parties 1 et 2) mais il peut l'être aussi progressivement par contrôle instrumenté de l'angle droit. Il peut aussi y avoir contrôle de la production initiale du binôme et sa comparaison avec la seconde (faite au tableau).

Tous les binômes exposent ainsi successivement leur production.

Activités d'accompagnement : Descriptions et liens p. 155

Objectif de la phase 2

- Renforcer les usages de tracé ou de manipulation des instruments.

Matériel : découpe

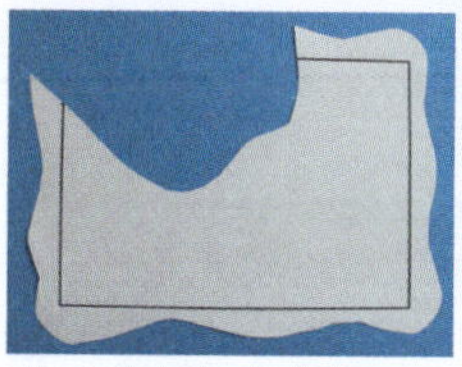

Partie 1 de R2

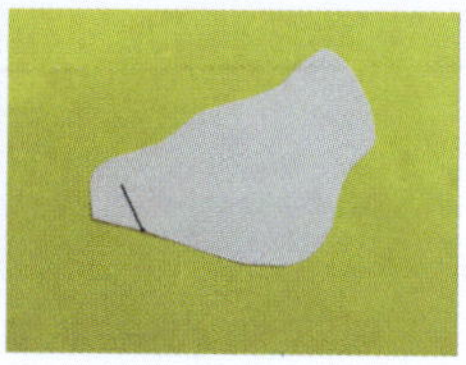

Partie 2 de R2

Choix didactiques

- Le coin de rectangle (haut à gauche) et la direction du trait à terminer contraignent à des gestes pour le positionnement des instruments, pour les tracés.
- Le trait de référence à compléter est court et contraint à de la précision ; le trait à tracer est long.

À propos des procédures

L'emploi des instruments (équerres notamment, mais aussi rectangles sur transparent) se renforce, tant pour tracer (encore souvent maladroitement) que pour contrôler le trait tracé : les élèves ont donc bien compris que l'équerre est un référent pour les coins.
Les élèves tracent au moyen d'un instrument référent « angle droit », non institutionnel (cf. phase 1).
Le choix de faire retracer le trait manquant au tableau devant tous sur la nouvelle partie 2, lors de la mise en commun, permet de mieux comprendre les procédures.

Évolution du mode de validation

Jusque-là, le principal outil de validation était la jonction des parties 1 et 2.
Progressivement l'attention se porte davantage sur une anticipation de la validation avant des procédures de contrôle pratique.

Observation lors de la mise en commun

Dès la présentation des premières productions (erronées), des élèves peuvent voir qu'il y a erreur et le contrôlent devant tous au moyen du rectangle en transparent utilisé en tant que référent de l'angle droit.
La jonction des parties confirme le verdict.

Questions sur LES ENJEUX DE LA SITUATION « RECTANGLE À TERMINER (1) »

La situation RECTANGLE À TERMINER (1) contribue à plusieurs apprentissages géométriques : le passage d'une vision globale d'une figure, ici le rectangle, à la reconnaissance des propriétés qui la caractérise et aussi le tracé de l'angle droit.

UNE ANALYSE DU RECTANGLE

Les connaissances initiales sur les figures

Les élèves ont une connaissance du rectangle, comme forme pleine, depuis la maternelle, notamment grâce aux pièces planes de différents jeux ou aux faces de solides. D'ailleurs, ils nomment souvent le parallélépipède rectangle par le nom d'une de ses faces : « *le rectangle* ».

Mais la dénomination « rectangle » est souvent approximative : un rectangle dont la longueur et la largeur sont voisines pourra être appelé « carré » ; un rectangle dont la longueur et la largeur sont très différentes sera bien reconnu comme un rectangle mais parfois dénommé en référence à un objet du monde physique (un bâton, par exemple).

De plus, un rectangle (ou un carré) n'est pas toujours reconnu sur des représentations graphiques lorsqu'il n'est pas disposé parallèlement aux bords d'une feuille. Cela illustre que l'utilisation précoce par les élèves d'un vocabulaire géométrique ne garantit pas la connaissance des propriétés associées.

Des situations pour réduire ces confusions

Pour rendre nécessaire le recours à des propriétés géométriques, il nous semble indispensable de proposer des problèmes où les propriétés de la figure ne sont pas induites par sa disposition sur la feuille.

Dès le CP et le CE1, dans la phase 2 de la situation CARRÉ ET QUASI-CARRÉS[1], les élèves ont à constituer une bande avec plusieurs rectangles de longueur 4,3 cm et de largeur 4 cm, ou de longueur 4 cm et de largeur 3,7 cm, ainsi que des carrés de côté 4 cm. Ces pièces sont suffisamment semblables pour qu'ils ne les distinguent pas lorsqu'ils les manipulent. Quand ils essayent de constituer la plus longue (ou la plus courte) bande possible, des élèves sont surpris de constater que tourner les rectangles d'un quart de tour peut allonger ou raccourcir cette bande alors que la longueur reste la même en tournant seulement les carrés ... En quelque sorte, la ressemblance perceptive entre ces figures masquait leurs propriétés.

Cette analyse des formes, puis des figures est aussi développée dès le début du CE2 dans la situation PAREIL, PAS PAREIL ? (1), sans que l'angle droit ne soit l'objet de l'apprentissage.

UNE CONSTRUCTION DE L'ANGLE DROIT

Les connaissances initiales sur l'angle droit

Les élèves ont, notamment en Grande Section, réalisé des assemblages de pièces pour réussir un puzzle, reproduire un motif, ou simplement produire une mosaïque de pièces présentant une certaine régularité. Dans ces activités[2], les élèves sont conduits à placer et déplacer des pièces comportant des angles droits. Ils font des essais et reprennent des assemblages successifs en fonction de leurs constats.

Ces gestes (tourner, retourner, etc.) constituent des procédures que les élèves vont continuer à utiliser avec d'autres matériels. Il est donc essentiel de mettre à profit ces connaissances implicites, ce qui est réalisé plus particulièrement au CE2 dans les situations PAREIL, PAS PAREIL ? (1), PUZZLE et EMPREINTES.

L'apport de RECTANGLE À TERMINER (1)

Dans cette situation, les élèves doivent tracer un côté pour reconstituer un angle droit. Ils vont donc avoir à s'intéresser non seulement à la forme de la figure, mais aussi à la position relative de deux de ses côtés. Les problèmes successifs posés ont aussi pour but de permettre aux élèves d'appréhender des techniques pour tracer l'angle droit d'un rectangle, notamment le recours à des instruments.

Enfin, cette situation est la première au CE2 qui vise à développer la connaissance de la perpendicularité de traits droits. Elle est suivie, au CE2, par :

- TRAIT SUR TRAIT, qui met en relation la perpendicularité avec le pliage et implicitement la symétrie ;
- CONSTRUIRE UN ANGLE DROIT, qui vise une approche indépendante d'un contexte.
- C'EST D'ÉQUERRE, qui permet aux élèves de stabiliser des techniques de tracé.

Ces apprentissages seront poursuivis au CM1[3].

1. ERMEL Géométrie CP-CE1 (Hatier, 2020), p. 119
2. ERMEL Maternelle GS Apprentissages des nombres et de la géométrie (Hatier, 2023), « L'apport des jeux aux apprentissages géométriques » p. 163
3. L'analyse des composantes de cet apprentissage et de nos choix de progression est présentée p. 224.

Situation
CE2 Période 4

AUX COINS CITOYENS !

Ressources pour la situation hatier-clic.fr/24ermelg204

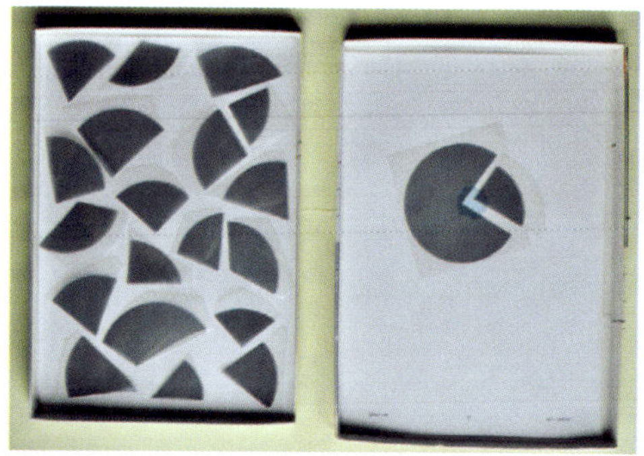

Le problème

Une figure « entaille » sur transparent couvre une partie d'une tache bleue sur une feuille. Les élèves doivent trouver, parmi une sélection, les coins qui couvrent la partie non couverte de la tache (sans recouvrir la figure « entaille »). Ils doivent ensuite associer des coins à des figures « entaille » sans disposer de celles-ci.

Connaissances visées

- La perception visuelle d'un angle comme étant l'ouverture entre les deux traits bordant un coin, indépendante de la longueur de ces traits ou de la superficie qu'ils peuvent induire.
- Des méthodes de comparaison de coins (le jugé, la superposition) conduisant à une approche de la comparaison des angles.

Résumé de la situation

- Dans la **phase 1**, les élèves comparent des entailles et des coins, ce qui les conduit à abandonner certaines idées fausses en distinguant la surface de la forme de la grandeur de l'angle.
- Dans la **phase 2**, ils comparent des coins deux à deux, ce qui contribue à une progressive décontextualisation du concept d'angle.

Organisation de la situation

Elle peut se dérouler en trois séances : deux pour la phase 1 et une pour la phase 2.

Questions sur l'évolution des connaissances du « coin » à l'angle : analyse p. 73

ERMEL Géométrie Cycle 3 (Hatier, 2006), situation p. 196 (en partie)

Phase 1 : Appropriation et comparaison coins - entaille

Matériel pour un binôme

- Deux « barquettes » (par ex. couvercles d'une boite).
- Une feuille avec tache bleue d'environ 2 cm de diamètre et non régulière (annexe 1 au format A4).
- Les coins gris sur transparent (annexe 2 à découper).
- Les figures « entaille » (angles 72°, 120°, 95° et 84°) numérotées (1, 2, 3, 4) sur transparent (annexe 3 à découper).
- Une pochette transparente de classeur et une feuille blanche.
- La boite à outils géométriques et de la colle repositionnable (pour fixer la figure « entaille » sur la tache).

Matériel pour la classe

- Un rétroprojecteur.
- Un exemplaire du matériel pour un binôme (cf. ci-dessus).
- Une figure « entaille » (annexe 3) imprimée sur papier pour la présentation.

Objectif de la situation

Appréhender le concept d'angle : il relève de « l'ouverture » d'une paire de traits (côtés d'un « coin » en papier).

Objectif de la phase 1

Développer des procédures pour comparer différents coins à une même ouverture.

Matériel

- Coins à découper (angles : 50°, 72°, 84°, 95°et 120°)
- Figures « entaille » (angles : 72°, 120°, 95° et 84°)

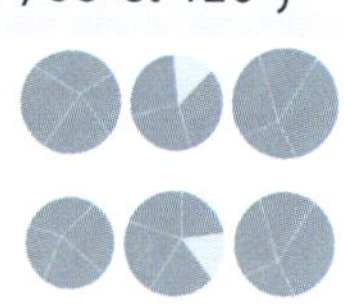

Annexe 2

Annexe 3

Présentation du matériel

L'enseignant distribue à chaque binôme une barquette contenant la feuille avec la tache bleue et une seconde barquette contenant les coins gris éparpillés (annexe 2). L'enseignant projette successivement le transparent avec la tache bleue puis les coins : *« Moi aussi, j'ai le même matériel que vous. Qu'est-ce que vous reconnaissez ? »*

Les élèves répondent : « *La feuille avec la tache* », « *les coins* », « *les angles* ».

L'enseignant présente ensuite une figure (annexe 3) sur papier non encore découpée : « *Ensuite, avec une figure comme celle-ci, et avec les ciseaux, j'ai fait ça* (il donne deux coups de ciseaux pour enlever la partie non grisée), *j'ai fait une entaille ; j'ai obtenu une figure "entaille". Et j'en ai fabriqué plusieurs, sur des transparents* (il en montre une). *Tout à l'heure, vous aurez aussi une figure "entaille"* ».

Présentation du problème

L'enseignant : « *Cette figure "entaille", je l'ai placée de façon à ce qu'elle couvre une partie de la tache bleue :*

comme ceci … *mais pas comme ça* »

Il montre plusieurs dispositions correctes ou incorrectes, puis continue : « *Je vous distribue donc une figure "entaille" et vous la positionnez sur votre tache bleue comme je vous l'ai montré.* » Il vérifie la pose, par chaque binôme, des figures « entaille » avant de les fixer avec un autocollant.

Il ajoute en commentant ce que l'on voit projeté : « *On voit bien qu'il y a une partie qui est couverte par la figure "entaille"* (il la montre). *En revanche, on voit qu'il y a une partie qui n'est pas couverte.* »

Consigne

L'enseignant reformule et écrit la consigne au tableau : « *Il faut trouver tous les coins qui couvrent l'autre partie de la tache. Mais attention ! Ces coins ne doivent pas superposer la figure "entaille".* »

Recherche en binôme

Des élèves posent des questions (cf. celle de Tanguy ci-contre).

L'enseignant complète : « *Quand vous aurez fini votre recherche, vous mettrez dans la pochette en plastique transparent une feuille blanche, avec la lettre de votre équipe, et les coins que vous avez sélectionnés pour répondre au problème ; vous les glissez dedans écartés, pour qu'on voie bien tous ceux que vous avez trouvés.* »

Mise en commun puis vérification pratique

Les pochettes en plastique transparent contenant les coins sélectionnés sont affichées.

Des observations sont faites immédiatement et spontanément : « *Il n'y a pas partout le même nombre de coins.* » ; « *Là et là, ce sont les mêmes coins.* » ; « *Certaines pochettes sont vides ; des équipes n'ont rien trouvé, j'aimerais voir comment ils ont fait.* ».

Reprise de la recherche et nouvelle mise en commun

Reprises avec les autres figures « entaille »

L'une après l'autre, une figure « entaille » est posée sur la tache dans les mêmes dispositions, les élèves gardent la même famille de coins.

Les activités se déroulent plus rapidement. Des élèves cherchent à insérer des coins dans l'entaille par un de leurs bords arrondis…

Conseil pour le matériel

Il est indispensable d'imprimer sur transparent plutôt que sur calque : le transparent est plus rigide et reste plat lors des manipulations.

Productions

Il faut que les coins puissent couvrir correctement la partie de la tache qui n'est pas couverte.

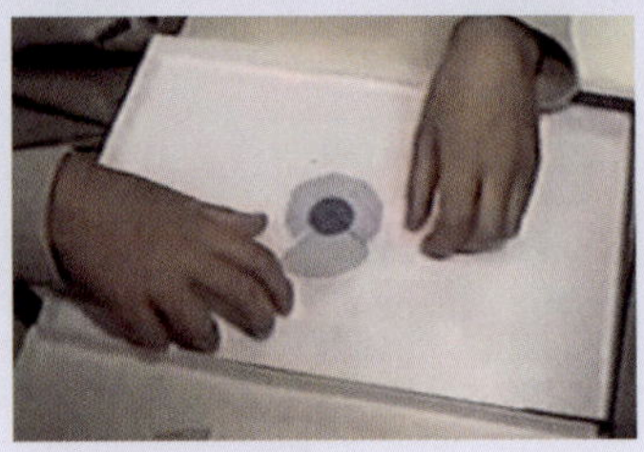

La question de Tanguy

« Il y a des coins qui sont tout petits... Est-ce qu'on a le droit d'en mettre deux pour finir que ça couvre la tache bleue ? »

L'enseignant répète : *« Il y a une partie qui est couverte par la figure "entaille". Trouve les coins qui couvrent la partie de la tache qui n'est pas couverte. »*

Procédures

- P1 : Le coin est choisi au jugé selon des critères sur l'angle ou des critères erronés, tels que la taille (« *il est trop grand* ») ou la surface. Il peut alors y avoir débat entre les équipiers et mise en application de la procédure P2.
- P2 : Examen systématique des coins suivi immédiatement de la comparaison coin-entaille. De rares élèves comparent aussi au compas les écarts entre les extrémités d'un coin d'une part et les extrémités de l'ouverture de la figure « entaille » d'autre part.

Les élèves emploient en général plusieurs procédures.

À propos de la recherche en binôme

Très souvent, un des élèves fait un essai qui apparait concluant puisque le coin choisi répond effectivement à la question. Mais ce n'est pas pour autant que son équipier l'accepte comme correct et le débat s'installe.

L'enseignant rappelle comment il a fabriqué une figure « entaille » au tout début « en donnant deux coups de ciseaux droits » et conclut : *« Quand vous placez un coin dans l'entaille, ce sont les bords droits des coins qu'il faut placer dans la figure "entaille", non pas les bords arrondis. »*

Synthèse (en collectif)

Lorsque les coins qui correspondent à chaque figure « entaille » ont été trouvés, l'enseignant constitue, sur une grande affiche, deux colonnes et autant de lignes que de figures « entaille » ; il fixe dans chaque ligne de la colonne de gauche une figure « entaille » et met à disposition la famille de coins.

Un élève a la charge de choisir un coin, pour la première figure « entaille » : s'il est validé, il le place sur la ligne dans la colonne de droite et peut continuer et choisir un autre coin ; s'il n'est pas validé, un autre élève prend la suite. Les coins correspondant à chaque figure « entaille » sont ainsi placés dans le tableau.

Puis l'enseignant demande : *« Parmi les différentes figures "entaille", est-ce qu'il y a des choses que vous avez remarquées ? »* Dans le but de faire évoluer les réponses, il peut préciser : *« Pourquoi les coins pour l'entaille n° 1 ne vont pas pour l'entaille n° 2 ? »* ou *« Si on pose ce coin, à part, là, pourquoi est-ce qu'on peut dire qu'il ne convient pas pour l'entaille n°... ? »*

Phase 2 : Comparaison des angles

ÉTAPE 1 : RETROUVER LES COINS COUVRANT CHAQUE ENTAILLE

Matériel pour un binôme

- Les coins gris sur transparent de la phase 1 (annexe 2).
- Une feuille A4 papier partagée en quatre lignes et trois colonnes : Figures « entaille » / Coins gris / Coins jaunes.
- Quatre enveloppes.
- Colle repositionnable.

Communication du problème

L'enseignant : *« Je vais distribuer, à chaque équipe, une feuille comme celle-ci : j'y ai tracé trois colonnes. Dans la colonne de gauche, il n'y a rien pour le moment. Chaque équipe recevra aussi, dans une barquette, les coins gris que nous avons déjà utilisés : ils sont mélangés. Placez, sur une même ligne de la feuille tous les coins qui correspondent à une même figure "entaille". »*

Il est probable que les élèves demandent les figures « entaille ». L'enseignant refusera de les distribuer et pourra dire que c'est un petit défi de répondre à la question sans les entailles.

Recherche en binôme

Mise en commun et rangement des coins

Toutes les feuilles sur lesquelles les coins sont classés sont affichées. Les élèves font leurs observations. Ils repèrent les différences dans les classifications et les erreurs, qui sont justifiées par comparaison entre coins puis rectifiées. L'enseignant s'assure que toutes les feuilles sont examinées.

Réponses des élèves

- *« Celui-là, il est trop petit. »*
- *« Celui-là, il est trop grand et trop petit à la fois ! »* : probablement « trop petit » parce qu'une partie de la figure « entaille » n'est pas recouverte, « trop grand » parce que la longueur de son côté est plus grande que le « rayon » de la figure « entaille ».
- *« Celui-là il est trop grand. »* : le coin dépasse l'ouverture de la figure « entaille », mais a un angle correct.

Les mises en commun font mettre en doute d'autres productions mais la preuve de leur validité est vite établie en pivotant les coins.

Synthèse

Cette synthèse s'effectue assez vite, les élèves n'ayant parfois pas même besoin, pour placer un coin, de comparer effectivement ce coin à une entaille.

Conclusion

Les élèves se dégagent progressivement des caractéristiques de longueurs des côtés et de superficie des coins.

Objectifs de la phase 2

- Étendre la comparaison de différents coins à une même ouverture à la comparaison de coins entre eux.
- Renforcer la connaissance selon laquelle des coins peuvent avoir une caractéristique commune (une même « ouverture »), indépendante de caractéristiques comme la longueur des côtés ou la superficie.

Procédures à l'étape 1

Comparaisons entre coins au jugé ou par superposition.

Mise en commun de l'étape 1

Des élèves font des observations :
- *« On n'a pas bien compris l'énoncé. »* ;
- sur les coins d'une même ligne (*« Des coins d'une ligne ont des côtés pareils ou presque, d'autres ont un côté plus grand que l'autre. »*) ;
- sur les figures « entaille » (*« On dirait que ce sont des fromages plus ou moins grands. »*).

Il est suggéré de s'en tenir aux expressions employées par les élèves. Certains parviennent à utiliser le terme d'angle.

Chaque binôme reprend sa feuille avec les coins et reçoit quatre enveloppes dans lesquelles il doit ranger les coins de chaque ligne (une ligne par enveloppe).

ÉTAPE 2 : TROUVER LES COINS JAUNES PAREILS À CEUX DES FIGURES ENTAILLE

Matériel pour un binôme

- Les coins gris répartis dans quatre enveloppes (étape 1).
- 12 coins jaunes sur une feuille A4 (annexe 4 non découpée).
- Un feutre noir.

Matériel pour la classe

- Un exemplaire de l'annexe 4 (coins jaunes), au format A4, pour la mise en commun.

Communication du problème

Les élèves conservent les enveloppes numérotées contenant les coins gris de l'étape 1. L'enseignant montre la feuille avec les coins jaunes (annexe 4) : *« Vous allez recevoir une feuille comme celle-ci, avec des coins dessinés dessus. Cherchez si des coins jaunes pourraient être rangés dans une enveloppe. Si oui, marquez sur ces coins jaunes le numéro de l'enveloppe dans laquelle les placer. »*

Recherche en binôme

Mise en commun

Toutes les feuilles sont affichées au tableau ainsi qu'une feuille « réponse » (annexe 4 non annotée).

L'enseignant choisit un coin et lit les réponses inscrites sur chaque feuille : *« équipe A : aucun n° ; équipe B : n° 3 ; etc. »*. Les élèves réagissent à ces informations et viennent si nécessaire au tableau pour soutenir leurs arguments avec d'éventuelles manipulations. Le débat se termine par la question de l'enseignant : *« Ce coin se place-t-il dans une enveloppe ? Laquelle ? »*. Si oui, un élève vient inscrire le numéro de l'enveloppe sur le coin de la feuille « réponse ».

Le déroulement est le même pour chaque coin.

Conclusion

L'enseignant peut poser plusieurs questions pour faire émerger des éléments de conclusion, par exemple :

– *« Quelles ont été vos principales difficultés dans cette situation ? »*

– *« Pourquoi, lors du premier problème, des équipes n'avaient trouvé aucun coin ? »*

– *« Qu'est-ce qu'il est important de regarder pour dire si un coin va pouvoir ou non couvrir la tache bleue ? »*

– *« Maintenant que peut-on dire des coins qui sont dans une enveloppe ? Pourquoi les a-t-on mis dans une même enveloppe ? »*

Les élèves proposent des réponses, dont celles attendues pour la dernière question : *« Parce qu'ils vont avec la même figure "entaille". »* ; *« Parce qu'ils ont le même écartement, la même ouverture. »* ; *« Parce qu'ils sont pareils (ce n'est pas la surface du coin qui compte). »*.

L'enseignant demande enfin : *« Que pourrait-on faire pour bien savoir ce qu'il y a dans chaque enveloppe ? »*

Choix didactiques à l'étape 2

- Les figures « entaille » ne sont pas disponibles, les boites à outils non plus.
- Les coins jaunes ne sont pas découpés : pour les comparer avec les coins gris, les coins gris peuvent être posés sur les coins jaunes.

Matériel

Coins jaunes (angles : 90°, 72°, 120°, 84°, 95°)

Annexe 4

Procédures à l'étape 2

- Au jugé.
- Superposition : à voir, dans ce cas, si le coin jaune est comparé à tous les coins de l'enveloppe, à quelques-uns ou à un seul.

Il est probable que de nombreux élèves emploient successivement les deux procédures.

Conclusion

L'enseignant peut également poser la question importante suivante : *« Pour savoir si un coin (jaune par exemple) va dans une enveloppe, quand vous le comparez à un coin de l'enveloppe, qu'est-ce que vous regardez essentiellement ? qu'est-ce qui n'a aucune importance ? »*

Formulations

On retiendra par exemple la première et la troisième réponse d'élèves (le terme « écartement » dans la deuxième réponse n'est pas approprié).
Elles ne donneront pas lieu à trace écrite.

L'ÉVOLUTION DU « COIN » À L'ANGLE

En entendant les élèves employer le terme « coin » ou « angle » (très rarement) dans des situations, la question s'est posée de savoir ce qu'ils voulaient dire. Il a semblé qu'ils donnaient des significations bien particulières à ces termes.

LE CONSTAT

Quand un élève de cycle 2 emploie le terme « coin », on peut supposer qu'il parle d'une entité spatiale, d'une zone (un coin de salle, une « pointe » de pyramide), ou d'une entité graphique (un coin de figure sur la feuille de papier).

Par exemple, il dira pour la pyramide : *« En haut, elle est pointue. »* (c'est en haut qu'elle « pique » davantage).

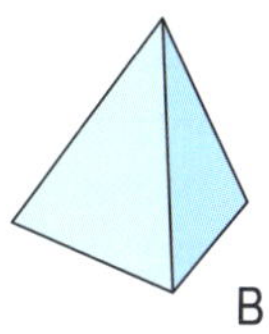

Et pour le quadrilatère ci-contre, il dira :

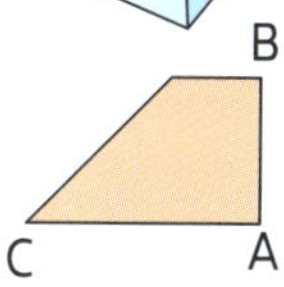

- *« La lettre B est dans un coin. »* (elle est localisée dans une zone, contrairement à la lettre C) ;
- *« Le coin A est plus grand que le coin B. »* (compare-t-il deux coins de même angle par les longueurs de ses côtés ou la superficie ?) ;
- *« Là où il y a C, c'est pointu. »* (peut-être est-il question de l'angle ?).

Ces interprétations sont-elles justes ? Il semble ainsi que différentes caractéristiques des objets sont perçues mais que les mots qui les traduisent sont imprécis et se mélangent.

L'ÉVOLUTION DES CONNAISSANCES

Les connaissances initiales

Dès la maternelle[1], les élèves assemblent des pièces ou des solides pour réaliser des constructions ou des puzzles afin de reproduire un modèle ou simplement avec une finalité ludique ou esthétique. Ils sélectionnent les pièces avant de les placer en repérant l'aspect de la forme qui convient.

En CP et CE1, les élèves n'ont eu qu'à comparer les « coins » de différents objets matériels, ou des coins d'un même objet (cf. situation CARRÉ ET QUASI-CARRÉS[2]). Ensuite, dès le CE2, les coins droits apparaissent dans les problèmes en tant qu'entité : un « espace » délimité par deux traits de même extrémité (angle droit).

Dans la première situation proposée au CE2, RECTANGLE À TERMINER (1), les objets ne sont plus des pièces, mais des figures (dessins sur feuille). Les élèves n'ont plus à comparer mais à construire (effectuer un tracé) le second côté d'un coin droit en connaissant le premier côté et le sommet commun (par perpendicularité).

Les connaissances visées

La situation AUX COINS CITOYENS ! a pour but de mettre à profit ces connaissances initiales des élèves mais aussi de faire émerger des conceptions erronées afin de les invalider et de permettre aux élèves de se concentrer progressivement sur ce qui caractérise un angle, au-delà de ses diversités de représentations spatiales.

LES CHOIX PRINCIPAUX

Permettre une identification de l'angle

Nous avons choisi de proposer un problème dans lequel la notion d'angle est relativement isolée : l'angle n'est pas un élément d'une figure (un rectangle par exemple). En revanche, elle apparait en concurrence, avec d'autres notions, comme un lieu, une superficie, une longueur…

Faire apparaitre l'angle comme un outil pour résoudre des problèmes

Nous avons souhaité proposer un problème dans lequel l'angle est un « outil » implicite, nécessaire à la solution : les élèves doivent recourir à leurs conceptions de l'angle pour constater par eux-mêmes les limites de certaines. L'énoncé du problème est le suivant : *« Trouvez tous les coins qui couvrent l'autre partie de la tache. Mais attention ! Ces coins ne doivent pas couvrir la figure "entaille". »*

Des angles de mêmes mesures mais de longueurs de côtés et superficies différentes

Les coins sont ici des entités matérielles (calque ou transparent de préférence) caractérisés d'abord par leur mesure : 72°, 84°, 95° 120°.

Il y a en général plusieurs coins de même mesure mais qui se différencient par les longueurs des côtés ou la superficie (annexe 2). Pour une même mesure, les côtés peuvent être presque égaux et courts,

1. ERMEL Maternelle GS Apprentissages des nombres et de la géométrie (Hatier, 2023), p. 231
2. ERMEL Géométrie CP-CE1 (Hatier, 2020) p. 117

presque égaux et longs, ou de longueurs différentes (un côté court et un côté long).

Il n'était pas utile de retenir des coins « droits » (90°), qui auraient pu être reconnus ; en revanche, il y a des coins de mesure juste inférieure ou juste supérieure à 90°.

Il peut être utile de préciser aux élèves que le terme « coin » employé dans cette situation ne désigne pas ceux de la partie curviligne (la ligne opposée au sommet de l'angle). L'enseignant insiste aussi : *« Un coin ne doit pas couvrir la figure "entaille" ».*

DES ÉCHANGES DANS UNE CLASSE

Première recherche, petite lumière (phase 1)

Les coins sont étalés d'un côté, la figure « entaille » est installée sur la tache de l'autre. Les élèves ont à trouver les coins de 84° pour compléter la figure. Au début de la recherche, beaucoup choisissent un coin en fonction d'un critère qu'il est le plus souvent difficile de connaitre.

Dans son équipe, Léa choisit un coin et l'ajuste. Il semble convenir, elle le met donc à part.

TOM : *« Il faudrait des coins pas trop petits ».*

Il en choisit un de grande superficie, mais d'angle inférieur à l'angle de l'entaille, le positionne et constate : *« Il est trop grand. »* Puis il prend un coin de 120° de petite superficie et dit : *« Regarde celui-ci, il est beaucoup trop petit comparé aux autres. »*

LÉA lui répond : *« Oui, mais il peut être juste ! »* Elle perçoit que ce n'est peut-être pas la taille du coin qui importe.

Mise en commun

Elle permet de mettre en évidence qu'il est important de bien comprendre l'énoncé pour en identifier les contraintes et valider sa production.

Les pochettes en plastique transparent contenant les coins sélectionnés sont affichées au tableau. La moitié des équipes ne propose aucun coin.

RÉMI vient au tableau, pointe certaines pochettes et dit : *« Dans ces pochettes, il y a des coins qui sont les mêmes. »*

ZOÉ : *« Ce serait bien qu'on voie les équipes qui n'ont rien trouvé. »*

L'ENSEIGNANT se tourne vers ces équipes : *« Pourquoi rendez-vous votre pochette vide ? »*

Il demande à une équipe de s'expliquer avec le visualiseur. Océane et Marc présentent leurs manipulations et leurs conclusions :

- *« Celui-là il est trop petit »* (angle inférieur, superficie qui dépasse) ;
- *« Celui-là il est trop grand »* (angle supérieur, superficie qui dépasse) ;
- *« Celui-là il est trop petit et trop grand à la fois »* (angle inférieur, superficie qui dépasse) ;
- *« Celui-là est aussi trop grand »* alors qu'ils en essaient un qui s'ajuste pile (pour l'angle) mais qui dépasse (en superficie).

Des élèves veulent réagir. Zoé prend un de ceux qui a été rejeté, le positionne, et questionne : *« Lui, il recouvre toute la tache ?... mais il est petit. »*

Elle lit l'énoncé qui est affiché au tableau et commente : *« Là, il ne recouvre pas la figure "entaille", mais il recouvre toute la tache ! Donc ça va ! ça fait quoi qu'il soit trop petit ou trop grand, le maitre dit qu'il faut que ça recouvre que la tache. »*

Les deux contraintes de l'énoncé sont soulignées oralement. Zoé veut continuer, mais l'enseignant l'interrompt : *« Qui veut intervenir sur ce qu'on vient d'entendre ? »*

TOM : *« Le morceau qu'il a coupé* (le coin découpé par le maitre devant tous pour obtenir la figure "entaille"), *là, le maitre il ne l'a pas mis* (dans la sélection de coins). *Alors celui-là* (le coin pris par Zoé), *il va bien. Il nous a dit de recouvrir la tache, pas de finir la figure "entaille". Même s'il est trop petit ou trop grand, là, le principal, c'est qu'il recouvre la tache et qu'il ne dépasse pas sur la figure "entaille". »*

Zoé revient auprès de l'équipe, prend un coin qui a été rejeté et le positionne : *« Lui, il recouvre toute la tache ?... mais il est grand. Lui, il est juste. Ça en fait deux. »*

L'ENSEIGNANT : *« Attends ! Qui veut intervenir sur ce que veut dire Zoé ? Océane, qu'en penses-tu ? »*

OCÉANE : *« Je croyais comme Marc, mais je pense que Zoé a raison. Maintenant, je pense qu'on a faux. »*

Reprise de la recherche

À l'initiative d'un élève, la recherche aboutit à la réalisation, d'une « affiche souvenir » collective : les trois figures « entaille » sont sur l'affiche et les coins sont sur une table à côté ; un volontaire choisit un coin et essaie de le placer dans la bonne ligne.

Les échanges sont à nouveau très denses. Il est important de fixer la figure « entaille » sur la tache bleue pour qu'elle ne se déplace pas.

Un pas de plus

Les échanges analysés dans la suite de ce paragraphe ont eu lieu lors d'une expérimentation au cours de laquelle les élèves ont travaillé avec des coins jaunes découpés : ils devaient les associer successivement à chaque figure « entaille », comme ils avaient eu à le faire pour les coins gris dans la phase 1.

En mise en commun, l'affiche souvenir de la phase 1 est au tableau (coins gris associés à chaque figure « entaille »).

L'ENSEIGNANT : *« Avez-vous des remarques ? »*

EMMA : *« Dans toutes les équipes, ils ont toujours le même coin. »*

L'ENSEIGNANT : *« Quoi d'autre ? »*

RÉMI : *« J'aimerais bien qu'on vérifie. »*

ALEXIS s'exécute : *« Oui, ce coin y va. »*

UN ÉLÈVE : *« Ils sont tous pareils. »*

Un seul coin est vérifié, il semble aller de soi que tous les coins affichés sont exactement identiques.

L'ENSEIGNANT : *« Est-ce que vous avez remarqué autre chose quand vous avez fait ce problème ? »*

RÉMI : *« J'ai l'impression que ce coin jaune, il est un peu pareil que lui* (un coin gris correspondant à la première figure "entaille" n°1 de l'affiche.). *»*

De nombreux élèves identifient que ce n'est pas le bon angle et répondent : *« Non... il est plus gros. »*

RÉMI insiste car les côtés sont de même longueur : *« Mais alors pourquoi il irait ? Je parle des côtés, moi. »*

RÉMI : *« Si lui* (le coin jaune) *est plus gros que lui* (le coin gris), *ça l'empêche pas de se placer là-dedans* (la figure entaille n°1 de l'affiche). *»*

HILARY : *« Mais, on s'en fiche qu'il soit gros ou petit ! Regarde, tout à l'heure, quand tu l'as fait au visualiseur, il était beaucoup plus grand que la forme "entaille" ! Il faut juste qu'il recouvre la tache bleue ; c'est pas parce qu'il est plus petit qu'il ne peut pas rentrer dans la figure "entaille". »*

LÉO : *« C'est pas à cause de la grosseur. »*

L'ENSEIGNANT : *« C'est à cause de quoi, alors ? »*

Plusieurs élèves : *« De l'angle !!! »*

L'enseignant ne réagit pas.

Rémi sort un coin jaune de la pochette et le superpose à tous les coins de la première série.

LÉO : *« Tu vois, c'est pas à cause de la grosseur, c'est les traits droits qui comptent. Les traits droits de tous ces coins, ils sont pareils. »*

L'ENSEIGNANT : *« Qu'est-ce que tu veux dire quand tu dis "les traits sont pareils" ? »*

LÉO : *« Il y a le même écart entre les deux. »*

UN AUTRE ÉLÈVE : *« Ils sont de la même largeur. »*

ZOÉ : *« Je comprends ce qu'il veut dire... »*

ALEXIS : *« Quand je suis passé au tableau* (l'autre jour), *il y a certains angles, on voyait facilement qu'ils n'allaient pas* (dans la figure « entaille »), *parce que l'angle il est plus grand. »*

Il pose le coin jaune sur la figure « entaille » n°1 sur l'affiche, en faisant correspondre les sommets.

L'ENSEIGNANT : *« Qu'est-ce qui fait que tu peux dire à coup sûr qu'il ne convient pas pour la figure "entaille" ? »*

ALEXIS : *« On le voit tout de suite ; les traits sont plus écartés. »*

QUE RETENIR DE CES ÉCHANGES ?

Sur l'évolution des connaissances

La notion « d'angle » semble être identifiée par un bon nombre d'élèves. Des difficultés persistent pour l'exprimer, bien que quelques élèves emploient le terme « angle ». D'autres font des périphrases.

Plusieurs situations ultérieures vont permettre d'approfondir cette notion.

Sur les débats dans ces mises en commun

Les échanges montrent non seulement la capacité des élèves à se faire comprendre et à préciser leurs pensées, mais aussi à poser des questions et à émettre des arguments pour critiquer les propositions d'autres. La contribution d'échanges argumentatifs à l'évolution des connaissances en mathématiques au Cours Moyen est ici aussi mise en valeur. Les intérêts de ces débats sont nombreux :

- mettre en évidence la nécessité de recourir à un vocabulaire précis dépourvu d'ambigüité ;
- valoriser et développer le contrôle par l'élève de ses productions ;
- enrichir le rapport personnel de l'élève aux mathématiques.

Les interventions de l'enseignant

L'enseignant n'est intervenu que par des questions, quelquefois répétées, pour solliciter les avis des élèves. Il les encourage ainsi à s'exprimer. Il n'a pas relevé le terme « angle » avant qu'il soit employé par plusieurs élèves. Il n'a pas non plus exprimé un jugement sur la validité des propositions des élèves. Il donne aux élèves la responsabilité de valider, sous son contrôle, les propositions émises.

Situation
CE2 Période 4

FEUILLE QUI COULISSE

Ressources pour la situation hatier-clic.fr/24ermelg205

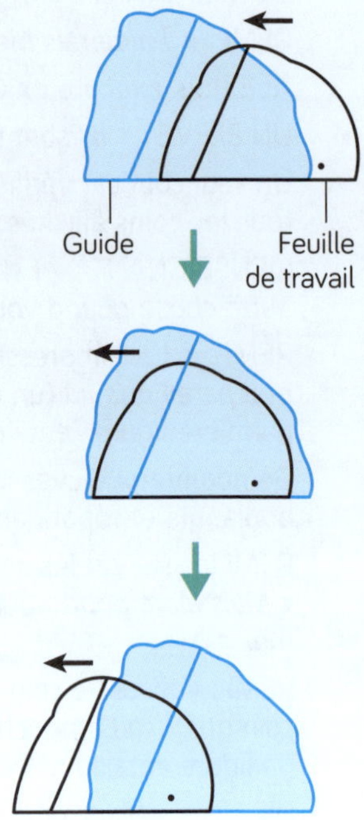

Le problème

Tracer sur la feuille de travail un trait passant par le point pour qu'en la faisant glisser dans le guide ce trait se superpose à celui figurant sur le guide.

Connaissances visées

- Les différentes procédures pour tracer un trait parallèle à un trait donné (faire glisser la règle, prendre un écart selon une direction donnée, etc.). La mesure de l'écart perpendiculairement au trait n'est pas un objectif de cette situation ; cet apprentissage sera abordé au CM1 avec les situations SUR LA TRACE DES ROUES et PARAPUZZLE.
- La formulation de différents critères pour valider ou invalider les procédures (superposition des traits par glissement, écarts constants entre les traits, inclinaison des traits, etc.).

Résumé de la situation

- Dans la **phase 1**, les élèves s'approprient le dispositif (guide et feuille qui coulisse), puis tracent sur leur feuille de travail un trait droit passant par le point et de même direction que celle du trait de référence.
- Dans la **phase 2**, un problème analogue est proposé avec une nouvelle feuille de travail sur laquelle le point est plus éloigné du trait de référence que dans la phase 1 : les élèves ne peuvent plus utiliser de procédures au jugé.
- Dans la **phase 3**, chaque élève doit tracer plusieurs traits de même direction.

Organisation de la situation

En 3 séances : 1 séance par phase, celle pour la phase 3 étant plus courte (30 min).

Questions sur les enjeux de la situation : analyse p. 79

ERMEL Géométrie Cycle 3 (Hatier, 2006), situation p. 230

Matériel pour un groupe

- Un guide : un calque est scotché et replié sur une feuille cartonnée à bords non réguliers (découpée dans un format A3) de façon à créer une pochette dans laquelle vont coulisser les feuilles de travail. Sur le calque est tracé un trait incliné assez épais (annexe 1).
- Une feuille de travail (phase 1) au format A4 avec un trait de même inclinaison que celui du calque et un point (annexe 2).

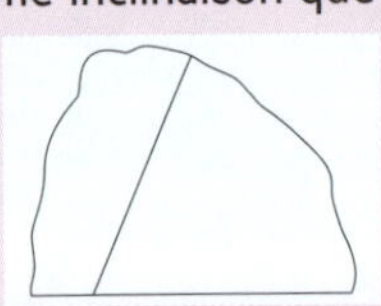

Guide (annexe 1)

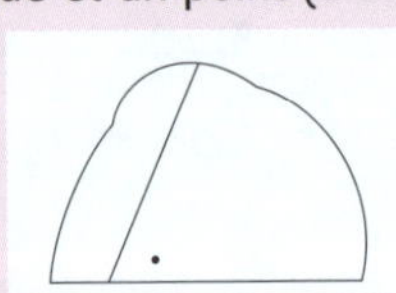

Feuille de travail (annexe 2)

Matériel individuel

- Trois feuilles de travail (une par phase).
- La boite à outils de géométrie.

Objectifs de la situation

- Appréhender une des significations du parallélisme : des droites ayant la même inclinaison qu'une droite donnée (elles sont « penchées pareil »).
- Utiliser des procédures par glissement de la règle, par tracé de traits parallèles intermédiaires ou par juxtaposition d'instruments à bords parallèles.

Matériel

Pour faciliter la compréhension de la consigne, le guide doit être plus grand que les feuilles de travail et le trait sur le calque assez long (voir haut de page).

Phase 1 : Appropriation du problème

ÉTAPE 1 : PRÉSENTATION DU DISPOSITIF

L'enseignant montre un guide et une feuille de travail (annexe 2), les décrit, puis explique le fonctionnement du dispositif : *« Cette feuille coulisse dans ce guide, le bord droit inférieur de la feuille bien plaqué contre le fond du pli du guide. »*

Il fait glisser la feuille dans le guide. Les élèves constatent qu'à un moment donné, le trait de la feuille coïncide avec le trait du guide : *« Quand la feuille coulisse, à un moment on ne voit plus qu'un trait ! »*. L'enseignant continue le mouvement et ils constatent que c'est ensuite le point qui passe sous le trait du guide.

Il demande à un élève de venir effectuer le glissement de la feuille dans le guide et rappelle que le bord droit de la feuille reste plaqué contre le bord droit (inférieur) du guide tout au long du mouvement.

Chaque élève fait glisser sa feuille dans le dispositif.

ÉTAPE 2 : TRACER PAR ANTICIPATION

Matériel individuel

- Une feuille de travail (annexe 2, voir page précédente) : un point à env. 2,5 cm du trait de même inclinaison que le trait du guide.

Consigne

L'enseignant : *« Sur votre feuille de travail, vous allez tracer un trait qui passe par le point et qui sera caché par le trait du guide quand vous ferez coulisser la feuille dans le guide. Attention, vous n'aurez pas le guide pour tracer. »*

Recherche individuelle

Chaque élève dispose d'une feuille de travail (annexe 2).

Mise en commun

L'enseignant affiche toutes les productions en les orientant de manière un peu inclinée par rapport aux bords du tableau ; il veillera à en disposer une ou deux avec le bord droit de la feuille de travail à l'horizontale. Les productions présentant des procédures voisines sont regroupées à proximité.

Il demande aux élèves d'expliciter leurs procédures et aux autres d'exprimer leurs remarques.

À partir des échanges, trois catégories de productions peuvent émerger et être regroupées au tableau en trois colonnes :

- les élèves sont sûrs que le tracé n'est pas correct (et ne coïncidera pas avec le trait du guide) parce que les traits ont des directions trop différentes. La validation pratique (vérifier en faisant glisser la feuille dans le guide) sera superflue ;
- les élèves pensent que le tracé est correct, grâce à la description de la procédure. Ils vérifieront avec le guide ;
- les élèves ne savent pas ou ont des avis différents et seule la validation pratique pourra trancher.

Validation pratique

Les élèves, par groupe, vérifient leurs productions avec le guide.

La précision rigoureuse du tracé n'est pas un objectif ; on peut se mettre d'accord sur une tolérance acceptable pour valider.

Enjeux de la phase 1

Permettre aux élèves :
– de s'approprier le dispositif, en particulier de comprendre que la feuille qui coulisse doit être bien plaquée contre le fond du pli du guide et non de travers ;
– de tracer des traits visant à garder la même inclinaison que le trait initial ;
– de formuler des critères de jugement sur leurs productions (traits qui se rapprochent ou non, conservation de l'inclinaison...).

Matériel pour la phase 1

Le guide n'est pas utilisé lors de la recherche individuelle et de la mise en commun.

Procédures de tracé

- P0 : Tracé d'un trait à main levée.
- P1 : Tracé d'un trait droit de direction différente du trait de référence.
- P2 : Tracé, au jugé, d'un trait parallèle.
- P3 : Tracé par glissement sans rotation de la règle, en gardant l'inclinaison.
- P4 : Tracé en cherchant à utiliser, de façon approximative, un écart constant entre les deux traits, cet écart pouvant être pris selon une direction quelconque ou « horizontale » (parallèle au bord inférieur droit) ou perpendiculaire au trait de référence.

Mise en commun

Les élèves peuvent expliquer ou commenter les procédures avec :
– des justifications correctes : *« le trait n'est pas penché comme l'autre, il est plus droit » ; « ça ne va pas, en bas l'écart est un peu plus grand qu'en haut » ;*
– des justifications erronées : *« c'est bon parce que les traits ne se touchent pas » ;*
– la formulation d'incertitudes : *« on ne peut pas dire, il faut vérifier avec le guide » ;*
– des explications de méthode : *« j'ai pris la règle, je l'ai posée et j'ai tracé et après je me suis rendue compte que j'allais trop bas ».*

Validation pratique

Il est nécessaire que les élèves s'assurent que la feuille reste au fond du pli du guide lors de son déplacement.

Phase 2 : Tracer un trait parallèle à un trait donné plus éloigné

Matériel individuel
- Une feuille de travail (annexe 3) : point à 11 cm du trait de même inclinaison que le trait du guide.

Recherche individuelle

Mise en commun

L'enseignant affiche des productions représentatives des procédures. L'écart entre les traits permet de justifier ou critiquer un tracé.

Validation pratique

Les élèves par groupe vérifient leurs productions avec le guide.

Le rapprochement progressif du tracé de l'élève vers le trait du guide donne une indication sur la réussite ou non.

Synthèse et trace écrite

L'enseignant : « *Je n'ai gardé affichées au tableau que quelques productions.* ». Puis, il demande pour chaque production retenue : « *Est-ce que l'un de vous pourrait rappeler comment a procédé l'élève qui a fait ce travail ?* » Les élèves s'expriment. L'enseignant aide à formuler plus correctement (avec des expressions élèves) et écrire les étapes retenues.

Enjeu de la phase 2

Faire évoluer les procédures vers une prise en compte plus explicite de l'écart entre le trait et le point. L'éloignement du point va invalider les procédures basées sur un tracé au jugé.
La mesure de l'écart perpendiculairement au trait n'est pas un objectif de la situation.

Matériel pour la phase 2

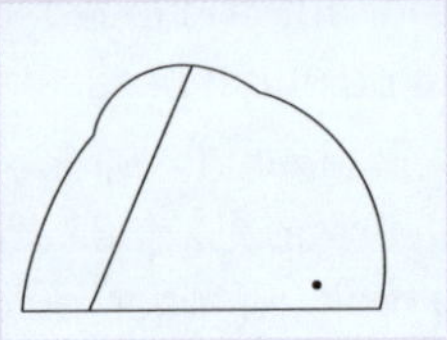

Annexe 3

Procédures de tracé

Aux procédures déjà citées s'ajoute le tracé de traits parallèles intermédiaires ; ces traits pouvant s'appuyer sur l'usage de la largeur de plusieurs règles usuelles juxtaposées. Toutefois la distance de 12,5 cm rend nécessaire un ajustement.

Synthèse

Elle vise à rejeter le simple tracé au jugé et à mettre en évidence le glissement de la règle, sans la tourner, ou la mesure d'écarts selon la même direction (souvent parallèle au bord rectiligne de la feuille). Le recours à des droites intermédiaires peut rendre le tracé plus fiable.

Phase 3 : Tracer un réseau de traits parallèles

Matériel individuel
- Une feuille de travail (annexe 4) : points non alignés et non équidistants et un trait de référence de même inclinaison que le trait du guide.

Consigne

L'enseignant : « *Dans les problèmes précédents, vous aviez un trait et un point sur votre feuille de travail. Cette fois, vous avez toujours un trait mais plusieurs points. Pour chacun de ces points, vous allez tracer un trait qui sera caché par le trait du guide quand vous ferez coulisser la feuille dans le guide.* »

Recherche individuelle

Mise en commun

Des productions sont affichées. Leurs auteurs expliquent leurs procédures. La validation pratique est ensuite effectuée par glissement dans le dispositif.

Trace écrite

Chaque élève reçoit une partie de l'exemplaire du réseau (annexe 5 : un quart de feuille par élève). Il la colle dans son cahier où il note « *feuille de traits penchés pareil* » ou « *feuille de traits parallèles* » selon ce qui a été dit dans la mise en commun.
Le réseau peut aussi être photocopié sur transparent comme outil pour tracer des traits parallèles (une moitié de transparent A4 à placer dans chaque boite à outils).

Objectif de la phase 3

Améliorer les procédures de tracé.

Matériel pour la phase 3

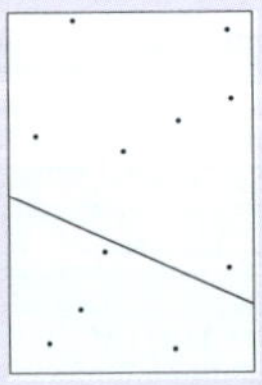

Annexe 4

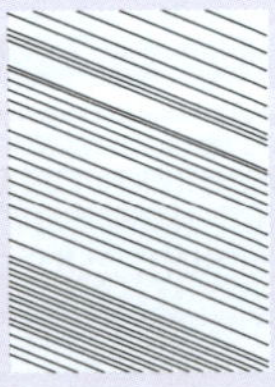

Annexe 5

Mise en commun

Le terme « penchées pareil » permet souvent aux élèves de verbaliser ce que l'on voit ou ce que l'on cherche. Toutefois le terme « parallèle » doit être introduit par l'enseignant s'il n'est pas exprimé par les élèves mais son usage n'est pas un objectif.

Activités d'accompagnement : Descriptions et liens p. 155

Questions sur

LES ENJEUX DE LA SITUATION « FEUILLE QUI COULISSE »

L'ÉVOLUTION DES CONNAISSANCES

Les connaissances initiales sur le parallélisme

À l'entrée du CE2, les élèves ont déjà des connaissances sur le parallélisme de traits droits. Cette notion est en effet perceptivement bien repérée par les élèves dès le CP : ils identifient si des lignes droites, ou des bandes colorées, conservent des écarts constants ou si elles ont la même inclinaison, par rapport à une horizontale par exemple (ils disent souvent « *elles sont penchées pareil* »).

Le tracé de traits droits pour prolonger un réseau de traits parallèles est abordé dès le CP[1]. Par ailleurs, les élèves ont eu des occasions diverses de s'entrainer simplement au tracé de traits parallèles, en faisant glisser une règle sans la tourner ou en utilisant des aides (guide-âne...), sans que ces activités, mathématiques ou non, ne soient le support d'une étude du parallélisme.

En résumé, la connaissance du parallélisme chez les élèves à l'entrée du CE2 porte davantage sur la reconnaissance perceptive d'une régularité de lignes que sur l'identification des propriétés de figures ayant des côtés parallèles ou des techniques de construction géométrique de parallèles. Ces dernières font en effet appel à d'autres notions, telles que la perpendicularité ou distance de deux droites, elles-mêmes en cours de construction.

Les situations abordant le parallélisme

Quatre significations du parallélisme sont abordées dans les situations de cet ouvrage[2] :

- des droites ayant la même direction (au CE2, dans la situation FEUILLE QUI COULISSE) ;
- des droites ayant un écart constant (au CM1, dans les situations SUR LA TRACE DES ROUES et PARAPUZZLE) ;
- des droites ayant une perpendiculaire commune (au CM1, dans les mêmes situations) ;
- des côtés parallèles de certaines figures (au CM2, dans le cadre de l'étude des figures).

LES PROBLÈMES PROPOSÉS

La situation FEUILLE QUI COULISSE est la première consacrée à l'étude du parallélisme et la seule proposée au CE2. La résolution des problèmes associe le déplacement d'un objet (une feuille qui coulisse dans un guide) et le tracé d'un trait incliné selon une direction constante. Ce tracé sera donc initié par l'évocation du mouvement.

Appropriation des données (phase 1, étape 1)

Les élèves découvrent le dispositif et comment bien faire glisser la feuille de travail dans le guide. Ils constatent qu'à un moment donné le trait sur le guide masque parfaitement le trait de référence sur la feuille. Ce procédé servira ensuite pour la vérification pratique de leurs tracés, après la mise en commun.

Remise en cause de tracés (phase 1, étape 2)

Les élèves tracent sur leur feuille le trait passant par le point et de même direction que le trait de référence, puis font glisser leur feuille dans le guide. Étant donné la proximité du point et du trait, des tracés « à main levée » ou avec la règle, en la positionnant plus ou moins « au jugé », sont produits. La vérification pratique permet aux élèves de remettre en cause des procédures qu'ils pensaient satisfaisantes.

Amélioration des procédures (phases 2 et 3)

Dans la phase 2, le point est placé à une plus grande distance du trait.

Deux tâches sont nécessaires pour réussir :

- prendre l'écart entre le point et la droite, ce que les élèves font souvent dans une direction parallèle au bord de la feuille (« *horizontale* ») ;
- reporter cet écart selon la même direction pour placer un deuxième point avant de tracer le trait.

Le tracé de traits intermédiaires est possible.

La résolution ne nécessite pas le recours au tracé de droites perpendiculaires ; l'explicitation d'une telle technique, si elle est employée par certains élèves, serait trop précoce pour d'autres.

À la phase 3, la production par l'élève d'un réseau de traits parallèles permet de construire un outil pour des vérifications futures.

1. ERMEL Géométrie CP-CE1 (Hatier, 2020), situation RAYURES p. 14
2. L'analyse des composantes de cet apprentissage et de nos choix de progression est présentée p. 226.

Situation
CE2 Période 5

TRAIT SUR TRAIT

Ressources pour la situation hatier-clic.fr/24ermelg206

Problèmes

Sur une feuille détourée a été tracé un trait droit, sur lequel ont été placés des points.
Les élèves doivent d'abord réaliser des plis perpendiculaires au trait de départ et passant par les points de façon à ce que le trait se repositionne sur lui-même.
Sur une autre feuille de même type, les élèves doivent ensuite anticiper les positions des plis en traçant des traits passant par ces points (sans réaliser les pliages).
Les points sont d'abord sur le trait puis à distance du trait.

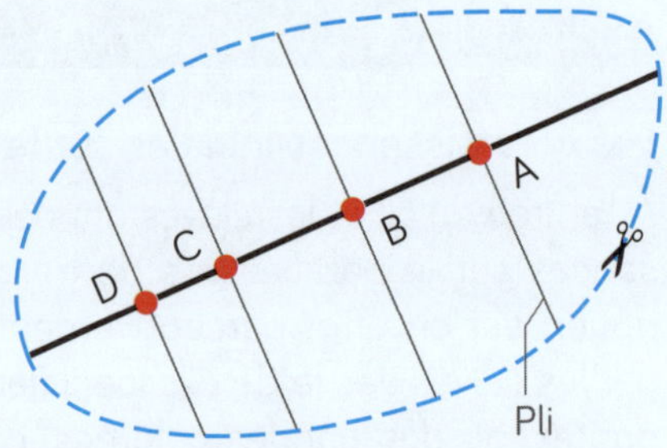

Plis à réaliser à la phase 1 (annexe 1)

Connaissances visées

- La réalisation pratique (par des pliages) de plis amenant un trait sur lui-même et passant par un point.
- La perception des relations spatiales engendrées par de tels pliages : la perpendicularité des plis relativement au trait de départ et le parallélisme de ces plis entre eux.
- L'identification d'instruments appropriés : la règle pour le tracé, un rectangle en carton, une réquerre ou une téquerre pour la perpendicularité de traits, etc.
- La distinction entre diverses significations de termes courants, tels que « droit » : un trait est droit parce qu'il est rectiligne, parce qu'il est horizontal ou vertical, parce qu'il est parallèle à un autre ; « droit » peut caractériser des traits ou un coin d'instrument.

Résumé de la situation

Dans la **phase 1**, l'élève réalise des pliages et repère les relations entre ces plis et les tracés : parallélisme et perpendicularité. Ensuite, il doit effectuer, avant le pliage, le tracé d'un pli passant par un point du trait initial (**phase 2**) ou par un point extérieur à ce trait (**phase 3**).

Organisation de la situation

En trois à quatre séances : une séance courte de 30 minutes pour la phase 1, une à deux séances pour la phase 2 (qui peut suivre celle de la phase 1) et une séance pour la phase 3.

Questions sur les mises en commun de la situation : analyse p. 84

ERMEL Géométrie Cycle 3 (Hatier, 2006), situation p. 203

Phase 1 : Production de pliages trait sur trait

ÉTAPE 1 : APPRENTISSAGE DE PLIAGES

Matériel pour un élève

- Deux feuilles blanches de papier A5 (60 g) détourées.
- Un feutre un peu épais.

Sur une première feuille A5, l'élève doit dessiner un point, réaliser des plis qui passent par ce point et les repasser avec un feutre. Les élèves s'assurent collectivement que les plis passent par le point.

Ensuite, sur une deuxième feuille, l'élève doit tracer un trait et réaliser des plis en repositionnant le trait sur lui-même à différents endroits. Il repasse ensuite les plis avec un feutre. Les élèves s'assurent collectivement que le trait se repositionne sur lui-même.

Objectif de la phase 1

S'approprier des éléments du contexte qui vont devenir des données du problème.

Matériel

Le trait noir doit aller en limite du papier et être fait assez large pour être mieux vu à travers la feuille et de loin.

Étape 1

Elle est facultative : si l'enseignant a déjà fait réaliser des pliages dans d'autres contextes (arts, vie de la classe, origamis, etc.), il peut s'en dispenser. Si ce n'est pas le cas, cette étape est utile pour s'assurer de l'habileté des élèves.

ÉTAPE 2 : APPROPRIATION ET RÉALISATION DE PLIS

Matériel pour un élève et pour la classe
- Un exemplaire de l'annexe 1 au format A4 (60 g) à détourer (cf. page précédente).
- Une boite à outils (sans les équerres) dont 4 feutres de couleurs différentes au moins pour deux élèves.

Communication du problème

L'enseignant fixe l'annexe 1 au tableau : « *Vous aurez une feuille de papier comme celle-ci, que pouvez-vous en dire ?* »

Les élèves : « *Tu l'as découpée, pourquoi ?* » ; « *On voit à travers.* » ; « *Elle est penchée.* » ; « *Il y a des lettres.* » ; « *Il y a des points.* » ; « *Ils sont placés sur un trait noir.* ».

L'enseignant explique : « *Vous allez faire des plis, mais d'une certaine façon. Le premier que vous allez faire, c'est le pli sur le point A, c'est à-dire le pli sur la petite marque à côté de la lettre A. Quand je vais plier la feuille sur ce point A, je vais le faire de façon à ce que le trait noir se repositionne sur lui-même. Une fois qu'on a bien positionné le trait noir sur lui-même et qu'on est bien sur le point A, on peut appuyer pour marquer le pli.* ». On appelle cela « plier trait sur trait ».

Réalisation individuelle d'un pli

L'enseignant précise à nouveau : « *Avant de marquer le pli avec l'ongle, vérifiez que le pli passera bien par le point demandé.* »

Contrôle du pli (en collectif) et tracé

L'enseignant : « *Vous dépliez la feuille… est-ce que le pli passe bien par le point A ?* » Il y a des « oui » et des « non ». Les élèves qui se sont trompés sont invités à rectifier.

L'enseignant : « *Avec votre feutre rouge, et avec le plus grand soin, vous allez tracer un trait qui passe exactement sur ce pli.* »

Reprise

Les élèves réalisent le pli qui passe par B avec les mêmes contraintes, puis le repassent avec un feutre vert. Ils font ensuite de même pour les points C et D (avec des couleurs différentes).

Mise en commun

Toutes les productions sont affichées simultanément au tableau.

L'enseignant demande aux élèves de formuler leurs observations. Des erreurs de pliage ou de tracé sont identifiées : « *Des traits ne sont pas droits (rectilignes).* » ; « *Ce trait est penché (pas de même direction que les autres tracés corrects).* ». Les élèves interpellés répondent aux remarques. L'enseignant conclut : « *Essayez d'être très précis dans ce que vous faites.* »

Phase 2 : Anticiper le tracé d'un pli passant par un point du trait

Matériel pour un élève
- Deux exemplaires de l'annexe 2 (format A4, papier 60 g) détourée, avec au dos 4 points de colle repositionnable.
- Deux feutres de couleur (dont un rouge) un peu épais.
- Une boite à outils pour deux élèves, sans équerre.

Choix didactiques
- Les points A, B, C et D sont sur le trait.
- La forme est détourée pour ne pas donner de repère implicite d'angle droit.

Communication du problème

L'enseignant fait devant tous les gestes qu'il énonce et ajoute même des gestes à ne pas faire : « *Si je pliais comme ça, ce ne serait pas bon.* »
Il précise : « *La lettre A n'est pas le point A.* »

Réalisation d'un pli par les élèves

L'enseignant observe les réalisations des plis pour rappeler les contraintes ; souvent une seule contrainte est réalisée.
La précision des plis et des tracés est importante car la production finale doit être une représentation la plus exacte possible des données du problème qui suivra (phase 2).
En cas de doute sur les capacités des élèves, il est conseillé de refaire l'étape 1.

Parallélisme des traits

Les élèves le perçoivent bien en employant le terme « penché » lorsqu'ils disent « *les traits ne devraient pas être penchés comme ça* », signifiant que les traits ne sont « pas penchés comme les autres, pas parallèles aux autres ».

Mise en commun

Le but est de faire repérer que le trait passe ou non par le point, qu'il permet ou non de rabattre le trait noir sur lui-même, qu'il est ou non « penché pareil que les autres ».

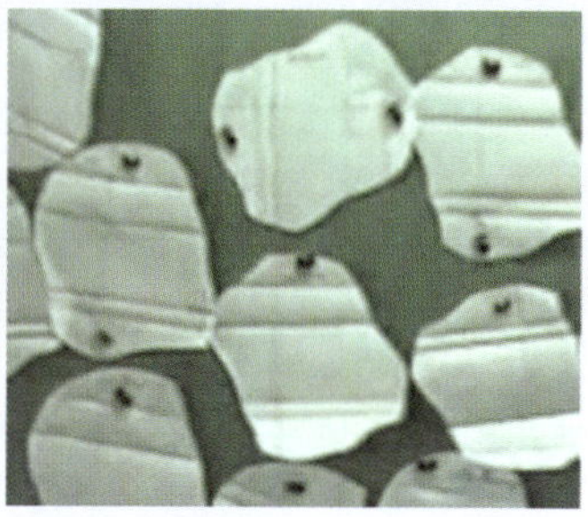

Objectifs de la phase 2
- Percevoir que les droites qui permettent le pliage amenant un trait sur lui-même ont une direction particulière par rapport à ce trait : celle donnée par certains instruments (réquerre…).
- Réaliser des tracés instrumentés avec des outils conventionnels ou fabriqués (rectangle/coin droit…), pour anticiper cette direction.

OBJETS ET RELATIONS DU PLAN

Communication du problème

Deux ou trois feuilles de plis faites en phase 1 par des élèves restent au tableau pour servir de référence.

L'enseignant place devant chaque élève l'annexe 2, de façon que le trait soit oblique et la fixe avec des points de colle repositionnable. Il demande : *« Si vous regardez cette feuille, il y a dessus un trait noir et sur ce trait noir, il y a un point E. Que va-t-on faire ? »*

Les élèves réagissent (cf. ci-contre) et l'enseignant approuve une réaction qui correspond à ce qu'il attend : *« C'est cela. Vous allez devoir faire sur le point E la même chose qu'avant, c'est-à-dire tracer le trait qui passe par E et qui permet qu'en pliant selon ce trait, le trait noir se repositionne sur lui-même. Sauf que maintenant, la feuille est collée ! »*

Il conclut : *« Et donc, à vous de prévoir (je dis bien de prévoir) où pourrait se trouver le pli si on faisait comme avant. »*

Recherche individuelle

Elle est assez rapide (quelques minutes) mais les élèves sont invités à bien réfléchir et à ne pas se précipiter.

Mise en commun : déclaration de validité

Les feuilles sont décollées des tables et affichées au tableau.

L'enseignant : *« Indiquez ce que vous pensez de ces productions. Vous direz ensuite comment vous avez procédé et on verra si vous êtes tous d'accord ou pas. »*.

Des élèves choisissent une production et la discutent (sans effectuer de pliage). Certains sont obligés de venir au tableau pour s'assurer de leur argumentation car ils ne sont pas assis bien en face du tracé. Les élèves emploient le terme « droit » pour différentes significations, ce qui rend la discussion difficile à suivre mais l'enseignant ne demande pas de précisions ni n'apporte d'information pour l'instant.

En fin d'examen, l'enseignant demande aux élèves : *« Pensez-vous que la production est correcte ? »* Une fois toutes les productions examinées, trois catégories sont constituées : « Réussi », « Pas réussi » et « On ne sait pas ».

Au fur et à mesure des examens, les décisions sont plus fiables et rapides, les critères s'améliorent.

Vérification pratique par pliage trait sur trait

Elle peut s'avérer nécessaire si des élèves sont persuadés d'avoir raison alors que le tracé est incorrect de façon évidente.

Reprise avec le point F

Les élèves effectuent le même travail que précédemment, cette fois-ci avec le point F, lui aussi placé sur le trait noir (annexe 2).

L'enseignant fait ensuite afficher toutes les productions sous l'étiquette « On ne sait pas ». Les élèves doivent répartir les productions dans les deux autres colonnes « Réussi » et « Pas réussi ».

En cas d'erreurs lors de la reprise, les élèves concernés viennent au tableau à tour de rôle, et répondent à la question *« Qu'est-ce que vous feriez pour être bien sûr que votre trait soit bien placé à l'endroit du pli ? »* en reprenant une des méthodes validées.

Choix didactiques

- Le point E est sur le trait.
- Absence de l'équerre dans la boite à outils.

Matériel

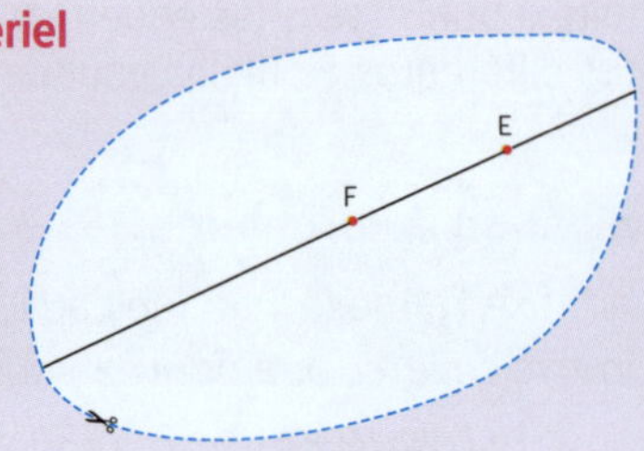

Annexe 2

Réactions spontanées d'élèves

- *« On ne va pas pouvoir plier la feuille. »*
- *« On va tracer sur le point un trait droit. »*
- *« On va décalquer. »*
- *« Au lieu de plier, on va prendre la règle et tracer un trait droit. »*
- *« On va faire le même exercice qu'avant (phase 1), mais sans plier. »*

L'expression *« tracer un trait droit »* a une signification personnelle pour celui qui l'exprime.

Procédures

- Positionnement :
  - de la règle plate perpendiculairement, au jugé ;
  - de la règle à l'horizontale ;
  - d'un fil tendu, au jugé.
- Tracé :
  - dans une orientation proche de la perpendiculaire à la droite ;
  - au moyen d'un instrument de référence (réquerre, téquerre).

Arguments fournis

- *« Le point E, il est là, et son trait il est au-dessus ; donc, c'est pas bon. »*
- *« Ton trait quand tu vas plier, il va venir là parce qu'il est pas droit. »*

Phase 3 : Anticiper le tracé d'un pli passant par un point extérieur au trait

Matériel pour un élève

- Un exemplaire de l'annexe 3 (format A4, papier 60 g) détourée, avec au dos 4 points de colle repositionnable.
- Deux feutres de couleur un peu larges.
- Une boite à outils pour deux élèves : sans équerre.

Communication du problème

L'enseignant : *« Vous avez le matériel habituel de votre boite de géométrie. Je vous distribue une nouvelle feuille. »* Il l'affiche au tableau, la fait décrire par les élèves, et explique : *« Cette feuille sera fixée sur votre table. La question est la question habituelle : Tracer le trait qui passe par G de façon à ce que, en pliant selon ce trait, le trait noir se repositionne sur lui-même. »*

Recherche

L'enseignant distribue l'annexe 3 à chaque élève et lui laisse le choix pour la disposer puis la fixer.

Mise en commun

Toutes les productions peuvent être présentées. Les procédures ayant conduit au résultat peuvent être reproduites au tableau avec un matériel équivalent à celui de la recherche.

Reprise avec le point H

Le déroulement est le même. Un travail à deux semble être plus aisé car les élèves peuvent ainsi s'entraider dans la réflexion et dans la manipulation des instruments.

Conclusion

Une synthèse peut être établie par la classe à partir des réponses aux questions :

– *« Quels instruments sont à privilégier pour réaliser correctement le tracé ? Pour quelle(s) raison(s) ? »*

– *« Comment décrire la méthode la plus fiable pour tracer le trait qui passe par G ? pour le trait qui passe par H ? »*

Une série de photos peut rappeler les différentes étapes de la construction.

Objectif de la phase 3

Adapter les procédures de tracé à un cas plus général. Le trait perpendiculaire est toujours sécant au trait initial (le cas où il n'est pas sécant est rencontré dans la situation RECTANGLE À TERMINER (2) p. 98)

Matériel

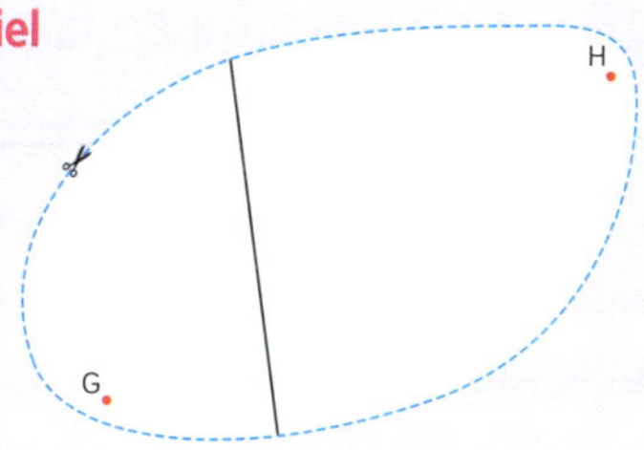

Annexe 3

Choix didactiques

- Absence de l'équerre dans la boite à outils.
- Les points G et H ne sont pas sur le trait : les informations à prendre en compte pour le tracé (passer par le point et être bien dirigé) ne se concentrent pas au voisinage du point.
- Le tracé passant par le point G ne nécessite pas de report d'instrument, contrairement à celui passant par H.

❶ *Je place la téquerre.*

❷ *Je trace le trait de chaque côté du trait noir.*

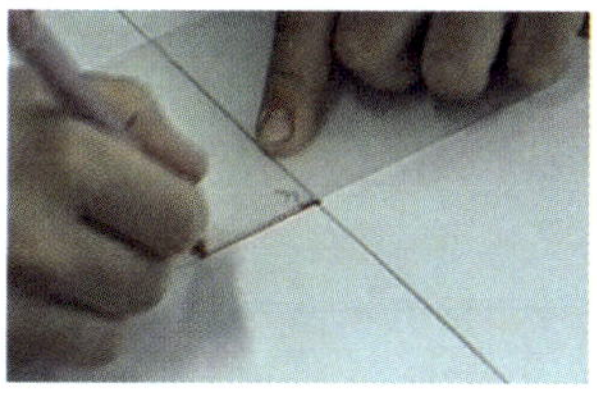

❸ *Je place la règle sur le trait que j'ai tracé.*

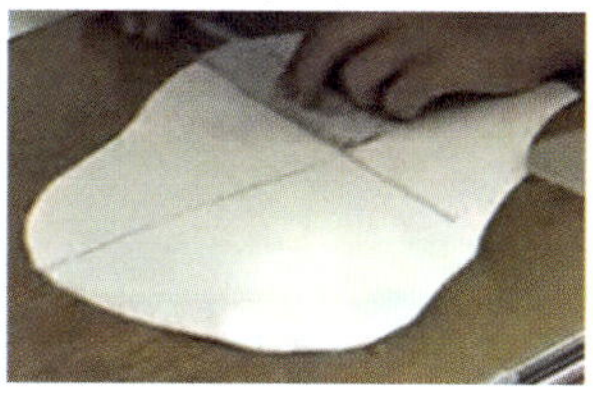

❹ *Je prolonge le trait jusqu'au bord de la feuille.*

Activités d'accompagnement : Descriptions et liens p. 155

LES MISES EN COMMUN DE LA SITUATION « TRAIT SUR TRAIT »

Dans la phase 1 de TRAIT SUR TRAIT, les élèves doivent produire des pliages « trait sur trait » et peuvent rencontrer des difficultés. Or, pour l'appropriation des différents problèmes de la situation, il est nécessaire que les élèves parviennent à effectuer des pliages satisfaisants : le pli effectué doit bien passer par le point assigné et doit amener une partie du trait sur l'autre partie.

L'ANALYSE DE NOMBREUSES PRODUCTIONS

Les élèves effectuent individuellement leurs pliages. Examiner toutes les productions pour les valider, lorsqu'elles sont nombreuses, suppose que l'enseignant choisisse ses interventions. L'intérêt est néanmoins de faire porter une attention égale sur le travail de chacun.

Les feuilles sont toutes affichées au tableau, dans des orientations différentes. Les élèves les comparent spontanément :

- ils détectent des erreurs ; l'enseignant intervient alors pour les faire expliciter, en trouver les raisons et solliciter l'élève auteur afin qu'il décrive sa procédure.
- ils détectent des plis réussis ; l'enseignant intervient pour demander de justifier cette affirmation, ce qui peut pousser l'élève auteur à venir expliciter sa procédure au tableau.

En général, l'enseignant intervient simplement pour lancer ou conduire des débats : *« Avez-vous autre chose à dire ? »* ; *« Que pensez-vous du travail de Tom ? »* ; *« Qu'est-ce que tu réponds, Tom ? »* ; *« Viens montrer comment tu as fait »* ; etc.

Lorsque les élèves n'ont plus d'observations à présenter, l'enseignant peut demander *« Quelles sont les productions où les plis vous paraissent tous réussis ? »* et *« Quelles sont celles où un seul pli n'est pas réussi ? »*. Les autres productions seront placées à part.

LE VOCABULAIRE UTILISÉ

Tous les élèves commentent leur travail ou celui des autres. Ne connaissant pas le terme *« perpendiculaire »*, les élèves expriment la perpendicularité avec leurs propres gestes ou leurs propres mots, qui sont souvent *« droit »* pour *« perpendiculaire »* et *« penché »*, *« pas droit »* ou *« de travers »* pour *« pas perpendiculaire »*.

Ils s'expriment aussi librement sur les critères qui permettent de valider un pli, et demandent des explications s'ils ne les comprennent pas. C'est notamment le cas pour le terme « *droit* », beaucoup employé et avec plusieurs sens (perpendiculaire, horizontal, vertical) qu'il est souvent difficile d'identifier.

Par exemple, Léa explique, par gestes de la main puis avec une règle, ce que signifie pour elle *« penché »* et *« droit »*. Ses gestes ne sont ni précis ni compréhensibles. Maeva n'est pas d'accord et vient s'expliquer au tableau. Elle prend une règle et la pose sur une feuille : *« Penché, c'est comme ça ; là, c'est droit. »*

Le terme « *perpendiculaire* » n'est pas introduit.

LE RECOURS AUX INSTRUMENTS POUR EXPLIQUER

Dans la phase 2, les élèves ont à anticiper le tracé d'un pli « trait sur trait » par un point A. La feuille, sur laquelle figurent le trait de référence et le point A, est fixée sur leur table (le pliage est donc interdit). La mise en commun se déroule dans les mêmes conditions que la phase 1 décrite précédemment.

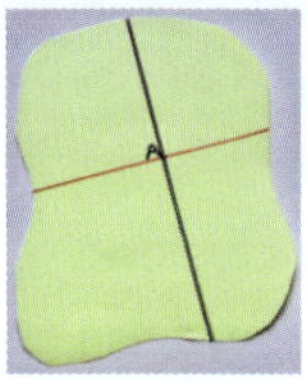

Le tracé du pli de Zoé (en rouge) est exposé au tableau. Le trait donné, en noir, n'est pas « vertical ».

LÉA dit à Zoé : *« Ton trait, quand tu vas plier, il va pas être droit. »*

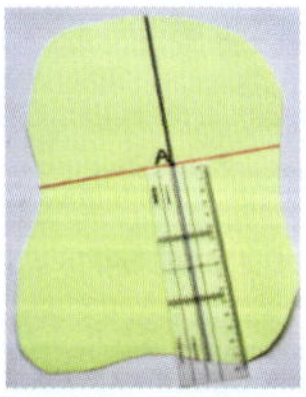

ZOÉ n'est pas d'accord et vient au tableau se justifier : *« Tu prends un des traits* (le trait donné), *tu places la règle* (elle place la réquerre sur le trait) *et tu la fais aller jusqu'au point…D'accord ? »*

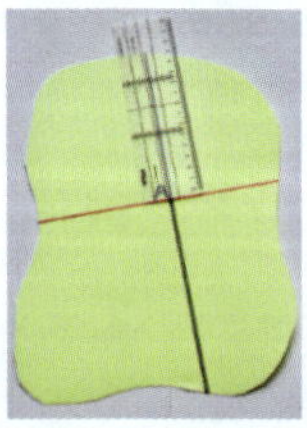

ZOÉ continue : *« Regarde, tu la fais aller de l'autre côté…Donc c'est bon ! »* (c'est-à-dire : *« c'est comme si je pliais. »*)

La superposition du trait central de la réquerre au trait donné, après sa rotation autour du trait rouge construit, lui fait dire que le trait est correct.

Zoé montre ensuite comment elle a tracé :

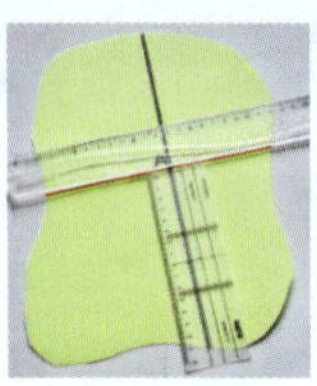

« Donc après, je remets la réquerre comme ça (comme au début), *je descends la règle* (en appui sur la réquerre)*, et regarde ! Elle est bonne ! »*

CONSTRUIRE UN ANGLE DROIT

Ressources pour la situation hatier-clic.fr/24ermelg207

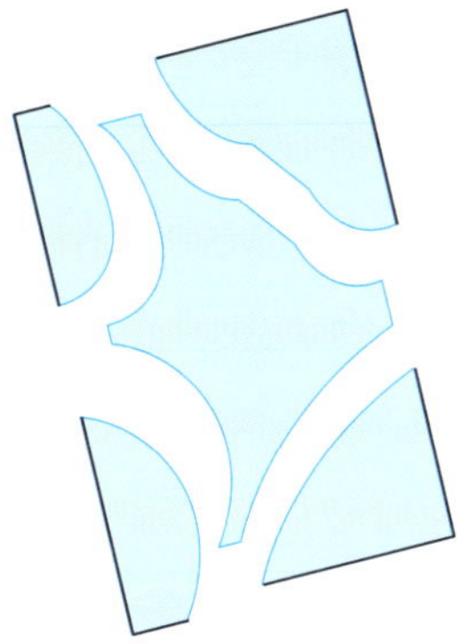

Rectangle à terminer
(Annexe 1)

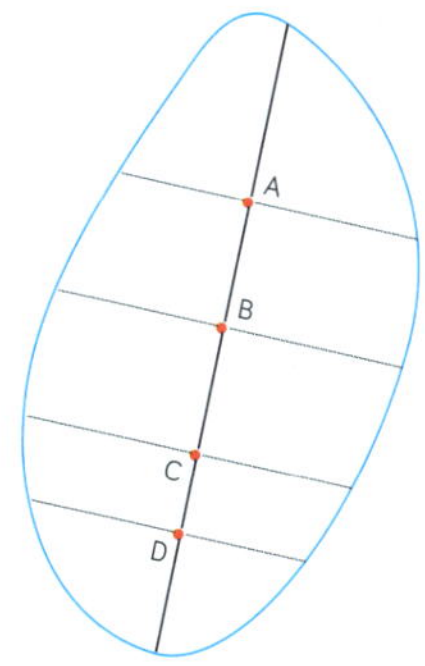

Trait sur trait
(Annexe 2)

Problème

Les élèves travaillent à partir d'affiches de deux situations proposées auparavant, sur lesquelles ils peuvent voir les angles d'un rectangle et ceux obtenus quand on plie en amenant un trait sur lui-même. Ils doivent tracer sur papier calque un angle pouvant se substituer à chacun des angles des figures des affiches, puis construire un tel angle, sur papier et sans aucun instrument.

Connaissances visées

- La propriété commune de l'angle droit comme étant à la fois l'angle du rectangle et celui du pliage « trait sur trait ».
- La production d'un angle droit, avec orientation et longueur des traits indifférentes.
- Des procédures pour obtenir des angles droits : tracés instrumentés, pliage trait sur trait.

Résumé de la situation

- Dans la **phase 1**, les élèves doivent tracer un angle droit, avec des instruments.

Ils ne peuvent prendre des informations qu'à partir des deux affiches.

- Dans la **phase 2**, ils doivent construire un angle droit, sans instrument, par pliage.

Une conclusion est ensuite établie selon des connaissances apparues.

Organisation de la situation

La situation peut se dérouler en trois séances : une pour la phase 1 et deux pour la phase 2.

Questions sur les procédures : analyse p. 88

ERMEL Géométrie Cycle 3 (Hatier, 2006), situation p. 210

Phase 1 : « Tracer »

Matériel pour un binôme

- Deux feuilles de papier calque (format A5), détourées (arrondies pour éviter l'utilisation des bords).
- La boite à outils, sans l'équerre à l'étape 1, mais avec la réquerre et la téquerre.

Matériel pour la classe

Les affiches (annexes 1 et 2 en A3) évoquant ce qui a été abordé dans les situations RECTANGLE À TERMINER et TRAIT SUR TRAIT.

Enjeux de la phase 1

Faire reconnaitre l'identité des angles d'un rectangle et des méthodes pour les construire à l'aide des différents instruments conventionnels.

Choix didactique

Les élèves ne disposent pas d'équerre.

ÉTAPE 1 : SANS L'ÉQUERRE

Communication du problème

L'enseignant affiche au tableau les annexes 1 et 2 reprenant les conclusions de RECTANGLE À TERMINER p. 65 et de TRAIT SUR TRAIT p. 80 (cf. haut de page). Il veille à ce que les côtés des coins ne soient pas placés en position horizontale/verticale.

Pour chaque affiche, il demande : « *Pouvez-vous rappeler ce que vous aviez à faire dans ces situations ?* »

En décrivant ce qu'ils ont fait, les élèves doivent faire apparaitre les particularités communes aux deux situations :

- les méthodes employées (les instruments choisis, la manière de les utiliser et de les placer pour tracer) ;
- les résultats obtenus (des coins/angles pareils, ou droits, etc.).

L'enseignant explique : « *Je vais fixer une feuille de calque comme celle-ci* (il la montre) *sur chaque bureau et vous allez construire un coin, un angle sur cette feuille. Cet angle devra pouvoir se superposer avec tous les angles (droits) que nous venons de repérer sur ces affiches. Vous pourrez vous déplacer pour venir prendre des indices au tableau si vous en avez besoin ; vous écrirez au feutre un mot qui résume votre procédé de construction.* (On attend : pliage, pli, plier, etc.) ».

Recherche par binôme

L'enseignant repère les instruments utilisés en premier et les indices relevés par les élèves au cours de leurs déplacements éventuels. Il est intéressant d'observer si les élèves prennent appui sur les directions « horizontales/verticales » pour effectuer leur tracé ou s'ils font totalement confiance à l'instrument choisi.

Échange sur les productions

L'enseignant associe les binômes par deux, indépendamment des instruments utilisés, et leur demande de donner leur avis sur leurs productions (qui sont décollées des tables) : sont-elles correctes ou non, et pourquoi ? Les élèves notent en dessous du dessin « Oui » ou « Non » selon le cas.

Validation des productions

Chaque binôme se déplace au tableau pour présenter ses productions, ses accords et désaccords qui sont débattus par la classe. Il vérifie ensuite ses productions en superposant les angles tracés sur le calque aux angles représentés sur les affiches. Les points de désaccords sont notés, sans les approfondir davantage ; ceux-ci seront exploités plus tard lors des mises en commun de l'étape 2 de la phase 1 et de la phase 2.

ÉTAPE 2 : AVEC TOUS LES OUTILS

Communication du problème et recherche

L'enseignant propose le même problème de construction, la contrainte étant de ne pas utiliser le même procédé. L'équerre est de nouveau disponible dans la boite à outils. La seconde feuille de calque est à nouveau fixée sur la table.

Le déroulement est le même qu'à l'étape 1 et devrait être plus rapide. La validation pratique ne devrait plus être nécessaire.

Conclusion

L'enseignant demande aux élèves : « *Qu'avez-vous à dire sur ce qu'on a fait lors de ces deux problèmes ?* »

Les élèves font état des points de désaccords notés à la fin de l'étape 1 et de l'étape 2, des points communs, et des arguments donnés, notamment ceux pour reconnaitre l'angle droit dans une position qui n'est pas forcément « horizontale/verticale ».

Procédures à l'étape 1

- P1 : Tracé sans prise d'indices (au jugé) sur les affiches, avec ou sans instrument.
- P2 : Tracé avec prise d'indices sur les affiches (un, plusieurs, tous les angles, les longueurs) avec instrument (réquerre, téquerre, ou autre tel que règle ou bande de carton).

Difficulté possible

Certains élèves risquent d'être encore gênés par la question de la longueur des côtés des différents angles droits présents sur les affiches. La différence de format entre la feuille de travail (calque) et les deux affiches devrait leur permettre de franchir cet obstacle. La première mise en commun devra prendre en compte cette question.

Échanges sur les productions

Les arguments donnés et les prévisions avant vérification favorisent l'utilisation d'un langage compris par tous. Par ailleurs, les élèves peuvent percevoir les différentes fonctions de l'instrument : pour tracer mais aussi pour reconnaitre un angle droit ou argumenter.

Procédures à l'étape 2

P1 (au jugé) pourrait être abandonnée. L'utilisation de l'équerre pour P2 devrait être fréquente.

Objectifs de la conclusion

- L'institutionnalisation du terme « angle droit ».
- La présentation des différents procédés utilisés, leurs avantages et inconvénients, notamment du point de vue de la manipulation ou de la précision.
- L'explicitation pour chaque instrument des modalités d'utilisation pour tracer ou reconnaitre un angle droit.

Phase 2 : « Fabriquer »

Matériel individuel

- Deux feuilles de papier (A5), détourées (sans bords droits) :
– une sur laquelle l'enseignant a marqué un point ;
– une en couleur qui servira à fabriquer un angle droit qui intégrera la boite à outils (à la fin).
- Une boite à outils, uniquement pour la vérification.

Le travail est individuel. Il n'y a sur les tables que les feuilles de papier.

Communication du problème

L'enseignant : *« Nous avons vu comment tracer un angle droit en utilisant un des instruments : téquerre, équerre, réquerre, coin droit. Maintenant, vous allez en fabriquer un sans utiliser votre boite à outils. Sur une des deux feuilles, j'ai marqué un point ; c'est le sommet de l'angle droit que vous allez construire. »*

Recherche individuelle

L'enseignant donne un temps aux élèves pour réfléchir, sans agir avec la feuille, pour que des idées se mettent en place, sans qu'ils ne soient trop influencés par les actions des autres.

Mise en commun

L'enseignant affiche au tableau des feuilles (pliées) avec angle droit et des feuilles dépliées de façon à favoriser le lien entre droites perpendiculaires, présence de quatre angles droits, double pliage et pliage « pli sur pli ». Il demande : *« Que dire de ces productions ? Avez-vous obtenu des coins droits ? Est-ce que vous voyez des angles droits dans les feuilles dépliées ? »* Avant de vérifier avec les instruments, l'enseignant demande aux élèves d'expliciter leurs procédures. La technique du double pliage est alors montrée.

Vérification

On vérifie les productions avec les instruments usuels.

Chaque élève fabrique ensuite un angle droit par double pliage avec une feuille (A4) en couleur ; il sera conservé dans la boite à outils ou collé dans le cahier.

Trace écrite

Les élèves peuvent noter sur leur cahier : *« Pour construire un angle droit, on utilise au choix : une équerre, une téquerre, une réquerre, un coin droit d'une fiche bristol, un double pliage. »*

Renforcement : reconnaissance de l'angle droit

- **Exercice 1** - L'élève doit identifier les angles droits parmi dix angles numérotés (annexe 3) :

1. au jugé (il note les numéros des angles qu'il estime être droits) ;
2. en vérifiant avec un instrument imposé par l'enseignant ;
3. éventuellement, en utilisant (ou en apprenant) le codage.

- **Exercice 2** - L'élève doit relever sur une autre planche (annexe 4) les angles qui ne sont pas droits (toujours en deux étapes : au jugé puis vérification instrumentée).
- **Exercice 3** - Identifier tous les angles droits d'une figure plane (annexes 5 et 6).

Activités d'accompagnement : Descriptions et liens p. 155

Objectifs de la phase 2

- Construire un angle droit par la méthode du « pli sur pli » et en expliciter les étapes.
- Reconnaitre que les constructions avec instruments et les constructions par « double pliage » sont équivalentes.

Choix didactique

Aucun instrument n'est disponible pour le temps de recherche.

Communication du problème

Les élèves devraient se sentir démunis pour répondre. L'enseignant peut reprendre la formulation initiale en des termes un peu différents : *« Construire un coin droit veut dire : le faire avec vos mains et votre feuille puisque vous n'avez que la feuille. »*

Procédure

Le seul moyen d'avoir un bord droit (rectiligne) passant par le point est de marquer un pli, puis pour faire un coin il faut un deuxième bord droit donc un deuxième pli amenant le premier sur lui-même. C'est un double pliage, bord à bord.

Trace écrite

C'est l'occasion de faire des dessins ou des schémas représentant le mode d'utilisation des instruments. Ils peuvent être reproduits sur des affiches dont les réductions peuvent être collées dans le cahier.
On peut alors distribuer dans chaque boite à outils un nouvel instrument très commode pour les élèves dans des situations de reconnaissance d'angles droits. Il s'agit tout simplement d'un triangle rectangle photocopié sur un transparent de format A5 ; les côtés de l'angle droit mesurent 15 cm et 10 cm environ.

Matériel pour le renforcement

Annexe 3
(annexe 4 similaire)

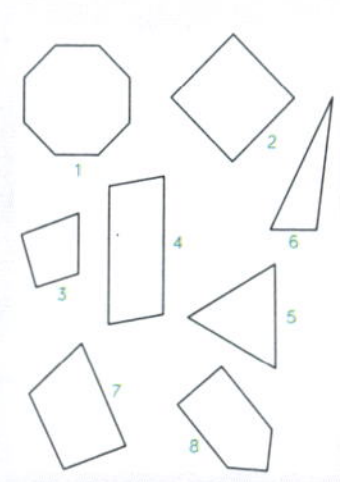

Annexe 5
(annexe 6 similaire)

DES PROCÉDURES POUR CONSTRUIRE UN ANGLE DROIT

L'ÉVOLUTION DES CONNAISSANCES

Les élèves ont des connaissances sur l'angle droit issues à la fois de leurs activités antérieures depuis la maternelle avec des objets du plan (cf. Questions sur « Du coin à l'angle » p. 73). Il peut en résulter pour l'identification des angles droits une forte influence de « l'horizontalité » et de la « verticalité ».

Dans les précédentes situations du thème, différents contextes de référence de l'angle droit ont été travaillés : angle droit comme coin d'un rectangle dans RECTANGLE À TERMINER (1) et angle droit comme angle déterminé par deux droites résultant d'un pliage dans TRAIT SUR TRAIT.

L'expression « angle droit » a été utilisée par l'enseignant et les élèves, mais la notion n'a pas encore fait l'objet d'une véritable institutionnalisation. La situation CONSTRUIRE UN ANGLE DROIT vise à institutionnaliser le langage et à mettre en évidence les différents instruments (équerre, téquerre, réquerre) et une action (pliage trait sur trait) associés à la production ou à la reconnaissance d'un angle droit.

L'UTILITÉ DES AFFICHES

Au début de la phase 1, les élèves sont placés face à des affiches présentant les conclusions de deux précédentes situations sur la perpendicularité, qu'ils ont rencontrées avant (RECTANGLE À TERMINER (1) et TRAIT SUR TRAIT).

Ces affiches permettent de communiquer l'énoncé du premier problème aux élèves sans employer le terme « angle droit », ce qui lui donnerait un statut officiel, prématuré à ce stade des apprentissages et des situations rencontrées. Ce terme savant n'a en effet été employé par les élèves qu'au gré des échanges.

Ensuite, ces affiches rappellent ce qu'il y a de commun entre les deux situations RECTANGLE À TERMINER (1) et TRAIT SUR TRAIT : les connaissances en jeu et l'utilisation d'instruments. Ces affiches restent sobres quant à leur contenu, langagier en particulier.

La situation CONSTRUIRE UN ANGLE apparait donc comme une situation de synthèse.

LES DIFFICULTÉS RENCONTRÉES

Singularité du problème « Tracer » (phase 1)

Jusque-là, les élèves ont eu à identifier des angles droits dans une figure (RECTANGLE À TERMINER) et à produire un trait perpendiculaire à un trait qui leur était donné (TRAIT SUR TRAIT).

Les élèves peuvent rencontrer plusieurs difficultés :

- on ne leur fournit qu'une feuille blanche donc aucun élément de départ (ni côté ni sommet de l'angle) ;
- les côtés des angles droits ont des longueurs différentes sur les affiches.

Pour y pallier, l'enseignant peut suggérer de bien regarder les angles sur les affiches. Il peut aussi souligner la liberté que confère l'énoncé en posant juste la question : *« Est-ce qu'on vous dit quelque chose de particulier sur le premier côté et sur la longueur des côtés ? »*

Les contraintes du problème « Fabriquer » (phase 2)

Dans la phase 2, les élèves disposent seulement de deux feuilles de papier, détourées pour avoir des bords arrondis, et n'ont pas accès aux instruments.

Ces nouvelles contraintes sont propres à déstabiliser les élèves : le contrat usuel en géométrie veut que des instruments soient disponibles. L'enseignant doit rester ferme sur les contraintes et expliquera qu'elles ont été choisies sciemment. Il encouragera les élèves : *« Cherchez bien, il est possible de répondre. C'est un défi ! »*.

LA RÉSOLUTION DU PROBLÈME « FABRIQUER »

Résoudre le problème n'est pas immédiat en général. Avoir travaillé la situation TRAIT SUR TRAIT auparavant est un atout : les élèves n'y effectuent pas un double pliage, mais un pliage trait sur trait ; ce pliage produit une configuration d'un trait et d'un pli qui se coupent à angle droit, les élèves en ont d'ailleurs été persuadés en la produisant (par anticipation du pli par son tracé) ou en la contrôlant.

Par ailleurs, l'originalité du problème crée un véritable enjeu : quand une équipe trouve une solution, son succès peut susciter de l'intérêt auprès des autres, ce qui pourra les amener à essayer de plagier sans réfléchir. Il peut être donc utile que l'enseignant tente d'y remédier en aménageant les conditions de travail pendant la recherche.

Référent de l'angle droit

Une fois le pliage correctement réalisé par chaque élève, quelques points de colle sont appliqués pour empêcher les feuilles de se déplier. Les élèves ont alors fabriqué un référent de l'angle droit, qui est introduit dans la boite à outils de géométrie.

C'EST D'ÉQUERRE

Ressources pour la situation hatier-clic.fr/24ermelg208

Le problème

Les élèves doivent reconnaitre des angles droits dans une figure composée de polygones ou entre deux segments ou droites.
Ils doivent ensuite construire des angles droits pour compléter des figures.

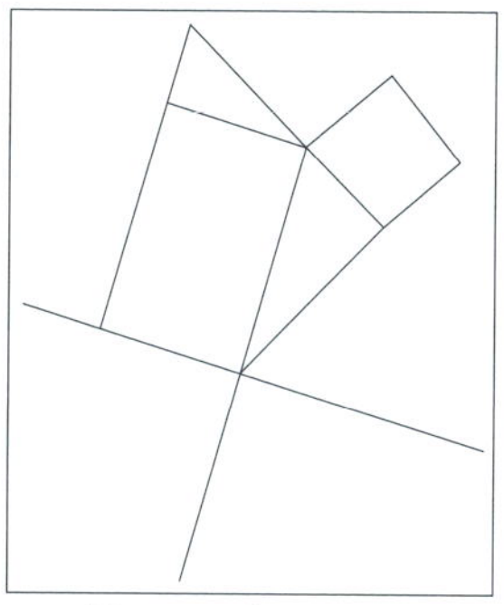
Phase 1 (annexe 1)

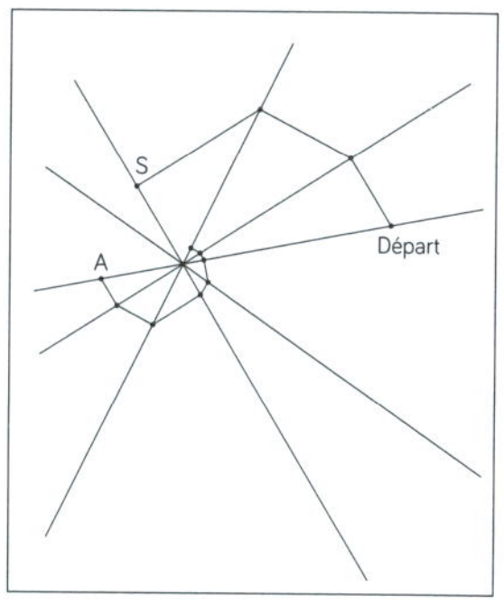

Phase 2 (annexe 5)

Connaissances visées

- L'identification et la construction de segments consécutifs perpendiculaires dans différents contextes (une figure composée de polygones, une ligne polygonale).
- L'abaissement d'une perpendiculaire à une droite à partir d'un point extérieur à cette droite.
- L'insuffisance du contrôle perceptif pour identifier ou produire des perpendiculaires.
- La constitution d'expériences graphiques de tracés d'angles droits.
- L'utilisation des connaissances sur l'angle droit pour la réalisation d'un angle droit par pliage.
- L'utilisation à bon escient des instruments de la famille « équerre ».

Résumé de la situation

• Dans la **phase 1**, les élèves doivent identifier des angles droits dans une figure. Ils peuvent être des angles de polygones, ou des angles de « droites » (ne faisant pas partie de polygones).
• Dans la **phase 2**, les élèves doivent identifier des procédés de construction de lignes polygonales (figurant le déplacement d'un personnage), qui utilisent divers aspects de la perpendicularité : des segments consécutifs pour les étapes 1 et 2, le tracé d'une perpendiculaire à une droite passant par un point extérieur à cette droite pour l'étape 3.
Les élèves doivent ensuite tracer ces lignes.

Organisation de la situation

Elle peut se dérouler en trois séances : une pour la phase 1 et deux pour la phase 2.

Questions sur les instruments utilisés dans la situation : analyse p. 93

ERMEL Géométrie Cycle 3 (Hatier, 2006), situation p. 215

Phase 1 : Angles droits dans une figure

Matériel individuel

- Un exemplaire de l'annexe 1.
- Une boite à outils complète (une pour deux élèves).

Matériel pour la classe

- L'annexe 1 agrandie au format A3.
- Une boite à outils.

Objectif

Repérer les angles droits dans une figure complexe par différents modes.

Choix didactiques

- C'est un problème de jugement.
Il s'agit de déterminer la validité d'une propriété de la figure.
- La localisation et l'orientation des angles droits sont diverses : ils sont intérieurs ou extérieurs à des polygones et accompagnés d'angles de mesures proches difficiles à différencier au jugé.
- La réponse de Paul est exacte.

Communication du problème et consigne

L'enseignant distribue un exemplaire de l'annexe 1 (cf. haut de page) à chaque élève et explique : « *Sur cette feuille est dessinée une figure. Elle a été donnée aux élèves d'une autre classe, et on leur a demandé : "Combien y a-t-il d'angles droits dans cette figure ?" Les élèves ont fait leur recherche et* ***Paul, un des élèves, a répondu : "Sur ce dessin, je vois 12 angles droits !"*** »

La question que je vous pose est maintenant : ***« Êtes-vous d'accord avec la réponse de Paul ? »***

La consigne (en gras) est écrite au tableau.

Recherche

La recherche est individuelle, puis les élèves travaillent à deux pour se mettre d'accord sur la réponse (le nombre d'angles droits).

Mise en commun

L'enseignant peut demander *« Quelles équipes sont d'accord avec Paul : il y a 12 angles droits ? »*, puis *« Quelles équipes ne sont pas d'accord ? »* et *« Combien d'angles droits a trouvés chacune de ces équipes ? »*. Il peut noter au tableau toutes ces réponses.

Il organise ensuite les échanges : il interroge des équipes dont la réponse est erronée, puis celles dont la réponse est exacte.

Conclusion

La conclusion est menée, oralement, à partir d'une question posée aux élèves en collectif : *« Était-il facile de décider pour certains angles et plus difficile pour d'autres ? et pourquoi ? »*

Phase 2 : Angles droits d'une ligne polygonale

ÉTAPE 1 : RECONNAITRE OÙ LA TORTUE SE TROMPE

Matériel

- **Individuel :** un exemplaire de l'annexe 2 au format A4.
- **Pour la classe :** un exemplaire de l'annexe 2 au format A3.
- **Pour deux élèves :** une boite à outils de géométrie complète.

Communication du problème

L'enseignant distribue l'annexe 2 et énonce : *« Voici une nouvelle figure : c'est un chemin fait par la tortue-géomètre. La tortue doit se rendre du point de départ au point d'arrivée en passant par le point de contrôle… mais elle ne peut tourner qu'à angle droit. La tortue se trompe à six reprises.*
Qui peut montrer le point de départ ? le point d'arrivée ? le point de contrôle ?
Alors la question est : ***Peux-tu indiquer dans quels virages elle se trompe ?*** *»*

La question (en gras) est écrite au tableau.

Recherche

Tous les angles ont une mesure égale ou très proche de 90° ; les élèves doivent faire preuve de précision. Comme en phase 1, l'enseignant repère les éléments caractéristiques des productions : les réponses, les erreurs, les modes de contrôle des angles.

Mise en commun

L'enseignant interroge quelques élèves pour faire apparaitre des différences de réponses, liées notamment à des modes de contrôle des angles différents. Suite à des désaccords sur les réponses, des demandes de justifications apparaissent et sont débattues.

Enfin, la réponse à la question est validée. Le codage de l'angle droit, pourra être utilisé.

Procédures

- Au jugé seulement.
- Au jugé avec contrôle instrumenté plus ou moins précis de certains angles.
- Contrôle instrumenté systématique mais approximatif (plus ou moins précis).

Mise en commun

- Elle peut conduire à classer les angles en trois catégories :
  – ceux qui, de toute évidence, ne sont pas des angles droits ;
  – ceux pour lesquels le recours à un instrument s'avère nécessaire pour identifier qu'ils sont des angles droits ;
  – ceux pour lesquels le recours à un instrument s'avère nécessaire pour déclarer qu'ils ne sont pas des angles droits.
- Elle permet de rappeler les règles d'utilisation des outils de la famille « équerre ».
- Elle peut amener un codage ou une numérotation des angles droits à inscrire sur l'affiche du tableau.

Objectif de la phase 2

Distinguer angle droit et « presque droit ».

Choix didactiques

Trois types de problèmes sont proposés : un problème de jugement à l'étape 1, de construction à l'étape 2 et de justification de l'impossibilité de la construction à l'étape 3. Les angles sont des angles de segments consécutifs. Ils sont soit droits soit proches d'angles droits.

Matériel

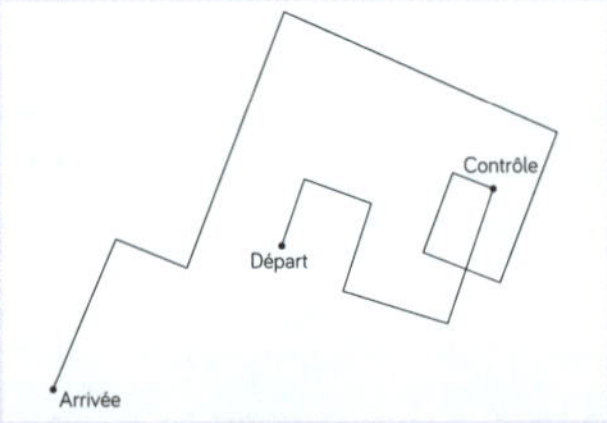

Annexe 2

Procédures à l'étape 1

Les procédures attendues sont les mêmes qu'à la phase 1 : le seul constat perceptif s'avère insuffisant pour prendre une décision.

Mise en commun

En cas de désaccord persistant, les élèves vérifieront sur le document agrandi qui amplifie les écarts. Les discussions vont donc porter sur la rigueur nécessaire pour l'usage des instruments.

ÉTAPE 2 : CONSTRUIRE UN PARCOURS DE LA TORTUE

Matériel
- **Individuel :** deux exemplaires de l'annexe 3 au format A4.
- **Pour la classe :** un exemplaire de l'annexe 3 au format A3.
- **Pour deux élèves :** une boite à outils de géométrie complète.

Communication du problème

L'enseignant distribue et fait observer la figure de l'annexe 3. Les élèves concluent que le début d'un chemin a été tracé, mais qu'il n'est pas terminé. Il demande aux élèves de tracer un chemin.

Recherche individuelle

Mise en commun

Les productions sont présentées, en particulier la méthode de tracé du dernier trait, qui est la particularité intéressante de ce problème.

La validation s'effectue par l'énoncé du procédé : « *Pour tracer un tel chemin, je construis des angles droits ; j'utilise pour cela mon équerre en veillant bien à ce que le premier bord se superpose avec le trait déjà tracé.* »

Les différences entre les chemins sont explicitées : nombre de virages, longueurs, localisation dans la feuille.

Nouveau problème

L'enseignant explique : « *Vous avez construit des chemins allant du point de départ au point d'arrivée. Nous avons vu que ces chemins étaient différents et qu'en particulier, certains avaient "tant de" virages. Je vous distribue maintenant un second exemplaire de l'annexe 3. Vous devez construire cette fois un chemin qui comporte le moins de segments possibles.* »

Recherche individuelle

Mise en commun

L'enseignant affiche les productions au tableau. Les élèves les observent, critiquent et comparent.

L'enseignant centre l'observation sur certaines productions pour montrer qu'elles respectent le critère « tourner à angles droits » mais pas celui du nombre minimum de « virages ».

Si des élèves ont trouvé la procédure « experte » attendue, l'un d'entre eux pourra venir l'expliciter au tableau.

ÉTAPE 3 : RECONNAITRE COMMENT FAIT L'ARAIGNÉE PUIS SAVOIR SI LE FIL PEUT ÊTRE RÉPARÉ

Matériel
- **Individuel :** un exemplaire des annexes 4 et 5 au format A4.
- **Pour la classe :** un exemplaire des annexes 4 et 5 au format A3 (sur papier ou transparent).
- **Pour deux élèves :** une boite à outils de géométrie complète.

Communication du problème : comment fait l'araignée ?

L'enseignant donne un exemplaire de l'annexe 4 à chaque élève et leur demande ce qu'ils observent. Ils peuvent répondre en faisant une description « géométrique » (« *il y a des traits qui partent du même point, des triangles etc.* »), ou en faisant un rapprochement avec un

Objectifs de l'étape 2
- Renforcer les méthodes de tracé :
  - d'un trait consécutif à un trait donné et perpendiculaire à celui-ci ;
  - d'une perpendiculaire à un trait passant par un point (le point d'arrivée).
- Réfléchir au moyen de minimiser le nombre de segments du chemin (cf. paragraphes « procédure "experte" » et « nouveau problème »).
- Contrôler la présence d'angles droits.

Matériel

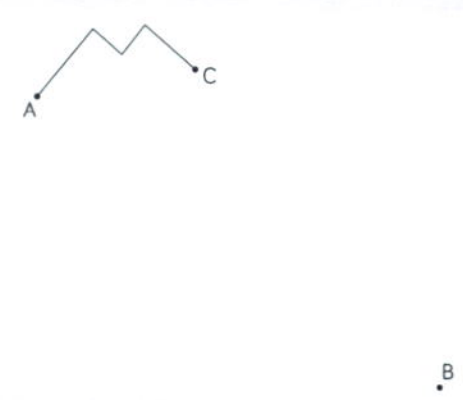

Annexe 3

Procédure à l'étape 2

Tracé de segments consécutifs perpendiculaires, puis tracé de la perpendiculaire au dernier segment (ou à son prolongement) à partir de B. La nouveauté du dernier tracé est que l'instrument est positionné sur B (le point d'arrivée) et non sur le point de départ.

Précision de la production

La précision n'est pas un critère à examiner dans cette étape, l'enseignant pourra examiner les productions après la séance pour une « correction » rigoureuse.

Procédure « experte »

Elle consiste à prolonger le segment tracé d'extrémité C, puis tracer la perpendiculaire à ce segment à partir de B.

Objectifs de l'étape 3
- Identifier, dans un contexte différent, la propriété géométrique utilisée précédemment retenue pour la construction de la figure.
- Continuer la construction d'une figure.

Matériel

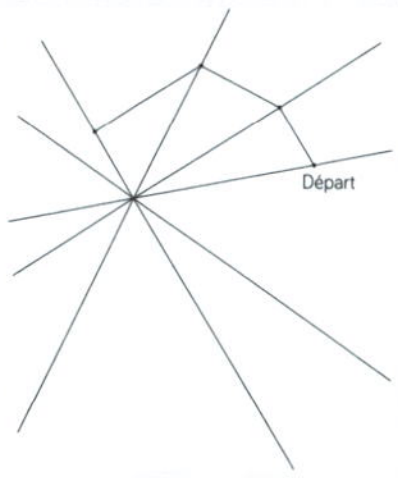

Annexe 4

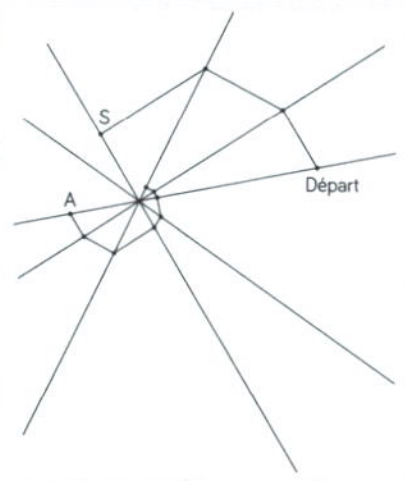

Annexe 5

contexte qu'évoquerait la figure (« *comme une toile d'araignée* »). L'enseignant approuve cette dernière proposition si elle arrive (ou la dévoile sinon), puis, il pose la première question : « *Après avoir tendu* ***les rayons de sa toile*** (l'enseignant les montre), *l'araignée-géomètre la tisse de façon très particulière,* ***en tendant des fils****. En observant le début de son travail,* ***trouvez son procédé*** *(comment elle fait).* »

Recherche

Le travail est d'abord individuel, puis l'enseignant organise une confrontation par groupes de quatre.

Dans chaque groupe, on se met d'accord sur le procédé de construction de l'araignée.

Mise en commun

Un représentant de chaque groupe vient au tableau pour décrire sa version du procédé sur le document agrandi. Il peut aussi la reconnaitre dans une version qui a déjà été explicitée.

Deuxième question : continuer à tracer son fil

L'enseignant : « *Chacun va maintenant utiliser le procédé (la méthode) de l'araignée pour l'aider à continuer sa toile.* »

Les dessins pourront être commentés, sans souci de validation.

Nouveau problème : peut-elle réparer son fil ?

L'enseignant affiche l'annexe 5 agrandie au tableau et demande : « *Que voyez-vous ?* » Les élèves peuvent répondre : « *Elle a continué son fil.* » ; « *On voit un autre fil plus loin.* » ; « *À un endroit il n'y a pas de fil.* », etc.

L'enseignant conforte la validité des réponses et fait le point : « *Vous voyez les rayons de la toile ? le fil ? le point de départ ? le point d'arrivée ?* » ; « *Qui peut montrer comment l'araignée s'est déplacée pour tisser son fil ?* »

Les élèves vont donc s'interroger sur l'interruption du fil.

L'enseignant énonce : « *Alors que l'araignée-géomètre est arrivée en S* (l'enseignant le montre du doigt), *un insecte s'est pris dans sa toile, en A. Pour l'attraper, elle a donc sauté un rayon de sa toile. Ensuite, elle a continué de tirer son fil depuis son point de chute A* (l'enseignant le montre). ***Si elle revient en S pour réparer le fil, est-ce qu'elle pourra, en suivant son procédé habituel, tirer un bout de fil qui rejoindra A ? Expliquez pourquoi.*** »

Recherche individuelle

Mise en commun

Très vite des désaccords vont apparaitre, qui doivent permettre aux élèves de justifier les éléments valides ou éléments erronés : Quelles sont les caractéristiques de la méthode de l'araignée ? Est-ce qu'elles sont mises en pratique dans l'une et l'autre des productions ? En quoi consistent les erreurs de réponse ou de tracé ? etc.

La réponse « Non » est établie.

L'enseignant peut rappeler la variété des instruments de la boite à outils qui peuvent être utilisés pour reconnaitre des angles droits (rectangles sur transparent…) et aussi les construire (téquerre, réquerre, équerre…)

Choix didactiques

- Ce nouveau contexte permet de poser le problème du tracé d'une perpendiculaire à une droite passant par un point extérieur à cette droite (ce n'est plus celui d'un tracé de segment consécutif à un autre et perpendiculaire à celui-ci comme pour la tortue).
- La présence de triangles rectangles favorise la reconnaissance perceptive de la relation de perpendicularité.
- La terminologie employée (en gras) dans la question nous semble très importante à utiliser pour sa compréhension et pour l'exploitation des travaux des élèves.

Procédures observées (question 1)

- Pas d'identification de la perpendicularité.
- Identification perceptive de la perpendicularité.
- Identification perceptive de la perpendicularité et contrôle à l'aide d'un instrument.

L'expression du procédé reste orale et avec des « termes élèves ».

Procédures observées (question 2)

- Tracé des segments sans avoir repéré la perpendicularité.
- Tracé au jugé de segments respectant la perpendicularité.
- Tracé avec instruments de segments respectant la perpendicularité.

Communication du nouveau problème

La conduite précise de ce temps est importante pour faire approprier le problème. Il est suggéré d'écrire la question (en gras) au tableau pour servir de référence.

Procédures (nouveau problème)

❶ « C'est possible »
- Tracé d'un fil s'appuyant sur le rayon intermédiaire en imitant le procédé de l'araignée (mais en oubliant l'angle droit).

❷ « Ce n'est pas possible »
- Au jugé, avec des explications.
- Par construction en suivant la méthode de l'araignée :
  1. On trace un bout de fil (le segment SH) depuis le « point de saut » S à angle droit avec le rayon suivant.
  2. On trace un bout de fil (le segment HK) depuis le point H à angle droit avec le rayon suivant.
  3. K est différent du point de chute A, d'où la réponse.

LES INSTRUMENTS DANS LA SITUATION « C'EST D'ÉQUERRE »

LA DIVERSITÉ DES INSTRUMENTS DE LA BOITE À OUTILS

La « boite à outils de géométrie » contient de nombreux instruments, soit issus du commerce ou soit fabriqués (cf. p. 201). L'intérêt de ces instruments est surtout qu'ils matérialisent des propriétés géométriques diverses (rectitude, parallélisme, perpendicularité/angle droit, symétrie), et souvent plusieurs à la fois, et permettent des tracés (trait, cercle) ou des mesures. Les instruments constituent donc pour l'enseignant des « outils didactiques », dans la mesure où ils lui permettent de proposer implicitement aux élèves un panel de propriétés géométriques pour l'élaboration des solutions aux problèmes.

Nous insistons sur le fait que la richesse du contenu de la boite à outils fournit à l'élève de nombreuses possibilités différentes pour résoudre les problèmes proposés. Il identifie sur les instruments des propriétés spatiales appropriées qu'il applique au problème ; ces propriétés sont alors mobilisées en qualité de connaissances, que nous qualifions ainsi de spatio-géométriques car elles sont à la fois spatiales (issues d'un matériel) et géométriques (pour la résolution d'un problème). Elles ont un caractère intermédiaire, transitoire, parce qu'elles se situent dans le cours de l'apprentissage d'une notion : entre les connaissances du débutant (spatiales) et les savoirs qu'il aura plus tard (géométriques).

L'UTILISATION DES INSTRUMENTS DANS « C'EST D'ÉQUERRE »

Les situations précédentes du thème ont permis d'identifier et d'apprendre à utiliser les différents instruments de la boite (équerre, téquerre, réquerre, coins droits, bandes et rectangles de bristol, feuille de double pliage…). La situation C'EST D'ÉQUERRE vient ensuite en renforcement. Dans la progression proposée, elle se situe donc en fin de CE2, mais elle peut également être mise en œuvre en début de CM1 ou ultérieurement pour travailler sur l'utilisation des instruments.

Deux fonctions sont essentiellement attribuées à ces instruments :

- reconnaitre un angle droit ou deux droites perpendiculaires (phase 1) ;
- construire un angle droit ou deux droites perpendiculaires (phase 1, étapes 1 et 2).

Ces fonctions permettent d'abord d'identifier une propriété géométrique qui a servi plusieurs fois dans la construction donnée. Elles servent ensuite à poursuivre la construction avec les mêmes règles (tracer un trait perpendiculaire à un autre, mais passant par un point extérieur à ce dernier, ce qui est moins fréquent) et enfin à vérifier la construction. Cela est possible avec toute la précision qu'exigerait une validation au moyen d'un calque par exemple.

Les élèves utilisent également les instruments comme aide pour comprendre les incompatibilités d'une construction, puis pour produire, au cours d'une phase d'argumentation, une nouvelle construction prouvant cette incompatibilité (étape 3 de la phase 2).

UN EXEMPLE DE PREUVE PAR CONSTRUCTION INSTRUMENTÉE

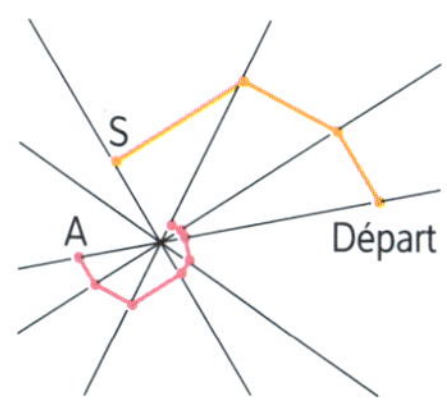

Dans l'étape 3 de la phase 2, les élèves doivent identifier le processus de construction qui a permis d'obtenir la **partie 1** de la figure (Départ → point S) : il s'agit de la répétition d'une même action (tracer un trait perpendiculaire à un autre passant par un point extérieur à ce dernier). Ils doivent ensuite déterminer si ce processus peut être poursuivi pour relier la **partie 2** (à partir du point A). La réponse peut être oui ou non, à charge d'en fournir la preuve.

Pour prouver que la réponse est oui, l'élève utilisera par exemple les instruments pour une construction entre les points A et S qui fait entorse à la répétition de la même action mais raccorde les parties 1 et 2.

Pour prouver que la réponse est non, il pourra poursuivre le processus depuis le point S de la partie 1 et remonter le processus depuis le point A de la partie 2 (les deux segments ne se rejoignent pas).

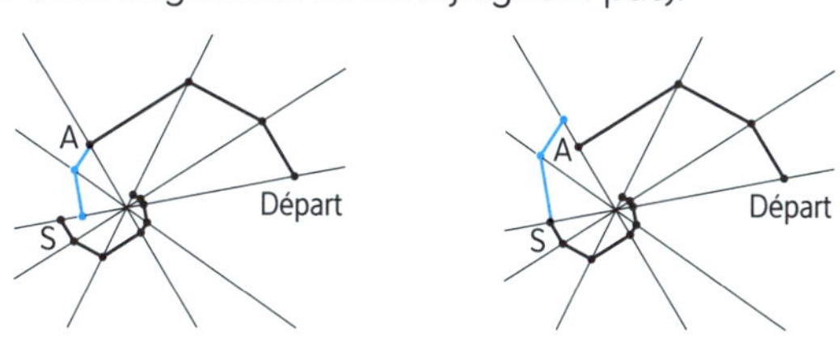

Preuves en poursuivant la construction :
depuis le point A depuis le point S

Cette procédure permet d'apporter une preuve sans nécessiter une trop grande précision dans l'application de la perpendicularité. La preuve s'obtient ainsi par une construction instrumentée. La validation porte donc davantage sur les procédures utilisées que sur la précision de la production.

Situation
CM1 Période 1

PÉTANQUE

Ressources pour la situation hatier-clic.fr/24ermelg209

Le problème

Le jeu de pétanque sert de contexte. Les élèves doivent comparer des distances entre des points (et non des longueurs de segments) en utilisant la relation *« A à même distance de O que B »* et les relations associées *« A plus loin de O que B »* ou *« A plus près de O que B »*.

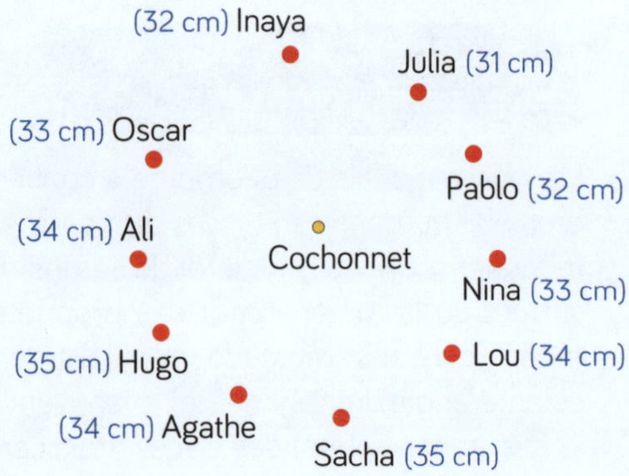

Affiche du jeu de pétanque (phase 1)

Connaissances visées

- Mettre en lien différents modes de comparaison de distances et percevoir leur équivalence : l'estimation par la visée, la comparaison de distances (par une baguette, par exemple), le mesurage (avec un instrument de mesure) et l'utilisation du cercle.
- Percevoir que, dans le plan, il n'y a pas qu'une solution au problème. Le but n'est pas de faire apparaitre le cercle comme ensemble de points à égale distance d'un point donné.
- Représenter la zone de points plus près du centre que A et plus loin que B.

Résumé de la situation

- Dans la **phase 1**, les équipes de trois élèves vont successivement, dans la cour ou sous le préau, chercher le point le plus proche d'un point O. Le reste de la classe a une autre activité.
- Dans la **phase 2**, chaque élève cherche un point (puis plusieurs points) qui est plus proche du point O que le point A et plus éloigné du point O que le point B.

Organisation de la situation

Elle peut se dérouler en deux séances : une séance par phase.

Questions sur les procédures des élèves : analyse p. 97

ERMEL Géométrie Cycle 3 (Hatier, 2006), situation p. 303

Phase 1 : Trouver la boule la plus proche

Matériel (dans le préau) pour chaque équipe successivement

- Une boite à outils de géométrie dont un fil (ficelle), une baguette et les règles (graduées et non graduées).
- Une affiche présentant la configuration du jeu de pétanque, à préparer à l'avance (cf. haut de page) : les boules sont représentées par des gommettes rouges de 3 cm de diamètre (à côté desquelles sont inscrits les prénoms des joueurs) et le cochonnet par une gommette jaune de 2 cm de diamètre.
- La distance moyenne des boules au cochonnet est de 35 cm.
- Une feuille réponse par équipe avec la composition de l'équipe et les prénoms des joueurs de pétanque (annexe 1).

Organisation des diverses activités de classe

Les élèves sont répartis en équipes de trois, qui recherchent une solution du problème, l'une après l'autre. Des activités sont notées au tableau, à faire individuellement et en autonomie avant et après l'étape de recherche, en attendant que toutes les équipes aient participé au jeu.

Objectif de la phase 1

Développer les procédures de comparaison de distances.

Matériel

Le dispositif est à préparer par l'enseignant sur une grande affiche pour que le problème s'apparente le plus possible au véritable jeu. Les distances effectives des gommettes « boules » à la gommette « cochonnet » sont indiquées sur le schéma en haut de page.

La disposition des points (boules)

- Leur nombre est assez grand pour décourager la mesure.
- Leurs distances à O sont voisines.
- Leur répartition dans l'espace contribue à l'idée du cercle comme solution.

Présentation du jeu

L'enseignant amène l'ensemble des élèves sous le préau. Ils s'asseyent face au dispositif (l'affiche et la boite à outils). Il précise : *« Vous prendrez soin du matériel pour que chaque équipe puisse en disposer dans le même état. »*

Il demande ensuite : *« Est-ce que vous savez jouer à la pétanque ? Qui ne sait pas y jouer ? »*, puis, *« Est-ce que quelqu'un peut expliquer comment on y joue ? »*. Des élèves expliquent le jeu. L'enseignant précise à cette occasion que l'on joue à plusieurs, qu'il y a un cochonnet *(« quel est-il ? à quoi sert-il ? »)* et des boules, et que chaque joueur lance à tour de rôle une boule vers le cochonnet.

L'enseignant demande enfin : *« Comment fait-on pour gagner ? »* (il ne demande pas celui qui est *« le plus près »*). Les élèves répondent avec leurs mots. L'enseignant reformule : *« Quand on gagne, on dit qu'on a marqué le point. »*

Communication du problème

L'enseignant présente l'affiche : *« Dans une école, une maitresse a organisé pour sa classe un concours de pétanque. Il y avait plusieurs enfants : Pablo, Agathe, Nina, Oscar, Sacha, Hugo, Julia, Ali, Inaya, Lou. Ils avaient chacun une boule, et ils ont essayé de jouer le mieux possible. Sur cette affiche, je vous ai placé, les gommettes rouges, qui représentent la boule de chaque enfant (à côté de la gommette, il y a le nom de l'enfant qui a lancé la boule) et la gommette jaune qui représente le cochonnet. »*

Il énonce ensuite le problème : *« Vous allez chercher la réponse à la question suivante : "Qui a gagné ? Qui a marqué le point ?" Quand vous aurez trouvé, l'équipe entourera le nom du gagnant sur sa feuille avec un feutre. »* Il précise : *« Le matériel qui est en classe reste en classe ; celui qui est ici, reste ici. »*

Recherche par équipe de trois dans la cour

L'enseignant envoie successivement chaque équipe effectuer le travail sous le préau avec la feuille réponse, puis en salle des ordinateurs. Il reste en classe où les élèves effectuent le travail individuel.

Mise en commun

L'enseignant fixe l'affiche avec la configuration des positions au tableau. Il affiche ensuite les réponses des équipes et demande : *« Avez-vous des remarques ? »* Les élèves en expriment et elles sont discutées : *« Ce n'est pas parce qu'on est nombreux à dire que c'est la boule de Pablo que c'est juste. »*

Les équipes présentent à tour de rôle leur travail en effectuant leur procédure devant tous et en justifiant leur réponse. Les autres élèves peuvent les contester ou les confirmer. Au fur et à mesure le débat s'intensifie autour des réponses « *Pablo* » et « *Julia* ». On conclut : *« C'est Julia qui a marqué le point. »*

Phase 2 : Où placer le point pour faire mieux que A et moins bien que B ?

Matériel pour un binôme

- Une fiche de travail (annexes 2 puis 3, agrandies au format A3).
- Des feuilles A4 blanches.
- La boite à outils de géométrie complète (dont le compas).
- Un feutre de couleur.

Organisation en trois lieux de travail

❶ Pour la recherche avec l'affiche.
❷ Pour les activités avant la recherche.
❸ Pour les activités après la recherche (pour qu'il n'y ait pas de communication entre les élèves qui ont déjà la réponse et ceux qui ne l'ont pas encore).

D'autres organisations sont possibles : le couloir pour le lieu ❶ (en gardant la porte ouverte pour la surveillance) et la salle de classe séparée en deux zones ❷ et ❸ pour limiter la communication entre élèves.

Procédures

Comparaison des distances au cochonnet :
- de plusieurs boules choisies au hasard, avec des outils éventuels ;
- d'une boule déterminée, au jugé, « la plus proche » puis des autres boules de façon systématique.

La comparaison peut se faire :
- avec un intermédiaire (baguette rectiligne, ficelle), le faire pivoter autour du point O facilite le recours au cercle comme outil de comparaison des distances au centre ;
- par le mesurage, avec une règle graduée ;
- grâce à l'emploi du cercle, en pivotant un fil tendu ou une règle autour du point O.

Matériel pour la mise en commun

- Les prénoms sont écrits en gros caractères sur la feuille réponse (annexe 1) pour permettre la comparaison d'un coup d'œil par tous les élèves, des réponses trouvées.
- L'enseignant peut transférer l'affiche du préau et la fixer au tableau.

Mise en commun

L'enseignant n'a pas pu assister à la recherche. Il veille donc à ce que les élèves expliquent bien la méthode employée pour pouvoir en faire ressortir les erreurs.
La différence entre les distances au cochonnet est d'environ 1 cm, ce qui permet de revenir sur la précision des gestes spécifiques : bien garder les mêmes repères à la fois sur le fil tendu (ne pas déplacer le doigt) et sur la boule, prendre toujours le même repère (le centre ou un point sur le bord du disque).

Objectif de la phase 2

Comprendre que plusieurs points, et non un seul, peuvent vérifier une conjonction de relations (être plus proches du centre qu'un deuxième point et plus éloignés qu'un troisième).

ÉTAPE 1 : CHERCHER UNE SOLUTION

L'enseignant distribue la boite à outils de géométrie et les feuilles de travail (annexe 2 en A3). Les élèves travaillent en binôme.

Communication du problème

L'enseignant affiche au tableau la feuille problème (annexe 2) et explique : « *Antoine et Bastien ont joué à la pétanque. Voici les places de leur boule* (il les montre). *Chloé a aussi joué avec eux. Elle a fait mieux qu'Antoine mais moins bien que Bastien. Où a-t-elle pu placer sa boule ?* »

Recherche en binôme

Les élèves marquent leurs points solution avec un gros feutre : une tache ronde convient tout à fait, on n'attend pas une croix.

Mise en commun

Un binôme présente sa production ; les autres élèves commentent pour déclarer ce qui est juste et ce qui est faux. Il est possible ensuite de contrôler les productions, par la mesure ou en vérifiant chaque étape de la procédure employée, et de les comparer. En général, certains élèves perçoivent qu'il y a ainsi beaucoup de positions possibles. L'enseignant ne fera pourtant pas de demande aux élèves à ce sujet à ce moment-là.

Reprise

L'enseignant : « *Vous devez parvenir à être d'accord sur la réponse à donner. Antoine et Bastien ont fait une nouvelle partie. Voici les places de leur boule.* » Il distribue l'annexe 3, affiche l'énoncé en précisant « *l'énoncé est le même* » et le fait lire.

La suite de la séance est conduite de la même manière que pour le problème précédent. Il n'y a pas davantage d'institutionnalisation.

ÉTAPE 2 : CHERCHER BEAUCOUP DE SOLUTIONS

Pour les trois problèmes, les élèves ne disposent que d'une feuille blanche et de feutres (recherche à main levée). Une mise en commun fait apparaitre les réponses les plus pertinentes.

- **Problème 1** : « *Yaëlle et Nicolas jouent à la pétanque. Yaëlle lance le cochonnet, puis lance sa boule. Nicolas veut maintenant jouer et faire mieux que Yaëlle. Où peut-il placer sa boule ?* »

- **Problème 2 :** « *Yaëlle, Nicolas et Valentina jouent à la pétanque. Yaëlle et Nicolas ont déjà lancé leur boule. C'est au tour de Valentina, elle se dit : "Je voudrais faire mieux que Nicolas mais moins bien que Yaëlle." Trouve tous les endroits où elle pourrait placer sa boule.* »

- **Problème 3 :** « *Valentina et Nicolas jouent à la pétanque. Valentina lance sa boule et Nicolas fait de même. L'arbitre est perplexe : il ne peut pas dire qui de Nicolas ou de Valentina a fait mieux. Où Nicolas a-t-il pu placer sa boule ?* »

Activités d'accompagnement : Descriptions et liens p. 155

Matériel pour la phase 2

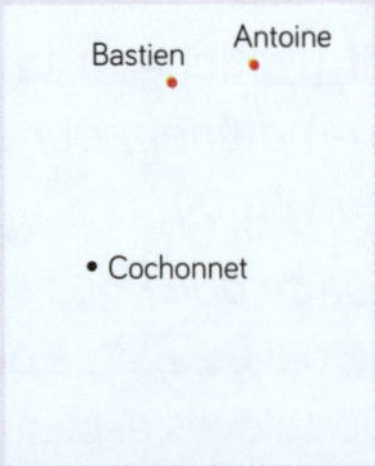

Annexe 2

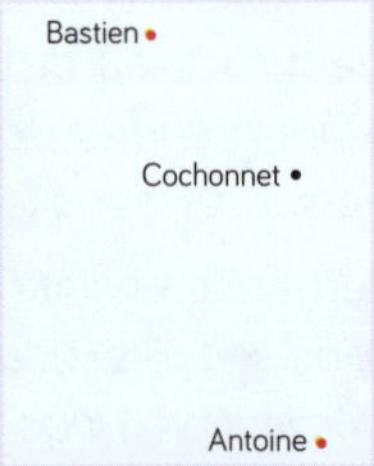

Annexe 3

Choix didactiques

- Les distances OA et OB sont différentes mais aussi assez voisines.
- Le positionnement relatif des points A et B : ils peuvent être « dans une même zone vis-à-vis du cochonnet (point O) » (annexe 2) ou « dans des zones opposées » (annexe 3). Dans le premier cas, une réponse peut s'obtenir au jugé (par des points tous proches de A et B).
  Dans le second cas, il faut procéder par une comparaison effective de distances ou le tracé de cercles et, de fait, obtenir des points plus dispersés.

Procédures

- P1 : Positionnement d'un point dans la zone intermédiaire (« entre » A et B), au jugé ou par comparaison des distances OA et OB.
- P2 : Positionnement d'un point sur le segment [AB] ou en son milieu.
- P3 : Dessin des cercles de centre O et passant par A et B suivi du positionnement de points dans la couronne limitée par ces deux cercles.

Avec l'annexe 2, P1 et P2 sont majoritaires ; P3 est rare. Avec l'annexe 3, P1 et P2 sont plus rares et doivent être disqualifiées car trop limitées ; P3 est plus avantageuse et l'objet de l'apprentissage.

Enjeux de l'étape 2

- Faire identifier les points d'un disque de centre O et passant par A comme étant positionnés à une distance du point O inférieure à la distance OA.
- Faire apparaitre les points d'un cercle comme une famille de points équidistants d'un point donné (le centre du cercle).

Réponse attendue

Les élèves peuvent envisager un seul point, plusieurs points ou une zone de points. On cherche ici seulement un ensemble de points solutions pour montrer que la solution n'est pas unique.

Questions sur LE CERCLE COMME OUTIL POUR COMPARER DES DISTANCES

L'ÉVOLUTION DES CONNAISSANCES

Les connaissances initiales des élèves

À l'entrée du CM1, les élèves savent déjà que le cercle est défini par son centre et son rayon, et c'est ainsi qu'ils le tracent. Ils connaissent donc aussi implicitement ses propriétés graphiques (« rond » : même courbure) ou spatiales (associé à la rotation d'un mobile).

La distance entre points n'est pas non plus un concept nouveau au CM.

L'apprentissage visé

L'enjeu de la situation PÉTANQUE est de permettre aux élèves d'appréhender que des points situés à même distance d'un point fixe se situent sur un cercle. Dans la phase 2, les élèves sont amenés à utiliser cette propriété et tracer des cercles pour délimiter des zones où :

- des points sont plus près ou plus loin qu'un autre point ;
- la distance au centre des points est comprise entre les distances au centre de deux points donnés.

En revanche, il ne s'agit pas de définir le cercle comme l'ensemble des points situés à une distance donnée d'un autre point. Cette définition, comme celle d'une ligne droite comme ensemble de points, n'est ni accessible ni opérationnelle pour des élèves du CM.

LE CONTEXTE DU JEU DE PÉTANQUE

Le jeu de pétanque est connu des élèves. Le contexte de la situation PÉTANQUE est donc facile à comprendre et à pratiquer et permet à l'enseignant de formuler un problème sans faire référence à des termes (points, distance, cercle) dont l'énonciation orienterait par automatisme la réflexion des élèves.

Aucun des termes associés au cercle n'est ainsi utilisé dans les questions successives de l'énoncé :

- « *Qui a gagné ? Qui a marqué le point ?* » (phase 1) ;
- « *Chloé a aussi joué avec eux. Chloé a fait mieux qu'Antoine mais moins bien que Bastien. Où peut bien se trouver la boule de Chloé ?* » (phase 2).

LA RÉSOLUTION DU PROBLÈME EN PHASE 1

Les données du problème sont presque celles d'un jeu réel : les boules et cochonnet sont représentés par des gommettes sur une grande affiche.

La « taille » de ce dispositif est analogue à celle d'un jeu de billes dans la cour. C'est un espace familier. La boite à outils contient le nécessaire pour l'arbitrage des réponses (baguette, grande règle, fil).

Selon les élèves, la comparaison des distances est faite en déterminant préalablement au jugé la boule la plus proche (élèves debout pour juger) ou en prenant les distances par fil tendu, sans ordre précis ou de façon organisée. Lors de la mise en commun, l'affiche est fixée au tableau pour que les équipes présentent leurs méthodes à tous et expliquent comment elles ont déterminé des distances. Bien que peu déterminant pour la comparaison, un point est intéressant à clarifier : quels sont, sur les boules et le cochonnet, les repères pris pour l'évaluation des distances ? le centre ? le bord du disque ?

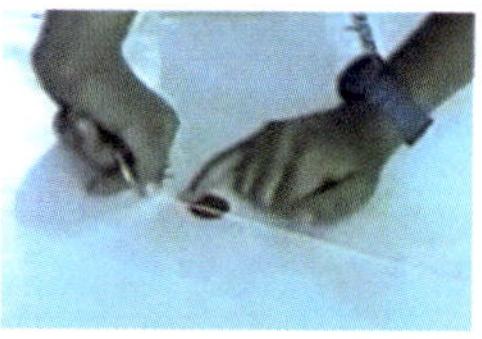

LA RÉSOLUTION DU PROBLÈME EN PHASE 2

Dans cette phase, l'espace est graphique : les boules sont représentées sur une feuille par des points. Le problème est différent : il faut trouver un emplacement (étape 1), puis tous ceux possibles (étape 2).

Procédures observées à l'étape 1

1. Comparaison des distances par marquage sur le fil de repères (feutre ou doigt) ou de ces distances prises avec deux compas ;
2. Choix d'une distance intermédiaire puis d'une place « entre » les points A et B ou juste à côté de A ou B.
3. Choix d'un point au jugé et vérification des distances.

Procédures observées à l'étape 2

Ce sont les mêmes qu'à l'étape 1 à de petites variantes près. Le cercle est outil de résolution.

« *Chloé, on peut la mettre tout là* » dit une équipe, en faisant avec la main puis avec la pointe d'un crayon une circonférence autour du cochonnet. Des équipes trouvent déjà plusieurs solutions.
C'est le cas pour celle-ci :

Situation
CM1 Période 2

RECTANGLE À TERMINER (2)

Ressources pour la situation hatier-clic.fr/24ermelg210

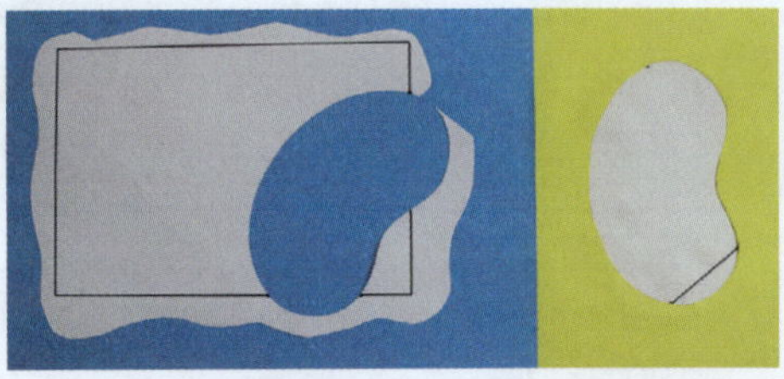

Partie 1 Partie 2
Rectangle R2 (Phase 2)

Problème

Un rectangle dont un côté n'est pas tracé complètement a été découpé en deux parties : l'élève doit tracer, sur la partie 2, ce qui permettra d'obtenir le contour complet du rectangle, lorsque les deux parties seront jointes.
Deux configurations sont proposées : le trait donné et le trait à tracer ont une extrémité commune (phase 1) ou ils n'en ont pas (phases 2 et 3).

Connaissances visées

- Le recours à un instrument référent pour les angles droits.
- L'extension de la relation de perpendicularité à des traits non consécutifs.
- La terminologie institutionnelle (*« les deux traits font un angle droit ou sont perpendiculaires »*).

Résumé de la situation

- Dans la **phase 1**, les élèves réactivent les connaissances pour tracer un trait consécutif à un côté et qui lui est perpendiculaire par une méthode instrumentée.
- Dans la **phase 2**, l'apprentissage est prolongé à des traits non consécutifs et perpendiculaires.

Organisation de la situation

Elle peut se dérouler en trois ou quatre séances : une séance pour la phase 1 (si les élèves n'ont pas fait la situation RECTANGLE À TERMINER (1) p. 65 au CE2), deux pour la phase 2 (une par étape), une pour la phase 3.

Questions sur les procédures de tracé : analyse p. 101

ERMEL Géométrie Cycle 3 (Hatier, 2006), situation p. 221

Phase 1 : Appropriation

Cette phase permet aux élèves qui n'auraient pas rencontré la situation RECTANGLE À TERMINER (1) au CE2 de s'approprier les éléments et les contraintes de la situation.

Le déroulement est le même que la phase 1 de CE2 décrite page 65.

Phase 2 : Tracer un trait perpendiculaire à un trait donné sans point commun avec celui-ci

Matériel pour un binôme

- La partie 2 du rectangle à terminer : R2 à l'étape 1 (annexes 2a et 2b), puis R3 à l'étape 2 (annexes 3a et 3b).
- Une boite à outils de géométrie dont un feutre fin.

Matériel pour la classe

- Un rectangle de référence R0 (annexe 1, format A4) imprimé sur feuille de couleur et collé sur une feuille blanche (format A3).
- Le rectangle à terminer R2 à l'étape 1 (annexe 2a) puis R3 à l'étape 2 (annexe 3a) en A4, sur feuille de couleur détourée ;
- Une feuille A3 (blanche).

Objectif de la phase 2

Comprendre que l'existence d'un angle droit entre deux traits de même sommet, peut s'étendre à celle d'un angle droit entre deux traits qui n'ont pas d'extrémité commune.

Choix didactique

La non contigüité des traits (donnés et à tracer) désarçonne bon nombre d'élèves.

ÉTAPE 1 : TRAIT DONNÉ PROCHE DU SOMMET

Communication du problème

L'enseignant présente les deux parties du rectangle R2 découpées mais réassemblées : *« Voici un nouveau rectangle ; comme vous le voyez, ce côté n'est pas terminé. Je l'ai aussi découpé en deux parties, comme ceci… »*. Il fixe les deux parties à côté l'une de l'autre et les désigne partie 1 et partie 2.

Il continue : *« Avez-vous des remarques sur ces deux parties ? »* Il est attendu qu'apparaissent deux particularités : *« le trait droit qui est sur la partie 2 est une partie du grand côté du rectangle »* et *« il y a un point noir au bord de la feuille »*. L'enseignant fait montrer ces éléments et demande : *« Avez-vous une idée de ce qu'est ce point noir ? »* Les élèves font des hypothèses, et il est conclu : *« C'est l'extrémité du trait du côté à terminer. »* Pour illustrer cette réponse, il réassemble les deux parties et montre, qu'une fois en place, le point sur la partie 2 est bien l'extrémité du trait à terminer sur la partie 1.

L'enseignant : *« Vous allez donc recevoir une feuille avec la partie 2 sur laquelle vous devez tracez le trait qui termine le côté du rectangle ; ce trait, c'est celui qui était là* (il montre sur la partie 1), *et ce point est celui de l'extrémité du trait ici* (il montre sur la partie 1) *»*.

Recherche par binôme

Les élèves reçoivent la partie 2 et leur boite à outils.

Mise en commun

Chaque binôme passe au tableau pour exposer sa production et expliquer comment il a procédé (cf. ci-contre). Il a à disposition une boite à outils pour y chercher les outils qui lui sont nécessaires.

La production ❶ est très vite disqualifiée (*« Parce que c'est pointu »*) ainsi que la production ❷ (*« parce que là, il faut mettre l'extrémité du trait plus vers là » ; « parce que ça ne fait pas tout à fait un angle droit ; on le voit avec la règle* (à l'autre extrémité du trait) *»*). Les productions similaires sont de plus en plus rapidement invalidées.

La production ❸ est rapidement estimée juste par plusieurs élèves *« parce que là* (le coin virtuel)*, ça suit bien l'angle »* (cf. schéma ci-contre, complété par le tracé approximatif du rectangle). Cette production amène, au tableau, les élèves à positionner l'angle droit de l'équerre pour contrôler l'angle formé par les deux traits.

Les productions sont toutes présentées **sans validation pratique par jonction des deux parties**.

Validation pratique

Chaque binôme vient successivement au tableau et vérifie sa production en l'assemblant à la partie 1. L'enseignant fait énoncer chaque verdict.

ÉTAPE 2 : TRAIT DONNÉ LOIN DU SOMMET

Communication du problème

L'enseignant présente le rectangle R3 : *« Vous allez travailler maintenant avec un nouveau rectangle »*. Il le partage en deux parties, qu'il place en décalé l'une par rapport à l'autre et explique : *« Vous devez tracer le trait qui termine le côté du rectangle »*.

Recherche par binôme

Les élèves reçoivent la partie 2 et leur boite à outils.

Communication du problème

Elle vise à bien identifier sur la partie 1, le trait à tracer et sur la partie 2, le trait donné et le point en correspondance avec leur position sur la partie 1.
Les deux parties sont réassemblées pour la présentation. Les parties 1 et 2 restent ensuite visibles au tableau durant la recherche, dans les orientations montrées page précédente.

Productions

❶ Tracé d'un trait joignant le point à l'extrémité du trait donné.
❷ Tracé d'un trait non contigu mais non tout à fait perpendiculaire.
❸ Tracé d'un trait non contigu et perpendiculaire.

Enjeu de la mise en commun

Faire émerger les caractéristiques correctes ou incorrectes d'un tracé au moyen des connaissances sur le rectangle.
Pour disqualifier les productions, les élèves ne pensent pas tout de suite à l'emploi d'un référent angle droit usuel (la règle plate mise à part). Ils réalisent pour cela ce schéma :

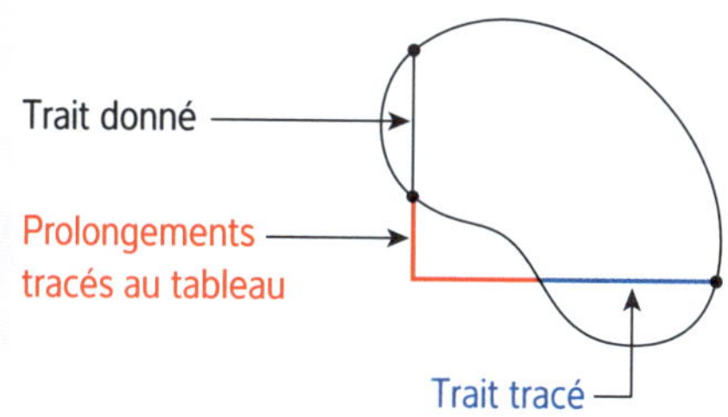

Matériel à l'étape 2

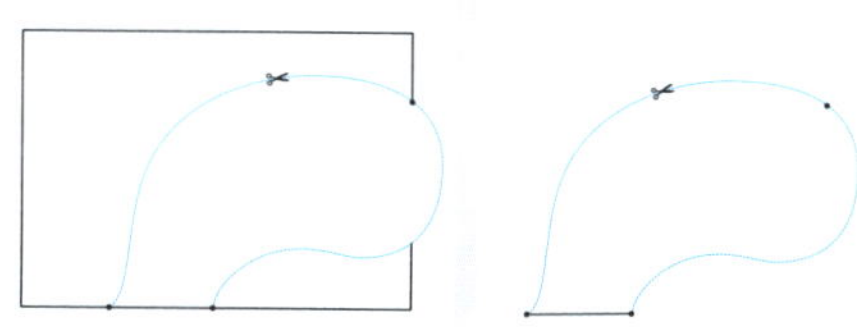

Partie 1 — Partie 2
Rectangle R3 (annexes 3a et 3b)

Procédures observées

- P1 : Prise de la direction perpendiculaire au moyen de l'équerre placée sur le trait donné ; transfert de cette direction sur la règle plate qui glisse jusqu'au point.
- P2 : Positionnement sur le trait donné d'un côté de rectangle sur transparent ; transfert de la direction perpendiculaire sur la règle plate pour atteindre le point.
- P3 : Usage du seul instrument, l'équerre, un côté appuyé sur le trait, l'autre sur le point.

Mise en commun

Chaque équipe présente sa méthode au tableau à tour de rôle.

Phase 3 : Identification de traits perpendiculaires

Matériel individuel

- Un exemplaire de l'annexe 4 au format A4 (un agrandissement en A3 pour la classe).
- Une boite à outils dont un feutre fin, et une feuille de brouillon.

Communication de la tâche

L'enseignant affiche un exemplaire agrandi d'un coin de rectangle, fabriqué dans la phase 1, et un exemplaire agrandi de la partie 2. Il présente ensuite l'annexe 4 en introduisant la terminologie « paires de traits » : *« Il y a sur cette feuille une famille de paires de traits ; dans chaque paire, un trait est épais, l'autre est fin. Quelles paires de traits peuvent recouvrir un coin de rectangle ? Notez sur votre brouillon le numéro de ces paires de traits. »*

Recherche individuelle

Mise en commun

Les réponses sont examinées. Les instruments, et notamment l'équerre, devraient ressortir comme support d'argumentation.

Institutionnalisation

L'enseignant affiche au tableau les paires de traits (annexe 4 agrandie) et entoure les bonnes réponses.

Il précise : *« Que peut-on dire d'un coin de rectangle et des paires de traits que nous avons entourées ? »* Il écrit les réponses au tableau, puis dit : *« Ce que j'ai écrit ici, ce sont les expressions de la classe. En mathématiques, il existe un autre langage, avec des mots plus savants, un langage géométrique. Il y a même plusieurs expressions pour dire cela ; nous allons en découvrir certaines. »*

Avant la séance, l'enseignant a écrit au tableau quatre formulations (cf. ci-contre) qu'il a caché. Il découvre le début de la première formulation (« Les deux traits forment... ») et fait deviner la suite. Il dévoile ensuite la fin et procède ainsi pour les autres.

Il dessine ensuite quatre paires de traits perpendiculaires au tableau et demande : *« J'ai dessiné quatre paires de traits perpendiculaires, mais combien voyez-vous d'angles droits ? »* Les élèves avancent des réponses et l'enseignant marque les angles droits (il rappelle à cette occasion le signe usuel). Si aucune proposition de prolongements des traits n'apparait, il peut solliciter une formulation, telle que : *« Quand deux traits sont perpendiculaires, si je les prolonge, je peux toujours marquer quatre angles droits. »*

Proposition de trace écrite

Quand deux traits sont perpendiculaires, je peux marquer...
...un angle droit ...deux angles droits ...quatre angles droits

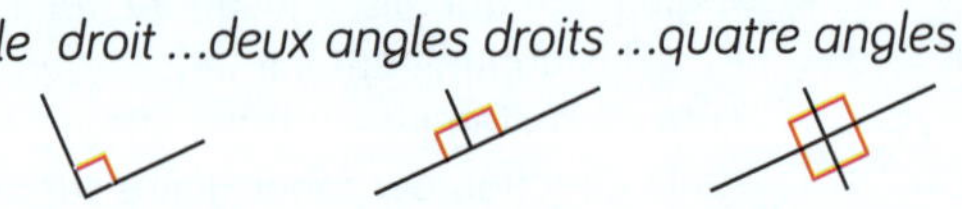

...ou je ne peux pas marquer d'angle droit...mais, dans tous les cas, si je prolonge les traits, je peux marquer quatre angles droits.

Enjeu de la phase 3

Mettre en place des formulations institutionnelles relatives à la perpendicularité.

Matériel

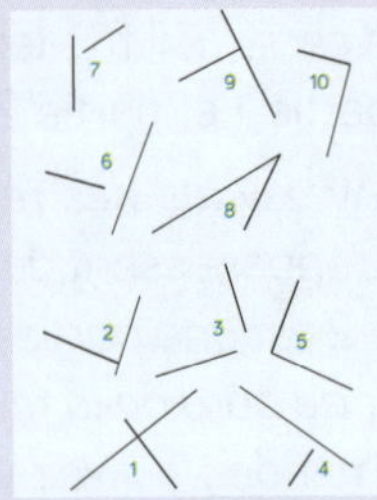

Annexe 4

Choix didactique

Les paires de traits sont choisies de façon à regrouper différentes configurations possibles de perpendicularité.

Mise en commun

L'enseignant fait rappeler que, précédemment, les élèves devaient « terminer un rectangle » et que, maintenant les traits tracés sur l'annexe 4 correspondent aux côtés d'un coin de rectangle, d'un angle droit. Il demande : *« Qu'y a-t-il de différent dans ces deux cas ? »*
Dans l'un, on « voit » l'angle droit et dans l'autre, on doit « l'imaginer » mais, sur les deux dessins, l'équerre bien placée permet de montrer l'angle droit.

Institutionnalisation : exemples de réponses attendues

- *« Les paires de traits entourées vont juste sur le coin du rectangle. » ;*
- *« Le rectangle peut se mettre juste dans les paires de traits entourées. » ;*
- *« L'équerre cache pile les traits. » ;*
- *« Entre l'équerre et les traits, il n'y a pas d'espace. » ;*
- *« Les angles droits sont pareils ».*

Formulations en langage géométrique

- Les deux traits forment un angle droit.
- Les deux traits sont perpendiculaires.
- Le trait épais est perpendiculaire au trait fin.
- Le trait fin est perpendiculaire au trait épais.

Boite à outils

À la fin de la situation, on peut introduire dans la boite à outils un transparent de format A5 sur lequel on a reproduit une paire de traits perpendiculaires comme celle ci-contre.

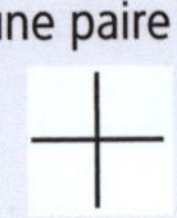

Questions sur
LES PROCÉDURES DANS LA SITUATION « RECTANGLE À TERMINER (2) »

La situation RECTANGLE À TERMINER (2) permet aux élèves d'analyser la position relative de deux côtés d'un rectangle et d'expliciter des techniques de tracé d'un angle droit.

UNE PRISE EN COMPTE DES CONNAISSANCES DES ÉLÈVES

Cet apprentissage est fondamental pour garantir une évolution des connaissances géométriques sur le long terme, en vue aussi du collège. En effet, pour la plupart des élèves la forme du rectangle est perçue globalement : ils sont capables de reconnaitre un rectangle, voire de citer ses propriétés, mais ils ne savent pas y recourir spontanément pour résoudre un problème. Par exemple, rares sont les élèves qui identifient la tâche à effectuer dans cette situation comme « construire les deux côtés d'un angle droit » quand elle leur est présentée la première fois.

Au CE2, une version plus simple du problème est proposée (cf. p. 65) dans laquelle un sommet et l'amorce des côtés du rectangle sont à construire. En général, les élèves n'identifient pas non plus qu'ils ont à construire l'angle droit d'un rectangle.

ANALYSE DE LA FIGURE

Nous décrivons ici des procédures et des arguments d'élèves lorsque l'angle du rectangle est hors de la feuille et ne peut pas être tracé (phase 2, étape 1). Ce cas difficile permet de mettre en évidence les échanges entre élèves et le rôle de l'enseignant.

Description de procédures observées

❶ Tracé d'un trait issu de l'extrémité du trait donné, sans tenir compte du point. Dans un cas où le point d'arrivée est plus proche de la perpendiculaire, nous avons observé un tracé à peu près perpendiculaire à l'extrémité du trait, puis qui s'infléchit à l'approche du point d'arrivée.

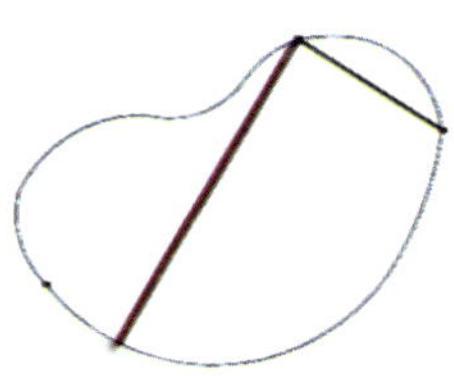

❷ Tracé du trait joignant le point à une extrémité du trait. La perpendicularité n'est pas réalisée : l'angle est soit obtus (ci-contre) soit aigu (si l'autre extrémité du trait est choisie).

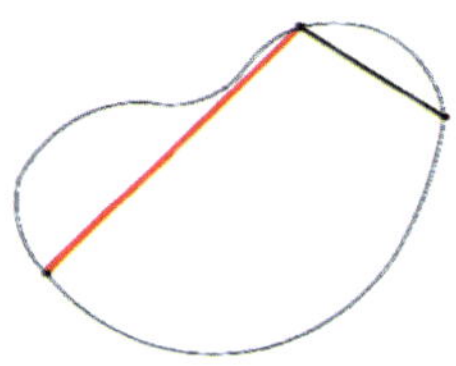

❸ Tracé au jugé d'un trait issu du point aboutissant approximativement vers l'emplacement du coin.

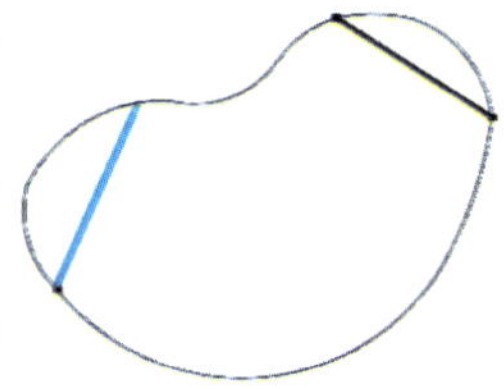

❹ Tracé correct au moyen de l'équerre orange sur transparent et de la règle. L'équerre est mise en contact par un de ses côtés avec le trait donné et positionnée pour que son extrémité passe par le point donné. Puis les deux instruments sont ajustés ensemble pour être en contact l'un avec l'autre tout en conservant leurs contraintes de départ.

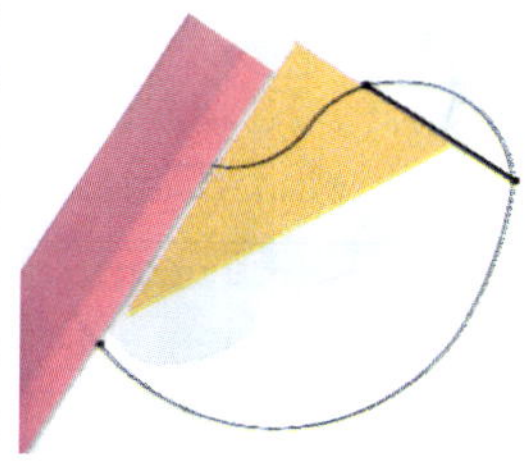

Des débats passionnés

Les productions sont exposées l'une après l'autre. Pour chacune, les élèves de la classe doivent dire si le tracé est correct, presque correct, ou incorrect, en justifiant leur affirmation. Les productions de chaque catégorie sont alors regroupées.

Ensuite chaque production (partie 2) est reprise pour être confrontée à la partie 1 ; le verdict déclaré auparavant est confirmé ou infirmé.

La production ci-contre engendre un débat riche et long : Est-elle correcte ou pas ? Le procédé est-il valide ou pas ?

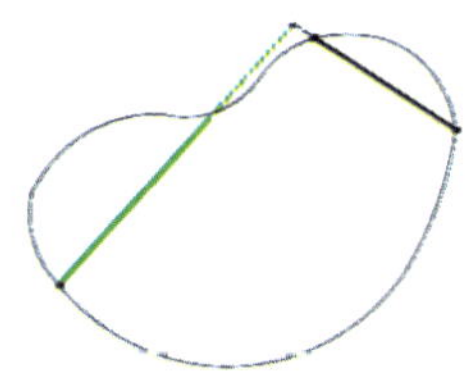

Le prolongement (en pointillés) du trait construit aboutit près de l'extrémité du trait donné, ce que les élèves montrent en plaçant deux règles (bandes de bristol) le long des traits noir et vert ; elles se croisent près de l'extrémité du trait.

Les élèves qui ont utilisé les procédures 1 ou 2 considèrent cette production presque correcte car elle est proche de la leur, à une imprécision de tracé près, mais le trait tracé se prolonge « dans le vide ».

Pour justifier un avis différent, des élèves viennent au tableau et placent les côtés du coin droit de l'équerre au mieux en contact avec les deux traits ; le coin droit de l'équerre ne porte plus complètement sur le morceau de papier. Les avis sont alors partagés : presque correct pour les uns, correct pour les autres.

Certains élèves font des schémas et tracent les prolongements du trait donné et du trait tracé pour expliquer que, au fond, le procédé est valide mais que le tracé (de la perpendiculaire) est imprécis. D'autres élèves réfutent cet avis en reprenant des arguments fallacieux. Il n'est alors pas possible de se mettre d'accord sur une réponse. L'enseignant interrompt donc le débat et demande à d'autres équipes de dire ce qu'elles ont trouvé.

Au cours de la mise en commun, les arguments se font plus précis pour justifier qu'une production est incorrecte : « *C'est faux parce que l'angle* (entre les deux traits), *il n'est pas comme ça* (gestes), *il est comme ça* (gestes). *L'angle, il est découpé* (il n'est pas sur la feuille). »

Un élève revient alors sur la production discutée précédemment et soulève l'idée, dessin ci-dessous à l'appui, que tous ne comprennent pas parce qu'il y a confusion entre les deux angles dont le sommet doit être celui de l'angle droit du rectangle : celui entre le trait donné et le trait vert, et celui entre le trait donné et le trait noir.

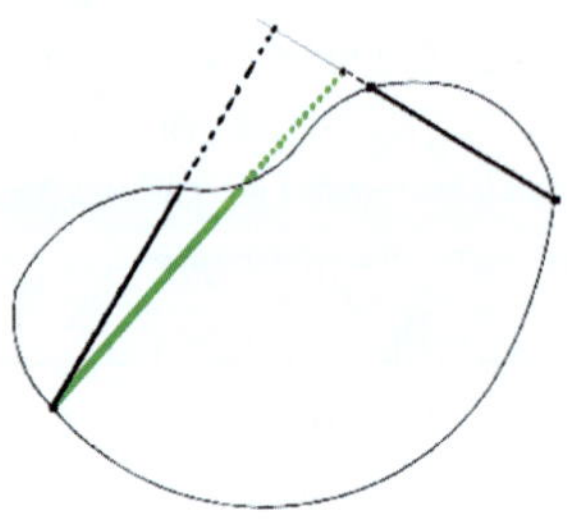

Il faut comprendre que c'est une erreur d'angle dans un des tracés. Le débat se clôt.

Toutes les productions sont examinées du point de vue de la procédure avant de passer à la validation pratique. Aucune procédure n'est mise en exergue par l'enseignant, à charge pour les élèves, lors du deuxième problème, de faire le tri entre elles et d'appliquer une procédure appropriée.

TECHNIQUES DE TRACÉ

Lors de la reprise de ce problème, la plupart des élèves rectifient leurs erreurs de compréhension, notamment s'ils pensaient lors du premier problème que le trait entier devait être sur la feuille (un effet de contrat didactique).

Les erreurs faites dans la reprise résultent d'imprécisions dans le tracé du trait. Par exemple, les erreurs suivantes ont été observées :

- tracé au jugé, largement erroné ;
- utilisation de l'équerre en appui sur une petite longueur du trait donné pour que le côté perpendiculaire passe par le point ;

Des agencements d'instruments particuliers, mis en œuvre par certains élèves, peuvent aussi amener des imprécisions liées à la coordination des gestes :

- utilisation de l'hypoténuse de l'équerre comme règle en appui sur le trait donné et déplacement de la règle plate placée perpendiculairement à cette direction jusqu'à passer par le point donné ;
- utilisation du rectangle sur transparent dont le petit côté est en appui sur le trait donné ; il glisse légèrement pour que le petit côté opposé au premier soit à l'aplomb du point donné ; appui de la règle sur cette direction pour tracer.

L'examen collectif des productions et la validation pratique suivent. Les procédures employées au début ont bien été triées ; les plus opérationnelles sont retenues et mises en place, même si la précision des manipulations d'instruments et des tracés est à améliorer.

Bien faire expliciter les procédures et les faire débattre de manière approfondie avant la validation pratique, comme lors de l'étape 1, permet l'explicitation fine des erreurs et la formulation d'arguments pour faire apparaitre des éléments de solution. À cette occasion, les interventions de l'enseignant sont minimales : les élèves échangent entre eux. L'enseignant n'intervient que pour donner la parole à un autre élève, faire reformuler, faire recommencer une manipulation ou faire passer à une autre production. Il est très rare qu'il presse les élèves.

La conclusion de l'activité porte sur les difficultés particulières résultant des contraintes du problème (il faut tracer un trait qui fasse un angle droit sans disposer du sommet) et les difficultés à résoudre le problème (élaborer ou identifier des procédures efficaces). Rien de particulier sur le langage n'est attendu.

Situation
CM1 Période 2

CONSTRUIRE UN RECTANGLE

Ressources pour la situation hatier-clic.fr/24ermelg211

Problèmes

Les élèves doivent construire un rectangle dont un sommet est représenté (avec, puis sans, la boite à outils), puis dont deux côtés consécutifs sont tracés.

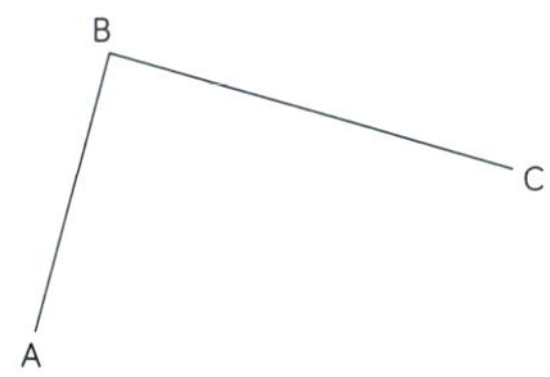

Connaissances visées

- Une synthèse des connaissances (angle droit, perpendicularité, parallélisme, égalité/report de longueurs) travaillées dans les situations précédentes (au CE2 p. 65, 80, 85 et 89 et au CM1 p. 98).
- La mise en œuvre :
  - de la perpendicularité des côtés consécutifs à travers un tracé avec des instruments où figurent des coins droits ou avec des pliages (sans instrument) ;
  - de l'égalité de longueur des côtés opposés, voire du parallélisme par divers moyens, dont l'emploi d'instruments (règle graduée, compas, équerre, téquerre, bandes à bords parallèles, etc.)

Résumé de la situation

- Dans la **phase 1**, les élèves construisent un rectangle à partir de la seule propriété de ses angles, traduite soit au moyen d'instruments de référence (étape 1), soit par des pliages (étape 2).
- Dans la **phase 2**, les élèves sont amenés à comprendre comment, pour un rectangle, la propriété d'avoir quatre angles droits résulte de la présence d'un seul angle droit et de l'égalité des côtés opposés.

Organisation de la situation

Elle peut se dérouler en trois séances : deux pour la phase 1 et une pour la phase 2.

ERMEL Géométrie Cycle 3 (Hatier, 2006), situation p. 252

Phase 1 : Utiliser les propriétés des côtés consécutifs

ÉTAPE 1 : AVEC DES INSTRUMENTS

Matériel individuel

- La boite à outils sans les instruments permettant le mesurage (équerres graduées, règles graduées, etc.).
- Une feuille de papier libre (format A4), à bords arrondis, sur laquelle figure un point A.
- Un feutre.

Matériel pour la classe

- Une affiche énoncé.

Communication du problème

L'enseignant : « *Je vous ai préparé les boites à outils. Je vous distribue aussi une feuille de travail comme celle-ci.* »
Il les distribue et énonce la consigne : « *Construire, sur cette feuille, un rectangle. Le point A, déjà marqué, doit être un des sommets de ce rectangle* ».

Objectif de la phase 1

Chercher parmi la pluralité de procédures possibles et de connaissances utilisables (perpendicularité, parallélisme, égalité de longueurs), celles qui sont appropriées à la construction d'un rectangle.

Choix didactique à l'étape 1

Il est essentiel que les outils fournis n'aient pas de graduations pour centrer la tâche sur l'utilisation de l'angle droit et non le report de longueurs.

Il fixe au tableau l'affiche énoncé et précise que les rectangles seront ensuite affichés et qu'ils doivent donc être assez grands.

Recherche individuelle

Les élèves peuvent être assez démunis dans un premier temps car ils ne disposent pas des graduations pour mesurer ou reporter des longueurs. L'enseignant leur dit alors : *« Il faut que vous répondiez avec le matériel que vous avez dans les boites à outils. »*

Enfin, il demande à chaque élève de repasser son rectangle au feutre de façon à ce qu'il soit bien visible quand il sera affiché.

Regard critique sur la production d'un autre

L'enseignant regroupe les élèves par deux et leur demande d'échanger sur leurs productions : *« Examinez la production que vous avez sous les yeux et donnez votre avis. S'agit-il, oui ou non, d'un rectangle ? pourquoi ? »*

Il n'est pas souhaitable que les élèves échangent leur production avec ceux qui sont à côté d'eux.

Mise en commun pour débattre des regards critiques

L'enseignant affiche quelques productions, dont certaines sont inexactes. Elles correspondent à des procédures différentes repérées lors du travail individuel. Il demande : *« Les quadrilatères dessinés sur ces affiches sont-ils oui ou non des rectangles ? »* Pour chacune des productions, il pourra demander à l'élève qui a vérifié cette production de s'exprimer, puis à l'auteur de préciser sa procédure.

Synthèse

À l'issue de la mise en commun, l'enseignant sollicite des constats sur la construction et la vérification, par exemple :

- *« Avez-vous tous construit un rectangle de la même manière ? »*
- *« Quelle erreur fallait-il éviter ? »*
- *« Qu'est-ce qui était très important pour pouvoir réussir ? »*
- *« Comment avez-vous fait pour savoir si c'était ou non un rectangle ? »*
- *« Fallait-il vraiment construire quatre angles droits ? »*

Il est aussi important de faire constater qu'il est possible de construire un rectangle sans utiliser la mesure. À partir de ces constats, l'enseignant élabore avec les élèves une trace écrite.

Exemple de trace écrite retenue

« Pour faire un rectangle, on a besoin de tracer trois angles droits (le quatrième est forcément droit). Si on a quatre angles droits, les côtés sont égaux deux à deux. »

ÉTAPE 2 : SANS INSTRUMENT

Matériel individuel

- Une feuille de papier libre de format A4, à bords arrondis.
- Un feutre.

Communication du problème

L'enseignant demande de ranger tous les outils puis précise : *« Vous allez encore construire un rectangle. Mais, cette fois, pas de boite à outils ! Pourtant, il faudra que la figure obtenue soit bien un rectangle avec toutes ses propriétés... À vous de trouver comment faire ! »*

Procédures observées

- Tracé, à l'aide d'un bord droit d'un des instruments, un côté du rectangle issu de A, puis, au jugé, des côtés de part et d'autre de celui-ci et du dernier côté.
- Construction instrumentée d'un angle droit en A, puis en un point sur un ou sur les deux côtés de l'angle droit.

Ces procédures peuvent être associées au sein d'une même production.

Regard critique

Les élèves utilisent majoritairement l'équerre sur transparent pour vérifier. Certains vérifient que le quatrième angle est droit.

Quelques réponses d'élèves

- *« C'est faux parce qu'il y a un côté qui n'est pas en angle droit. »*
- *« C'est pas un rectangle ; il n'y a qu'un angle droit. »*
- *« À l'œil nu, on voit que la largeur du bas est plus grande que celle du haut ; c'est pas un rectangle. »*
- *« J'ai vu qu'il y a quatre angles droits et j'ai mesuré s'il y a la même longueur et la même largeur et c'est bon... »*
- *« C'est un rectangle parce que j'ai vu avec la téquerre qu'il y a quatre angles droits. »*

Exemples de constats

- *« Pour vérifier si c'est un rectangle avec les instruments, on doit vérifier si les quatre angles sont droits. » ;*
- *« Quand je trace, si je fais trois angles droits et que je vérifie le quatrième, c'est bien un angle droit. » ;*
- *« S'il y a quatre angles droits, ça suffit, les côtés sont égaux deux à deux. » ;*
- *« On peut dire que ce n'est pas un rectangle dès qu'on a trouvé un angle pas droit. ».*

Choix didactique à l'étape 2

Les élèves ne disposent plus d'aucun instrument, jusqu'au temps de vérification.

Recherche individuelle

Après la première surprise, des élèves se lancent dans le pliage et cette idée se diffuse rapidement.

Mise en commun

Quatre ou cinq productions correspondant aux diverses procédures (cf. ci-contre) sont affichées au tableau.

L'enseignant demande : « *Que dire de ces constructions ? Les quadrilatères représentés sont-ils bien des rectangles ?* »

L'enseignant sollicite un élève qui présente ce qu'il a fait (ou qui refait devant tous à partir d'une feuille vierge). Les autres élèves se positionnent pour dire comment ils ont pu agir de la même manière ou différemment.

Validation pratique

L'enseignant demande de ressortir les instruments non gradués (équerre, téquerre, triangle rectangle sur transparent, trapèze et rectangle sur bristol), puis de vérifier les productions.

Un rapide bilan doit amener les élèves à prendre conscience qu'il fallait d'abord se préoccuper de la construction d'un angle droit. Au cours de la vérification, les élèves constatent à nouveau qu'il suffit de construire trois angles droits et que le quatrième est forcément droit.

On peut demander aux élèves de passer en couleur les quatre plis, sur toute leur longueur (en général, ils ne tracent que les côtés du rectangle au feutre). L'observation permet d'introduire la terminologie « droites perpendiculaires » et le fait que deux droites perpendiculaires forment quatre angles droits.

Trace écrite

L'enseignant propose aux élèves de construire un nouveau rectangle, avec les mêmes contraintes, pour le garder dans le cahier. Ceux qui ont réussi au premier essai changent de méthode de pliage, les autres choisissent celle qui leur convient le mieux.

Les élèves collent dans le cahier leur dernière réalisation, ou les deux dernières, avec pour titre « Pliages pour construire un rectangle ».

Procédures observées

- P1 : Pliage au jugé, de chaque côté successivement, de façon à retrouver une forme globale de rectangle, sans véritable contrôle des angles droits.
- P2 : Premier pli quelconque, puis succession de pliages pli sur pli
- P3 : Un premier double pliage (deux pliages successifs sans ouvrir la feuille entre les deux) pour obtenir un premier angle droit ; même chose pour les autres sommets.

Mise en commun : procédures

- Les procédures P2 et P3 ci-dessus, si elles apparaissent, sont présentées en faisant devant tous les pliages à partir d'une feuille vierge :
  – la technique pli sur pli (P2) donne en général de bons résultats ;
  – la technique du double pliage (P3) conduit à trois angles droits corrects, le dernier étant approximativement droit en raison de l'épaisseur de la feuille, ce qui peut être source de discussion.
- Il est souhaitable que la procédure fondée principalement sur la perception (P1) soit débattue et invalidée. Par opposition, les procédures reposant sur le pliage (P2 et P3) apportent une « garantie » de précision de construction et d'acquis de connaissance géométrique.

Phase 2 : Mettre en œuvre l'égalité de longueur des côtés opposés

Matériel individuel

- Une règle bristol non graduée, non rectangulaire et d'une vingtaine de centimètres (cf. modèle dans l'annexe 1) et un compas.
- Une feuille de format A4 par élève, avec un angle droit tracé : un côté de 8 cm environ et un autre de 12 cm environ non parallèles aux bords de la feuille (annexe 1).
- Une feuille blanche (format A5) par élève.
- L'équerre sur transparent, qui ne sera distribuée que pour la vérification.

Matériel pour la classe

- Un vidéoprojecteur (éventuel).
- L'affiche énoncé (celle de la phase 1).

Enjeux de la phase 2

- Faire émerger que l'égalité des longueurs des côtés opposés et la présence d'un angle droit permet l'obtention d'un rectangle.
- Installer le compas comme mode de report de longueur.

Matériel pour la phase 2

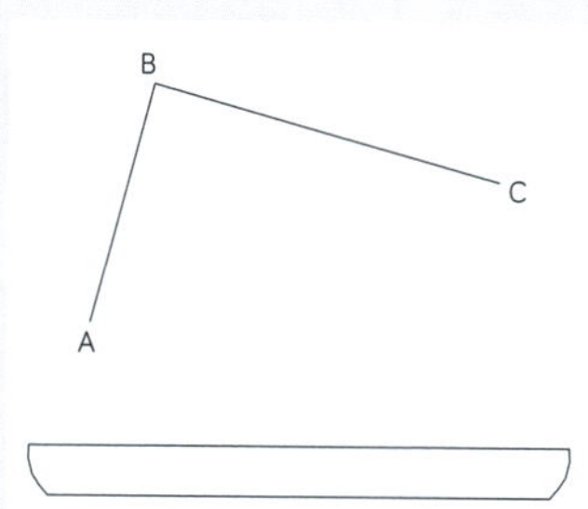

Annexe 1

Communication du problème

L'enseignant fait distribuer les boites à outils, puis explique : *« Aujourd'hui, vous allez travailler seulement avec cette bande en bristol, le compas et un feutre. Prenez-les dans votre boite à outils. »* Les boites sont ensuite ôtées des tables et l'enseignant distribue l'annexe 1 : *« Sur cette feuille, j'ai commencé le dessin d'un rectangle. J'ai dessiné un angle droit ; les trois points A, B et C sont trois sommets du rectangle. Vous devez construire le quatrième sommet D. Attention, il ne faut pas tracer les deux autres côtés. »*

Recherche individuelle

Les élèves peuvent, dans un premier temps, se trouver assez démunis car le compas n'est pas encore installé comme outil de report de mesures. L'enseignant veille à ce que personne n'oublie que la construction s'appuie sur l'angle droit fourni.

Vérification

L'enseignant regroupe les élèves par deux et leur demande d'échanger sur leurs productions. Puis, chaque élève termine avec soin le rectangle, en joignant au feutre le point D aux points A et C. L'enseignant distribue ensuite l'équerre sur transparent et demande à chacun de vérifier si le quadrilatère qu'il a sous les yeux est ou non un rectangle.

Mise en commun

L'enseignant choisit quelques productions, en fonction des procédures de tracé repérées lors de la recherche, et les affiche au tableau. Pour chacune des productions, il pourra demander à l'élève qui a vérifié cette production de s'exprimer, puis à l'auteur de décrire comment il a procédé.

L'enseignant isole ensuite au tableau une production représentative de chaque procédure et demande : *« Laquelle de ces manières de faire est la plus précise ? »*. La conduite des échanges par l'enseignant aura pour but de faire apparaitre la procédure la plus rigoureuse : celle du report au compas des longueurs (P3).

Par ailleurs, il demande : *« Pourquoi avez-vous procédé de cette manière ? Pourquoi en faisant ainsi, avez-vous obtenu un rectangle ? »*. Il doit alors être explicité que la réussite de la construction a résulté de l'emploi de l'égalité de longueur des côtés opposés d'un rectangle, obtenue soit avec la bande de bristol soit avec le compas.

Chaque élève réalise alors la construction selon la procédure P3 sur la feuille blanche A5.

Traces écrites

L'enseignant fait exprimer les tâches successives de la construction, les fait préciser ou reformuler (ou les reformule lui-même).

Il les liste par écrit au tableau (cf. ci-contre), puis il demande aux élèves de les recopier sur le cahier. Le rectangle construit avec la procédure P3 y est ensuite collé.

Puis il demande : *« Comment avez-vous fait pour construire un côté de même longueur que celui qui est en face ? »*. Les élèves répondent *« on prend des repères sur la règle »* et *« on utilise le compas »*.

Le procédé est explicité, puis transcrit dans le cahier (cf. ci-contre).

Activités d'accompagnement : Descriptions et liens p. 155

Procédures observées

- P1 : Détermination du 4e sommet par essais à l'aide de repères marqués sur la règle.
- P2 : Report au compas de la longueur BA à partir de C (ou de la longueur BC à partir de A) et placement de D au jugé sur l'arc obtenu.
- P3 : Report au compas de la longueur BA à partir de C, report au compas de la longueur BA à partir de C et marquage du point D à l'intersection des arcs de cercles.

Le report de longueur au compas

Il s'agit d'un des objectifs de ce problème et il est demandé de placer le 4e sommet sans tracer les deux côtés manquants pour favoriser cette procédure.

Objectifs de la mise en commun

Mettre en évidence la seule procédure exacte (P3) et l'intérêt du compas pour reporter des longueurs.

Exemple de trace écrite en fin de CM1

1. *Je trace un angle droit et je marque les points A, B et C.*
2. *Je mets la pointe du compas sur B et je prends la mesure de BC.*
3. *Je mets la pointe sur A et je reporte la longueur en faisant un petit arc.*
4. *Je mets la pointe sur B et je prends la mesure de BA.*
4. *Je mets la pointe sur C et je reporte la largeur en faisant un petit arc.*
4. *Le point D est là où les arcs se croisent.*

Trace écrite pour le report de longueur

Avec le compas, je prends l'écart entre les extrémités d'un segment.

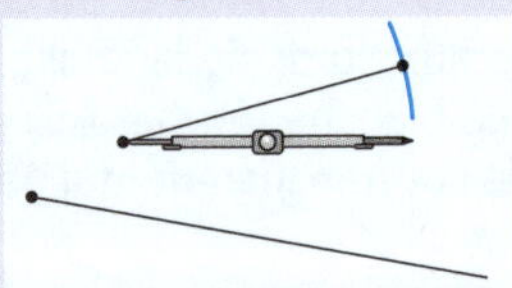

Je reporte cet écart sur le trait sur lequel il doit y avoir un segment de même longueur.

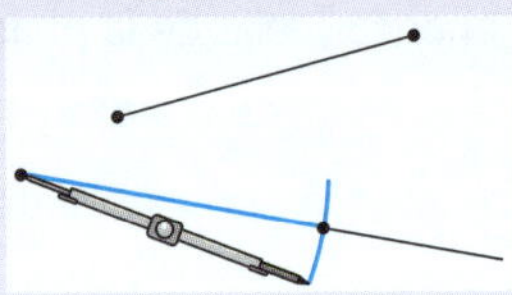

EMPREINTES

Ressources pour la situation hatier-clic.fr/24ermelg212

Le problème

Les élèves doivent identifier les formes réversibles ou non et rechercher un axe de symétrie éventuel.

Phases 1 et 2

Phase 3

Connaissances visées

- Associer la réversibilité d'une forme, la notion de forme symétrique et l'existence d'un axe de symétrie.
- Utiliser le pliage pour vérifier la réversibilité d'une forme.
- Tracer par anticipation (sans pliage) l'emplacement des plis éventuels.

Résumé de la situation

- Dans la **phase 1**, les élèves doivent tracer des formes réversibles et valider leur production en les découpant et en les plaçant « à l'envers » sur leur empreinte.
- Dans la **phase 2**, les élèves doivent prévoir avant découpage si des formes dessinées sont réversibles ou non.
- Dans la **phase 3**, les élèves recherchent l'axe de pliage, ce qui permet de lier la propriété de réversibilité à l'existence d'au moins un axe de symétrie.

Organisation de la situation

Elle peut se dérouler en trois séances : une par phase.

Questions sur les enjeux de la situation : analyse p. 110

ERMEL Géométrie Cycle 3 (Hatier, 2006), situation p. 375

Phase 1 : Production de formes réversibles

Matériel pour la classe

- Les formes des annexes 1 à 3 (agrandies au format A3) à découper dans du carton bicolore recto-verso, tracer leur empreinte sur le même carton.

Matériel individuel

- La boite à outils dont les instruments de tracé et des ciseaux.
- Papier affiche dont le recto diffère du verso : deux ou trois morceaux de 10 à 15 cm de côté par élève.
- Des feuilles blanches au format A4.

Objectifs de la phase 1

- S'approprier le dispositif.
- Distinguer les formes « réversibles » et « non réversibles ».

Matériel de la phase 1

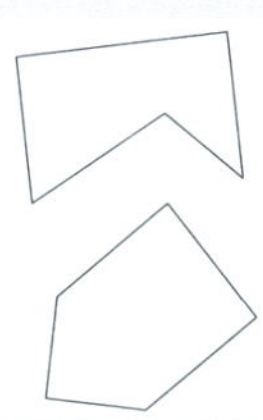

Annexe 1

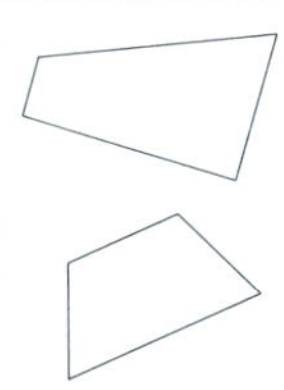

Annexe 2

Annexe 3

Le recto est la face colorée et le verso la face blanche.

Présentation du problème

L'enseignant découpe, devant les élèves, les formes des annexes 1, 2 et 3 (suffisamment agrandies) dans un carton bicolore. Il présente ces formes aux élèves et trace leurs contours au tableau : on appelle les formes obtenues « empreintes ».

L'enseignant accroche au tableau les empreintes qu'il a au préalable tracées sur du carton coloré. Il présente les formes et montre que chacune provient bien d'une empreinte (recto coloré visible). Il fait constater que toutes les formes peuvent être replacées dans leur empreinte.

Il montre ensuite que certaines formes peuvent aussi être positionnées à l'envers dans leur empreinte (côté blanc visible), alors que d'autres ne le peuvent pas.

Il précise le vocabulaire : « *les premières formes sont réversibles (on peut les placer à l'envers ou à l'endroit), les autres formes ne le sont pas (on ne peut les placer qu'à l'endroit).* »

Il annonce que les élèves auront à découper des formes réversibles.

Consigne

L'enseignant : « *Chacun va essayer de faire une forme réversible, vous pourrez la découper si vous voulez, et vous aurez droit à plusieurs essais. Votre forme doit être assez grande pour qu'on puisse la voir quand elle sera affichée au tableau. Vous vérifierez que votre forme est réversible en traçant son empreinte sur une feuille blanche et en essayant de reposer votre forme à l'envers dans son empreinte.* »

Recherche individuelle

Tracer l'empreinte est plus facile à deux : un tient la forme, et l'autre trace. Les élèves sont invités à s'entraider.

Mise en commun

Les formes sont affichées les unes après les autres et commentées par leur auteur et par la classe pour répondre à la question : « *Pourquoi semblent-elles réversibles ou non ?* »

Les élèves expriment leurs arguments. L'enseignant demande aux élèves « *comment peut-on le vérifier, sans le retourner ?* » puis d'effectuer le pliage pour valider les arguments.

Si la forme est simplement imprécise, les élèves constatent qu'il aurait fallu mieux tracer ou découper.

Validation pratique

En dernier ressort, on valide au tableau qu'une forme est réversible ou non en la retournant sur son empreinte.

Recherche individuelle

Si les élèves n'ont pas recours spontanément au découpage de leur forme, l'enseignant peut les y encourager pour leur permettre de vérifier leur production en la retournant « pour voir ». Si nécessaire, il invitera également les élèves à apporter des rectifications et à faire plusieurs essais.

Procédures possibles

- P1 : Réaliser un dessin « simple », tel qu'un carré, un rectangle, etc.
- P2 : Réaliser un dessin en tentant de faire « *bien pareil des deux côtés* » (par exemple un « *bonhomme* »).
- P3 : Plier la feuille et la découper selon une ligne joignant deux points du pli.

Mise en commun

Trois types d'arguments sont souvent exprimés :
- « *Si ça je le mets là, ça, ça vient là, mais le trait est penché dans l'autre sens.* » (spéculations sur les positions des éléments – points, traits, etc. – après retournement) ;
- « *Il y a deux moitiés pareilles.* » ;
- « *On peut la plier en deux* (en montrant le pli) *et les deux parties se superposent.* ».

Phase 2 : Analyse de formes réversibles

Matériel pour la classe

- Les formes de l'annexe 4 découpées dans du papier affiche.

Matériel individuel

- Un exemplaire de l'annexe 4 avec les formes « papillon » et « y ».
- La boite à outils dont les instruments de tracé et des ciseaux.

Consigne et recherche par binôme

Les élèves travaillent tous sur les mêmes formes, et non plus des formes qu'ils avaient imaginées en phase 1.

L'enseignant : « *Vous allez dire si chacune des formes est réversible ou non. Vous travaillez par deux et vous devez vous mettre d'accord et expliquer votre réponse.* »

Mise en commun et validation pratique

Les figures sont discutées l'une après l'autre (le « papillon » puis le « y »). L'enseignant peut solliciter d'abord les élèves qui lui semblent avoir une réponse erronée.

La mise en commun est suivie d'une validation pratique sur un exemplaire, d'abord par pliage, puis si nécessaire par découpage.

Objectif de la phase 2

Associer retournement et pliage.

Choix didactique

Dans cette phase, les élèves n'ont plus la possibilité de découper ou de plier les formes, excepté pour la vérification qui suit la mise en commun.

Matériel pour la phase 2

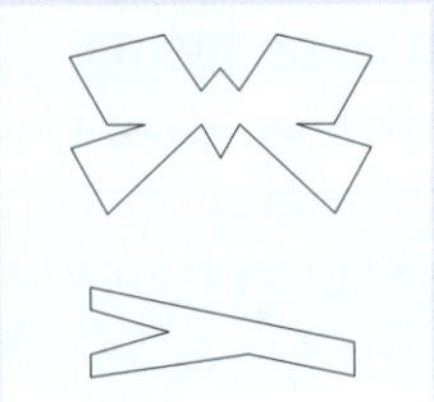

Annexe 4

Conclusion

En s'appuyant sur les explications fournies lors des mises en commun précédentes, l'enseignant énonce : *« Une forme est réversible si elle rentre dans son empreinte à l'envers comme à l'endroit. On peut fabriquer une forme réversible par pliage et découpage. On réalise ainsi une figure ayant deux parties qui se superposent par pliage. »*

Phase 3 : Tri de formes

Matériel pour la classe
- Trois exemplaires de l'annexe 5 (et annexe 6 pour l'évaluation) agrandie : deux sur papier opaque (un pour découper les formes, l'autre pour les empreintes) et un sur papier calque.

Matériel individuel
- Un exemplaire de l'annexe 5 (et annexe 6 pour l'évaluation).
- La boite à outils dont les instruments de tracé et des ciseaux.

Consigne

L'enseignant : *« Cherchez les formes qui sont réversibles et expliquez pourquoi vous pensez qu'elles le sont, ou ne le sont pas. »*

Recherche

Le travail est individuel dans un premier temps. L'élève écrit « réversible » ou « non réversible » en regard de chaque forme.

Puis, par deux, les élèves cherchent à prouver, sans les découper, que les formes sont réversibles : ils peuvent superposer leurs feuilles et regarder par transparence, ou plier.

Mise en commun

À tour de rôle, un binôme présente une figure qu'il pense réversible (par exemple le parallélogramme) et justifie son choix. Les autres binômes peuvent alors exprimer des avis contraires éventuels, ainsi que des justifications complémentaires.

Validation avec le matériel collectif

- Une forme est « réversible » quand on peut trouver un pli permettant de superposer deux parties.
- Une forme est « réversible » quand on peut la superposer à son empreinte après retournement, et « non réversible » quand c'est impossible.

Conclusion et trace écrite

L'enseignant précise en reprenant les formulations exprimées : *« Quand on a trouvé une façon de plier une forme en deux parties superposables, on peut affirmer qu'elle est réversible. On appelle désormais ce pli "axe de symétrie" ».*

Lorsque la forme n'est pas réversible, l'enseignant confirme qu'il n'est pas possible de trouver un tel axe de symétrie.

Évaluation : recherche des axes

L'enseignant : *« Cherchez les formes qui sont réversibles et dessinez les axes de symétrie. »*

Le déroulement est analogue à celui de la phase 3.

Activités d'accompagnement : Descriptions et liens p. 155

Objectifs de la phase 3

- Associer « forme réversible », « forme qui peut être pliée en deux » et « existence d'un axe de symétrie ».
- Distinguer des formes présentant une régularité apparente de formes réellement symétriques.
- Identifier des points remarquables situés sur l'axe de symétrie éventuel.

Matériel pour la phase 3 et l'évaluation

Annexe 5 Annexe 6

Orientation du pli

Les formes dessinées sur la feuille ont une direction privilégiée. Il est alors possible que certains élèves n'envisagent que les pliages selon un axe vertical ou horizontal.
Il est donc important que le critère décisif pour la réversibilité soit le retournement.

Mise en commun

Elle permet de débattre après des conclusions hâtives : *« J'ai essayé ce pli et ça ne marche pas, donc cette forme n'est pas réversible. » ; « Et pourtant, on arrive à la positionner à l'envers sur son empreinte. » ; « Quelqu'un a-t-il trouvé un autre pli, qui convient ? ».*

Questions sur

LES ENJEUX DE LA SITUATION « EMPREINTES »

L'ÉVOLUTION DES CONNAISSANCES

Au CM1, les situations EMPREINTES et TRACER PAREIL poursuivent les apprentissages abordés au CE2 avec les situations PAREIL, PAS PAREIL ? (1) et PUZZLE. Elles permettent aux élèves, qui ne les auraient pas vues au CE2, de se constituer des expériences relatives au retournement et à la présence d'un axe de symétrie dans une figure.

Dans les situations proposées au CE2, les élèves avaient un dispositif matériel et agissaient dans un premier temps sur des formes. Dans les situations EMPREINTES et TRACER PAREIL, au CM1, les élèves travaillent directement sur des dessins de figures géométriques. Pour résoudre les problèmes proposés, les élèves n'ont donc plus la possibilité de manipuler des formes. L'effet d'un pliage sur les formes doit être anticipé mentalement par les élèves. Le pliage effectif n'intervient que pour la validation pratique de leurs productions après l'explicitation de leurs méthodes et la critique des productions lors de la mise en commun.

Ces situations, au CE2 et CM1, associent des caractéristiques perçues sur objets rencontrés depuis la maternelle à des propriétés en construction sur des figures. Des évidences erronées sont remises en cause, telles que la possible production par pliage de formes présentant une régularité (un parallélogramme par exemple).

LES PROBLÈMES PROPOSÉS

Découpage libre de formes réversibles (phase 1)

Les élèves doivent produire des formes réversibles, puis les découper pour déterminer si elles le sont effectivement. Ils ont déjà eu à réaliser des formes réversibles par pliage et découpage au moins en Grande Section, mais arrivés au CM1 certains élèves ont pu oublier les techniques utilisées, notamment le recours au pliage de la feuille.

L'élève peut choisir plusieurs types de formes :

- une forme familière, qui représente un objet physique dont il a une image mentale ;
- une figure géométrique connue comme étant symétrique ;
- une forme obtenue par pliage et le découpage d'une feuille (technique acquise en GS).

La mise en commun permet aux élèves de formuler des constats sur la conformité des formes aux contraintes de la consigne et de dépasser ainsi l'apparente régularité de certaines formes dessinées.

Elle leur permet aussi de partager leurs procédés de production de formes réversibles et d'expliciter ainsi l'association du pliage et du découpage.

Analyse de formes réversibles ou non, sans découpage (phase 2)

Dans la phase 2, les élèves doivent prévoir si deux formes polygonales dessinées sont réversibles ou non, sans les découper.

Les procédures mises en œuvre lors de la phase 1, et explicitées lors de la mise en commun (plier, chercher un pli possible…), peuvent être réinvesties.

La première figure polygonale (le « papillon ») possède un axe de symétrie, mais la seconde (le « y ») ne présente qu'une apparente régularité, ce qui peut induire en erreur certains élèves.

Lors de la mise en commun, les élèves peuvent évoquer des pliages virtuels et expliquer comment deux éléments d'une figure viendraient se superposer par un tel pliage.

Association des différentes propriétés d'une figure (phase 3)

Plusieurs séries de figures, dont certaines comportent des tracés courbes, sont proposées successivement pour que les élèves déterminent si elles sont réversibles ou non. Ces figures sont placées sur une même feuille dont le découpage n'est pas autorisé. Certaines présentent une régularité apparente mais n'ont pas d'axe de symétrie.

Les élèves ont recours à différentes procédures : superposition de deux figures par transparence, recherche d'un axe de pliage, notamment à partir de points singuliers, etc.

L'équivalence entre réversibilité, superposition après pliage et existence d'un axe de symétrie est institutionnalisée.

Situation
CM1 Période 4

TRACER PAREIL

Ressources pour la situation hatier-clic.fr/24ermelg213

Le problème

L'élève doit, dans la phase 1, construire une figure simple superposable à une figure donnée en relevant des propriétés (longueurs de côtés, angles droits, dispositions relatives d'éléments) et en utilisant les instruments. Puis, dans la phase 2, il doit trouver des reproductions erronées d'une figure parmi plusieurs propositions.

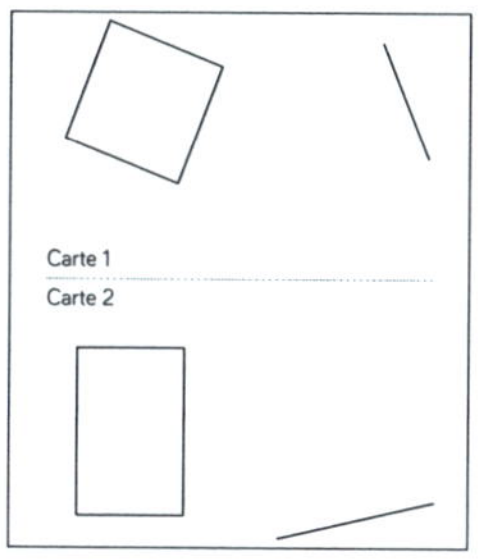

Phase 1

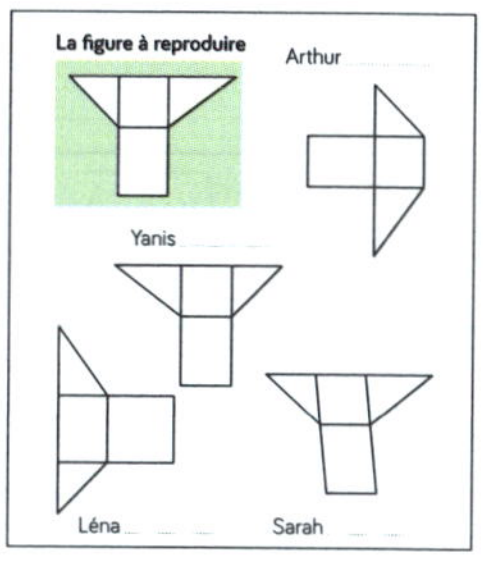

Phase 2

Connaissances visées

- Savoir reproduire des figures simples (carré, rectangle, triangle, demi disque, quart de disque, trapèze rectangle) avec des instruments (en particulier la réquerre et le compas).
- Identifier des figures par leurs propriétés indépendamment de leur position dans le plan.
- Reconnaitre si deux figures planes sont superposables ou non (directement ou après retournement) en prenant en compte leurs propriétés géométriques.

Résumé de la situation

- Dans la **phase 1**, les élèves tracent une figure simple superposable à une figure donnée.
- Dans la **phase 2**, les élèves déterminent les figures superposables à une figure donnée en relevant des indices (longueurs de côtés, angles droits, dispositions relatives d'éléments).

Organisation de la situation

Elle peut se dérouler en trois séances : deux pour la phase 1 et une pour la phase 2.

Questions sur les enjeux de la situation : analyse p. 114

ERMEL Géométrie Cycle 3 (Hatier, 2006), situation p. 360

Phase 1 : Tracer pareil

Matériel pour la classe

- Quatre exemplaires de chaque figure (annexes 1 à 4) sur transparent.
- Un agrandissement de la carte 1 (annexe 1) et un calque du carré agrandi.

Matériel individuel

- Un exemplaire des annexes 1 à 4.
- Boite à outils dont réquerre, compas, règle, équerre.

Présentation de la phase 1

L'enseignant a dessiné au tableau avant la séance – à la va vite, sans chercher une grande précision – la figure correspondante (le modèle) avec les instruments du tableau. Cela fournira un support pour expliciter les propriétés cruciales de la figure de référence lors de la mise en commun.

ÉTAPE 1 : PRÉSENTATION DU PROBLÈME

Consigne

L'enseignant présente l'agrandissement de la carte 1 (annexe 1) : « *Une figure a été tracée sur cette fiche. À côté, j'ai dessiné un des côtés. Terminez la reproduction de la figure.* »

Il précise la procédure de validation (qui donne du sens à « reproduire ») : « *La figure est reproduite sur le calque ; elle s'applique exactement sur le modèle, elle devra s'appliquer exactement sur votre dessin. Quand vous aurez fait votre tracé, on vérifiera avec le calque.* »

Il distribue à chaque élève la carte 1 (un carré « de guingois » avec un côté donné).

Matériel pour les étapes 1 et 2

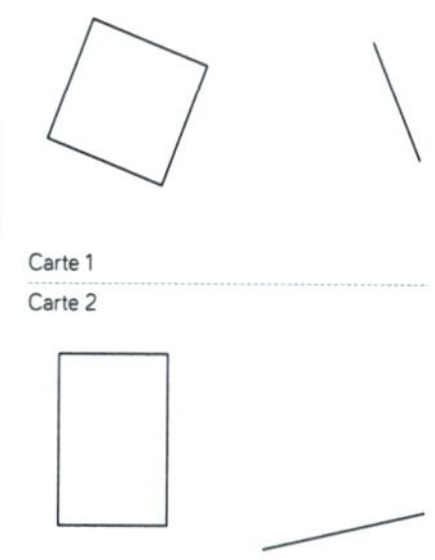

Cartes 1 et 2 (annexe 1)

Recherche individuelle

Les élèves tracent leur figure et valident avec un des calques mis à leur disposition. L'enseignant identifie les procédures employées.

Mise en commun

Les différentes procédures possibles sont comparées. L'enseignant demande aux élèves d'exprimer collectivement le résultat du contrôle de leurs productions avec le calque ainsi que les indices qu'ils ont pris sur la figure donnée, et comment ils l'ont fait.

On vérifie alors que les deux autres angles sont droits et que le quatrième côté est bien égal aux trois autres (qui le sont par construction).

L'enseignant fait distinguer dans les propriétés énoncées :

- celles qui servent à construire (par exemple : « *Un carré a deux angles droits et trois côtés de même longueur.* »).
- celles qui doivent être vérifiées lors de la validation (« *Le carré a également deux autres angles droits, et un quatrième côté égal aux trois autres, c'est-à-dire quatre côtés égaux.* »).

Il peut faire une mise au point sur l'utilisation de la réquerre et des autres instruments utilisés pour tracer des angles droits.

ÉTAPE 2 : REPRISES SUCCESSIVES (CARTES 2, 3 ET 4)

Le déroulement est le même qu'à l'étape 1 : chaque élève trace la figure et valide sa production.

Mise en commun

Les conditions pour un tracé réussi sont brièvement rappelées : le respect des mesures et des angles droits ainsi que l'utilisation précise de la réquerre.

Les procédures de construction sont explicitées, en particulier l'utilisation du compas : où le piquer, comment l'écarter, comment le tenir pour tracer (carte 3) ; pour le demi-cercle (carte 4), on ne pique pas à une extrémité mais au milieu du segment.

Enfin, les propriétés que doit respecter la figure sont énoncées.

ÉTAPE 3 : REPRISE AVEC LA CARTE 5

Le déroulement est le même qu'aux étapes 1 et 2.

Mise en commun

Les productions des élèves devraient être diverses. Compte tenu de la position du trait sur la feuille, deux trapèzes de mêmes dimensions peuvent être dessinés : les élèves ont pu considérer que le côté tracé était la petite base ou la hauteur du trapèze. L'enseignant se contentera de dire « *ce côté-ci* » ou « *ce côté-là* » ou il notera ABCD le trapèze rectangle modèle et désignera par les mêmes lettres les sommets correspondants sur la reproduction.

Accompagnement

Les cartes 6 et 7 de l'annexe 4 peuvent être utilisées, séparément ou ensemble, pour les élèves qui auraient terminé ou en accompagnement.

Procédures

- P1 : Tracer aux deux extrémités du segment de référence, un segment de même longueur qui lui est perpendiculaire. En joignant les extrémités de ces deux nouveaux segments, on complète le carré.
- P2 : Tracer à une seule extrémité du segment de référence, un segment de même longueur qui lui est perpendiculaire. Tracer ensuite à l'extrémité du nouveau segment, un segment de même longueur qui lui est perpendiculaire.

Les erreurs sont liées à des tracés approximatifs des angles droits ou à des imprécisions de mesures de longueur.

Difficulté liée à l'usage de l'équerre

La difficulté de mesurer et de construire simultanément un angle droit avec l'équerre usuelle (le zéro n'étant pas au sommet de l'angle droit) est relevée par l'enseignant. L'élève doit donc procéder en deux temps : repérer l'angle droit, tracer un trait puis repositionner l'équerre pour tracer un segment de la longueur voulue. La réquerre est donc plus pratique que l'équerre.

Variable didactique (étape 2)

La fiche 2 introduit l'usage du compas.
De plus la carte 4 suppose le positionnement du centre du cercle au milieu du trait.

Matériel pour les étapes 2 et 3

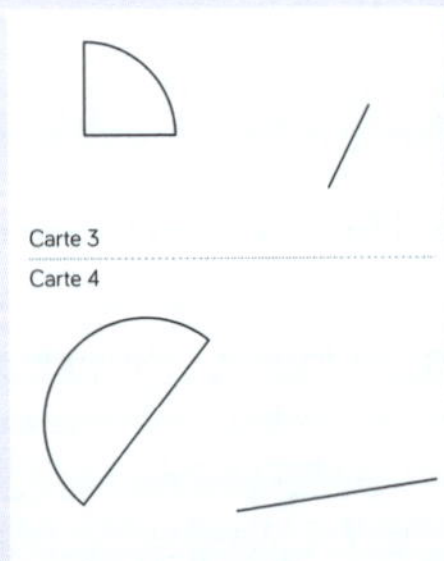

Cartes 3 et 4 (annexe 2)

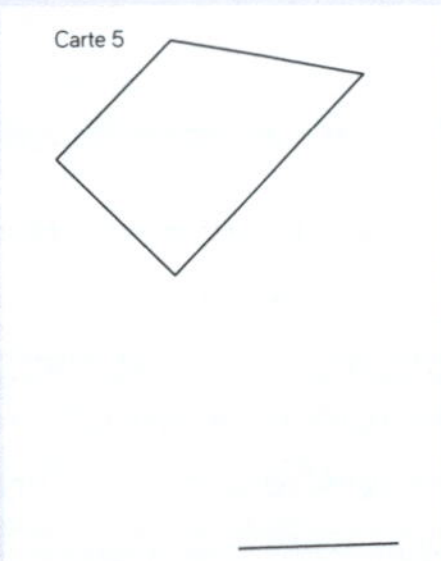

Carte 5 (annexe 3)

Matériel pour l'accompagnement

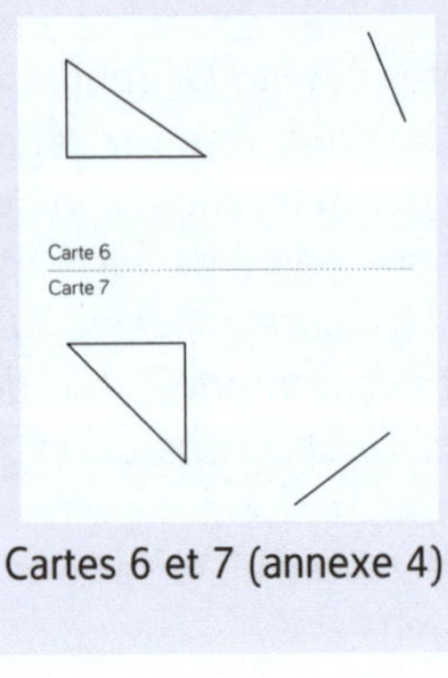

Cartes 6 et 7 (annexe 4)

Phase 2 : Chercher l'erreur

Matériel pour la classe

- Un agrandissement de chaque figure (annexes 5 à 8), et un calque de la figure à reproduire pour la mise en commun.

Matériel pour un binôme

- Un exemplaire des annexes 5, 7 et 8 qui comportent chacune une figure à reproduire, et quatre « productions d'élèves ».

Matériel individuel

- Un exemplaire de l'annexe 6, à découper en deux parties.
- Un exemplaire de l'annexe 9.
- Boite à outils dont équerre et compas.

ÉTAPE 1 : IDENTIFICATION DE REPRODUCTIONS ERRONÉES

Les élèves disposent de l'annexe 5 et de leurs instruments.

Consigne

L'enseignant : « *Des élèves ont eu à reproduire une figure. Vous devez, sans utiliser de calque, trouver s'ils ont réussi à tracer une figure superposable au modèle. Pour chaque élève, vous écrirez s'il ou elle a réussi ou non, et vous montrerez sur le dessin, au crayon et à main levée, où sont les erreurs éventuelles.* »

Recherche par binôme

Par deux, les élèves discutent et justifient éventuellement leurs impressions par des mesures. Ils notent, directement sur la fiche, leur conclusion avec les justifications. On attend des corrections sur les côtés perpendiculaires, sur les dimensions et positions relatives des rectangles et triangles qui composent la figure, sur les dimensions et l'orientation de la figure complexe.

Mise en commun

Pour chaque production d'élèves, l'enseignant identifie les erreurs repérées puis valide la conclusion au tableau avec le calque : « *seule la figure de Yanis est superposable avec le modèle, après retournement* ». Le bilan sera que, pour réussir un tracé, il faut respecter les angles droits, les mesures des côtés et la disposition (« *Arthur a mis les triangles "à l'envers"* »).

ÉTAPE 2 : REPRODUCTION DE LA FIGURE

Recherche individuelle

Chaque élève dispose de l'annexe 6(A) et doit, à partir du rectangle, reproduire la figure « modèle » de l'annexe 5. Les élèves font donc eux-mêmes ce qu'ont fait les élèves fictifs.

ÉTAPE 3 : REPRISE AVEC DE NOUVELLES FIGURES

Le déroulement est le même qu'aux étapes 1 et 2 : les élèves cherchent, en binôme, les reproductions erronées des annexes 7 et 8 puis, individuellement, tracent les figures (« demi disque » et « quart de disque ») à partir des segments de la fiche 6(B).

Mise en commun

Elle permet de revenir sur l'usage du compas, en particulier le positionnement de la pointe pour tracer demi-cercle et quart de cercle.

Organisation de la phase 2

Les étapes 1 et 2 peuvent être l'objet d'un premier travail collectif pour que les élèves comprennent le sens de l'activité. L'étape 3 peut être utilisée comme activités d'entrainement.

Matériel pour la phase 2

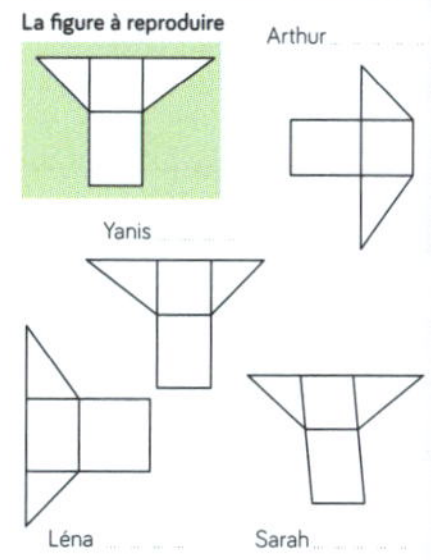

Annexe 5

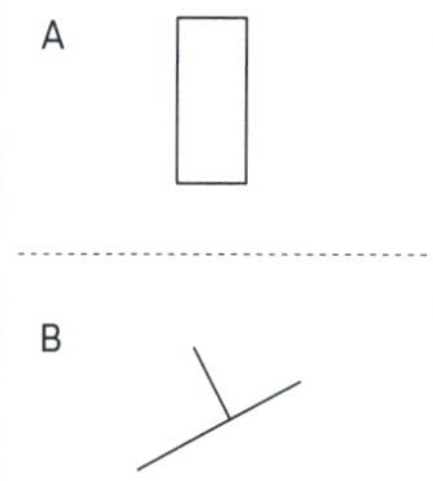

Annexe 6

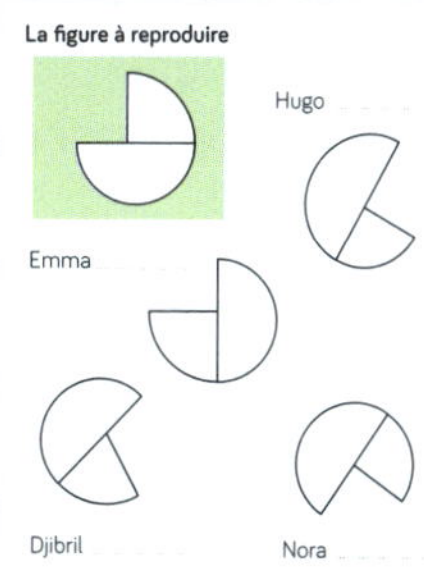

Annexe 7

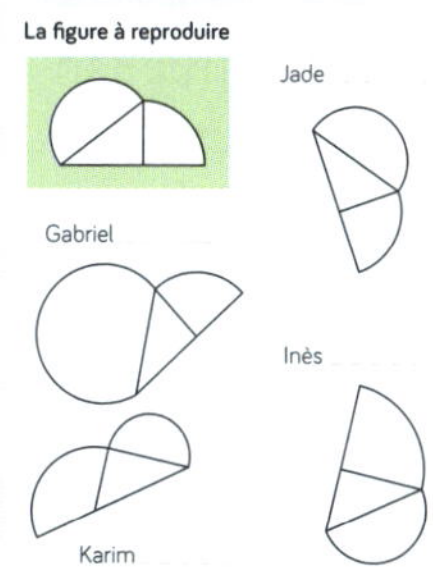

Annexe 8

Accompagnement

Chaque élève doit reproduire cette figure, un côté étant donné.

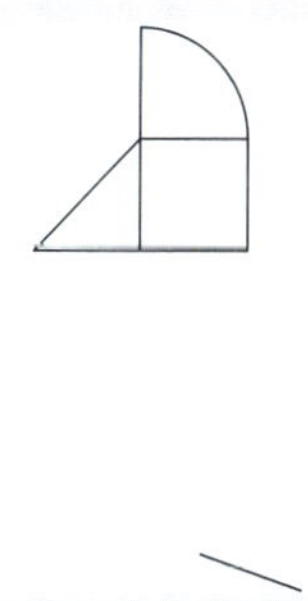
Annexe 9

Questions sur LES ENJEUX DE LA SITUATION « TRACER PAREIL »

L'ÉVOLUTION DES CONNAISSANCES

Dans la situation EMPREINTES (CM1) précédente, trois caractéristiques d'une figure ont été associées à l'issue de la mise en commun de la dernière phase :

- être réversible ;
- être pliable en deux parties superposables ;
- avoir un « axe de symétrie » (pli).

Cette situation a progressivement mis en relation des gestes sur des formes (tourner, retourner, plier, superposer, etc.) pour déterminer si elles sont réversibles, et des tracés pour anticiper l'emplacement d'un axe de symétrie éventuel.

Dans la situation TRACER PAREIL, le tracé concerne la construction entière de figures, et non plus le tracé d'un seul trait droit à la recherche d'un axe de symétrie.

LA CONSTRUCTION DE FIGURES

Des connaissances initiales

Dans la phase 1 de TRACER PAREIL, les figures à reproduire ne sont pas décrites par un énoncé. Leur forme est connue depuis longtemps et des situations précédentes ont permis aux élèves, depuis le CE1, d'analyser leurs caractéristiques.

Par ailleurs, les élèves connaissent des techniques de tracé de l'angle droit grâce aux situations du CE2 (TRAIT SUR TRAIT, CONSTRUIRE UN ANGLE DROIT, C'EST D'ÉQUERRE) et celles antérieures du CM1 (RECTANGLE À TERMINER (2)) relatives à l'angle droit, au rectangle et à l'usage des instruments (téquerre, réquerre, équerre, etc.)

Un recours nécessaire aux instruments

Dans TRACER PAREIL, les figures à reproduire sont pour la plupart orientées de façon que leurs côtés ne soient pas parallèles aux bords de la feuille ; les élèves doivent donc prendre des informations sur les caractéristiques (demi-cercle et angles droits) des figures.

De même, le côté déjà tracé de la figure à reproduire n'est jamais parallèle au cadre de la feuille. Les élèves doivent donc explicitement utiliser un instrument pour tracer l'angle droit plutôt que faire confiance à une direction de tracé « au jugé » s'appuyant sur un parallélisme avec le bord de la feuille. Ainsi que les élèves le verront dans les situations SUR LA TRACE DES ROUES et PARAPUZZLE, la perception du parallélisme ne suffit pas pour tracer des traits parallèles : il est nécessaire d'avoir recours à d'autres relations (perpendicularité, égalité de longueurs, etc.).

Chaque construction comporte donc deux tâches distinctes :

- l'identification des caractéristiques de la figure à reproduire : elle peut être issue d'une reconnaissance globale (par exemple, le demi-cercle de la carte 4 de l'annexe 2) ou d'une mesure d'angles (pour s'assurer que le trapèze de l'annexe 3 est bien un trapèze rectangle) ;
- le tracé des segments : il suppose de tracer des angles droits ou des arcs de cercle ; pour le demi-cercle, il nécessite de placer d'abord le centre au milieu du segment déjà tracé et de reporter des distances soit à partir de leur mesure soit à l'aide d'un compas.

Ces tâches et les différentes procédures pour les effectuer doivent être explicitées par les élèves lors de la mise en commun.

L'ÉMERGENCE DES PROPRIÉTÉS

Dans cette situation, les propriétés des différentes figures apparaissent comme des « outils » (théoriques) nécessaires au tracé. Elles prennent ainsi le statut d'un savoir mis à l'épreuve de la construction et partagé au sein de la classe lors des mises en commun. Il ne s'agit plus ici de déclarations non suivies d'effet.

Lors de la mise en commun, les élèves répondent à la question : *« Comment la figure construite se déduit-elle de la figure donnée ? »*, c'est-à-dire *« Pourquoi est-elle conservée malgré les "déplacements"* (changement d'orientation : rotations, ...) ? ».

Les tracés et leur explicitation par les élèves contribuent à leur prise de conscience des propriétés.

LA FORMULATION DE JUGEMENTS

La phase 2 propose une diversité de petits problèmes où l'élève doit analyser des productions, exprimer leur conformité et formuler les erreurs qu'il pense reconnaitre.

Ces problèmes contribuent à réinvestir les critères (disposition, perpendicularité, longueurs, etc.) rencontrés précédemment et alternent avec de nouvelles constructions visant à stabiliser les techniques.

Situation
CM1 Période 4

L'ATTRAPE (1)

Ressources pour la situation hatier-clic.fr/24ermelg214

Le problème

Les élèves doivent :
- trouver des axes de symétrie de figures ;
- rechercher le symétrique d'un point par rapport à un axe avec l'aide d'un miroir semi-réfléchissant appelé géomiroir, puis sans celui-ci ;
- tracer le symétrique d'un point par rapport à un trait droit.

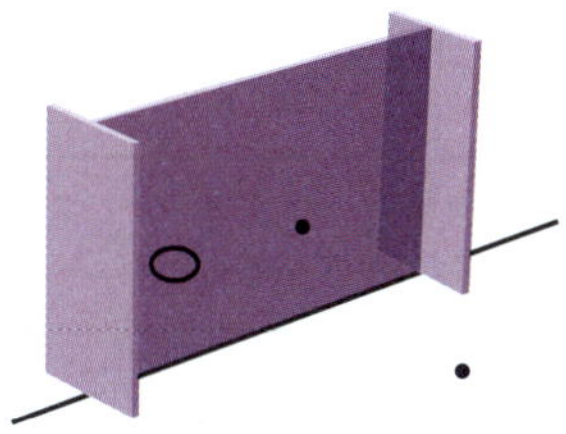
Géomiroir (phase 2)

Connaissances visées

- Trouver les axes de symétrie d'une figure plane et connaitre le terme de symétrie axiale.
- Construire le symétrique d'un point par rapport à un axe.
- Concevoir, pour une figure plane, l'équivalence des trois propriétés suivantes : être réversible (retournable dans son empreinte), être « pliable » en deux parties superposables, coïncider avec sa propre image dans un miroir (placé selon un axe de symétrie).

Résumé de la situation

- Dans la **phase 1**, les élèves recherchent les axes de symétrie de diverses figures avec le géomiroir.
- Dans la **phase 2**, un élève du binôme doit placer un point de manière à ce que son image créée par le géomiroir se trouve dans un cercle positionné par l'autre élève du binôme.
- Dans la **phase 3**, un problème similaire à la phase 2 est posé sur papier (sans géomiroir), ce qui conduit à expliciter la procédure de construction du symétrique d'un point par rapport à un axe.

Organisation de la situation

Elle peut se dérouler en trois séances : une par phase.

Questions sur les enjeux de la situation : analyse p. 118

ERMEL Géométrie Cycle 3 (Hatier, 2006), situation p. 384

Phase 1 : Recherche d'axes de symétrie

Matériel pour un binôme
- Un géomiroir.
- Figures A à N (un exemplaire des annexes 1 et 2 en A4).

Matériel pour la classe
- Figures A à N agrandies (un exemplaire des annexes 1 et 2 en A3).

Objectifs de la phase 1

Identifier des figures ayant un axe de symétrie et les distinguer de figures présentant une certaine régularité mais qui ne sont pas symétriques.

Matériel pour la phase 1

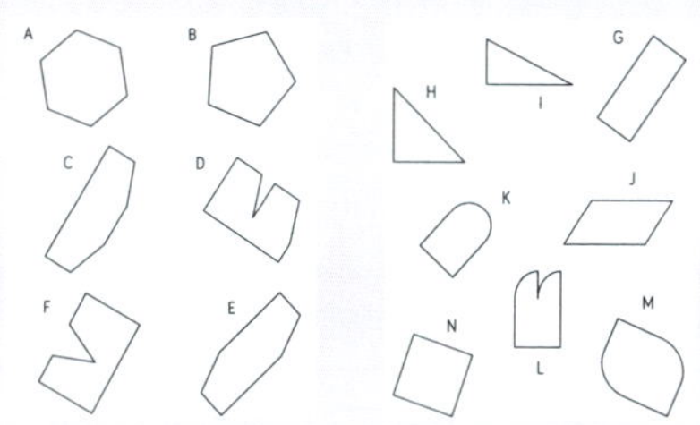
Étape 1 (annexe 1) Étape 2 (annexe 2)

ÉTAPE 1 : AVEC LE GÉOMIROIR (SANS TRACÉ)

Consigne

L'enseignant distribue à chaque binôme l'annexe 1 (figures A à F) et explique : *« Sur les figures données, cherchez à placer le géomiroir de manière à faire coïncider la figure et son image dans le géomiroir. Attention, parfois ce n'est pas possible de trouver une position qui convient. Pour chaque figure, cherchez le maximum de positions possibles pour le géomiroir. »*

L'enseignant ne demande pas de tracer un trait indiquant la position trouvée à l'aide du géomiroir (cf. remarques page suivante).

L'enseignant propose une recherche collective sur la forme A de manière à mieux faire comprendre la consigne, qui n'est pas facile à formuler en termes simples.

Recherche par binôme

Mise en commun

Les figures « grand format » sont affichées au tableau. À partir des propositions des élèves, éventuellement erronées, l'enseignant liste les formes pour lesquelles ils ont trouvé aucune, une, deux, trois... positions satisfaisantes du géomiroir.

Puis il reprend les formes dans l'ordre alphabétique en demandant aux élèves de venir montrer des positions du géomiroir convenables. Il trace les axes sur les figures affichées au tableau.

Conclusion

L'enseignant demande comment s'appellent les traits tracés sur certaines des figures en géométrie. L'expression « axe de symétrie de la figure » est rappelée si elle n'est pas proposée par les élèves.

ÉTAPE 2 : ANTICIPATION (AVEC TRACÉ)

Consigne et recherche par binôme

L'enseignant distribue l'annexe 2 aux binômes et indique : *« Tracez avec précision le ou les axes de symétrie des figures G à N quand il(s) existe(nt). La recherche s'effectue sans le géomiroir. »*

Mise en commun

Pour chaque forme, dans l'ordre alphabétique, l'enseignant demande aux élèves de décrire les droites trouvées, sans recours au géomiroir, de manière à ce qu'il puisse les dessiner sur les figures agrandies au tableau. Les élèves rencontrent des difficultés dans ces descriptions et sont souvent tentés de venir montrer la position trouvée.

Validation pratique

L'enseignant procède à la validation des réponses à l'aide des figures agrandies sans utiliser le géomiroir. Il précise qu'il y a un autre moyen de vérifier lorsque les figures sont découpées. Les élèves devraient proposer le pliage.

Conclusion

L'enseignant utilise le géomiroir pour montrer que le pli (permettant la superposition de deux parties) correspond également à une position satisfaisante du géomiroir. Il explique : *« Quand la forme et son image coïncident dans le géomiroir, le trait sur lequel est alors placé le géomiroir est un axe de symétrie de la figure. »*

Phase 2 : Jeu de l'attrape avec le géomiroir

Matériel pour un binôme

- Un géomiroir.
- Une feuille A3 avec un trait oblique (sur lequel poser le géomiroir).
- Deux macarons distincts (dessin d'un disque ou d'un point) à découper (annexe 3).
- La boite à outils de géométrie (disponible sans incitation à s'en servir).

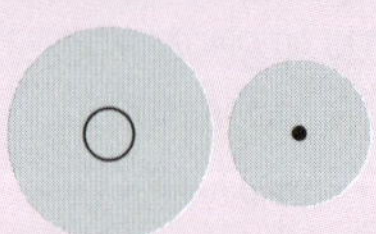

Matériel : géomiroir

- Le géomiroir est semi transparent.
- Le géomiroir Celda (à 3,55 €) a une épaisseur de 3 mm et deux faces réfléchissantes distinctes, ce qui génère une différence de 3 mm selon le côté d'observation et donc des approximations selon les tâches.
- Pour obtenir un tracé satisfaisant, il faut placer le côté biseauté du géomiroir sur la feuille, vers soi, et utiliser un crayon bien pointu. Aussi, compte tenu des difficultés techniques nous ne proposons pas le tracé d'un axe de symétrie avec le géomiroir.

Résultats aux étapes 1 et 2

Nombre d'axes de symétries dans les figures à l'étape 1 (A à F) et 2 (G à N) :

0 : D, E, F, I, J, L, M **1 :** C ; H ; K
2 : G **4 :** N **5 :** B **6 :** A

Mise en commun à l'étape 1

Certains élèves disent que les formes ayant un axe de symétrie sont réversibles et qu'il suffit de les faire pivoter (dans l'espace) selon ces axes pour les faire se superposer avec elles-mêmes.
Ils peuvent aussi remarquer qu'en pliant la forme selon l'axe, les deux parties obtenues sont superposables.

Vocabulaire à l'étape 1

Le terme « axe de symétrie d'une figure plane » a déjà été introduit en CM1 dans la situation EMPREINTES p. 107.

Mise en commun à l'étape 2

Elle permet d'expliciter les propriétés que les élèves ont utilisées implicitement lors de leur recherche d'axes.
Par exemple, pour partager la figure en deux parties pareilles, le trait doit :
- faire correspondre des segments de même longueur ;
- passer par des sommets (les deux côtés passant par ces sommets doivent alors se correspondre) ;
- passer par le milieu d'un côté.

Vocabulaire à l'étape 2

L'enseignant sera amené à utiliser et à préciser le sens d'expressions, telles que *« droite qui passe par le point ... et le point ... »* ou *« par le sommet ... et le milieu du segment ... »*.

ÉTAPE 1 : FAMILIARISATION AVEC LE DISPOSITIF

Un élève prend le macaron avec le disque et l'autre celui avec le point.

La zone de jeu de chaque joueur est délimitée sur la feuille A3 par un trait, qui ne doit pas être franchi. Le géomiroir est placé sur le trait et peut coulisser le long de celui-ci. Le premier joueur place le macaron avec le disque dans sa zone, le second doit placer le macaron avec le point dans l'autre zone pour que l'image du point soit dans le disque.

Ils procèdent ainsi à plusieurs placements en les corrigeant sur-le-champ.

ÉTAPE 2 : ANTICIPATION SANS GÉOMIROIR

Le jeu est le même mais les élèves ne disposent plus du géomiroir pour placer le macaron avec le point lors de la recherche. Ils ne peuvent donc plus procéder par ajustement. Pour éviter les déplacements des macarons, on pourra les immobiliser avec de la gomme à fixer ou des « post-it ».

Le premier joueur place le macaron avec le disque dans sa zone, puis le second place le macaron avec le point. Ils utilisent alors le géomiroir pour valider ou invalider la position du point. On déclare alors si le deuxième joueur a gagné ou perdu.

La partie est reprise en échangeant les rôles.

Procédures

Souvent les élèves ne positionnent pas le point « en face » du disque (perpendiculairement au trait tracé) mais selon une direction oblique. Toutefois, ils veillent en général à conserver le même éloignement entre le trait et les deux macarons (cf. ci-dessous).

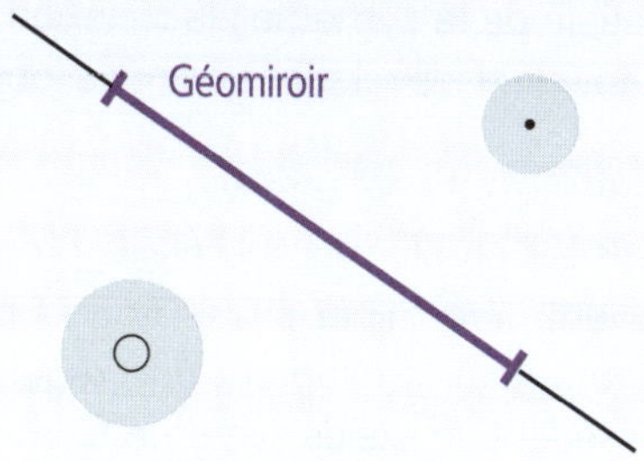

Phase 3 : Jeu de l'attrape (papier-crayon)

Matériel pour un binôme

- Deux exemplaires (en A4) des annexes 4, 5, 6 et 7 (un par élève).
- La boite à outils de géométrie.
- Un géomiroir pour la validation.

Matériel pour la phase 3

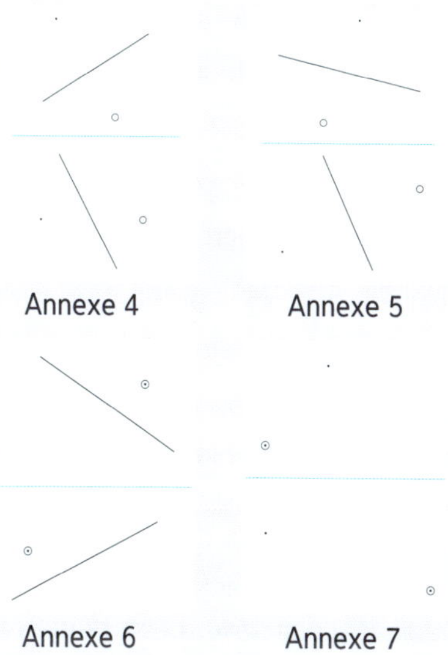

Consigne et recherche par binôme

Trois types d'exercices sont proposés :

- *« Selon toi, le point est-il bien placé ? Explique ta réponse. »* (annexes 4 et 5) ;
- *« Dessine où tu placerais le point pour que son image soit dans le disque. »* (annexe 6) ;
- *« Marque par un trait la position du géomiroir pour que l'image du point soit dans le disque. »* (annexe 7).

Mise en commun

On procède à un bilan à la fin de chaque exercice, avant que les élèves ne vérifient leur proposition à l'aide des géomiroirs. Quelques productions significatives sont affichées au tableau et débattues. Les élèves retournent ensuite à leur place. Ils peuvent corriger leur proposition et utiliser le géomiroir pour valider leur travail.

L'enseignant fait expliciter les procédures qui ont permis de faire des propositions satisfaisantes et celles qui ont conduit à des erreurs.

Institutionnalisation

En conclusion, l'enseignant demandera aux élèves de formuler la procédure de construction de l'image d'un point avec les outils de géométrie. Il précise enfin que cette procédure permet de construire le symétrique d'un point dans une symétrie d'axe.

Activités d'accompagnement : Descriptions et liens p. 155

Questions sur LES ENJEUX DE LA SITUATION « L'ATTRAPE (1) »

L'ANALYSE DE FIGURES SYMÉTRIQUES OU NON

Cette situation aborde une nouvelle signification spatiale de la symétrie : la réflexion d'un objet dans un miroir et les relations entre cet objet et son image.

Régularité et symétrie

Dans les problèmes successifs proposés, les élèves doivent déterminer si des figures polygonales, qui à leurs yeux présentent une régularité apparente, possèdent un axe de symétrie. Comme dans d'autres situations, l'analyse de figures ressemblantes (trois paires de figures dans la phase 1) incite les élèves à fournir, dans un premier temps, des réponses analogues.

Les figures A (hexagone) et B (pentagone) sont des polygones réguliers présentant des axes de symétrie. La figure A en a six, trois passant par les sommets opposés et trois passant par les milieux des côtés (les élèves pourront en chercher plusieurs). La figure B en a cinq, reliant chaque sommet au milieu du côté opposé. Il pourrait être intéressant lors de la mise en commun de constater que les axes de symétries peuvent être positionnés de deux façons dans l'hexagone et d'une seule façon dans le pentagone. Toutefois, la recherche de toutes les solutions n'est pas demandée.

Les figures C et E ont chacune six côtés et présentent une régularité apparente mais ont des propriétés géométriques différentes : la figure C a un axe de symétrie alors que la figure E a un centre de symétrie (ce qui n'est pas un objet du programme) mais ne possède pas d'axe de symétrie.

Malgré leur régularité apparente les figures D et F ne possèdent pas d'axes de symétrie. La figure D pourrait être obtenue par translation d'un même élément alors que deux des côtés de la figure F, que l'on penserait pouvoir associer, n'ont pas la même longueur.

La diversité des cas abordés met aussi en évidence que la régularité apparente de la figure peut être due, dans certains cas (figures E, D, J, L, M), à l'existence d'une relation géométrique autre que la symétrie axiale.

L'objectif de la première phase est, une fois l'usage du géomiroir abordé, d'amener les élèves à s'interroger sur cette distinction entre régularité et symétrie. Elle conduit aussi progressivement les élèves à positionner puis à tracer le symétrique d'un point.

L'utilisation du géomiroir

Le géomiroir permet à la fois de voir le reflet d'un objet situé d'un côté comme dans un miroir et par transparence un objet situé de l'autre côté. Lorsque le géomiroir est placé sur l'axe de symétrie d'une figure, ou entre deux figures symétriques, le reflet et la figure vue par transparence se superposent.

L'évolution des procédures

Au cours de la situation, le géomiroir ne va plus être autorisé comme outil pour répondre à la question posée, mais seulement comme moyen de vérification. Pour trouver un axe de symétrie, l'élève privilégie la recherche de points singuliers, implicitement avec le géomiroir puis explicitement quand celui-ci n'est plus autorisé pour résoudre.

L'évolution du langage

Lors de la mise en commun de l'étape 2 de la phase 1, les élèves doivent expliciter et justifier comment ils ont positionné les instruments pour tracer un axe de symétrie. À cette occasion, l'enseignant met en évidence l'intérêt d'utiliser un vocabulaire précis pour bien se faire comprendre.

LA PRODUCTION DU SYMÉTRIQUE D'UN POINT

Des connaissances initiales souvent limitées

Au cours de leur scolarité, certains élèves ont pu ne rencontrer que des activités de production d'un symétrique dans des situations prototypiques (l'axe étant « vertical » et placé au milieu de la feuille), voire principalement sur réseau quadrillé. Dans ce cas, la technique élémentaire consiste à relier des points successifs du quadrillage en comptant les carreaux. Ces exercices ne conduisent pas l'élève à distinguer régularité et symétrie.

L'intérêt du géomiroir

Pour placer le symétrique d'un point par rapport à un axe, beaucoup d'élèves tracent un segment de même longueur des deux côtés de cet axe mais selon une direction autre que la perpendiculaire à l'axe, qui dépend notamment de l'orientation de cet axe sur la feuille. Le géomiroir permet de mettre en échec ces procédures. De plus, demander aux élèves de placer un objet pour que son image soit dans un cercle permet de compenser des imprécisions dans le placement du géomiroir ou dans la position de l'élève par rapport à celui-ci (effet de paralaxe).

Situation
CM1 Période 5

SUR LA TRACE DES ROUES

Ressources pour la situation hatier-clic.fr/24ermelg215

Le problème

Une voiture a roulé sur le sable. Les traces de ses roues sont bien visibles (partie A). Elle a ensuite traversé une mare. Une partie des traces de roues qu'elle a laissées en sortant sont effacées (partie B).

L'élève doit tracer le trait manquant dans la partie B. Il dispose de la partie A (au fond de la salle de classe) pour chercher des informations sur l'écart entre les traits. La partie C sera fournie ultérieurement pour la vérification du tracé.

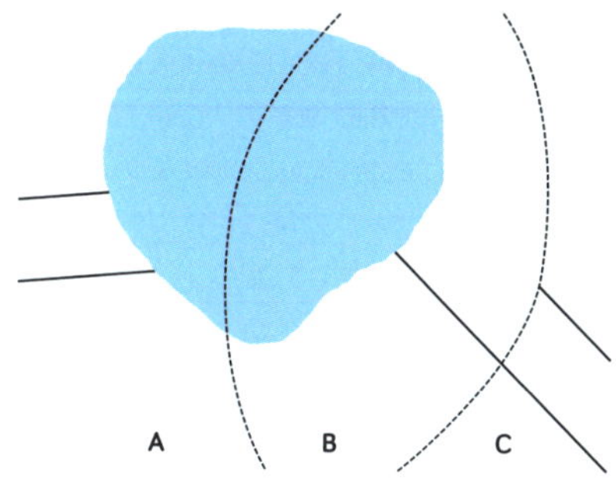

Phase 1 (annexe 1)

Connaissances visées

• Utiliser l'écart constant entre deux droites, selon une direction perpendiculaire aux droites, pour reconnaitre deux droites parallèles et pour tracer une droite parallèle à une droite donnée.

• Remettre en cause des procédures inadaptées (glissement de la règle, écart pris selon une direction autre que perpendiculaire aux droites, tracé d'un trait au jugé à partir du report d'un seul point, etc.)

Résumé de la situation

• Dans la **phase 1**, les élèves s'approprient le dispositif et complètent, en binôme, la trace sur la partie B.

• Dans la **phase 2**, sur un tracé différent de la phase 1, chaque élève est amené à prendre un écart perpendiculairement aux traces pour compléter la trace de la partie B.

Organisation de la situation

Elle peut se dérouler en deux séances : une séance pour chaque phase.

Questions sur les enjeux de la situation : analyse p. 122

ERMEL Géométrie Cycle 3 (Hatier, 2006), situation p. 240

Phase 1 : Appropriation du problème

Matériel pour la classe

- Traces des roues (annexes 1 et 1d) au format A3.
- Quatre exemplaires au format A4 :
  – de la partie A (annexe 1a), source d'information ;
  – de la partie C (annexe 1c), sur calque, pour validation.
- Une petite voiture (jouet avec des roues fixes) peut être utilisée uniquement pour la présentation (pas pour la validation).

Matériel pour un binôme

- Un exemplaire de la partie B au format A4 (annexe 1b), feuille de travail.
- La boite à outils de géométrie : on veillera à enlever les règles graduées dont la largeur est inférieure à celle des traces, pour ne pas faciliter les tracés par report de la largeur de la règle, ainsi que le réseau de droites parallèles (disponible depuis la situation FEUILLE QUI COULISSE).

Objectifs de la situation

- Prendre un écart entre deux traits parallèles selon une direction perpendiculaire à ces traits.
- Prendre conscience qu'un seul point ne suffit pas à tracer un trait droit parallèle à un trait donné.

Remarques sur le matériel

- D'autres façons d'obtenir le matériel sont proposées dans les ressources pour la situation.
- Pour illustrer la consigne l'enseignant peut réaliser un découpage en direct devant les élèves.

Présentation du dispositif

L'enseignant montre l'annexe 1d pendant qu'il présente le problème : *« Nous nous imaginons à un rallye… La tache représente une mare et les deux traits correspondent aux traces laissées par les roues d'une voiture dans le sable. La voiture a traversé la mare et le vent a effacé une partie des traces qu'elle a laissées en sortant. Vous devrez tracer le trait représentant la trace effacée. »* Il affiche au tableau l'annexe 1d.

Il présente ensuite l'annexe 1 (cf. page précédente) : *« Pour vous, j'ai indiqué trois parties sur la fiche : la partie A, la partie B et la partie C. Les parties A seront disposées au fond de la classe. Chaque binôme va disposer d'une partie B. Vous devrez tracer sur la partie B la trace effacée. Vous pourrez aller voir la partie A mais vous n'avez pas le droit d'emmener votre partie B, seulement du matériel. »*

L'enseignant distribue les parties B (annexes 1b) à chaque binôme et annonce : *« Vous devez décider ensemble comment procéder pour tracer les traits de la partie B. Quand vous aurez terminé, vous vous mettrez d'accord pour dire ce que vous pensez de votre tracé et expliquer comment vous avez fait. »*

Il précise : *« Je garde les exemplaires de la partie C ; ils serviront plus tard. »*

Recherche par binôme

Les élèves vont chercher des informations sur les parties A disposées en fond de classe. Ils ont le droit d'effectuer plusieurs voyages si nécessaire.

L'enseignant veille à une bonne coopération au sein des binômes et s'assure que les parties B restent sur les tables.

Mise en commun

Chaque binôme vient à tour de rôle mettre en débat sa production au tableau et expliquer la procédure utilisée pour prendre l'écart entre les traits, le reporter et tracer le trait manquant.

Ce temps permet une première évaluation de certaines productions affichées (*« c'est bon »* ou *« ce n'est pas bon »*). Pour d'autres, une ambiguïté peut subsister liée notamment à des maladresses de tracé.

Les élèves devraient suggérer la validation par assemblage des parties B et C mais celle-ci est retardée pour permettre un échange sur les procédures.

Vérification pratique

Les élèves positionnent, avec soin, la partie C sur la partie B. L'enseignant peut demander *« Qui pense que c'est réussi ? Pas réussi ? presque réussi ? et pourquoi ? »* pour lever certaines incertitudes, en commentant les imprécisions liées aux tracés.

Synthèse

Toutes les productions étant affichées, l'enseignant choisit une production réussie et demande *« Qui a fait pareil ? Que pouvait-on faire pour réussir ? »* pour faire reformuler les procédures qui ont permis d'aboutir à des productions validées.

Matériel pour la phase 1

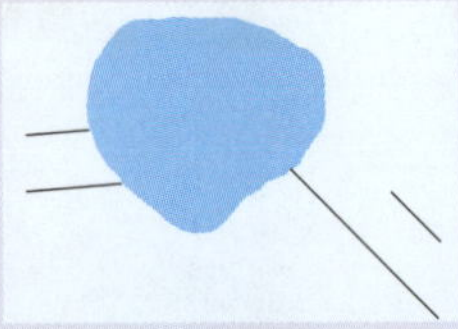

Annexe 1d

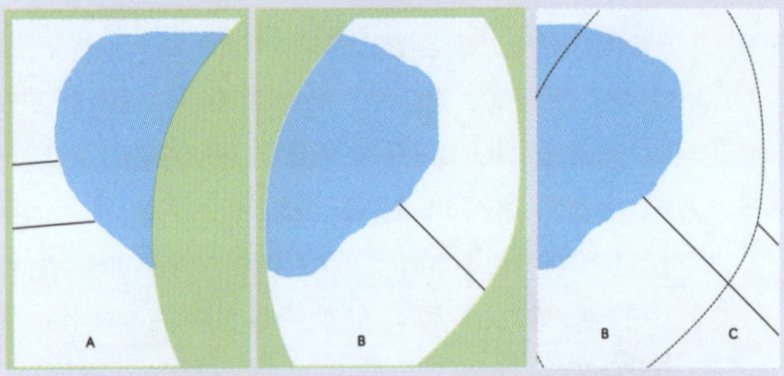

A B B C

Annexes 1a 1b 1c

Objectifs de la phase 1

❶ Prendre de l'information sur l'écart entre les traits sur la partie A.
❷ Reporter cet écart sur la partie B.
❸ Tracer le trait droit manquant.

Procédures : mesure de l'écart

Les élèves choisissent les outils (pour certains, un compas). La mesure de l'écart sur la partie A peut se faire selon une direction « verticale » ou quelconque, ou perpendiculaire aux traces.

Procédures : report de l'écart

- P1 : au jugé ;
- P2 : par glissement, en conservant la direction, l'écart étant estimé au jugé ;
- P3 : par report de l'écart selon une même direction « verticale » ou quelconque ;
- P4 : par report de l'écart selon une direction perpendiculaire à la trace ;
- P5 (rare) : utilisation de la double perpendicularité.

Procédures : tracé du trait

Elles se différencient par le nombre de points que l'élève positionne avant de tracer le trait (souvent un seul point suivi d'un tracé au jugé).

Mise en commun

Elle vise à mettre en évidence les erreurs ou imprécisions de tracés (procédures P1, P2 et P3). Des élèves peuvent contrôler en employant une autre procédure que celle qui leur a servi à tracer.

Phase 2 : Recherche avec d'autres directions

Matériel

Le même que pour la phase 1 mais avec les annexes 2.

Consigne

L'enseignant montre l'annexe 2d. Il demande à des élèves de rappeler le problème posé à la phase 1 et explique :

« Voici la trace des roues d'une autre voiture. Vous devez dessiner le trait représentant la partie effacée. Les parties A seront disposées au fond de la classe. Vous n'avez pas le droit d'emmener votre feuille mais vous pouvez emporter du matériel. »

Recherche individuelle

Les élèves vont chercher des informations sur les parties A disposées en fond de classe.

Mise en commun

L'enseignant sélectionne en premier des productions erronées pour les faire analyser par la classe. À chaque fois, il sollicite les élèves pour qu'ils explicitent les procédures de tracés. Les productions des élèves qui ont fait la même chose sont regroupées. Les élèves peuvent s'appuyer sur des gestes pour expliquer les directions (identiques) selon lesquelles ils ont mesuré et reporté l'écart, en indiquant ensuite comment placer (perpendiculairement) l'instrument de mesure utilisé.

Vérification pratique

Une fois que les différents types de productions ont été analysés, la vérification pratique est ensuite effectuée par l'utilisation des calques de la partie C.

Institutionnalisation et trace écrite

L'enseignant reprend et fait noter les formulations exprimées lors de la mise en commun : *« L'écart entre les deux droites est toujours le même. »* ; *« Quand deux droites sont parallèles, l'écart qui les sépare est partout le même. »* Il précise : *« Nous avons tracé une droite parallèle à celle qui était dessinée. »*

Prolongements

Reconnaitre si deux droites sont ou ne sont pas parallèles (annexe 3)

Différents cas, en particulier des « presque parallèles », sont soumis au débat pour mettre en évidence l'insuffisance du perceptif, la nécessité de mesurer l'écart à plusieurs endroits et l'importance de la direction selon laquelle l'écart est mesuré.

Tracer une droite parallèle à une droite donnée (annexe 4)

La mise en commun sera l'occasion de formuler des procédures de construction :

- pour tracer une droite parallèle à une droite *d*, on peut tracer deux droites perpendiculaires à *d* puis mesurer le même écart le long de ces deux perpendiculaires ;
- pour tracer une droite parallèle à une droite *d* et passant par un point A, on peut tracer la droite perpendiculaire à *d* passant par A, mesurer l'écart entre A et la droite *d* le long de cette perpendiculaire et le reporter sur une autre perpendiculaire à *d*.

Objectif de la phase 2

Disqualifier les procédures autres que la prise d'écart perpendiculaire aux traces.
Les procédures de tracé de droites parallèles seront institutionnalisées dans la situation PARAPUZZLE grâce à un support plus décontextualisé.

Matériel pour la phase 2

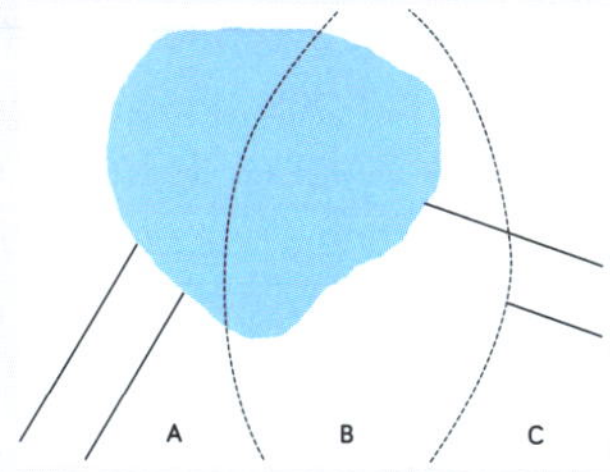

Annexe 2

Le dessin à compléter est similaire à celui de la phase 1 mais l'inclinaison des droites est différente.

Matériel pour les prolongements

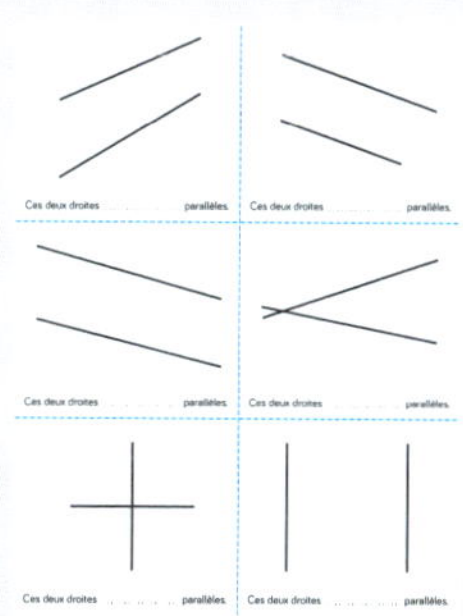

Annexe 3

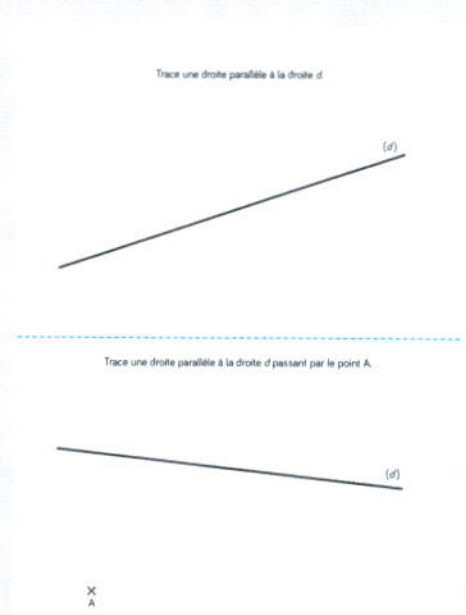

Annexe 4

Questions sur

LES ENJEUX DE LA SITUATION « SUR LA TRACE DES ROUES »

L'INSERTION DANS LA PROGRESSION

Dans la situation SUR LA TRACE DES ROUES, qui est la deuxième concernant le parallélisme, les élèves vont être amenés à abandonner des procédures de tracé fondées sur des intuitions perceptives. Ils vont acquérir des techniques de tracé de droites parallèles fondées sur le tracé d'une perpendiculaire commune.

Cette situation s'appuie sur le fait que deux droites parallèles gardent un écart constant. Si ce constat est déjà connu des élèves, nombreux sont ceux qui n'ont pas eu l'occasion de le rendre opérationnel dans le tracé de traits droits parallèles en dehors des tracés de droites horizontales ou verticales ou en prenant appui sur un réseau (cf. situation RAYURES au CP[1]).

L'évolution des connaissances

L'apprentissage du parallélisme a été spécifiquement abordé au CE2 dans la situation FEUILLE QUI COULISSE. Les élèves ont eu à tracer des parallèles comme étant des lignes droites ayant la même direction ou, en d'autres termes mathématiques, faisant un angle constant avec une droite donnée.

Dans la situation SUR LA TRACE DES ROUES, ils ont à mesurer un écart entre deux traits de référence et à le reproduire entre des traits qui ne sont pas orientés de la même façon que ceux de référence ; ils ne peuvent donc plus prendre appui sur une direction commune. Cette contrainte rend nécessaire la mesure et le report de la distance entre les droites selon une direction perpendiculaire à celles-ci.

Le rôle du support matériel

Dans la situation FEUILLE QUI COULISSE, les élèves disposaient d'un dispositif matériel afin de visualiser les relations entre les différents objets concernés, de faire des essais et ainsi de prendre progressivement en compte les données du problème. Ce dispositif leur permettait aussi de vérifier leur production si des incertitudes restaient à la fin de la mise en commun.

Dans la situation SUR LA TRACE DES ROUES, le contexte (les traces des roues d'une voiture) est simplement évoqué et est schématisé par le support graphique (traits de référence). Il peut servir de recours dans l'analyse des productions : il est évident pour les élèves que l'écart entre les deux roues de la voiture est constant.

L'ORGANISATION DE LA SITUATION

Dispositif en trois parties

Pour rendre nécessaire la prise d'information sur l'écart entre les droites, les feuilles avec les traces de roues visibles (la partie A) sont éloignées de la table des élèves sur laquelle leur feuille de travail est fixée (la partie B).

Une troisième feuille (la partie C) est conservée par l'enseignant. Elle permettra d'effectuer une vérification par juxtaposition après la mise en commun au cours de laquelle les productions sont analysées et les procédures explicitées et critiquées.

Ce type de dispositif est commun à d'autres situations.

Un exemple d'appropriation

Dans une classe, l'enseignant dessine au tableau à main levée une ligne courbe fermée, la gribouille à la craie et explique : *« On est toujours dans le désert et là, j'ai dessiné une oasis, une petite étendue d'eau. »* Un élève dit : *« Ça, c'est pas de la géométrie, maitre !!! »*

L'enseignant demande à un élève de *« venir dessiner les traces d'une voiture qui arrive d'un côté de l'oasis et qui ressort de l'autre côté »*. Celui-ci trace un trait droit qui traverse l'oasis. Des élèves s'exclament : *« On ne voit pas les traces dans l'oasis ! »* L'élève rectifie et trace deux traits se voulant parallèles (aux imprécisions de tracés près).

Pour clarifier, l'enseignant trace à la règle la trace d'une des roues de la voiture entrant et sortant de l'oasis (dans une direction différente) et demande : *« Je voudrais que vous traciez la trace de la seconde roue de cette voiture. »* Un élève vient au tableau et, à la grande règle, effectue la trace de la seconde roue en conservant manifestement l'écart.

Cette mise en œuvre fait percevoir aux élèves les éléments du contexte représentés dans l'espace graphique et leurs propriétés implicites. Mais des élèves peuvent poser des questions sur des aspects non essentiels du contexte : il importe que l'enseignant veille à ce que ces questions soient évacuées ou invalidées.

1. Cf. Ermel Géométrie CP-CE1 (Hatier, 2020), situation p. 14

Situation
CM1 Période 5

PARAPUZZLE

Ressources pour la situation hatier-clic.fr/24ermelg216

Le problème

Les élèves doivent reproduire, sur les parties B et C, le réseau de droites parallèles non équidistantes de la partie A à partir d'une droite commune. La partie A est fixée à distance de la partie à compléter.
Cette situation prolonge l'apprentissage du tracé de droites parallèles abordé avec la situation SUR LA TRACE DES ROUES, mais cette fois sans l'évocation d'un contexte.

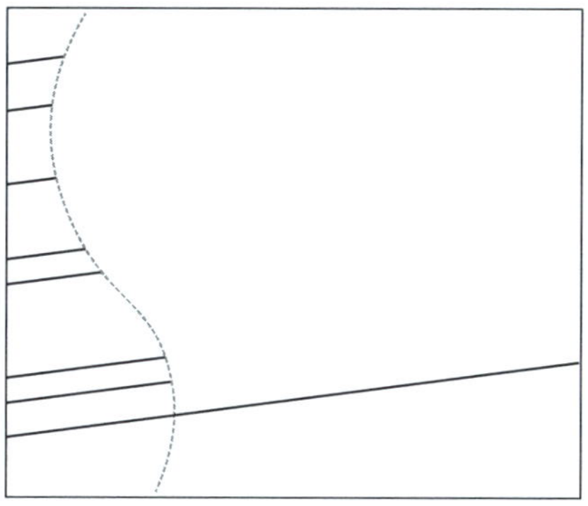

Phase 1 (annexe 2)

Connaissances visées

- Le parallélisme est caractérisé par « des droites perpendiculaires à une même droite ».
- Le tracé de plusieurs droites parallèles rend indispensable un report précis des écarts.

Résumé de la situation

- Dans la **phase 1**, les élèves travaillent par binôme pour tracer le réseau de droites parallèles, la partie A étant située à proximité (table voisine).
- Dans la **phase 2**, chaque élève trace le réseau de droites parallèles, la partie A étant située au fond de la salle.

Organisation de la situation

Elle peut se dérouler en deux séances : une pour chaque phase.

Questions sur les enjeux de la situation : analyse p. 125

ERMEL Géométrie Cycle 3 (Hatier, 2006), situation p. 246

Matériel pour la classe

- Un exemplaire du réseau (annexe 1) au format A3.

Matériel pour un binôme

- La boite à outils sans le réseau de droites parallèles (disponible depuis la situation FEUILLE QUI COULISSE).

Objectif de la situation

Prendre conscience qu'il est préférable de prendre un écart entre deux traits parallèles selon une direction perpendiculaire à ces traits.

Tâches de l'élève

Les élèves ont trois tâches à effectuer.
1. Prendre l'écart entre les traits sur la partie A selon une direction qui puisse être reproduite à l'identique sur la feuille B : la perpendiculaire aux traits ou souvent selon une direction « verticale » ou « horizontale ».
2. Reporter cet écart sur la partie B.
3. Tracer le trait.

Matériel pour la situation

Réseau (annexe 1)

Phase 1 : Recherche en coopération

Matériel pour la classe

- Quelques exemplaires de l'annexe 2 au format A4 sur transparent ou calque pour la vérification des productions.

Matériel pour un binôme

- Un exemplaire des parties A1 et B1 (annexe 2 au format A4).

Présentation du problème

L'enseignant montre le réseau de l'annexe 1 au format de travail (A4) puis l'affiche au tableau (au format A3) : « *Voilà un réseau de traits* ».

Puis, il montre l'annexe 2 (cf. ci-dessus) : « *Sur cette autre feuille, ce réseau est reproduit, mais de façon incomplète. Quand on découpe la feuille selon la ligne en pointillés, on obtient un puzzle à deux pièces : une partie A1 et une partie B1. Chaque binôme aura une partie A1 et une partie B1 séparées. Vous devrez tracer les traits sur*

OBJETS ET RELATIONS DU PLAN

la partie B1 pour obtenir ce dessin (il montre l'annexe 1) *quand vous assemblerez le puzzle.* ».

Il précise : « *Attention ! Chacun d'entre vous n'aura qu'une partie, A1 ou B1, fixée devant lui. Avant de commencer à tracer, vous devez réfléchir et décider ensemble comment procéder pour tracer les traits sur la partie B1.* ».

Il distribue les deux parties à chaque binôme : la partie A1 est scotchée sur une table et la partie B1 sur la table voisine.

Recherche par binôme

L'enseignant veille à une bonne coopération au sein des binômes.

Mise en commun puis vérification pratique

L'enseignant affiche certaines productions, sans choisir en premier les moins réussies. Les élèves concernés présentent leurs procédures et les autres expriment leurs remarques ou critiques sans que l'enseignant ne valorise une procédure de tracé.

La vérification s'effectue avec un calque de la partie A1.

Phase 2 : Recherche individuelle

Matériel pour la classe
- Un exemplaire de l'annexe 3 au format A3.
- Quatre exemplaires des parties A2 de l'annexe 3 (format A4) sur calque ou transparent.
- Des exemplaires des parties A2 (à éloigner des élèves).

Matériel pour un binôme
- Un exemplaire des parties B2 et C2 de l'annexe 3 (format A4).

Présentation et recherche individuelle

L'enseignant affiche l'annexe 1 puis l'annexe 3 (format A3) au tableau et annonce : « *Cette fois, la feuille va être découpée en trois parties : la A2, la B2 et la C2. Dans chaque binôme, l'un aura la partie B2 et l'autre la partie C2. Les parties A2 vont être placées sur des tables au fond de la classe. Comme précédemment, chacun de vous devra compléter sa partie pour que le réseau soit reconstitué, comme celui-ci* (annexe 1), *quand vous assemblerez les trois parties du puzzle. Vous pourrez vous déplacer pour aller, chacun à votre tour, chercher des informations sur la partie A2 en fond de classe. Vous pourrez emporter un papier, un crayon et des outils si vous avez besoin, mais vous n'aurez pas le droit d'emporter les parties B2 et C2* ».

Mise en commun et validation pratique

Les élèves explicitent leur procédure. L'emploi des outils et leurs limites sont analysés. Puis, les élèves effectuent la validation pratique grâce au calque du réseau (annexe 1). La mise en commun peut être reprise si certains élèves ont, par exemple, relevé de nouvelles erreurs lors de la validation, ou si certaines productions faisaient l'objet d'avis divergents.

Institutionnalisation et trace écrite

L'enseignant peut formuler une nouvelle procédure de tracé :
« *Pour tracer une droite parallèle à une droite d et passant par un point A, on peut tracer une perpendiculaire à d passant par A, puis tracer une perpendiculaire à celle-ci passant par A.* »

Procédures de tracé
- P1 : Au jugé, avec ou sans appréciation de l'écart au moyen d'un instrument.
- P2 : Par mesurage et report d'un écart.
- P3 : Par mesurage et report de deux écarts.

Exemples de procédures erronées
- Reporter la mesure dans une direction différente de celle de la prise de mesure.
- Ne reporter la mesure qu'une seule fois et tracer la parallèle « au jugé ».
- Construire les traits à partir du dernier trait tracé et non de la référence, ce qui accumule les imprécisions.

Types de productions
- Des tracés sans respect du parallélisme (traits se rapprochant) ;
- Des tracés avec des imprécisions ou des erreurs locales ;
- Des tracés réussis.

Matériel pour la phase 2

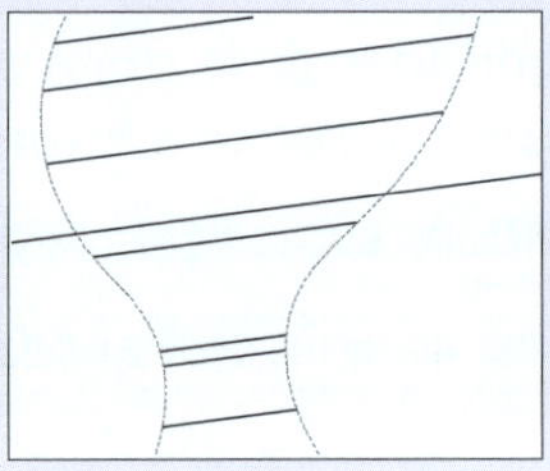

Annexe 3

Variable didactique

La perception des erreurs individuelles, en particulier les discontinuités de tracé, est facilitée par l'emplacement central de la partie A2.

Institutionnalisation

Elle permet aussi de répondre à des questions, qui ont pu être abordées lors de la mise en commun, telles que :
– « *Une perpendiculaire à une des parallèles est-elle perpendiculaire à toutes les autres ?* »
– « *Combien faut-il de points pour tracer une parallèle ?* »

Trace écrite

La procédure est simplement explicitée ici, à l'issue d'une situation qui a permis de la rencontrer. Elle n'est pas exigible, son apprentissage sera poursuivi au CM2.

Questions sur

LES ENJEUX DE LA SITUATION « PARAPUZZLE »

L'INSERTION DANS LA PROGRESSION

Les élèves ont précédemment abordé le parallélisme dans deux situations :

- FEUILLE QUI COULISSE (CE2), qui s'appuie sur le fait que des droites parallèles ont la même direction ;
- SUR LA TRACE DES ROUES (CM1), qui aborde le tracé de deux droites parallèles, ayant donc un écart constant.

Dans la situation PARAPUZZLE, les élèves ont à constituer un réseau de droites parallèles à partir de l'une d'entre elles. Ils sont donc à nouveau amenés à comprendre que deux droites parallèles gardent un écart constant.

Contrairement aux situations précédentes, cette situation ne s'appuie ni sur une action sur des objets matériels (proposée dans FEUILLE QUI COULISSE), ni sur un contexte (proposé dans SUR LA TRACE DES ROUES), qui permettaient à l'élève de s'appuyer sur une représentation mentale des déplacements.

De plus, avoir à tracer non plus une seule parallèle mais un réseau de droites parallèles exige plus de précision : des inexactitudes (des traits qui se rapprochent par exemple) deviennent plus perceptibles.

Le recours à une mesure de l'écart et à son report selon une perpendiculaire commune à ces droites devient donc la procédure la plus efficace.

Ces caractéristiques préfigurent les tracés de parallèles de la géométrie du collège.

L'ORGANISATION DE LA SITUATION

Comme dans la situation SUR LA TRACE DES ROUES, le support de travail, pour chacune des phases de la situation, est constitué de deux parties différentes :

- une partie A, située à distance, sur laquelle les élèves doivent aller chercher de l'information en utilisant l'instrument de leur choix ;
- une partie B, fixée sur leur table, sur laquelle ils auront à tracer le réseau de parallèles.

Aussi, il est essentiel que le découpage de la partie B ne laisse pas apparaitre l'"amorce des traits de la partie A.

LES PROCÉDURES

Les élèves ont à effectuer deux tâches.

❶ **La prise d'information sur l'écart** entre les traits sur le modèle (partie A).

Les élèves peuvent utiliser différents instruments, certains élèves utilisant même un compas.

Ils peuvent mesurer l'écart soit à partir de la ligne commune déjà tracée sur les deux parties, soit à partir de la dernière ligne qu'ils ont tracée. Dans ce dernier cas, les erreurs éventuelles de report sur la partie B risquent de s'accumuler. Certains élèves prennent l'écart selon une direction quelconque ou même « verticale », les reports successifs des écarts sur la partie B sont donc souvent imprécis.

❷ **Le tracé des droites parallèles** sur la feuille de travail (partie B), à partir du report des écarts.

Certains élèves ne placent qu'un seul point avant de tracer un trait, d'autres deux ou quelquefois plusieurs.

L'éloignement des deux parties conduit progressivement l'élève à s'interroger sur les procédures tant pour prendre de l'information que pour effectuer le report des écarts. Le contrôle de la production par l'élève peut s'effectuer au fur et à mesure. Ces différentes procédures et constats sont explicités et critiqués lors de la mise en commun avant le recours à une vérification pratique.

UNE QUESTION THÉORIQUE SUR LES TRACÉS

Lors de la mise en commun, certains élèves peuvent affirmer qu'il suffit de prendre un point, d'autres deux points, quelquefois plus, pour reporter l'écart avant de tracer une parallèle.

Ces remarques peuvent être l'occasion de poser aux élèves une question plus générale que le tracé de parallèles : *« Combien faut-il de points pour tracer une droite ?»* La majorité des élèves d'une classe de CM1 a répondu *« il faut trois points »* excepté un élève qui affirmait *« deux points ça suffit »* et répondait aux critiques de ses camarades par *« le troisième il va se faire tout seul »*.

Ces échanges ont permis de mettre en évidence deux approches qui sous-tendent ces propositions : l'une mathématique (*« Deux points distincts suffisent pour tracer une droite. »*) et l'autre relative à la technique du tracé (*« Il vaut mieux s'assurer que le tracé est juste avec un troisième point. »*). La prise de conscience par les élèves de cette distinction facilite la transition vers une géométrie plus déductive.

Situation
CM2 Période 1

PAREIL, PAS PAREIL ? (2)

Ressources pour la situation hatier-clic.fr/24ermelg217

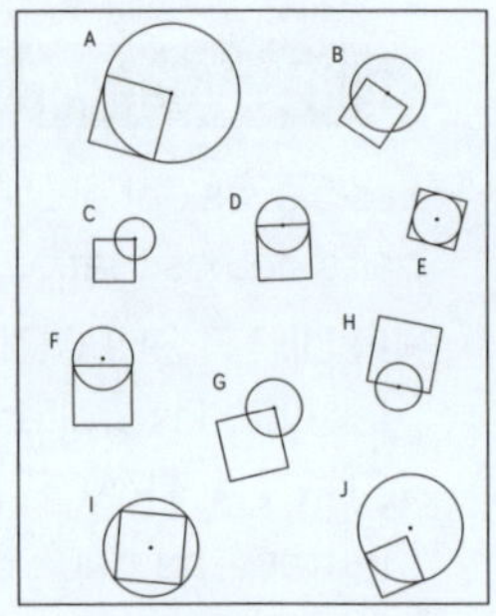

Phase 2 (annexe 2)

Le problème

Les élèves ont à tracer une figure composée d'un carré et d'un cercle à partir d'une description donnée par l'enseignant. Une partie des élèves doit ensuite décrire une figure pour que les autres puissent l'identifier parmi une sélection de figures.

Connaissances visées

- Analyser et décrire une figure à l'aide de propriétés géométriques :
  - comparer deux figures en formulant les ressemblances et dissemblances ;
  - reconnaitre une figure à partir d'une description.
- Prendre conscience que des objets perçus comme différents possèdent certaines propriétés communes.

Résumé de la situation

- Dans la **phase 1**, les élèves tracent une figure à partir d'une description.
- Dans la **phase 2**, chaque binôme émetteur décrit une figure pour qu'un binôme récepteur puisse l'identifier parmi une sélection de figures.

Organisation de la situation

- Trois séances : une pour la phase 1 et deux pour la phase 2 (une par étape).

Questions sur les enjeux de la situation : analyse p. 129

ERMEL Géométrie Cycle 3 (Hatier, 2006), situation p. 390

Phase 1 : Tracé d'une figure

Matériel

- Un exemplaire de l'annexe 1 agrandie au format A3.
- Une feuille blanche A4 par groupe de deux.

ÉTAPE 1 : PRODUCTION D'UNE SOLUTION

Consigne

Les élèves doivent dessiner une figure correspondant à la description suivante, que l'enseignant écrit au tableau :

« La figure se compose d'un carré et d'un cercle tels que :

- *le centre du cercle est le milieu d'un côté du carré ;*
- *le cercle passe par deux sommets du carré. »*

Il précise : *« Sur votre feuille, faites une figure suffisamment grande : il faudra pouvoir la voir lors de la mise en commun. »*

Recherche individuelle

Les élèves tracent d'abord la figure au crayon, puis l'enseignant leur demande de repasser la figure au feutre noir, à main levée, pour une meilleure visibilité.

Si aucun binôme n'a produit la figure 2, l'enseignant n'incitera pas les élèves à l'obtenir, elle sera étudiée à l'étape 2.

Objectif de la phase 1

Identifier les relations entre les composantes d'une figure.

Solutions à l'étape 1

Les dimensions n'étant pas spécifiées, on obtient deux principales classes de figures :
- la figure 1, qui peut avoir une orientation et des dimensions différentes ;
- la figure 2, qui est rarement proposée.

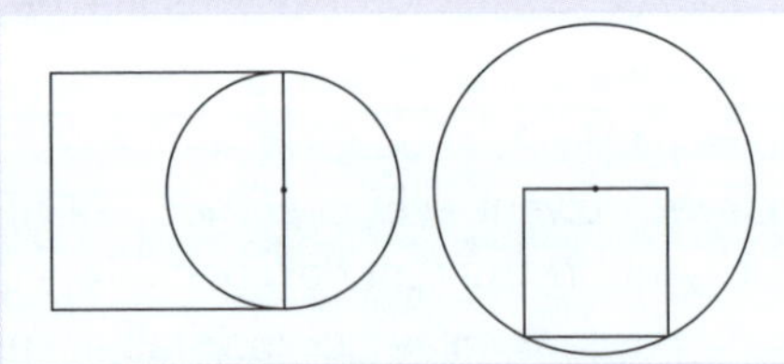

Figure 1 Figure 2
Annexe 1

Quelques exemples d'erreurs

- Positionnement du centre du cercle sur un sommet du carré ou au centre du carré.
- Imprécisions sur la position du milieu du côté du carré, le cercle passe donc par un seul sommet.
- Confusion entre cercle et disque (sommets du carré placés à l'intérieur du cercle).

Mise en commun

Elle vise en premier à analyser la conformité des productions à la description donnée, puis à analyser les erreurs. Elle permet aussi de comparer des productions (la taille des figures et leur orientation dans le plan).

ÉTAPE 2 : ANALYSE D'UNE SOLUTION ORIGINALE

Consigne

La description de la figure demandée et une production correcte de la figure 1 obtenue à l'étape 1 restent affichées au tableau. L'enseignant affiche ensuite, à distance de la production précédente, la figure 2, issue soit d'une production de l'étape 1 soit de l'annexe 1. Il explique : « *(Dans une autre classe,) un élève a fait la proposition que j'ai affichée. Est-elle correcte ?* »

Recherche individuelle rapide

Mise en commun

L'enseignant demande aux élèves de se prononcer : « *Qui pense que la consigne a été respectée ? la figure est-elle correcte ? qui pense que la consigne n'a pas été respectée ?* »

Les formulations des élèves sont souvent confuses, par exemple : « *le cercle ne passe pas par le milieu du côté* » pour « *le centre n'est pas au milieu du côté* », « *le milieu du cercle* », etc.

Mise en commun de l'étape 2

Les élèves qui pensent que la consigne n'a pas été respectée comparent souvent la figure 2 avec la figure 1 (obtenue à l'étape 1) en utilisant des formulations de localisations spatiales : « *Non, parce qu'il faut que le cercle passe dans le carré.* » ; « *Non, parce que le cercle ne passe pas au centre du carré ; c'est le carré qui est au centre.* » ; « *Elle n'est pas bonne parce qu'il y a les quatre sommets dans le cercle.* ».

Vocabulaire

L'enseignant est parfois amené à préciser la signification de l'expression « *cercle qui passe par* » (qui est parfois prise pour une information sur la position du centre).

Phase 2 : Sélection de figures à partir d'une description

Matériel pour la classe

- Un exemplaire des annexes 2, 3 et 4 agrandies (format A3).

Matériel pour un binôme

- Étape 1 : un exemplaire des annexes 2 et 3 au format A4 (« un cercle et un carré »).
- Étape 2 : un exemplaire de l'annexe 4 au format A4 (« un carré et deux segments »).
- Une feuille de brouillon pour rédiger les descriptions.

La boite à outils n'est pas disponible : les instruments de mesure (dont le double décimètre) ne sont pas proposés afin d'éviter que les mesures de rayon du cercle ou côtés du carré soient des informations significatives (l'enseignant ne précisera pas de valeurs).

Matériel pour l'étape 1 de la phase 2

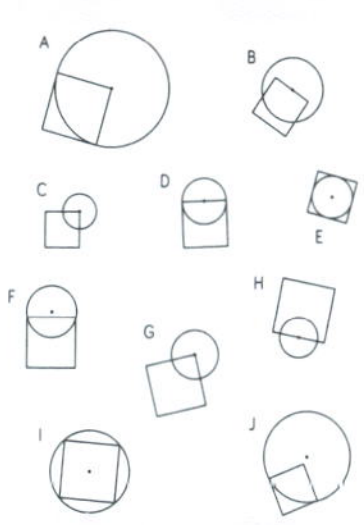
Annexe 2

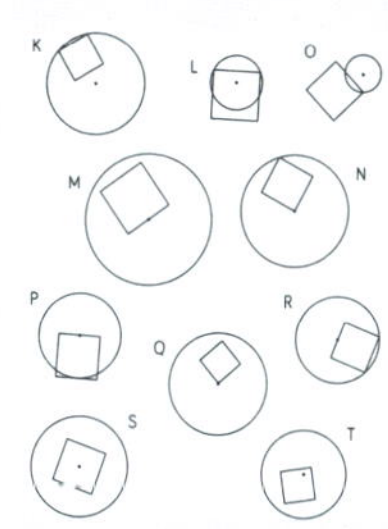
Annexe 3

ÉTAPE 1 : UN CERCLE ET UN CARRÉ

Présentation

L'enseignant distribue à chaque binôme les annexes 2 et 3. Il demande d'abord aux élèves d'identifier les deux figures rencontrées lors de la phase 1 (D et R) et fait rappeler leur description.

Consigne

L'enseignant : « *Vous allez travailler par binôme. Je vais donner à la moitié des binômes, appelés émetteurs, le nom d'une figure parmi celles proposées. Ils rédigeront une description afin que les autres binômes, appelés récepteurs, puissent retrouver exactement la figure choisie. Vous n'avez pas le droit d'utiliser votre double décimètre, ni d'indiquer la lettre ou la position de la figure dans la feuille.* »

Terminologie recevable

- Carré : sommets du carré ; sommets opposés ; sommets consécutifs ; côté du carré ; côtés opposés ; côtés consécutifs ; milieu d'un côté ; diagonale du carré ; centre du carré ; intérieur ou extérieur au carré ; carré dans le cercle.
- Cercle : centre du cercle, « *Le centre est...* » ; positionnement d'un point du cercle sur un sommet, au milieu d'un côté, au centre du carré, à l'intérieur du carré, à l'extérieur du carré... ; rayon du cercle (mesure ou segment) ; « *Le cercle passe par ...* » ; « *Le cercle contient le carré.* ».

Production par binôme et échange des messages

L'enseignant attribue la figure Q aux émetteurs qui produisent leur message. Il associe les binômes, puis les binômes récepteurs recherchent la figure sur les annexes 2 et 3.

Première mise en commun

Les binômes récepteurs exposent, en les justifiant, leurs réponses aux messages qu'ils ont reçus ou les raisons pour lesquelles ils n'ont pas trouvé de solution.

Les imprécisions ou erreurs dans les messages sont analysées.

Terminologie non recevable

- Carré : le sommet en haut et à droite ; le côté en bas ; le centre du côté.
- Cercle : le rond ; le milieu du cercle.
- Confusion entre « être » et « passer par », par exemple : « *le centre du cercle passe par un sommet du carré* » au lieu de « *...est un sommet du carré* ».

Reprise

Le déroulement est le même mais le rôle des binômes est permuté. L'enseignant choisit la figure A.

Deuxième mise en commun

Chaque binôme lit sa description (sans préciser la lettre). L'enseignant l'écrit au tableau et note la lettre de la figure énoncée par le binôme récepteur. L'enseignant rectifie les propositions incorrectes, par exemple : « *Le cercle passe par le côté du carré.* » ; « *Le centre du cercle touche un sommet du carré.* » en « *...est un sommet.* ».

Deuxième mise en commun

Les binômes émetteurs peuvent décrire la figure A par « *Un sommet du carré est sur le cercle.* » ou « *Le cercle passe par un sommet du carré.* ».

Conclusion

On liste les propriétés caractéristiques de la figure décrite par les binômes émetteurs et on procède à une mise au point sur le vocabulaire et les formulations employés.

ÉTAPE 2 : UN CARRÉ ET DEUX SEGMENTS

Le déroulement peut être le même qu'à l'étape précédente.

L'enseignant choisit les figures C et H et rappelle que les règles graduées ne sont pas disponibles.

Matériel pour l'étape 2

Les sept figures se composent d'un carré de côté 3 cm (dont le centre est marqué) et de deux segments de longueur 6 cm.

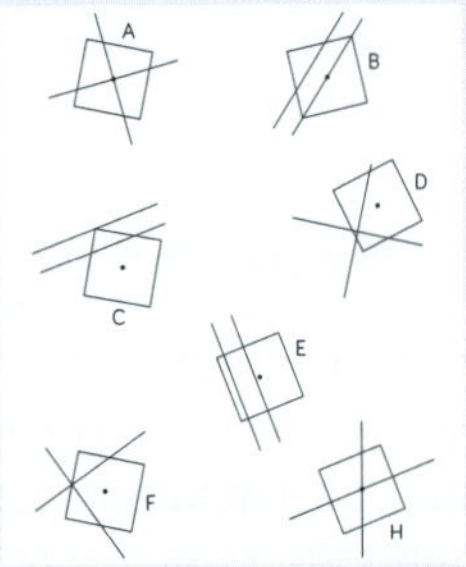

Annexe 4

Mise en commun

Dans les descriptions, on utilisera indifféremment les termes « segments » et « droites » et on préférera décrire des droites ou segments perpendiculaires plutôt que des angles droits qu'il est toujours délicat de dénombrer.

Conclusion

On analyse les structures et propriétés de chaque figure.

- **Segments parallèles**
  - Figure E : segments parallèles ou perpendiculaires à deux côtés du carré.
  - Figure B : un des segments passe par deux sommets (opposés) du carré ou contient une diagonale du carré.
  - Figure C : un des segments passe par un (seul) sommet du carré.
- **Segments sécants non perpendiculaires**
  - Figure H : ils se coupent au centre du carré.
- **Segments sécants perpendiculaires**
  - Figure D : ils se coupent dans le carré, mais pas au centre.
  - Figure F : ils se coupent sur le carré.
  - Figure A : ils se coupent au centre du carré.

Activités d'accompagnement : Descriptions et liens p. 155

Questions sur LES ENJEUX DE LA SITUATION « PAREIL, PAS PAREIL ? (2) »

UNE ÉVOLUTION DES OBJETS ÉTUDIÉS : DE LA FORME À LA FIGURE

La situation PAREIL, PAS PAREIL ? (2) développe le recours à un vocabulaire précis et à des expressions dépourvues d'ambigüités pour décrire ou identifier des figures géométriques.

Les problèmes de cette situation proposent aux élèves de comparer des figures. Cette situation constitue, avec la situation L'ATTRAPE (2), un aboutissement du travail démarré sur les formes en Grande Section et développé dans cet ouvrage dès le CE2. Elle introduit également l'étude des propriétés des figures géométriques qui sera travaillée dans les autres situations du thème 2 au CM2.

Cette situation a deux différences importantes avec les situations des années précédentes.

Au CE2, dans la situation PAREIL, PAS PAREIL ? (1), les élèves avaient à comparer des assemblages de trois formes partageant des dimensions communes (un quart de disque, un carré et un triangle rectangle isocèle) ; ils pouvaient découper les assemblages, ce qui n'est plus possible dans cette situation.

Puis au CM1, dans la situation TRACER PAREIL, les figures étaient construites par les élèves à partir d'un modèle alors que dans cette situation les constructions s'effectuent à partir du texte d'une consigne.

LES PROBLÈMES PROPOSÉS

Tracer une figure à partir d'une description (phase 1)

Cette phase permet aux élèves de comprendre que parfois :

- plusieurs figures peuvent être construites à partir de la même consigne ;
- certaines d'entre elles ne diffèrent que par leur orientation ;
- d'autres figures que celles qu'ils ont trouvées peuvent être produites.

Lors de la mise en commun, la comparaison des productions nécessite d'abord d'analyser leur conformité à la consigne, qui indique notamment qu'il faut placer le centre du cercle sur le milieu d'un côté du carré.

En effet, plusieurs productions sont erronées car même si elles comportent bien un cercle et un carré, les informations sur la position du centre n'ont pas été prises en compte. Sur certaines productions, il peut par exemple être placé sur un sommet du carré.

Associer une figure et une description (phase 2)

Une situation de communication est mise en place dans la phase 2 pour mettre en évidence les imprécisions dans le langage.

Pour qu'ils prennent conscience de l'insuffisance des termes qu'ils utilisent pour décrire une figure, les élèves ont à produire des messages qui permettent à d'autres élèves de reconnaitre une figure dans un lot de dix figures. La simple comparaison de la figure décrite par l'élève émetteur et celle trouvée par l'élève récepteur ne leur suffit pas toujours pour comprendre quelles sont les erreurs et si elles relèvent du message ou de son interprétation.

En particulier certaines formulations relèvent davantage d'une expression des relations spatiales entre des formes (*« le côté à gauche, le milieu du cercle, le rond… »*) que, par exemple, d'une description précise de la localisation des intersections entre le carré et le cercle.

Aussi, il est nécessaire que tous les binômes présentent leur travail lors de la mise en commun pour que celui-ci soit analysé par l'ensemble de la classe.

À l'étape 2, les figures constituées d'un carré et deux droites se différencient par la position des droites. Notons que, depuis le CM1, le parallélisme des droites n'est plus simplement une relation reconnue perceptivement : les élèves disposent de techniques pour tracer des traits parallèles et savent reconnaitre le parallélisme de côtés opposés de certains quadrilatères (cf. p. 226).

Situation
CM2 Période 2

IDENTIFIER LA FIGURE

Ressources pour la situation hatier-clic.fr/24ermelg218

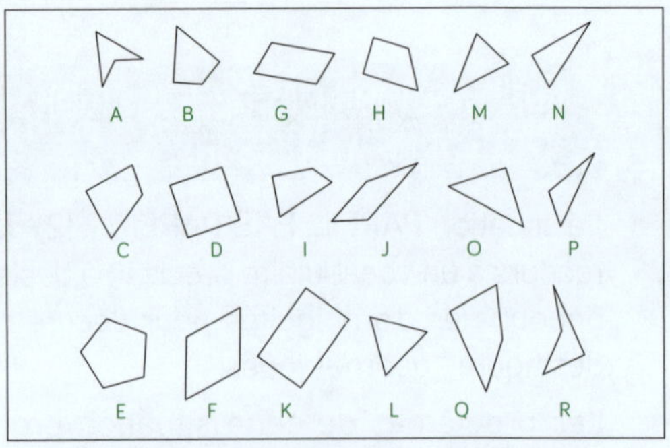

Ensemble de polygones (annexe 1)

Le problème

Les élèves ont à formuler des questions, auxquelles il ne peut être répondu que par oui ou par non, pour trouver un polygone dans un ensemble de polygones.

Connaissances visées

- Utiliser, seules ou conjointement, les propriétés des polygones, en particulier des quadrilatères.
- Utiliser le vocabulaire adapté : côté, sommet, côtés de même longueur, parallèles, perpendiculaires, angle droit, axe(s) de symétrie.

Résumé de la situation

Les élèves ont à trouver un polygone, choisi par l'enseignant, dans un ensemble de polygones à l'aide d'une série de questions.

Organisation de la situation

Deux séances de trente minutes.

Questions sur l'étude des figures et les enjeux de la situation : analyse p. 132 et 133

ERMEL Géométrie Cycle 3 (Hatier, 2006), situation p. 428

Matériel pour une équipe de quatre élèves

- L'ensemble des 18 polygones, notés de A à R (annexe 1 au format A3).
- Une feuille de papier A4 et un crayon.
- Boite à outils : compas, équerre, téquerre, réquerre et règle.

Organisation de la situation

Les élèves sont répartis par équipes de quatre, munies d'une feuille de papier et d'un crayon.
Ils ont à trouver un polygone choisi par le meneur de jeu.
Chaque équipe pose une question par tour.
Autant de tours de questions que nécessaire sont organisés pour que la figure soit trouvée sans ambiguïté.

Présentation

L'enseignant est le meneur de jeu. Il note la lettre désignant la figure mystère sur un petit carton, caché aux élèves. Chaque équipe de quatre élèves, après concertation, rédige une question visant à déterminer la figure mystère.

Cette question ne peut être répondue que par oui ou par non (si ce n'est pas le cas, l'équipe est éliminée pour les tours suivants) et ne doit porter que sur une seule propriété.

La question ne doit pas comporter de noms de figures (ni, bien sûr, de lettres désignant des figures), ni concerner la localisation de la figure dans la feuille ou son orientation (par exemple, « *Est-ce que la pointe est en haut ?* »), ni porter sur la valeur d'une mesure.

Mise en commun

Les questions de toutes les équipes sont notées au tableau.

La pertinence de chaque question est discutée par la classe : Peut-on y répondre par oui ou par non ? Permet-elle d'obtenir des informations sur la figure cherchée ? Ces informations sont-elles nouvelles ? (à partir du deuxième tour de questions)

La réponse à chaque question est ensuite donnée par l'enseignant et notée à côté de la question.

On reprend alors, dans l'ordre, chaque question posée avec la réponse apportée. Les équipes explicitent les figures sélectionnées et les figures rejetées par chaque couple question-réponse. Cela permet d'identifier d'éventuelles questions inutiles (qui n'éliminent pas et ne sélectionnent pas de nouvelle figure).

À la fin, la proposition de figure est vérifiée en dévoilant la lettre de la figure mystère écrite sur le petit carton.

Entrainement par équipe

L'enseignant peut mettre en place un entrainement. Le jeu est alors repris par chaque équipe, dans laquelle un meneur de jeu est choisi (et peut être un élève).

Reprise écrite

En équipe, les élèves choisissent une figure et listent, par écrit, les propriétés qui permettront aux autres équipes de la trouver. Cette liste de propriétés doit être compréhensible et permettre de ne déterminer qu'une seule figure.

Pour valider sa liste, chaque équipe vient l'écrire au tableau et demande aux autres équipes de trouver la figure.

Un temps est laissé pour la recherche de la figure. Chacune des autres équipes note sa réponse ou une critique sur la liste. Toutes les propositions de réponses et les remarques sont ensuite discutées.

On peut noter, en complément, que certaines figures peuvent être caractérisées par plusieurs listes de propriétés.

Mise en commun

Un temps de concertation est laissé aux équipes à l'issue de chaque tour de questions, lorsque toutes les réponses ont été notées.
Les équipes qui pensent avoir trouvé, sans ambiguïté, la figure mystère notent son nom sur leur feuille. Les propositions sont recensées et validées par l'ensemble de la classe.
Une équipe est éliminée si :
– sa proposition n'est pas convenable, c'est-à-dire si la figure proposée ne possède pas les propriétés décrites par les questions et les réponses ;
– sa proposition est convenable, mais une autre équipe a trouvé une contre-proposition, c'est-à-dire une autre figure qui possède toutes les propriétés correspondant aux réponses données.

Solutions : propriétés de chaque figure

Figures	Côtés de même longueur	Angle(s) droit(s)	Côtés parallèles	Nombre de côtés
A	2 couples	/	/	4
B	2 couples	2 opposés	/	4
C	3	1	/	4
D	4	4	2 couples	4
E	5	/	/	5
F	4	/	2 couples	4
G	2 couples	/	2 couples	4
H	2	2 consécutifs	2	4
I	2	1	/	4
J	/	/	2	4
K	2 couples	4	2 couples	4
L	3	/	/	3
M	2	/	/	3
N	/	1	/	3
O	2	1	/	3
P	/	/	/	3
Q	3	/	/	4
R	3	1	/	4

Questions sur L'ÉTUDE DES FIGURES AU CM2

Huit situations proposent d'étudier les figures du plan au CM2 dont L'ATTRAPE (2) (période 2), qui poursuit le travail spécifique sur la symétrie axiale abordé depuis le CE1, et LA ROTONDE (période 5), qui constitue une situation de synthèse sur le parallélisme et aussi sur le cercle. Les six autres situations sont plus particulièrement centrées sur l'apprentissage des propriétés des figures :

- IDENTIFIER LA FIGURE et COMBIEN DE POLYGONES ? en période 2 ;
- UN POLYGONE ET SES ANGLES et TRIANGLES, QUADRILATÈRES ET ANGLES DROITS en période 4 ;
- RECHERCHE DE TOUS LES QUADRILATÈRES en période 5.

DE NOUVEAUX APPRENTISSAGES

Les situations relatives aux « objets » du plan proposées au CM2 permettent aux élèves de prendre conscience de la nécessité de recourir aux propriétés géométriques des figures (égalité de longueurs de côtés, présence d'angles droits, parallélisme de côtés, etc.) pour résoudre des problèmes, qu'ils traitaient auparavant en agissant sur les objets ou en mesurant des dimensions. Elles rendent donc ces propriétés opérationnelles. Ces situations permettent également aux élèves, qui n'auraient pas eu l'occasion de le faire les années précédentes, de remettre en cause les évidences fondées sur la perception. Les élèves apprennent ainsi à justifier leurs propositions, certaines propriétés ou recours à instrument étant auparavant utilisées implicitement.

Les activités proposées au CM2 visent à développer l'analyse des figures. Il s'agit, en quelque sorte, de permettre aux élèves de porter un regard différent sur les objets géométriques, et de les voir non plus comme des formes matérielles qu'ils déplacent, comme dans les premières phases de nombreuses situations du CE2, ni comme des représentations graphiques de dispositifs spatiaux sur feuille, comme dans les situations du CM1, mais comme des figures géométriques définies uniquement par leurs propriétés.

Les tracés permettant la résolution des problèmes d'alignement, de perpendicularité, de parallélisme ou de symétrie ont conduit les élèves à analyser les différentes relations qui existent entre les côtés de rectangles et à construire avec des instruments des traits droits parallèles ou perpendiculaires.

Au CM2, les relations entre les côtés d'un quadrilatère vont être utilisées, non plus seulement pour le construire, mais pour le distinguer d'autres quadrilatères et permettre l'émergence d'une catégorisation des figures.

Les situations du CM2 sur les figures du plan amènent donc les élèves à recourir à des raisonnements déductifs fondés sur des propriétés géométriques, par exemple pour identifier une figure, trouver toutes les solutions, prouver une impossibilité, etc.

En cela, ces situations installent progressivement les élèves dans une géométrie qui n'est plus basée sur l'évidence de la perception, ni sur la mesure des longueurs. Les solutions doivent être justifiées par le recours à des propriétés.

DIFFÉRENTS DISPOSITIFS DIDACTIQUES

Les problèmes proposés

- ✔ Sélection d'une figure par sa description (PAREIL, PAS PAREIL ?) ou par explicitation de ses propriétés (jeu du portrait dans IDENTIFIER LA FIGURE).
- ✔ Recherche de tous les polygones de dimension donnée (COMBIEN DE POLYGONES ?).
- ✔ Identification de polygones à partir de ses angles (Production d'un message dans la situation de communication UN POLYGONE ET SES ANGLES).
- ✔ Preuve d'une impossibilité (« *Un triangle peut-il avoir deux angles droits ?* » dans TRIANGLES, QUADRILATÈRES ET ANGLES DROITS).
- ✔ Inventaire de solutions (RECHERCHE DE TOUS LES QUADRILATÈRES).

Une évolution des supports

Au CE2, les problèmes proposés reposent souvent dans les premières phases sur des objets matériels, qui sont remplacés en cours de situation par leur représentation graphique.

Au CM1, ces représentations sont utilisées plus systématiquement dès la première phase des situations.

Au CM2, les problèmes portent directement sur des figures géométriques et sont proposés à partir de représentation de ces figures ou d'énoncés sans support.

L'information fournie avec l'énoncé va être d'abord un dessin des figures, puis la donnée de leurs dimensions, puis leur simple dénomination.

Questions sur

LES ENJEUX DE LA SITUATION « IDENTIFIER LA FIGURE »

LE PROBLÈME PROPOSÉ

Cette situation propose aux élèves de formuler par équipe des questions, auxquelles l'enseignant ne répond que par oui ou par non, pour identifier une figure choisie parmi 18 polygones.

Le lot de figures

✔ Cinq triangles :
- un triangle isocèle (M) ;
- un triangle rectangle (N) dont la forme rappelle une équerre ;
- un triangle avec un angle obtus (P) ;
- un triangle rectangle isocèle (O) ;
- un triangle équilatéral (L).

✔ Douze quadrilatères :
- deux quadrilatères non convexes, dont un a ses côtés égaux deux à deux (A) et l'autre a un angle droit (R) ;
- un parallélogramme (G) ;
- un losange (F) ;
- un rectangle (K) ;
- un carré (D) ;
- un trapèze rectangle (H) ;
- un trapèze quelconque (J) ;
- un « cerf-volant » (B) ayant ses côtés égaux deux à deux ;
- deux quadrilatères (C) et (Q), ayant trois côtés de même longueur, (Q) ayant aussi un angle droit ;
- un quadrilatère quelconque (I).

✔ Un pentagone régulier (E).

Le choix des figures

Les figures ont des tailles voisines pour que les dimensions des côtés ne soient pas des critères pour les distinguer. Elles sont disposées dans des positions non prototypiques (côtés non parallèles aux bords de la feuille) pour que leur orientation ne facilite pas une identification immédiate des figures connues et en particulier des angles droits.

Par exemple, pour exprimer une question qui permette de discriminer les triangles N et P, les équipes doivent les comparer attentivement pour repérer l'angle droit dans le triangle N. De même, pour distinguer plusieurs quadrilatères, qui se ressemblent à première vue, les équipes doivent formuler des hypothèses sur la présence d'angles droits.

Pour certains quadrilatères, le parallélisme des côtés est visuellement identifiable et constitue un critère utile, notamment pour distinguer les trapèzes d'autres quadrilatères.

LES CONNAISSANCES VISÉES

L'enjeu de la situation est de faire prendre conscience aux élèves de l'intérêt d'identifier :
- l'égalité des côtés et l'existence d'un angle droit pour les triangles ;
- le parallélisme et l'égalité des côtés ainsi que l'existence d'angles droits pour les quadrilatères.

Le nombre de côtés de la figure ne constitue pas un objet d'apprentissage, il est déjà connu des élèves.

Cette situation permet donc aux élèves de réinvestir les propriétés de certaines figures connues depuis longtemps (carré, losange, rectangle) et de recourir à des critères employés moins souvent pour distinguer d'autres figures.

Certaines convictions antérieures des élèves sont alors remises en cause, par exemple lorsqu'ils constatent que le carré est un losange particulier.

En disqualifiant le recours aux dimensions pour distinguer des figures et la référence à des objets connus, cette situation contribue à faire émerger la notion de figure géométrique, c'est-à-dire une figure caractérisée par ses propriétés. Cette notion sera le support principal des problèmes posés au collège.

Les raisonnements

Comme dans d'autres tâches de sélection d'un objet à partir de questions sur ses propriétés, auxquelles il est répondu par « oui » ou par « non », deux grands types de procédures coexistent :
- se centrer sur une figure et poser des questions jusqu'à ce qu'elle soit éliminée, puis en choisir une autre ;
- se centrer sur une des caractéristiques évoquées précédemment (parallélisme, égalités de côtés, angles droits...) et réduire au fur et à mesure le lot de figures encore en jeu, d'où l'intérêt de disposer d'une feuille pour noter les réponses.

Cette seconde procédure est plus efficace et valorise le rôle des propriétés mais elle ne fait pas l'objet d'un apprentissage.

Pour l'enseignant, cette situation fournit aussi l'occasion de repérer comment les élèves utilisent le vocabulaire géométrique et réinvestissent les propriétés abordées les années antérieures, notamment le parallélisme.

Situation
CM2 Période 2

COMBIEN DE POLYGONES ?

Le problème
Les élèves doivent chercher le nombre de quadrilatères ou triangles, dont les dimensions des côtés respectent les mesures imposées.

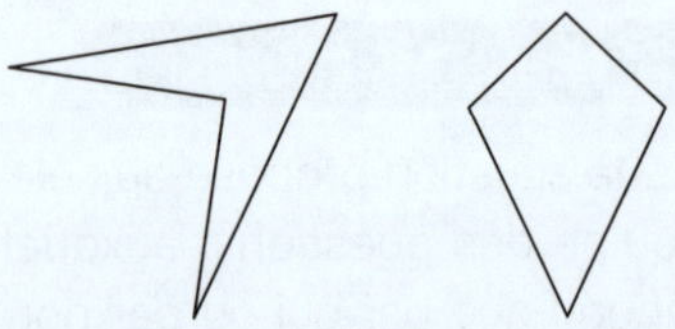
Deux exemples de production

Connaissances visées
- Caractériser les quadrilatères par leurs propriétés, indépendamment de leurs mesures.
- Réinvestir ou préciser les connaissances sur :
  - les figures usuelles (triangles, dont triangle rectangle, isocèle, équilatéral ; quadrilatères dont carré, rectangle, losange) ;
  - les objets (point, sommet, segment, côté, angle, angle droit) ;
  - les relations (égalité de longueurs, parallélisme, perpendicularité, égalité d'angles, symétrie).
- Utiliser un dessin à main levée pour explorer rapidement les possibilités, puis confirmer l'existence d'une figure en utilisant des connaissances géométriques.
- Construire des figures avec des instruments (règles, compas, équerre).
- Compléter le vocabulaire (côtés ou sommets, consécutifs ou opposés).
- Fréquenter des figures qui ne sont pas au programme (parallélogramme, cerf-volant).

Résumé de la situation
Chaque question est traitée en deux étapes successives : les élèves cherchent les polygones possibles, puis construisent les figures après la mise en commun.

Organisation de la situation
En trois ou quatre séances : les questions sur les quadrilatères demandent plus de temps que celles sur les triangles (questions 1, 3, 5 et 6 : 30 min ; question 2 : 45 min ; question 4 : 20 min).

Questions sur les enjeux de la situation : analyse p. 136

ERMEL Géométrie Cycle 3 (Hatier, 2006), situation p. 446

Matériel
- Une feuille A5 par élève et une feuille A4 par binôme.
- Un crayon et une gomme.
- La boite à outils n'est pas disponible à l'étape 1 (surtout pas de règle graduée) et est autorisée à l'étape 2.

LISTE DES QUESTIONS

- **Question 1 :** *« Combien existe-t-il de quadrilatères dont tous les côtés mesurent 5 cm ? »*
- **Question 2 :** *« Combien existe-t-il de quadrilatères dont deux côtés mesurent 6 cm et deux côtés 4 cm ? »*
- **Question 3 :** *« Combien existe-t-il de quadrilatères dont trois côtés mesurent 3 cm et un côté 10 cm ? »*
- **Question 4 :** *« Combien existe-t-il de triangles dont tous les côtés mesurent 5 cm ? »*
- **Question 5 :** *« Combien existe-t-il de triangles avec deux côtés de même mesure, les côtés mesurant 6 cm ou 4 cm ? »*
- **Question 6 :** *« Combien existe-t-il de triangles avec deux côtés de même mesure, les côtés mesurant 9 cm ou 4 cm ? »*

Solutions
- **Question 1** – Une infinité de losanges, dont un carré.
- **Question 2** – Trois types de solutions : une infinité de parallélogrammes (côtés consécutifs 6 – 4 – 6 – 4) dont un rectangle ; une infinité de cerfs-volants (côtés consécutifs 6 – 6 – 4 – 4 ; convexes ou concaves) ; une infinité de quadrilatères croisés (du type 6 – 4 – 6 – 4).
- **Question 3** – Pas de solution : la longueur d'un côté est supérieure à la somme des trois autres (10 > 3 + 3 + 3.)
- **Question 4** – Un seul triangle équilatéral.
- **Question 5** – Deux triangles isocèles (6 – 6 – 4 et 4 – 4 – 6).
- **Question 6** – Un seul triangle isocèle (9 – 9 – 4), l'autre cas (4 – 4 – 9) étant impossible.

ÉTAPE 1 : RECHERCHE SANS INSTRUMENT

Présentation et consigne

L'enseignant : *« Sortez le matériel (feuilles, crayon, gomme) et rangez tout le reste. Vous allez travailler seul pendant deux minutes sur les petites feuilles, puis avec votre voisin ou voisine pendant cinq minutes sur la grande feuille. Quand je vous le dirai, vous mettrez au propre ce que vous avez trouvé pour l'afficher. »*

L'enseignant écrit la question au tableau (cf. liste).

Recherche individuelle puis en binôme

L'enseignant propose à la classe une question à la fois. Après un temps court de recherche individuelle (deux minutes pour que chacun s'approprie le problème), les élèves travaillent pendant cinq minutes en binôme. L'enseignant peut susciter des réactions chez les élèves qui se contentent d'une seule réponse.

Puis, l'enseignant annonce : *« Sur une feuille propre, écrivez votre réponse avec tout ce qui vous servira à l'expliquer aux autres. Vous avez de cinq minutes. »*

Mise en commun

L'enseignant ne fait passer au tableau que quelques binômes. À chaque fois, il demande aux autres binômes : *« Qui a trouvé cette figure ? Qui en a trouvé d'autres ? »*

Pour organiser les échanges et préparer une synthèse, il peut constituer au fur et à mesure une sorte de tableau : il peut dessiner chaque type de figure, la nommer et indiquer, en le justifiant, combien de figures de ce type sont une solution à la question.

L'enseignant peut selon les échanges et les questions préciser :
- la désignation des figures et des relations ;
- les propriétés géométriques formulées pour justifier des réponses ;
- les procédures (*« Comment construire une telle figure ? »*).

ÉTAPE 2 : CONSTRUCTION AVEC INSTRUMENTS

Construction

Chaque élève dessine une ou plusieurs figures validées à l'étape 1. Par exemple, pour la question 1, l'enseignant demande à chaque élève de dessiner sur du papier non quadrillé, un losange de côté 5 cm, puis un carré de côté 5 cm.

Mise en commun

Elle est l'occasion d'échanges sur les instruments qu'il est possible d'utiliser (gabarits d'angles, compas, règle et équerre) et les procédures mises en place (tracés d'angles, de parallèles, de perpendiculaires ; reports de longueurs).

Trace écrite

Sur le cahier mémoire, l'enseignant fait écrire le nombre de solutions en désignant chaque type de figure, et l'élève colle les dessins qu'il a faits.

Objectif de l'étape 1

À partir de ses connaissances géométriques, identifier certaines figures et les construire ou justifier qu'elles sont impossibles à construire.

Analyse des figures

Deux figures superposables (avec ou sans retournement) seront considérées comme étant « pareilles » pour les élèves.

Caractérisation d'un polygone

Un polygone peut être caractérisé par :
- le nombre de côtés ;
- des relations éventuelles liant ses côtés (égalité de longueurs, parallélisme, perpendicularité) ;
- les dimensions de ses côtés (ou de ses diagonales) ;
- ses angles.

Une seule de ces données ne suffit en général pas à déterminer un polygone mais aboutit à envisager plusieurs polygones.

Mise en commun : ordre de passage des binômes

- Par exemple, pour la question 1 :
  1. un binôme avec le carré seulement (cas particulier) ;
  2. un binôme avec une figure fausse (cas d'erreur) ;
  3. un binôme avec un losange (cas exact ou le plus général).
- Par exemple, pour la question 3 :
  1. un binôme qui a trouvé une figure (cas d'erreur car il n'existe pas de solution à cette question) ;
  2. un binôme annonçant que c'est impossible (cas exact).

Objectifs de l'étape 2

- S'entrainer à construire les figures usuelles de façon instrumentée.
- Recourir à la validation par le tracé pour savoir si une figure est possible ou non.

Exemple de trace écrite (question 1)

« Il existe une infinité de quadrilatères dont tous les côtés mesurent 5 cm. Ce sont des losanges car ils ont les quatre côtés de même longueur. En voici un (l'élève colle son dessin). *Un cas particulier est le carré de côté 5 cm. Le voici* (l'élève colle son dessin). »

Questions sur LES ENJEUX DE LA SITUATION « COMBIEN DE POLYGONES ? »

LES PROBLÈMES PROPOSÉS

Présentation

Dans cette situation, les élèves sont amenés à déduire les propriétés de polygones à partir des dimensions données dans la question pour pouvoir ensuite les tracer, puis les identifier.

Les questions commencent par « *Combien existe-t-il...* », pour demander explicitement le nombre de solutions. Un des enjeux est que les élèves prennent conscience qu'il existe d'autres solutions que celles auxquelles ils ont pensé immédiatement.

Déterminer le nombre de solutions (étape 1)

Quatre cas se présentent, mais avec deux types de réponses différentes pour les questions 5 et 6 selon les dimensions des côtés des triangles.

✔ **Une solution unique :**
- un triangle équilatéral à la question 4, la définition (tous les côtés de même dimension) étant connue des élèves ;
- un triangle isocèle à la question 6 (deux côtés de 9 cm et le troisième côté de 4 cm).

✔ **Deux solutions :** deux triangles isocèles à la question 5 (deux côtés égaux, mesurant 4 cm ou 6 cm).

✔ **Une infinité de solutions :**
- à la question 1, car la longueur des côtés d'un losange est insuffisante pour le caractériser.
- à la question 2, les figures proposées pouvant appartenir aux catégories suivantes : parallélogramme, « cerf-volant » (convexe ou concave, cf. figures A et B de la situation IDENTIFIER UNE FIGURE p. 130) ou quadrilatères croisés.

✔ **Une absence de solution** à la question 3, pour un quadrilatère ayant trois côtés mesurant 3 cm et un côté mesurant 10 cm, et aussi à la question 6, pour un triangle dont deux côtés mesureraient 4 cm et le troisième 9 cm. Dans ces deux cas, il est impossible de construire la figure car la longueur d'un des côtés est supérieure à la somme des longueurs des autres côtés.

LES CONNAISSANCES VISÉES

L'objectif de cette situation est que l'élève traduise les mesures fournies en termes d'égalités de longueur pour déduire de ces propriétés le type de figure concerné. Bien entendu, de nombreux élèves vont commencer par tracer certaines figures en respectant les dimensions. Certains élèves identifieront la figure grâce à ses propriétés seulement dans un deuxième temps, notamment lorsqu'ils présenteront leur solution lors des mises en commun.

Recherche d'autres solutions

Certaines questions induisent les élèves à chercher plusieurs configurations, par exemple les questions 5 et 6 nécessitent de choisir les longueurs des deux côtés égaux. Dans d'autres cas, comme la question 2, le nombre de côtés de même longueur est donné mais leur disposition n'est pas évoquée dans l'énoncé : les côtés de longueurs différentes alternent-ils comme dans un parallélogramme, ou sont-ils consécutifs comme dans un cerf-volant ? Chaque élève ne peut pas envisager tous les types de quadrilatères ou se souvenir de ceux de la situation précédente (IDENTIFIER LA FIGURE). Si aucun élève n'a pensé au cerf-volant, l'enseignant peut rappeler sa forme et relancer la recherche.

Prouver une impossibilité

Les élèves peuvent justifier qu'il n'y a pas de solution par le dessin (notamment pour le triangle isocèle de la question 6 dont deux côtés mesurent 4 cm et le troisième 9 cm) et par le calcul de la somme des longueurs, la longueur de chaque côté devant être inférieure à la somme des longueurs des autres.

Utiliser des schémas

Pour explorer les cas ou mettre à l'épreuve leurs hypothèses, les élèves peuvent produire des schémas avec des cotes ou des symboles pour signaler les côtés égaux ou différents. Ces outils seront aussi abordés en période 5, dans la situation RECHERCHE DE TOUS LES QUADRILATÈRES (p. 148).

Construction instrumentée de figures (étape 2)

Depuis le CE1, il nous parait important que les propriétés de figures, formulées comme éléments de justification d'une solution lors de la mise en commun, soient ensuite mises en œuvre rapidement par la construction instrumentée de figures. Cette construction met en évidence le rôle de certains instruments, notamment du compas. Certaines propriétés comme le parallélisme de côtés ne serviront pas pour ces constructions assez simples mais pourront être constatées sur la figure. Cette situation permet aussi à l'élève de comprendre que pour construire un parallélogramme précis, il a besoin d'une donnée supplémentaire (la mesure d'un angle ou d'une diagonale).

Situation
CM2 Période 2

L'ATTRAPE (2)

Ressources pour la situation hatier-clic.fr/24ermelg220

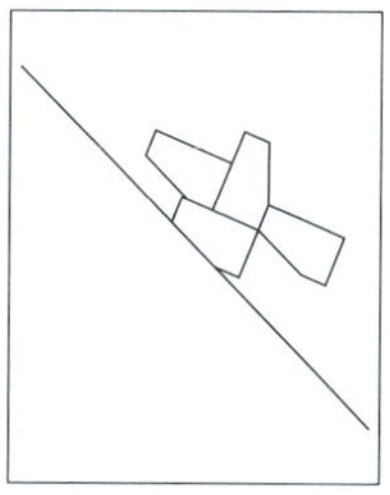
Phase 2

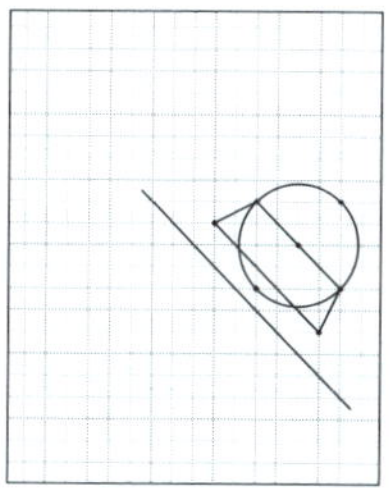
Phase 3

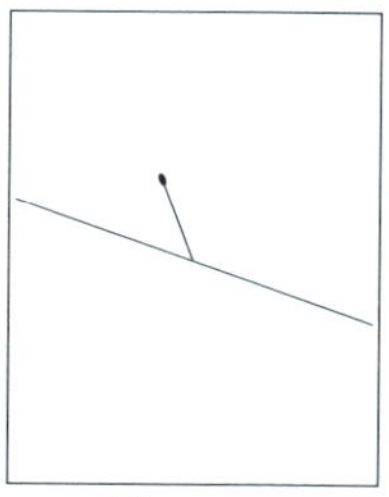
Phase 5

Les problèmes

Les élèves doivent construire le symétrique de diverses figures et valider leur production à l'aide d'un miroir semi-réfléchissant (géomiroir). Ils doivent ensuite construire le symétrique d'un point par rapport à un axe. Le géomiroir sert alors à valider les productions.

Connaissances visées

- Trouver les axes de symétrie d'une figure plane et connaitre le terme de symétrie axiale.
- Construire, sur quadrillage, le symétrique d'une figure par rapport à un axe orienté selon les directions du quadrillage ou selon une diagonale.
- Construire, sur papier blanc, le symétrique d'un point ou d'un segment par rapport à un axe.

Résumé de la situation

- Dans la **phase 1**, les élèves produisent par assemblage des formes symétriques ou non.
- Dans la **phase 2**, ils complètent une figure par symétrie à l'aide d'un gabarit de forme.
- Dans la **phase 3**, ils construisent une figure par symétrie sur un quadrillage.
- Dans la **phase 4**, ils placent le symétrique d'une figure avant de vérifier avec le géomiroir.
- Dans la **phase 5**, ils construisent le symétrique d'une figure et vérifient avec le géomiroir.

Organisation de la situation

En trois séances : une pour les phases 1 et 2, une pour la phase 3 et une pour les phases 4 et 5.

Questions sur les enjeux de la situation : analyse p. 140

ERMEL Géométrie Cycle 3 (Hatier, 2006), situation p. 402

Phase 1 : Obtenir par assemblage des formes avec ou sans axe de symétrie

Matériel pour un binôme
- Deux formes P découpées (annexe 1) et un géomiroir.

Matériel pour la classe
- Une forme P (annexe 1) agrandie et découpée dans du carton.

Consigne

L'enseignant : « *Assemblez deux pièces P l'une contre l'autre et dessinez le contour de la forme obtenue. Les deux pièces P se touchent, sans chevauchement, et les deux côtés qui se touchent peuvent avoir des longueurs différentes. Vous avez le droit de retourner les pièces P.* »

Recherche par binôme

Chaque élève reçoit une forme P découpée.

Mise en commun et validation pratique

Le tableau est partagé en deux colonnes : l'une pour les formes avec un axe de symétrie, l'autre pour les formes sans.

Les élèves viennent reproduire au tableau leur propositions dans la colonne de leur choix à l'aide des formes P agrandies. Pour les valider ou invalider, l'enseignant fait rappeler les méthodes possibles pour vérifier qu'une figure admet un axe de symétrie :

Matériel : géomiroir

Les caractéristiques du géomiroir sont précisées dans la situation L'ATTRAPE (1) p. 115.

Matériel : la forme P

Elle est pentagonale avec deux côtés isométriques, elle n'admet pas d'axe de symétrie.
La lettre P sert uniquement à distinguer le recto et le verso de la pièce.

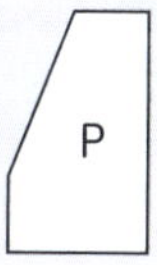

Annexe 1

Consigne : exemples de formes

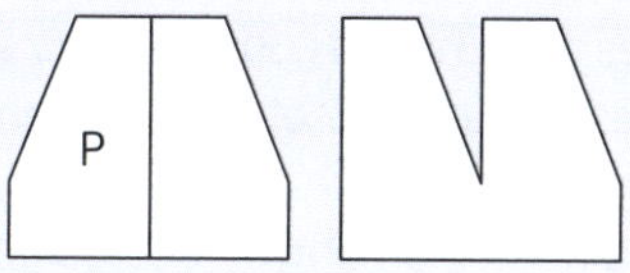

On ne dessinera que le contour de la surface (cf. figure de droite).

- *« par pliage »* (ce que l'on peut simuler en retournant un gabarit en prenant un côté pour axe) ;
- *« à l'aide d'un géomiroir »* ;
- *« en retournant la forme dans son empreinte »*.

Conclusion

L'enseignant précise qu'un axe de symétrie d'une figure est une droite qui partage la figure en **deux parties superposables après retournement** autour de cette droite, ce que l'on peut vérifier en pratique par pliage ou grâce à un géomiroir.

Phase 2 : Compléter une figure par symétrie

Matériel pour un binôme
- Un exemplaire de la figure à compléter (annexe 2).
- Un géomiroir seulement pour la validation.
- Deux formes P de la phase 1 (une par élève).

Matériel pour la classe
- Une forme P agrandie en carton de la phase 1.

Consigne et recherche par binôme

L'enseignant distribue la figure (annexe 2) et explique : *« En vous servant de la forme P comme gabarit, dessinez la figure symétrique de la figure donnée par rapport à la droite. »*

Il montre la droite et rappelle que cette consigne revient à dessiner l'image de la figure que l'on verra en plaçant le géomiroir sur le trait, ou à dessiner la figure obtenue par pliage le long du trait.

Mise en commun

Un binôme reproduit sa configuration au tableau à l'aide de la forme P agrandie en carton. Sa proposition est débattue.

Conclusion

L'enseignant demande ce que l'on peut dire de la figure formée par l'original et son « image » : **elle possède un axe de symétrie**. Il précise alors que les élèves viennent de « ***compléter le dessin par symétrie*** » (l'axe de la symétrie étant le trait).

Phase 3 : Construire le symétrique

Matériel individuel
- Un exemplaire des figures (annexes 3 et 4).
- Un géomiroir (pour deux élèves) pour la validation.
- La boite à outils de géométrie.

Recherche individuelle

Les élèves cherchent à construire les symétriques des quatre figures proposées (annexes 3 et 4). Le géomiroir n'est utilisé que pour la validation à la fin de chaque exercice. L'élève peut corriger sa proposition à l'aide d'un crayon de couleur différente.

Mise en commun

L'enseignant reproduit au tableau, sur quadrillage, une des quatre figures. Il fait ensuite expliciter les procédures qui ont permis de construire une image correcte en la faisant réaliser au tableau.

Mise en commun

Le contour d'une forme ne peut pas avoir plus d'un axe de symétrie. Il ne doit pas y avoir dans une même colonne deux formes directement superposables (sans retournement).
En cas de besoin, l'enseignant fera rappeler par les élèves la signification d'axe de symétrie et pourra se contenter, pour le moment, de la formulation souvent proposée : *« C'est un trait qui partage la figure en deux. »*

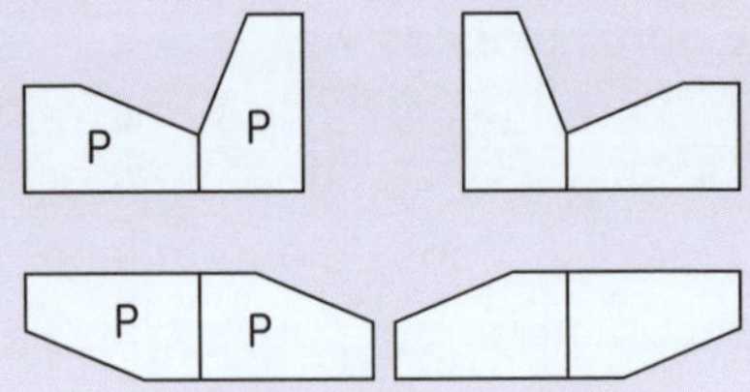

Figures sans axe de symétrie

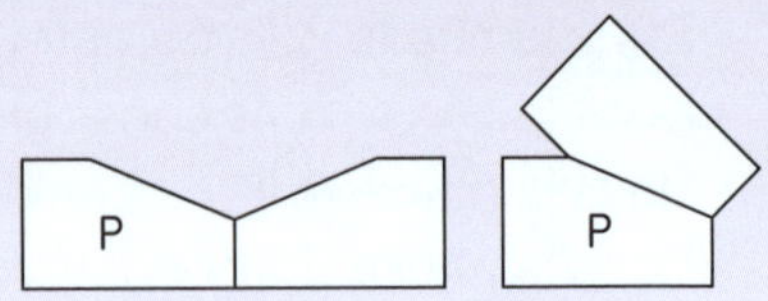

Figures avec axe de symétrie

Matériel pour la phase 2

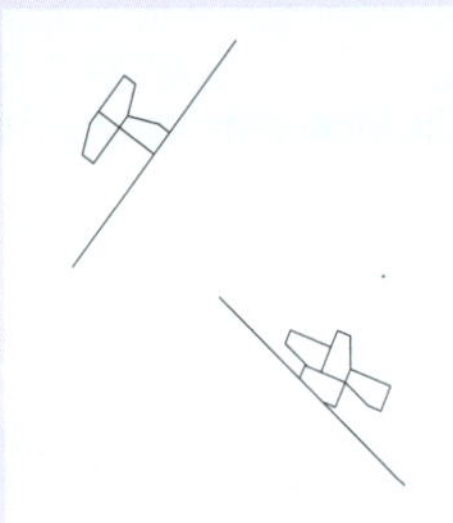

Annexe 2

Mise en commun

En cas de désaccord, on peut recourir au pliage ou au géomiroir à partir de la production des élèves sur papier.

Matériel pour la phase 3

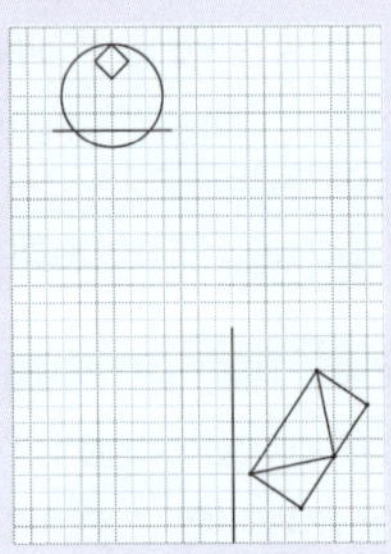

Annexe 3

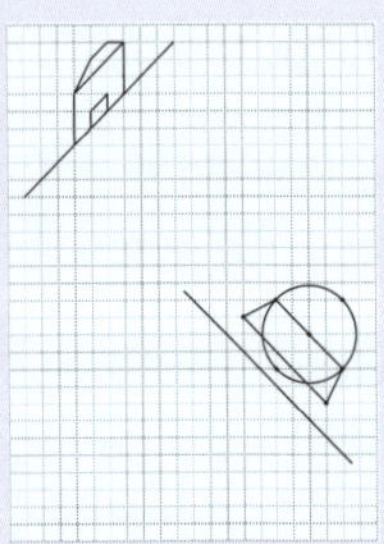

Annexe 4

Phase 4 : Jeu de l'attrape avec le géomiroir

Matériel pour un binôme
- Un géomiroir.
- Une feuille A3 avec un trait oblique fin (sur lequel on posera le géomiroir).
- Deux macarons distincts (dessin d'une allumette ou d'une boite) à découper (annexe 5).
- La boite à outils de géométrie (sans incitation à s'en servir).

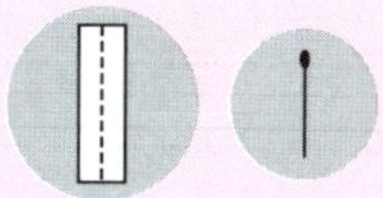

Dispositif de la phase 4

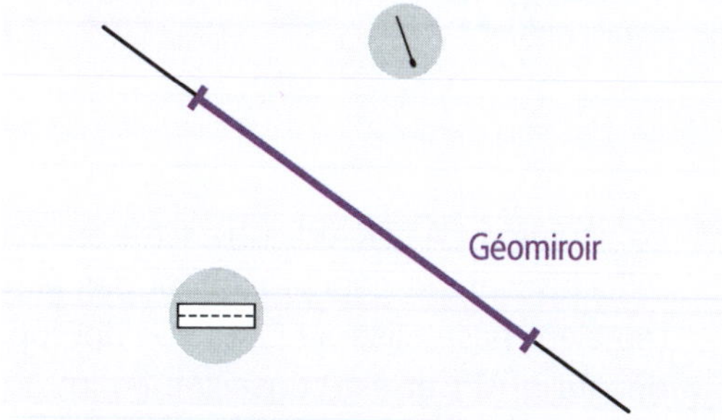

Familiarisation avec le dispositif

La zone de jeu de chaque joueur est délimitée sur la feuille A3 par un trait, qui ne doit pas être franchi. Le géomiroir est placé sur ce trait et peut coulisser le long de celui-ci. Le premier joueur place la boite dans sa zone, le second doit placer l'allumette dans l'autre zone pour que son image soit dans la boite. Ils procèdent ainsi à plusieurs placements en les corrigeant sur-le-champ.

Recherche

Le jeu est le même, mais les élèves ne disposent plus du géomiroir pour placer l'allumette afin d'encourager l'anticipation. Pour éviter les déplacements des macarons, on pourra les immobiliser avec de la gomme à fixer ou des « post-it ». La position de l'allumette est validée ou invalidée à l'aide du géomiroir, chaque joueur regardant de son côté du miroir. On déclare alors si le deuxième joueur a gagné ou perdu. La partie est reprise en échangeant les rôles.

Recours aux instruments (phase 4)

Les élèves utilisent de plus en plus les outils de géométrie pour placer l'allumette. L'utilisation de l'équerre (en plaçant un des côtés le long de l'axe) ou de la réquerre est particulièrement adaptée.
Le pointillé marquant un axe de la boite permet une plus grande précision dans le positionnement des instruments.
La distance à l'axe est repérée par l'écartement de deux doigts ou avec la règle graduée, en prenant en compte grossièrement la perpendicularité avec l'axe.
Les problèmes de précision vont s'accentuer en phase 5 à la fin de laquelle la procédure de construction sera mise au point.

Phase 5 : Jeu de l'attrape (papier-crayon)

Matériel pour un binôme
- Deux exemplaires des annexes 6 et 7 (un par élève).
- La boite à outils de géométrie.
- Un géomiroir pour la validation.

Matériel pour la phase 5

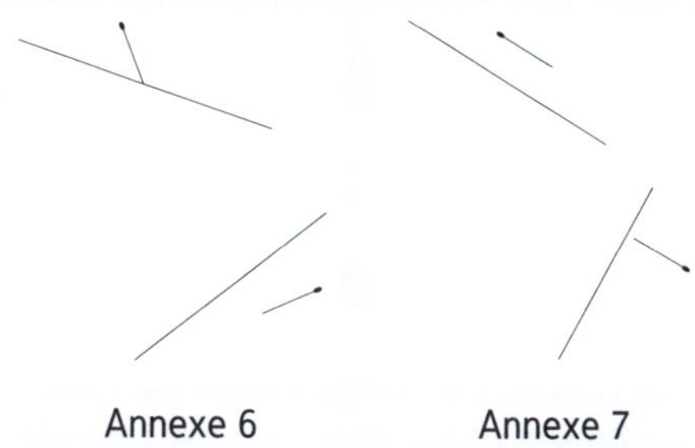

Consigne et recherche par binôme

L'enseignant : « *Dessinez où sera l'image de l'allumette quand on regardera dans le géomiroir. Vérifiez vous-même vos dessins avec le géomiroir ; il ne doit être utilisé que lors de la vérification.* »

La vérification à l'aide du géomiroir par les élèves est immédiate.

Mise en commun après les quatre exercices

Les procédures qui ont permis de faire des propositions satisfaisantes ainsi que celles qui ne conviennent pas sont explicitées.

Conclusion et trace écrite

L'enseignant fait formuler la procédure de construction de l'image d'un point avec les outils de la géométrie : « *Pour tracer l'image d'un point par symétrie axiale, on trace une perpendiculaire à l'axe passant par ce point, on mesure la distance du point à l'axe sur cette perpendiculaire et on reporte cette distance de l'autre côté de l'axe, toujours sur la perpendiculaire. Pour tracer l'image d'un segment, on peut tracer les images de ses deux extrémités.* »

Il précise que l'on a **construit l'image de** … (un point, un segment) **par la symétrie d'axe** … (nommer la droite).

Mise en commun

Les élèves peuvent formuler des remarques :
– l'image de l'allumette parallèle (ou perpendiculaire) à l'axe est également parallèle (ou perpendiculaire) à l'axe ;
– un point de l'axe ne change pas.
L'enseignant met en évidence que pour tracer l'image de l'allumette, il suffit de tracer l'image de ses deux extrémités.

Questions sur LES ENJEUX DE LA SITUATION « L'ATTRAPE (2) »

La situation L'ATTRAPE (2) utilise un miroir semi-réfléchissant : le géomiroir. Pour des élèves qui ne l'auraient pas utilisé au CM1, son appropriation est décrite p. 115 et est conseillée en introduction de cette situation même s'il ne servira pas ici pour la production de formes symétriques mais simplement pour la validation pratique.

LES CONNAISSANCES VISÉES

Reprise des différentes significations spatiales de la symétrie

Cette situation approfondit les apprentissages sur la symétrie axiale développés au CM1 en demandant aux élèves de chercher, s'il existe, l'axe de symétrie d'une figure, et de construire le symétrique d'un point.

Elle permet aussi de revenir sur les différentes significations spatiales de la symétrie : une figure qui a un axe de symétrie est réversible et peut être pliable en deux parties superposables selon cet axe. Aborder ces significations est aussi utile pour des élèves qui n'auraient pas eu l'occasion de les travailler les années précédentes.

Construction du symétrique d'une figure

D'après des constats d'enseignants et de nombreux travaux produits en didactique des mathématiques, notamment depuis ceux de Denise Grenier en 1987[1], lorsque l'axe de symétrie tracé est parallèle aux bords d'une feuille rectangulaire mais n'est pas placé au milieu de la feuille, beaucoup d'élèves placent le symétrique d'une figure comme si l'axe était au milieu. De plus, lorsque l'axe n'est plus parallèle aux bords, la confusion est grande avec une symétrie centrale (comme les figures dans des jeux de cartes). Ces constats ont été largement vérifiés lors d'évaluations nationales.

Ces difficultés proviennent en partie d'un recours trop précoce à la production de figures symétriques et exclusivement sur quadrillage, transformant ce qui aurait dû relever du domaine de la géométrie à un dénombrement de carreaux. Aussi, il nous semble important de permettre d'abord aux élèves d'anticiper le positionnement du symétrique d'une figure, puis de valider eux-mêmes leurs propositions en recourant si nécessaire à des gestes (retournement, pliage, positionnement d'un miroir, etc.), avant d'apprendre à construire le symétrique d'un point.

LES PROBLÈMES PROPOSÉS

Tracer une figure à partir d'une description (phase 1)

Les élèves produisent des formes symétriques ou non en assemblant deux pièces pentagonales « P ». Ils ont déjà rencontré un assemblage de pièces « P » dans la situation L'ATTRAPE (1) au CM1 (figure D de l'annexe 1), où ils devaient alors identifier si la figure avait un axe de symétrie.

Cinq assemblages de deux pièces « P » possèdent un axe de symétrie ; ils peuvent être obtenus en accolant les côtés identiques des deux pièces. Mais il ne s'agit pas ici de prouver que toutes les solutions ont été trouvées. D'autres assemblages peuvent présenter une régularité apparente et posséder une symétrie centrale au lieu d'une symétrie axiale.

Compléter une figure par symétrie (phase 2)

Les élèves ont à tracer le symétrique d'une figure, qui est un assemblage de quatre pièces « P », selon un axe placé obliquement. Ils utilisent pour cela un gabarit de la pièce « P ». Cette phase conduit ainsi les élèves à identifier les alignements de côtés dans l'assemblage qui permettent de produire le symétrique sans imprécision.

Construire le symétrique d'une figure (phase 3)

Les élèves construisent les symétriques de figures sur quadrillage. Pour certaines figures, l'axe de symétrie est positionné obliquement.

Placer le symétrique d'un point selon un axe oblique (phase 4)

Les élèves placent le symétrique d'un segment (jeu de l'attrape) avant de vérifier avec le géomiroir.

Construire le symétrique d'un segment (phase 5)

Les élèves construisent le symétrique d'un segment selon un axe oblique, puis vérifient avec le géomiroir. Cette phase conduit à énoncer les propriétés suivantes : l'image d'un segment parallèle (ou perpendiculaire) à l'axe est également parallèle (ou perpendiculaire) à l'axe ; un point de l'axe ne change pas.

L'enseignant met également en évidence que pour tracer l'image d'un segment, il suffit de tracer l'image de ses deux extrémités.

1. Grenier D. (1990), Construction et étude d'un processus d'enseignement de la symétrie orthogonale : éléments d'analyse du fonctionnement de la théorie des situations, *Recherches en Didactique des Mathématiques*, 10(1), 5-60.

Situation
CM2 Période 4

UN POLYGONE ET SES ANGLES

Ressources pour la situation hatier-clic.fr/24ermelg221

Le problème

Il s'agit d'une situation de synthèse : les élèves doivent reconnaitre certaines figures (triangles et quadrilatères) par leur nature, les dimensions de leurs côtés et leurs angles.

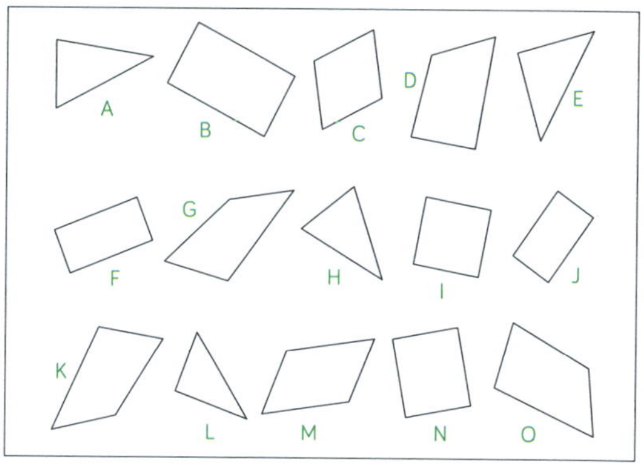

Lot de figures (annexe 1)

Connaissances visées

- Savoir que la donnée des longueurs des côtés ne suffit pas toujours à déterminer un polygone.
- Passer de la seule mesure des côtés à l'utilisation des angles pour reconnaitre un polygone.
- Utiliser un gabarit d'angle.

La construction instrumentée des triangles et polygones n'est pas un objectif ; les constructions demandées à la phase 2 visent à mettre en évidence la nécessité de préciser les angles d'un polygone.

Résumé de la situation

- Dans la **phase 1**, un élève d'un binôme rédige un message, qui devra permettre à l'autre élève de reconnaitre une figure dans le lot (annexe 1).
- Dans la **phase 2**, chaque élève construit un quadrilatère dont les mesures des côtés sont données.
- Dans la **phase 3**, les élèves doivent retrouver, à l'aide des gabarits d'angle, l'une des figures d'un lot de quadrilatères ayant tous les mêmes dimensions.

Organisation de la situation

Trois séances successives : une séance par phase, celle de la phase 1 étant longue.

Questions sur les enjeux de la situation : analyse p. 150

ERMEL Géométrie Cycle 3 (Hatier, 2006), situation p. 265

Phase 1 : La mesure des côtés ne suffit pas toujours à déterminer un polygone

Matériel individuel

- Le lot de figures (annexe 1, au format A4).
- Trois figures à reconnaitre (annexe 2, au format A4, à découper : figures 1, 2 et 3 pour le groupe 1 ; figures 4, 5 et 6 pour le groupe 2).
- Une « fiche-message », c'est-à-dire un tableau pour écrire ses messages (annexe 3).
- Une boite à outils pour deux élèves : tous les instruments habituels et une enveloppe contenant sept gabarits d'angles de 45°, 60°, 80°, 90°, 100°, 120° et 135° (annexe 4).

Présentation

L'enseignant sépare la classe en deux groupes (désignés par groupe 1 et groupe 2) dès le début de la séance, de manière à éviter la proximité des émetteurs et récepteurs. Un élève du groupe 1 rédige

Objectif de la phase 1

Savoir que la donnée des longueurs des côtés ne suffit pas toujours à déterminer un polygone.

Informations nécessaires

- Pour un triangle, il faut trois informations : les mesures des trois côtés, ou de deux côtés et d'un angle, ou d'un côté et de deux angles.
- Pour un quadrilatère, il en faut au moins cinq : les mesures de quatre côtés et d'un angle, ou de trois côtés et de deux angles, ou des quatre côtés et d'une diagonale.
- Indiquer la nature du triangle ou du quadrilatère diminue le nombre d'informations nécessaires sur les mesures. Par exemple, pour un triangle rectangle, deux mesures de côtés suffisent.

un message à destination d'un élève du groupe 2 (et inversement). Les deux groupes travaillent sur des figures différentes.

Communication du problème

L'enseignant distribue à chaque élève sa « fiche-message » (annexe 3), sur laquelle écrire ses messages, et explique : *« Vous allez travailler seul. Sur votre table, vous n'avez que la boite à outils et des petites feuilles. Écrivez votre nom dans "Émetteur" en haut de votre petite feuille. Je vais distribuer à chacun de vous trois figures. Elles sont numérotées 1, 2 et 3 pour ce groupe et 4, 5 et 6 pour l'autre. Ces figures sont mélangées à d'autres sur cette grande feuille. Toutes sont désignées par des lettres. »*

Il montre l'annexe 2 pour que les élèves aperçoivent la variété des figures (mais assez rapidement pour qu'ils ne puissent pas mémoriser). Il ne fait ni n'autorise aucun commentaire.

Il continue : *« Pour l'instant, vous allez écrire, sur votre petite feuille, un message pour chaque figure, sans faire de dessin. Ce message sera donné à un autre élève et devra lui permettre de retrouver les trois figures dans la grande feuille que je lui donnerai. »*

Il distribue aux élèves du groupe 1 les figures 1, 2 et 3 et aux élèves du groupe 2 les figures 4, 5 et 6 (annexe 2).

Recherche individuelle et échange des messages

Les élèves des deux groupes écrivent les messages correspondant à leurs figures respectives. Quand tous les élèves ont terminé, l'enseignant organise les échanges de messages entre les deux groupes. Il ramasse les figures, distribue les « fiches-messages » du groupe 1 au groupe 2 (et inversement), puis précise : *« Écrivez votre nom dans "Récepteur" en haut de la petite feuille que vous venez de recevoir. Je vais vous distribuer la grande feuille. Pour chaque message, vous devez indiquer les lettres de toutes les figures qui lui correspondent. »*

Mise en commun

L'enseignant peut fixer les six figures au tableau et noter les réponses des récepteurs à côté.

L'échange qui suit devrait faire apparaitre que :

- l'indication de la nature et des dimensions suffit à déterminer certaines figures (les triangles et rectangles des figures 1, 2, 4 et 5 sont en général retrouvés) ;
- des informations complémentaires (longueurs de diagonales, angles) sont nécessaires pour identifier d'autres figures car les indications des messages correspondent à plusieurs figures (les figures 3 et 6 sont le même quadrilatère K de dimensions 3 cm, 4 cm, 3 cm et 5 cm).

Phase 2 : Comparer les angles

Matériel pour la classe

- Une figure K de dimensions 3 cm ; 4 cm ; 3 cm ; 5 cm (annexe 5 à découper sous forme de vignette arrondie).
- Un lot de gabarits d'angles de 45°, 60°, 80°, 90°, 100°, 120° et 135° (annexe 4).

Matériel individuel

- Une feuille blanche non quadrillée (ou calque) au format A4.
- Une boite à outils complète pour deux élèves.

Matériel

Pour le groupe 1	Pour le groupe 2
Figure 1 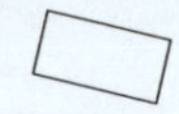	Figure 4 
Figure 2 	Figure 5 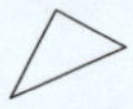
Figure 3 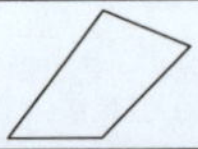	Figure 6 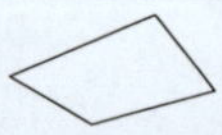

Annexe 2

Numéro de figure	Émetteur : ... Messages	Récepteur : ... Figure trouvée
1		
2		
3		

Annexe 3 (pour le groupe 1)

Solutions

Les figures à trouver sont respectivement :
1 : F ; 2 : E ; 3 : K ; 4 : B ; 5 : L ; 6 : K.

Exemples de messages

- Pour la figure 1 (rectangle F) :
  - *« C'est un rectangle de longueur 4 cm et de largeur 2 cm. » ;*
  - *« Elle fait 4 cm de longueur et 2 cm de largeur, elle a quatre angles droits. » ;*
  - *« La longueur est perpendiculaire à la largeur, longueur = 4 cm, largeur = 2 cm. » ;*
  - *« Il y a quatre angles droits, les deux côtés verticaux mesurent 2 cm et les horizontaux 4 cm. ».*
- Pour les figures 3 et 6 (quadrilatère K) :
  - *« Les côtés mesurent 4 cm, 3 cm, 3 cm et 5 cm. » ;*
  - *« On dirait un rectangle déformé, il n'a pas d'angle droit : ses côtés mesurent 4 cm, 3 cm, 3 cm et 5 cm. » ;*
  - *« Il n'a pas de côtés parallèles : ses côtés mesurent 4 cm, 3 cm, 3 cm et 5 cm. » ;*
  - *« Côtés horizontaux haut 4 cm, bas 5 cm ; côtés verticaux : gauche 3 cm, droite 3 cm. » ;*
  - *« Avec on peut faire 3 triangles ; ses côtés mesurent 4 cm, 3 cm, 3 cm et 5 cm. » ;*
  - *« Les côtés mesurent 4 cm, 3 cm, 3 cm et 5 cm ; un angle droit, un angle aigu, un angle obtus. ».*

Objectifs de la phase 2

- Comprendre que les quadrilatères obtenus diffèrent par leurs angles.
- Passer de la seule mesure des côtés à l'utilisation des angles pour reconnaitre un polygone.

Présentation

L'enseignant : « *Sur chaque table, il n'y a qu'une feuille blanche et la boite à outils. Sur la feuille, chacun va construire un quadrilatère dont les côtés mesurent 3 cm, 4 cm, 3 cm et 5 cm dans cet ordre.* »

Il fait un dessin de ligne brisée non fermée à main levée pour expliquer « *3 cm, 4 cm, 3 cm et 5 cm dans cet ordre* ».

Il ajoute : « *Tous les instruments sont autorisés. Vous tracerez les côtés de façon bien visible. Puis, vous découperez votre feuille avec des bords non droits et vous inscrirez votre nom.* »

Recherche individuelle puis échanges par binôme

L'enseignant demande : « *Tout le monde a-t-il réussi à faire un quadrilatère ? Avez-vous respecté les longueurs indiquées (à 2 mm près) ? Avez-vous respecté l'ordre 3 cm, 4 cm, 3 cm, 5 cm ? Si oui, votre figure est-elle la même que celle de votre voisin ou voisine ?* »

Mise en commun

Après quelques instants d'échanges par binôme, l'enseignant fait un rapide bilan :

- « *Vos figures sont-elles identiques ?* » ; réponses attendues : non ou quelques hésitations.
- « *Comment avez-vous comparé ?* » ; réponses attendues : à vue d'œil, par superposition, en comparant la longueur des diagonales ou les angles.

L'enseignant affiche quelques productions (assez différentes les unes des autres). La discussion permet de réaffirmer que les mesures ne suffisent pas pour construire le même quadrilatère.

Nouvelle recherche

L'enseignant montre ensuite l'annexe 5 et indique que la figure est le quadrilatère K, qu'il fallait trouver à la phase 1 (figures 3 et 6).

Il cache les productions affichées lors de la mise en commun et explique : « *Je voudrais savoir si une de ces productions est la même que la figure K. Je vous lance un défi. Vous devez trouver une méthode qui n'utilise ni la mesure ni la superposition des figures et qui vous permettrait de conclure à coup sûr. Vous cherchez la méthode et ensuite on l'expérimentera.* »

Si lors de la discussion collective, les élèves ne proposent pas l'utilisation des gabarits, l'enseignant le suggère.

Nouvelle mise en commun

L'enseignant affiche la figure K au tableau et demande à un élève de vérifier si un ou plusieurs angles de la figure correspondent à l'un des gabarits. Seul le gabarit d'angle le plus ouvert (135°) correspond à un angle de la figure.

L'enseignant précise : « *Dans le quadrilatère K, les deux côtés qui mesurent 3 cm et 4 cm forment un angle qui correspond au gabarit le plus ouvert.* »

Il rend alors les figures affichées au tableau à leurs auteurs et demande aux élèves de prendre le gabarit d'angle « le plus ouvert » de leur boite à outils, et de vérifier s'il correspond à l'un des angles de leur quadrilatère. En cas de doute sur certaines productions, une vérification collective est faite au tableau.

Matériel

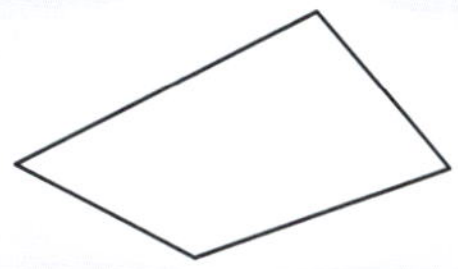

Figure K (annexe 5)

Organisation de la mise en commun

Si nécessaire, l'enseignant peut proposer à deux élèves de passer simultanément au tableau pour construire, avec les instruments, un quadrilatère de côtés 30 cm, 40 cm, 30 cm et 50 cm de façon à faire percevoir, puis à expliciter que les écartements entre les côtés ne sont pas fixés.
Dès le deuxième côté tracé, la classe peut constater que l'angle entre les côtés n'est pas le même.

Utilisation des gabarits d'angles

Les propos des élèves sont souvent centrés sur les inclinaisons relatives des côtés, par exemple : « *On met le côté de longueur 5 cm, par exemple, tout droit et on regarde comment est penché le côté de longueur 4 cm.* »
Ils ne pensent pas spontanément aux gabarits comme outils de résolution du problème.

Nouvelle mise en commun

Si nécessaire, l'enseignant peut demander de construire un quadrilatère de côtés 3 cm, 4 cm, 3 cm et 5 cm, en utilisant le gabarit d'angle « *le plus ouvert* » pour l'angle entre les côtés de longueurs 3 cm et 4 cm, ainsi qu'une règle graduée et un compas.
On pourra alors comparer la figure obtenue et le quadrilatère K.

Trace écrite

Une trace écrite, sur le cahier mémoire, peut être constituée par les trois figures de la première phase que l'élève découpe, colle et assortit de commentaires. Par exemple :

« Pour déterminer un polygone, on peut indiquer sa nature et ses dimensions.

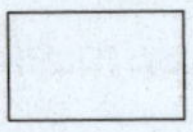

- *Rectangle de côtés mesurant …*
- *Triangle de côtés mesurant …*

Si cela est insuffisant, on indique un ou plusieurs angles. On utilise alors les gabarits.

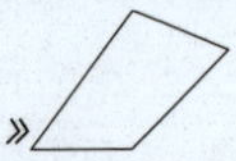

- *Quadrilatère de côtés mesurant 3, 4, 3 et 5 cm et dont un angle de même ouverture que le gabarit … »*

Phase 3 : Des gabarits d'angles pour reconnaitre des quadrilatères

Objectif de la phase 3

Utiliser un gabarit d'angle.

Matériel pour un binôme

- Une figure 1 et une figure 2 (annexes 6a et 6b, à découper sous forme de vignettes arrondies).
- Un nouveau lot de figures (annexe 7).
- Une boite à outils : pas d'instruments gradués (règles, équerres) mais les sept gabarits d'angles (annexe 4), qu'il serait utile de numéroter de 1 à 7 du plus petit au plus grand.

Matériel

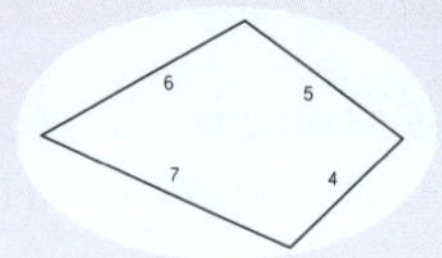

Figure 1 (annexe 6a)

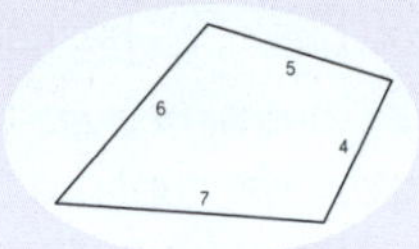

Figure 2 (annexe 6b)

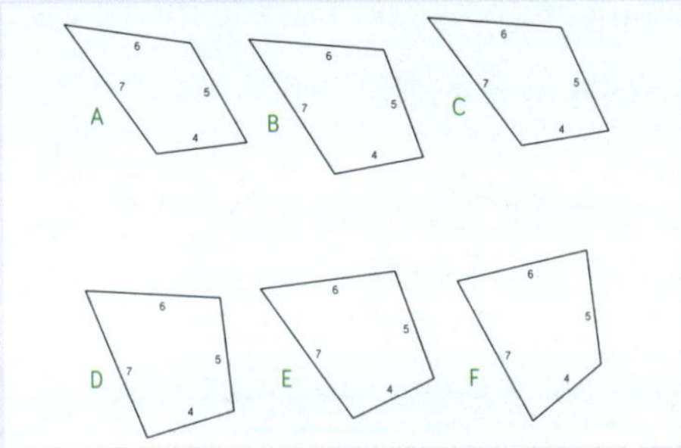

Lot de figures (annexe 7)

Premier essai

L'enseignant : *« Je vais vous distribuer une figure. En travaillant en binômes, vous devez la retrouver parmi toutes les figures de cette feuille* (il leur montre de loin le lot de figures de l'annexe 7). *Attention ! Toutes ces figures ont les mêmes dimensions : 4 cm, 5 cm, 6 cm et 7 cm. Dans votre cahier, vous reproduisez le tableau suivant* (cf. ci-contre). »

L'enseignant distribue la figure 1 (annexe 6a) à chaque binôme. Les élèves cherchent les gabarits correspondants aux angles de la figure. Une fois que tous les binômes ont rempli la deuxième colonne du tableau, l'enseignant ramasse les figures.

Il distribue ensuite le lot de figures (annexe 7) à chaque binôme. Les élèves cherchent la figure identique à la figure 1, puis indique leur réponse dans la dernière colonne de leur tableau.

Tableau à remplir

Numéro de figure	Gabarits utilisés entre les côtés mesurant	Figure trouvée
1		
2		

Mise en commun

Les réponses erronées sont invalidées. Elles résultent de la mauvaise manipulation des gabarits : confusion entre l'ouverture et les dimensions du gabarit, imprécision lors de l'utilisation, etc.

La figure à trouver est la figure B (avec le gabarit de 80°).

Deuxième essai

Le déroulement est le même que pour le premier essai mais avec la figure 2 (pour une utilisation plus précise des gabarits).

La figure à trouver est la figure E (avec le gabarit de 100°).

Activités d'accompagnement : Descriptions et liens p. 155

TRIANGLES, QUADRILATÈRES ET ANGLES DROITS

Le problème

Lors d'une première étape, les élèves construisent des triangles ou des quadrilatères.

Ils doivent ensuite, lors d'une deuxième étape, justifier qu'une construction est impossible (triangle à deux angles droits et quadrilatère à exactement trois angles droits), alors que dans un premier temps beaucoup d'entre eux cherchent naturellement à construire de telles figures.

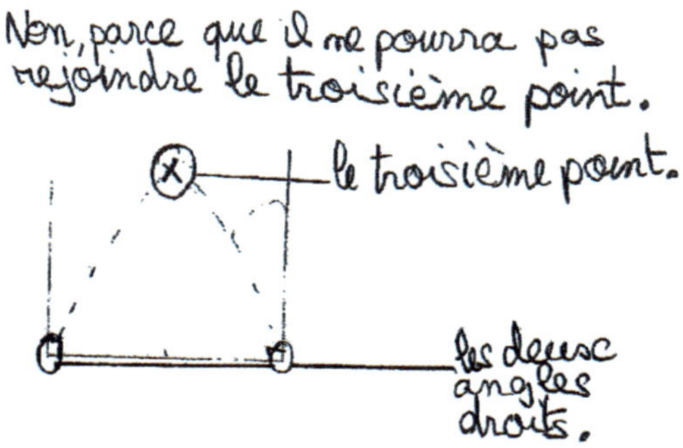

Connaissances visées

- Élaboration de raisonnements :
  - recours à des propriétés (« *Si deux droites sont perpendiculaires à une troisième même alors elles sont parallèles et ne peuvent pas se rencontrer pour donner le troisième sommet du triangle* ») ;
  - production d'un schéma commenté.
- Élaboration de preuves, qui ne sont pas fondées sur la mesure ou la perception mais sur des propriétés géométriques (nombre de côtés, parallélisme ou perpendicularité des côtés, valeurs des angles…) ; cela sera développé au collège.

Résumé de la situation

- Dans la **phase 1**, l'élève doit prouver qu'un triangle ne peut pas avoir deux angles droits.
- Dans la **phase 2**, il doit prouver qu'un quadrilatère ne peut pas avoir exactement trois angles droits.

Organisation de la situation

Elle peut se dérouler en deux séances : une par phase.

Questions sur les enjeux de la situation : analyse p. 147

ERMEL Géométrie Cycle 3 (Hatier, 2006), situation p. 273

Matériel individuel

- La boite à outils complète et des feuilles blanches au format A4.

Phase 1 : Construire un triangle…

ÉTAPE 1 : … QUI A UN ANGLE DROIT ?

Communication du problème

L'enseignant distribue une feuille blanche à chaque élève puis écrit l'énoncé du problème au tableau : « *Est-il possible de construire un triangle qui a un angle droit ?* »

Recherche individuelle

Ce problème ne doit pas poser de difficultés.

Mise en commun

Elle permet de conclure à l'existence de triangles avec un angle droit et de rappeler la terminologie « triangle rectangle ».

Objectifs de la situation

- Prendre conscience qu'un schéma doit s'accompagner d'une formulation des propriétés associées (phase 1).
- Élaborer des justifications et des critiques d'arguments s'appuyant sur des savoirs géométriques connus (phases 1 et 2).

Procédures (phase 1, étape 1)

- Construction effective d'un triangle avec les instruments, ce qui justifie son existence.
- Réponses déclaratives telles que :

« *Il suffit de tracer un triangle rectangle.* »

ÉTAPE 2 : ... QUI A DEUX ANGLES DROITS ?

Communication du problème

Les élèves sont répartis en binômes.

L'enseignant écrit l'énoncé du problème au tableau : *« Est-il possible de construire un triangle qui a deux angles droits ? »*

Recherche en binôme

Les élèves cherchent par deux de façon à privilégier un premier échange d'arguments entre les deux élèves. On s'attend à des réponses négatives s'appuyant sur des schémas commentés.

Mise en commun

L'enseignant fait un premier bilan des réponses (oui ; non ; je ne sais pas). Il invite ensuite un binôme à venir afficher sa production au tableau et la présenter à la classe. Le débat doit se centrer sur les justifications et les déclarer valides ou invalides.

Lorsque les élèves ont des points de vue divergents (ce qui constitue un des intérêts du débat) et ont des interprétations différentes des mêmes tracés, l'enseignant amène les élèves à :
- constater les désaccords ;
- interpréter les tracés ;
- passer à des arguments faisant référence explicitement à des connaissances géométriques.

Les élèves qui pensent avoir utilisé les mêmes arguments viennent afficher leur production. On procède ainsi jusqu'à ce que toutes les productions aient été affichées.

Trace écrite

Une conclusion collective peut être notée dans le cahier, *« Il n'est pas possible de construire un triangle à deux angles droits. »*, assortie d'un des arguments reconnus valides, au choix de l'élève.

Phase 2 : Construire un quadrilatère...

ÉTAPE 1 : ...À DEUX ANGLES DROITS ?

L'enseignant écrit le problème au tableau : *« Est-il possible de construire un quadrilatère à deux angles droits ? »*

Le déroulement est le même que pour la phase 1.

Lors de la mise en commun les réponses positives peuvent s'accompagner de commentaires (cf. ci-contre).

ÉTAPE 2 : ... À (EXACTEMENT) TROIS ANGLES DROITS ?

L'enseignant écrit le problème au tableau : *« Est-il possible de construire un quadrilatère à (exactement) trois angles droits ? »*

Le déroulement est le même qu'à l'étape 1.

Exemples de réponses et de justifications :

- *« Non, impossible, parce qu'il y aura 2 droites parallèles, une autre perpendiculaire aux deux droites, alors on va rejoindre par un autre segment et ça fera 4 angles droits et non 3. »*
- Certaines sont accompagnées de schémas (cf. ci-contre) :

« Non car s'il y a 3 angles droits 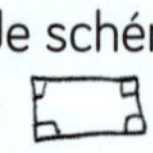 *et si continue le trait il y aura 4 angles droits. »*

Activités d'accompagnement : Descriptions et liens p. 155

Justifications des réponses (phase 1, étape 2)

Elles portent principalement sur :
– le troisième sommet et l'impossibilité de « fermer » la forme triangle ;

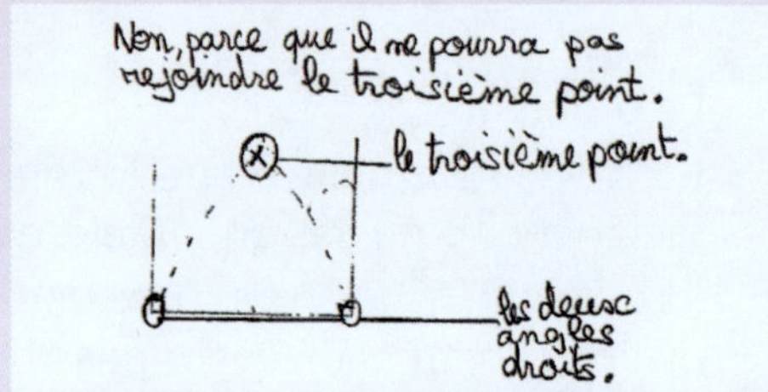

– un nombre de côtés supérieur à 3 ;

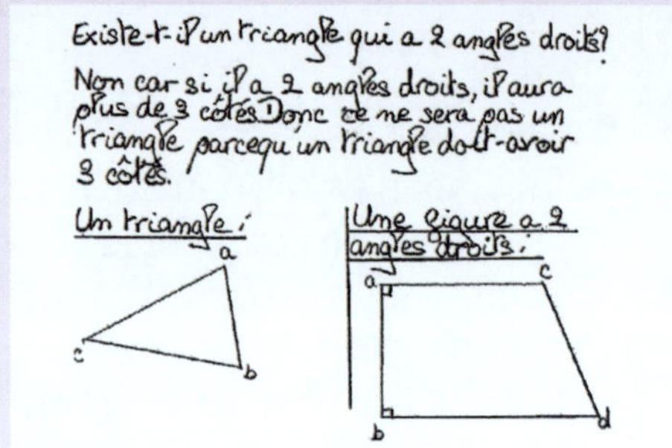

– le parallélisme de deux côtés.

« Non, il ne peut pas y avoir un triangle à 2 angles droits car le triangle a trois côtés qui se referment mais si on fait 2 angles droits deux côtés seront forcément parallèles »

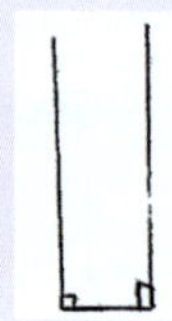

Justifications des réponses (phase 2, étape 1)

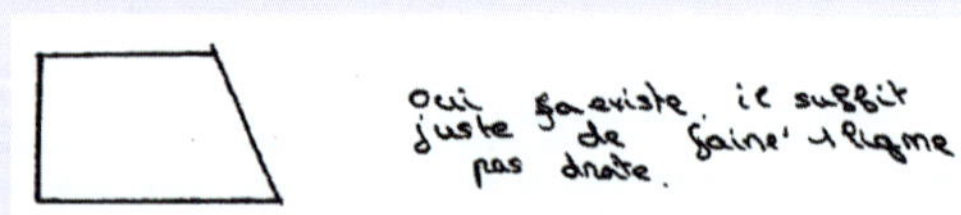

Justifications des réponses (phase 2, étape 2)

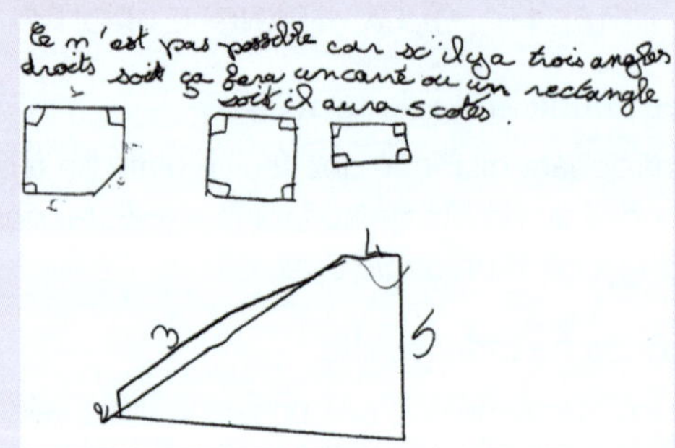

LES ENJEUX DE « TRIANGLES, QUADRILATÈRES ET ANGLES DROITS »

Dans cette situation, les représentations ou les dimensions des figures ne sont pas fournies. Les figures sont identifiées seulement par leurs noms.

LES PROBLÈMES PROPOSÉS

Cette situation aborde de nouveaux problèmes d'existence de solution géométrique introduits par la question *« Est-il possible de construire… ? »*.

Dans la première étape de chaque phase, les problèmes ont une ou plusieurs solutions (le triangle rectangle, puis le trapèze ou le rectangle.)

Les problèmes posés aux deuxièmes étapes de la phase 1 (*« Est-il possible de construire un triangle qui a deux angles droits ? »*) et de la phase 2 (*« Est-il possible de construire un quadrilatère qui a exactement trois angles droits ? »*) n'admettent pas de solution. Les élèves vont devoir le découvrir et en apporter la preuve.

Prouver une impossibilité

La preuve d'une impossibilité a déjà été rencontrée au CM (cf. p. 236), notamment en géométrie.

Dans la situation COMBIEN DE POLYGONES, les élèves ont déjà été confrontés à des problèmes portant sur l'existence d'une solution. Ils ont eu alors à montrer que, selon les données de l'énoncé, un problème pouvait avoir une solution, deux solutions, une infinité de solutions ou aucune solution. Lorsque le problème n'admet qu'une ou deux solutions, il suffit de les construire et de justifier que la construction vérifie les contraintes. S'il y a une infinité de solutions, il faut préciser ce qui peut varier. Dans le cas où il n'existe pas de solution, la preuve est apportée par la comparaison entre la somme des longueurs des côtés.

Des problèmes demandant de prouver une impossibilité ou l'unicité d'une solution sont déjà proposés plus tôt au CM dans le domaine des apprentissages numériques[1]. Comme en géométrie, ils sont proposés après la résolution d'un premier problème pour lequel existent une ou plusieurs solutions.

Des procédures souvent insuffisantes

Très souvent, les élèves ont des réponses différentes à la question *« Est-il possible de construire un triangle qui a deux angles droits ? »*. Certains pensent que c'est possible, d'autres non, alors qu'ils s'appuient sur les mêmes types d'arguments pour justifier leurs réponses. Certains s'appuient sur des gestes : ils placent leurs mains, les deux paumes face à face, en les appuyant sur le bord de leur table (prise alors comme la base du triangle) et disent *« tu vois c'est possible, ça va se rejoindre »* ou avec les mêmes gestes *« ça ne va pas se rejoindre »*. D'autres tracent sur leur feuille deux traits perpendiculaires à la base, mais ils en tirent des conclusions opposées : *« les traits se rejoignent »* (sous-entendu *« on peut tracer un triangle qui a deux angles droits »*) ou *« les traits ne se rejoignent pas »*.

Un des intérêts de ce problème est d'amener les élèves à dépasser ces arguments spatiaux ou graphiques, qui sont insuffisants, pour établir l'impossibilité de la solution au moyen d'un raisonnement s'appuyant sur des savoirs partagés.

LES CONNAISSANCES VISÉES

Démontrer une proposition à l'aide de propriétés connues

Un des raisonnements démontrant qu'un triangle ne peut pas avoir deux angles droits consiste à affirmer que si deux droites sont perpendiculaires à une même troisième droite alors elles sont parallèles entre elles. Les élèves savent que deux droites parallèles ont un écart constant.

L'originalité de cette preuve est qu'elle ne s'appuie plus sur des évidences, des mesures, ou des représentations graphiques, mais sur un enchainement déductif de propriétés.

Associer les significations du parallélisme

Ce problème permet aussi de faire le lien entre deux significations du parallélisme abordées dans des situations précédentes : celle de l'écart constant entre deux parallèles et celle de la perpendiculaire commune.

Le parallélisme est souvent perçu assez tôt sur des figures par les élèves. Mais la construction de droites parallèles suppose de recourir à d'autres relations (écart constant, perpendicularité). Le parallélisme devient un outil pour établir la validité de propositions.

Plus largement, l'apprentissage des relations développées les années précédentes (symétrie, perpendicularité, parallélisme) assure leur disponibilité pour l'étude des figures au CM2.

1. *Les Essentielles* ERMEL CM1 (Hatier, 2021), situation LES TROIS NOMBRES QUI SE SUIVENT, p. 44 et *Les Essentielles* ERMEL CM2 (Hatier, 2022), situation LA TIRELIRE p. 36

Situation
CM2 Période 5

RECHERCHE DE TOUS LES QUADRILATÈRES

Le problème

Il s'agit d'une situation de synthèse autour des différentes propriétés des quadrilatères.
Les élèves cherchent tous les quadrilatères différents qu'ils peuvent trouver en faisant des schémas sur une feuille. Ils dessinent « à main levée » pour les obliger à communiquer les propriétés des figures alors qu'avec les instruments ces propriétés resteraient implicites.

Connaissances visées

- Expliciter ce que sont deux quadrilatères identiques.
- Évoluer du dessin spatial à la notion de figure mathématique.
- Comprendre que ce sont les propriétés géométriques des figures qui permettent de les caractériser et non pas leurs dimensions ou bien leur orientation dans l'espace.
- Trouver des moyens de coder les propriétés des figures.

Résumé de la situation

Dans un premier temps, chaque élève cherche tous les quadrilatères différents qu'il peut trouver. Ensuite, les élèves se regroupent par quatre, et, à partir de leurs productions individuelles, élaborent une affiche, toujours à main levée, présentant les différents quadrilatères trouvés par l'équipe.

Organisation de la situation

Elle peut se dérouler en une seule séance.

Questions sur les enjeux de la situation : analyse p. 150

ERMEL Géométrie Cycle 3 (Hatier, 2006), situation p. 442

Matériel

- **Pour un élève :** quelques feuilles de brouillon sans quadrillage.
- **Pour une équipe de quatre :** deux affiches (feuilles A3).
- **Pour la classe :** une affiche (feuille A3).

Présentation et consigne

L'enseignant : « *Le problème est le suivant : vous devez dessiner à main levée toutes les différentes figures à quatre côtés qui existent. Nous allons travailler en trois temps : d'abord vous allez chercher seul, puis vous travaillerez par équipes de quatre et vous devrez produire une affiche unique qui récapitule les résultats de votre équipe ; ensuite nous établirons la liste de tous les quadrilatères que la classe a trouvé.* »

Recherche individuelle

Les élèves produisent un catalogue de figures à quatre côtés.

Si les élèves ont des difficultés à dépasser le stade des trois figures usuelles (carré, rectangle, losange), l'enseignant peut leur indiquer qu'il y en a d'autres, sans les nommer.

Enjeu de la situation

La tâche demandée à l'élève (« trouver tous les quadrilatères ») n'est pas l'objectif de la séance. Elle permet de faire évoluer des représentations telles que « *il n'est pas orienté pareil, donc il est différent* » et amener l'élève à comprendre que les figures peuvent être définies et discriminées par leurs propriétés.
Il s'agit de passer de l'objet connu par son dessin à la figure connue par ses propriétés.

« Figures à quatre côtés »

- Des figures non convexes sont des quadrilatères particuliers.
- Des figures non fermées ne sont pas des quadrilatères.

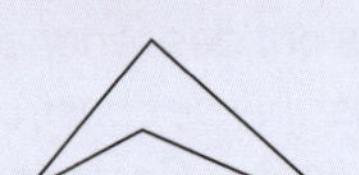

Figure non convexe (ici chevron)

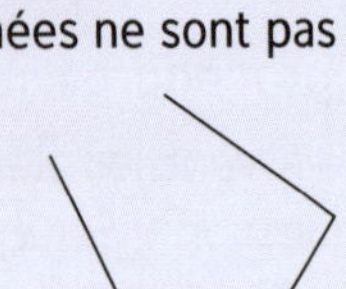

Figure non fermée

Mise en commun par équipe de quatre

L'enseignant énonce la consigne : « *Maintenant vous allez vous mettre par quatre. Je vais vous donner une affiche et vous allez devoir dessiner, toujours à main levée, toutes les figures à quatre côtés que l'équipe a trouvées. Attention, vous devez éliminer les figures que vous avez en double sur les feuilles individuelles. Il faut vous mettre d'accord entre vous avant de produire l'affiche.* »

La consigne « *toutes les figures à quatre côtés* » est volontairement ambigüe : l'ampleur de la tâche doit amener les élèves à envisager que plusieurs dessins représentent une même figure géométrique. Ainsi un élève commence à dessiner des carrés de plus en plus grands, s'arrête et dit : « *On n'y arrivera jamais.* »

Son voisin lui répond : « *C'est les mêmes que tu fais, il faut un carré, et d'autres pas carrés, la taille c'est comme pour la couleur, un carré rouge et un bleu, c'est toujours un carré.* »

Synthèse au tableau

L'enseignant pose la question : « *Comment appelle-t-on une figure à quatre côtés ?* » Si les élèves ne savent pas, l'enseignant donne le vocabulaire « quadrilatère ». L'affiche s'intitule donc « *Tous les quadrilatères que nous avons trouvés* ».

L'enseignant explique ensuite : « *Nous allons faire une affiche pour la classe. À tour de rôle, chaque équipe va choisir une figure de son affiche qui n'est pas déjà sur l'affiche de la classe. Puis, un élève de l'équipe va venir dessiner au tableau la figure et expliquer pourquoi il pense qu'elle n'est pas déjà sur l'affiche. Si tout le monde est d'accord, il dessine la nouvelle figure sur l'affiche de la classe.* »

Poursuite éventuelle de la synthèse lors d'une autre séance

Il n'est pas important que les élèves trouvent tous les quadrilatères. L'enseignant peut indiquer que l'affiche pour la classe est incomplète et proposer aux élèves de continuer à chercher quand ils ont du temps. L'affiche peut rester affichée dans la classe. Les élèves qui trouvent de nouveaux quadrilatères les dessinent sur une feuille blanche, qui sera affichée temporairement à côté de l'affiche collective. Quand l'enseignant juge qu'il y a assez de nouveaux quadrilatères, il met en place un débat pour compléter l'affiche.

La caractérisation par les propriétés

Alors qu'au début de cette situation les avis sur les quadrilatères peuvent s'exprimer en termes de forme globale ou d'orientation, lors de la synthèse, les élèves se basent sur les propriétés ; par exemple lorsque les élèves débattent sur le fait que les deux trapèzes suivants sont identiques ou non.

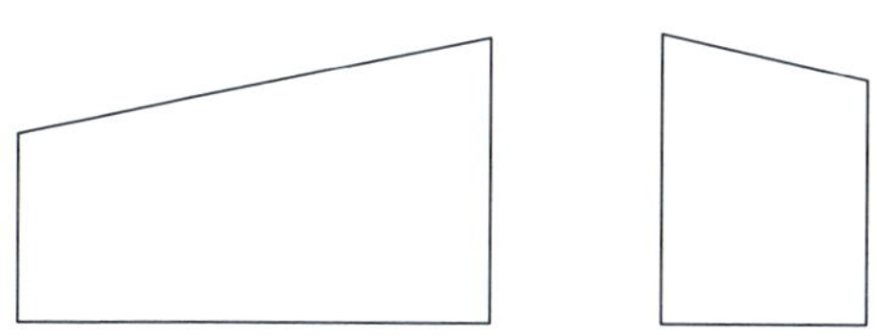

Les élèves finissent par conclure que « *c'est plus simple de regarder les propriétés* ».

Mise en commun par équipe de quatre

Les équipes de quatre sont hétérogènes pour favoriser une première confrontation dans ces équipes.
La production d'une affiche par équipe permet de régler, entre élèves, la question de la taille des figures, de leur orientation, etc.

Type de productions d'élèves

- Figures correctes par fréquence décroissante :
  - les carrés, les rectangles, les losanges ;
  - les trapèzes (isocèles ou rectangles) ;
  - les chevrons (quadrilatères concaves quelconques, ou isocèles, ou avec un angle droit) ;
  - les parallélogrammes ou cerfs-volants ;
  - les quadrilatères quelconques (avec éventuellement un ou deux angles droits).
- Les figures incorrectes ne sont pas rares : figures ouvertes, étoiles à 4 branches, etc.

Synthèse : ordre de passage des équipes

Il est préférable de commencer par des équipes qui n'ont pas beaucoup de figures différentes afin qu'elles puissent malgré tout participer à l'affiche collective.

Le codage

Lors de la synthèse, les élèves ressentent le besoin d'exprimer que sur les figures des côtés sont parallèles, des côtés ont la même mesure, un angle est droit, etc., notamment pour expliciter les différences entre deux figures qui se ressemblent. Par exemple, les deux dessins ci-dessous se ressemblent mais le premier élève dit « *c'est un rectangle* » et le second lui répond en parlant du second « *non c'est pas un rectangle le coin en bas à gauche n'est pas rectangle* ».

La nécessité de coder les figures apparait. Le codage de l'angle droit est connu. Les élèves peuvent décider de mettre en place d'autres codages pour rendre lisible sur le dessin ce qu'ils ont voulu représenter.
Lors de l'observation, les élèves ont, par exemple, pris l'initiative :
- de mettre de la même couleur les côtés parallèles ;
- de mettre des mesures fictives pour coter la figure et montrer les côtés de même mesure.

Questions sur

LES ENJEUX DES SITUATIONS DE SYNTHÈSE SUR L'ANALYSE DES FIGURES

SITUATION « UN POLYGONE ET SES ANGLES »

Cette situation s'inscrit dans la continuité de la situation COMBIEN DE POLYGONES ? où les élèves ont pris conscience que la seule donnée des dimensions des côtés d'un quadrilatère est insuffisante pour le construire. Elle vise donc à ce que les élèves recourent à des données complémentaires.

Le lot de figures

✔ Quatre triangles :
- deux triangles rectangles (E et L) ;
- un triangle isocèle (H) ;
- un triangle quelconque (A).

✔ Onze quadrilatères :
- un parallélogramme (M) ;
- un losange (C) ;
- quatre rectangles (B, F, J et N) ;
- un carré (I) ;
- un trapèze rectangle (D) ;
- un trapèze quelconque (O) ;
- deux quadrilatères quelconques (G et K).

Une situation de communication (phase 1)

La situation de communication (cf. p. 200) rend nécessaire le recours à d'autres informations (longueurs des diagonales, angles) que celles directement visibles. Le message produit par l'élève émetteur peut ne pas comporter suffisamment d'informations pour que le récepteur puisse trouver le quadrilatère choisi. Des informations complémentaires sur les diagonales sont souvent nécessaires.

Un recours aux angles (phases 2 et 3)

Ce nouveau problème met en évidence l'apport de la connaissance des angles pour distinguer deux quadrilatères. Les élèves ont déjà abordé les angles au CE2 (situation AUX COINS CITOYENS !) comme secteur angulaire dont la valeur ne dépend que de l'écartement des côtés et pas de la surface. Ils ont aussi utilisé les angles pour distinguer des figures dans des situations antérieures du CM2 (IDENTIFIER LA FIGURE et COMBIEN DE POLYGONES ?).

Dans la phase 2, les élèves constatent que les quadrilatères, qu'ils ont construit à partir de la seule donnée des longueurs des côtés, diffèrent entre eux en général par les angles. Dans la phase 3, ils utilisent des gabarits d'angles pour identifier un quadrilatère parmi un lot de quadrilatères.

SITUATION « RECHERCHE DE TOUS LES QUADRILATÈRES »

Cette situation contribue à faire évoluer les procédures des élèves de la mesure des dimensions vers la formulation des propriétés des figures.

Comme la situation IDENTIFIER LA FIGURE, elle permet à l'enseignant de revenir, de façon synthétique, sur l'ensemble des propriétés des figures abordées. L'enjeu de la situation n'est pas que les élèves trouvent tous les types de quadrilatères différents mais qu'ils débattent sur les propriétés.

Les problèmes proposés

Les élèves doivent chercher tous les quadrilatères différents. Contrairement à la situation COMBIEN DE POLYGONES ? les dimensions ne sont pas précisées. Les élèves ne disposent pas non plus d'un lot de figures déjà constitué. Ils doivent chercher eux-mêmes le maximum de quadrilatères différents et les représenter. Grâce aux situations proposées au CM2, notamment UN POLYGONE ET SES ANGLES, ils ont déjà travaillé sur une variété de figures, et ont aussi compris qu'il existe d'autres solutions que celles auxquelles ils pensent.

Les connaissances visées

Cette situation permet de revenir sur la notion de figure, et en particulier qu'un quadrilatère n'est pas caractérisé par son orientation sur une feuille ou par sa taille. La production de schémas à main levée conduit les élèves, lors des moments d'échanges par groupe, à expliciter :
- les propriétés des quadrilatères qu'ils ont représentés et qui ne sont parfois qu'imparfaitement identifiables ;
- les différences entre leurs quadrilatères et ceux produits par d'autres élèves.

Ce rôle des schémas, dont la présence d'informations codées, a déjà été abordé au CM2 dans la situation BOUCHER LE TROU.

Enfin, cette situation permet aussi de revenir sur les propriétés communes à plusieurs quadrilatères connus depuis plusieurs années uniquement par leur forme. Une élève de CM2 a d'ailleurs dit *« Le carré est aussi un rectangle ... Ah bon ! »* sur un ton où perçait l'idée assez juste que nous lui jouions un tour, celui d'un changement de contrat : on ne fait plus de la géométrie selon les mêmes règles.

LA ROTONDE

Ressources pour la situation hatier-clic.fr/24ermelg224

Le problème

Autrefois, les locomotives à vapeur devaient faire demi-tour dans certaines gares. Pour cela, un bâtiment, la rotonde, abritait une plate-forme circulaire tournante. Dans ce contexte, les élèves doivent installer les rails sur la plaque tournante de la rotonde, connaissant l'emplacement des voies fixes et du centre de la plaque.

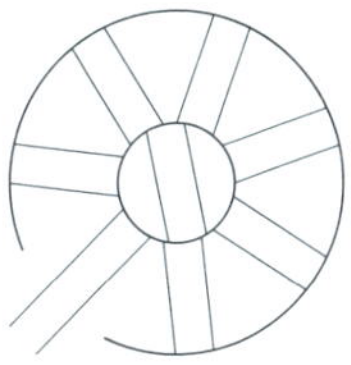

Dispositif
(annexe 1)

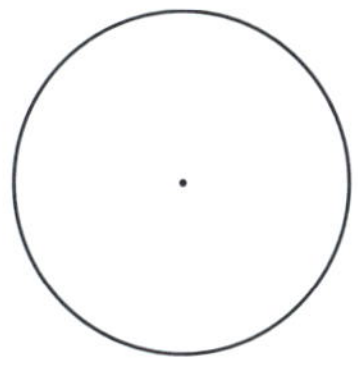

Feuille de travail de l'élève
(annexe 3)

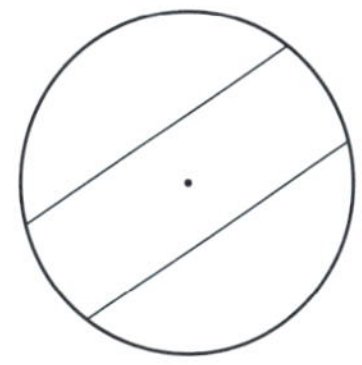

Production attendue
(« Plan de l'ingénieur », annexe 4)

Connaissances visées

- Construire deux segments parallèles dont l'écart est déterminé.
- Expliciter oralement les propriétés constatées en termes géométriques conventionnels.

Résumé de la situation

- Dans la **phase 1**, les élèves placent les rails sur un disque représentant la plaque tournante.
- Dans la **phase 2**, les élèves travaillent en binôme : un élève écrit un programme de construction pour tracer les rails sur le disque et l'autre élève effectue le tracé selon les instructions.

Organisation de la situation

Elle peut se dérouler en trois séances : une pour la phase 1, une pour les étapes 1 et 2 de la phase 2, et une pour les étapes 3 et 4 de la phase 2.

Questions sur les enjeux de la situation : analyse p. 154

ERMEL Géométrie Cycle 3 (Hatier, 2006), situation p. 259

Matériel pour la classe

- Une affiche du dispositif (annexe 1 au format A3, diamètre de la figure d'environ 25 cm).
- Un rectangle de largeur égale à l'écartement des rails pour symboliser la locomotive (ou une locomotive de train électrique !).
- Quatre exemplaires, répartis dans la classe, des rails fixes (annexe 2 agrandie au format A3, disque central à évider).
- Quatre exemplaires sur transparent du « plan de l'ingénieur » (annexe 4 au format A4, diamètre du disque : 9 cm, distance entre les deux cordes : 3 cm).

Matériel individuel

- Des feuilles de travail rondes (diamètre : 9 cm) en nombre suffisant pour de nombreux essais ; le centre du cercle est marqué (annexe 3 au format A4 à découper).
- La boite à outils de géométrie ; un feutre.
- Des feuilles de cahier.

Matériel

- Les dimensions de l'annexe 2 doivent être précises car l'élève s'en sert pour recueillir de l'information : le diamètre du trou (disque central évidé) est de 9 cm et l'écartement des rails de 3 cm.

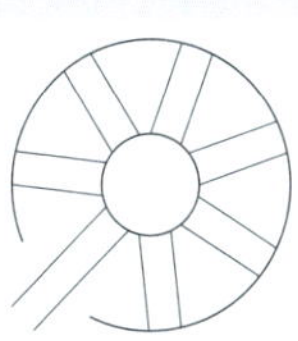

Rails fixes (annexe 2)

- L'annexe 1 peut être transformée en une maquette avec une rotonde mobile (annexe 4) articulée par une attache parisienne.

Phase 1 : Construire la plaque tournante

Présentation du problème

L'enseignant présente le contexte puis le dispositif (annexe 1). Il explique le fonctionnement de la plaque tournante, notamment que les rails de la plaque doivent toujours pouvoir se positionner dans le prolongement des rails fixes.

L'enseignant communique ensuite le problème : « *Vous allez travailler par deux. Vous aurez une feuille correspondant à la plaque tournante de la rotonde* (annexe 3). *Vous devez tracer les deux rails permettant à la locomotive de s'avancer sur la plaque. Vous avez le droit d'aller voir un des documents* (celui sans les rails sur la plaque tournante) *répartis dans la salle* (annexe 2 agrandie), *mais sans emmener votre feuille ni de crayon avec vous.* »

Recherche par binôme

Les élèves peuvent se déplacer, par binôme, autant de fois qu'ils le souhaitent pour chercher de l'information ; ils ne peuvent emmener ni papier ni crayon. L'enseignant veille à ce qu'il n'y ait pas plusieurs binômes en même temps devant un même document.

Les élèves peuvent utiliser leur crayon pour construire, mais les rails doivent être tracés avec un feutre. Cela permet de limiter les discussions sur la précision du tracé et de faciliter la visibilité des productions lors de la mise en commun.

Mise en commun

L'enseignant affiche toutes les productions au tableau.

Chaque binôme note sur un cahier de brouillon le numéro des productions qu'il estime non conformes. Un premier tri est effectué de façon à écarter les productions manifestement non conformes. Pour chacune d'entre elles, un binôme donne un argument et les auteurs de la production expriment leur accord ou demandent une validation pratique ultérieure.

L'enseignant fait formuler les contraintes : « *Quelles conditions doit-on respecter pour tracer les rails ?* » Les binômes s'expriment à tour de rôle ; les élèves notent les conditions qui font l'objet d'un consensus.

On passe ensuite à la validation pratique de toutes les productions par leurs auteurs.

Procédures observées à la phase 1

- P1 : le premier trait droit (corde) est placé au jugé, le second est placé en estimant l'écart au jugé et en ajustant perceptivement le parallélisme.
- P2 : le premier trait droit (corde) est placé au jugé, le second est placé en reportant l'écart mesuré sur le dispositif en un seul point et en ajustant perceptivement le parallélisme.
- P3 : le premier trait droit (corde) est placé, le second est placé en reportant l'écart mesuré sur le dispositif en deux points (ou en plus), selon une direction perceptivement perpendiculaire.
- P4 : l'élève trace une corde de longueur égale à l'écart puis fait glisser la règle, en essayant de conserver une direction fixe, jusqu'à obtenir une nouvelle corde de même longueur ; il joint ensuite les extrémités correspondantes de ces cordes.
- P5 : l'élève trace une corde de longueur égale à l'écart puis une perpendiculaire à cette corde en chacune de ses extrémités.
- P6 : l'élève trace un diamètre puis reporte un demi-écart de chaque côté du centre sur ce diamètre, puis trace une perpendiculaire en ces deux points.

Mise en commun

Elle vise à invalider les procédures P1, P2 et P3 (cf. ci-dessus).
Les élèves ont à juger perceptivement du parallélisme de deux cordes et de l'équidistance de chacune de ces deux droites au centre du cercle.
Pour la validation pratique, on pourra, si nécessaire, fournir aux élèves « le plan de l'ingénieur » (annexe 4) sur transparent.

Phase 2 : Programme de construction

ÉTAPE 1 : ÉCRITURE D'UN PROGRAMME DE CONSTRUCTION

L'enseignant indique qu'il s'agit maintenant d'écrire une suite d'instructions indiquant à d'autres élèves comment construire la plaque tournante.

Il répartit les élèves par binôme : un élève devra effectuer le tracé et l'autre écrira le programme. Il distribue une feuille circulaire (annexe 3) et une feuille de cahier par binôme.

Il précise que les deux élèves du binôme devront se mettre d'accord à chaque étape sur ce qu'il faut tracer et ce qu'il faut écrire. Ils peuvent à nouveau se déplacer vers le document (annexe 2) dans les mêmes conditions que lors de la phase 1.

Objectifs de la phase 2

- Expliciter oralement, en termes géométriques conventionnels, des propriétés constatées sur un dessin.
- Écrire un « texte géométrique » correspondant à un protocole finalisé. L'objectif n'est pas d'institutionnaliser les caractéristiques d'un « bon » texte d'instructions pour un tracé géométrique, avec les conventions de syntaxe et de vocabulaire usuelles (cela relève plutôt du collège...).
- Exécuter un tracé donné par une suite d'instructions.

Les contraintes explicitées lors de la mise en commun de la phase 1 sont toujours au tableau.

ÉTAPE 2 : LECTURE ET EXÉCUTION D'UN PROGRAMME DE CONSTRUCTION

L'enseignant procède à un échange des programmes entre binômes et distribue une nouvelle feuille circulaire (annexe 3) à chaque binôme. L'un des élèves va lire le programme et l'autre va tracer (celui qui traçait à l'étape 1 devient lecteur).

L'enseignant précise aux élèves qu'ils doivent suivre scrupuleusement le programme sans rien ajouter. S'ils sont bloqués, ils doivent arrêter le tracé et éventuellement proposer une modification du programme. De même, s'ils aboutissent à un tracé qu'ils jugent faux, ils doivent essayer de trouver l'instruction du programme qui est à l'origine de l'erreur.

L'enseignant arrête la séance une fois que tous les élèves ont fini leurs tracés. Il précise que, pour la suite du travail, il doit recopier l'ensemble des programmes sur une feuille, qu'il distribuera lors de la prochaine séance.

ÉTAPE 3 : MISE EN COMMUN

Il recopie les programmes en les regroupant par procédures. Il choisit ensuite ceux qui seront travaillés lors de la mise en commun (six environ pour éviter la lassitude), selon les critères suivants : la nature des implicites, la qualité de l'expression, la richesse ou la précision du vocabulaire géométrique, les corrections possibles...

Lors de la seconde séance, il distribue une feuille à chaque binôme. Pour chacun des programmes choisis, il sollicite le binôme qui avait reçu ce programme lors de la séance précédente : il demande à un élève de lire la suite d'instructions et à l'autre de la réaliser en même temps au tableau.

Les autres élèves contrôlent si ce qui est fait au tableau correspond exactement à ce qui est lu. La classe se prononce ainsi sur la validité des six programmes et propose éventuellement des modifications.

ÉTAPE 4 : TRACE ÉCRITE

La classe, sous le contrôle de l'enseignant, retient un ou deux programmes valides parmi ceux qui ont été travaillés. Ils sont recopiés dans le cahier mémoire, accompagnés de la construction correspondante.

L'objectif est de prendre conscience que le programme doit avoir certaines caractéristiques pour pouvoir être utilisé par d'autres personnes que leur auteur.

Exemples de programmes obtenus

- *1. Le centre de la plaque tournante est le milieu du segment qui indique l'écart entre les deux droites parallèles.*
  2. Tracer ce segment (3 cm).
  3. Tracer une droite perpendiculaire aux deux extrémités du segment.
  4. Tu obtiendras les rails.
- *Tracer le diamètre du cercle. L'écart entre le diamètre et le rail est de 1,5 cm.*
  Tracer deux segments perpendiculaires au diamètre qui représentent l'écart entre le rail et le diamètre. Tracer un rail qui passe par l'extrémité des deux segments.
  Faire pareil de l'autre côté.
- *L'écart des rails est de 3 cm. À chaque bout du cercle, il faut mesurer 3 cm de façon à ce que ça rentre dans le cercle et le tracer, de même pour l'autre côté. Puis relier chaque bout de façon à ce que les rails soient parallèles.*
  Les droites que vous avez tracées au début sont perpendiculaires au rail.
- *Tracer le diamètre de la plaque tournante. Tracer un cercle de 1,5 cm de rayon à partir du centre de la plaque tournante. Puis tracer son diamètre perpendiculaire au grand diamètre.*
  Faire deux cercles qui touchent ou chevauchent un peu le premier et qui ont leur centre sur le grand diamètre ; leur rayon est 1,5 cm puis tracer leurs diamètres perpendiculaires au grand diamètre. Ensuite, tracer deux rails qui doivent toucher mais ne pas croiser les bords des cercles et être perpendiculaires aux diamètres des cercles. Les rails doivent être parallèles entre eux.

Questions sur LES ENJEUX DE LA SITUATION « LA ROTONDE »

Cette situation prend appui sur un dispositif réel autrefois fréquent : la plaque tournante d'une rotonde permettant aux locomotives de faire demi-tour ou de se ranger dans des voies de garage.

LE PROBLÈME PROPOSÉ

Communication du problème

Les élèves ont à tracer dans un cercle deux cordes parallèles et équidistantes du centre. Ces informations ne sont pas fournies sous cette forme aux élèves, ni à l'oral ni à l'écrit. La consigne est : « [...] *Vous devez tracer les deux rails permettant à la locomotive de s'avancer sur la plaque.* »

Les élèves ont donc à identifier trois informations de la photo du dispositif matériel ou de sa modélisation (cf. annexe 1) :

- les deux rails sont parallèles ;
- l'écartement des rails est le même pour toutes les voies (cf. annexe 2) ;
- ces deux rails sont équidistants du centre du cercle.

Pour que le problème ne soit pas réduit à la reproduction d'une figure, l'annexe 2 sur laquelle les élèves ont à prendre de l'information est placée à distance loin de leurs tables.

Les procédures visées

La procédure visée (cf. procédure P6 p. 152) pour construire géométriquement les rails de la rotonde sur leur feuille, est :

- tracer un diamètre passant par le centre du cercle ;
- tracer deux cordes perpendiculaires à ce diamètre situées chacune à 1,5 cm du centre.

La procédure P5, correcte, est plus complexe.

Les procédures observées

Les procédures produites dans un premier temps par les élèves sont décrites page 152.

Les premières procédures (P1 à P3) s'appuient sur la perception : la première corde est placée « au jugé » et la seconde souvent en faisant glisser la règle en essayant de conserver leur parallélisme. La procédure P4 s'appuie également sur cette technique : l'élève ne construit pas en premier un des rails mais une petite corde de longueur 3 cm (écart entre les rails) comme une des extrémités des deux rails, puis fait glisser la règle pour construire l'autre extrémité.

Ces procédures P1 à P4 aboutissent bien à une schématisation de la plaque tournante de la rotonde, mais les productions sont inexactes ou imprécises et sont invalidées soit par les échanges lors de la mise en commun soit par la validation pratique.

UN PROGRAMME DE CONSTRUCTION

La résolution de ce problème mobilise l'usage des instruments et différentes notions abordées depuis le CE2 : parallélisme, perpendicularité, distance.

Une situation de communication

La phase 2 de cette situation porte sur la rédaction d'un programme de construction, afin de lever les incertitudes portant sur l'exposé par des élèves de leurs procédures. Chaque binôme écrit un programme, qui est validé (ou invalidé) par la construction de la figure par un autre binôme. Les erreurs éventuelles peuvent provenir autant du binôme émetteur que du binôme récepteur. Les interprétations du binôme récepteur pouvant masquer des erreurs du binôme émetteur, il est nécessaire, comme dans toutes les situations de communication, qu'une mise en commun étudie les propositions différentes.

Appréhender la rédaction d'un programme

La rédaction d'un programme de construction présente des points communs avec la rédaction des étapes de calculs, qu'ils travaillent depuis le CM1, dans les problèmes relevant du domaine numérique[1].

L'objectif de cette phase est de permettre aux élèves de comprendre que la rédaction ne doit conserver que les étapes de la construction nécessaires à la résolution, sans garder la trace des impasses ou des répétitions. Aussi, il est utile que l'enseignant choisisse pour la mise en commun (étape 3) des productions qui présentent des lacunes ou des répétitions. Il doit ainsi amener les élèves à critiquer les formulations imprécises, qui ne décrivent pas comment effectuer la construction, telles que « *puis relier chaque bout de façon à ce que les rails soient parallèles* ».

Les formes de rédaction peuvent être variables selon les élèves, certains pouvant décrire certaines de leurs actions avec les instruments. Nous n'attendons pas des formes dépersonnalisées de rédaction au CM2.

1. *Les Essentielles* ERMEL CM1 (Hatier , 2021), situation LA BIBLIOTHÉCAIRE p. 118 et *Les Essentielles* ERMEL CM2 (Hatier , 2022), situation LA PÂTISSERIE INDUSTRIELLE p. 195 et « La planification et la rédaction et des solutions » p. 198

Activités d'accompagnement POUR LE THÈME

Ressources hatier-clic.fr/24ermelg225

Fiches à télécharger
- Les cartes du jeu MÉMORY AMNÉSIQUE
- Le trapèze de référence et le trapèze à terminer pour l'activité TRAPÈZE À TERMINER
- L'affiche énoncé et la fiche réponse pour l'activité JUGER SANS PLIER
- Les exercices d'entrainement pour l'activité TRACER DES CERCLES
- Les figures à compléter pour l'activité CONSTRUIRE UN RECTANGLE
- Les formes réversibles ou non pour l'activité RECHERCHE DES AXES
- Les figures modèles et les cadres pour l'activité TANGRAM ET BRISE-CROIX

✔ Ces activités d'accompagnement permettent aux élèves :
- d'approfondir leur connaissance des figures et de l'usage des instruments ;
- de mieux maitriser les notions employées (angle droit, perpendicularité...).

✔ Les activités sont de formes variées :
- des défis avec des objets ;
- des tracés sur feuille pour réaliser des constructions ;
- des constructions en géométrie dynamique (transposition de problèmes sur papier avec crayon).

LES ACTIVITÉS AU CE2

EN RELATION AVEC LA SITUATION PAREIL, PAS PAREIL ? (1) (CE2)

MEMORY AMNÉSIQUE (JEU LIBRE)

Les élèves peuvent jouer par groupe de deux à quatre joueurs.

Le jeu est constitué de 36 cartes en carton léger de même couleur : deux jeux de cartes issues de la phase 3 de la situation PAREIL, PAS PAREIL ? (1) (deux exemplaires de l'annexe 6 fournie en numérique hatier.clic.fr/24ermelg201), à compléter par le jeu de carte ci-dessous (un exemplaire de l'annexe 1 à télécharger hatier.clic.fr/24ermelg225).

Les 36 cartes sont étalées et tournées dessin contre la table (les formes ne sont donc pas visibles).

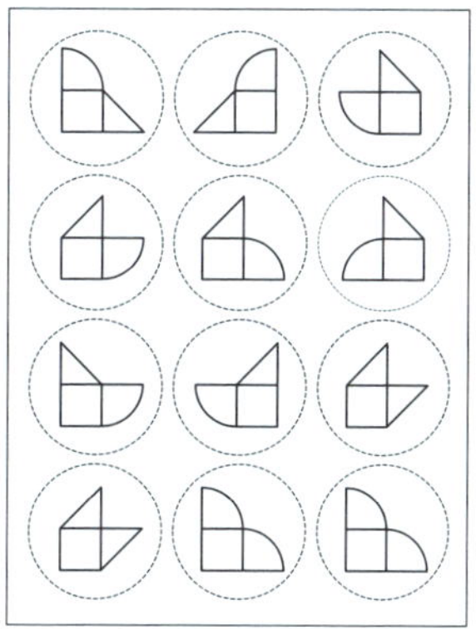

Cartes de PAREIL, PAS PAREIL (1)

Cartes supplémentaires (annexe 1)

Le premier joueur retourne deux cartes. Si, selon lui, les formes sont pareilles, avec ou sans retournement (il devra le préciser), il les prend et les dispose avec la même orientation. Il garde la paire de cartes s'il a raison. S'il s'est trompé, si les formes ne sont pas jugées pareilles, il repose les cartes parmi les autres mais avec le dessin visible.

Le joueur suivant retourne une autre carte (deux si aucun dessin n'est visible) et procède comme le joueur précédent. Ils continuent ainsi jusqu'à épuisement des cartes ou du temps de jeu. Le gagnant est celui qui a trouvé le plus de paires de formes pareilles.

EN RELATION AVEC LA SITUATION FEUILLE QUI COULISSE (CE2)

TRAPÈZE À TERMINER

Le trapèze complet de référence est fourni dans l'annexe 2a.

L'annexe 2b sur laquelle est dessiné le trapèze à terminer est détourée pour avoir des bords arrondis, puis le trapèze est découpé en deux parties :

- la partie 1, gardée par l'enseignant ;
- la partie 2, la feuille de travail de l'élève.

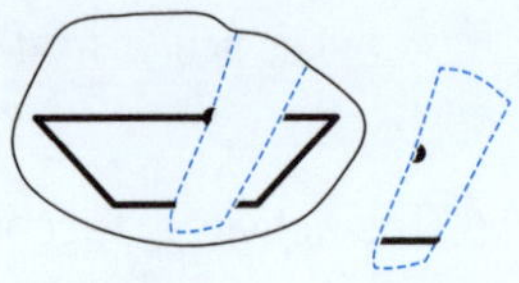

Partie 1 Partie 2
(annexe 2b)

L'élève doit tracer sur sa feuille de travail le côté manquant, qui permettra d'obtenir le contour complet du trapèze lorsque les deux parties seront assemblées. Il ne dispose pour cela que d'un point du côté à tracer et d'une partie du côté opposé.

Cette activité permet donc de faire identifier le parallélisme de deux côtés d'une figure et de faire tracer un trait parallèle à un trait de référence.

EN RELATION AVEC LA SITUATION TRAIT SUR TRAIT (CE2)

JUGER SANS PLIER

Dans cette activité, les élèves ont à reconnaitre des relations de perpendicularité et à réinvestir les moyens de validation explicités dans la phase 3 de la situation.

Les élèves travaillent par deux et disposent d'une boite à outils complète. Chaque binôme reçoit une fiche sur laquelle sont représentées quatre productions d'élèves (annexe 3a), ainsi qu'une série d'affirmations à valider ou invalider en justifiant (annexe 3b).

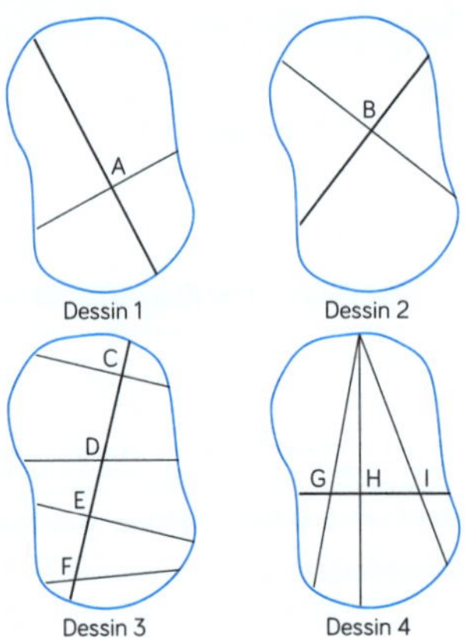

Annexe 3a

L'enseignant énonce la consigne suivante : *« J'ai photocopié quatre feuilles de plis effectués dans une autre classe. Pour chaque trait fin, vous devez dire s'il coïncide avec le pli du pliage trait sur trait correspondant. Vous devez aussi écrire l'argument qui vous permet de décider. Les arguments et les jugements seront pris en compte pour déterminer les gagnants. »*

L'enseignant affiche un agrandissement des quatre dessins au tableau.

Dessin 1
Le trait fin passant par A marque le pli du pliage « trait sur trait » passant par A :
OUI / NON
Pourquoi ?

Extrait de l'annexe 3b

La discussion collective s'engage sur les jugements et les arguments associés. L'enseignant veille à ce que la classe accepte l'usage de la perception pour juger qu'un trait fin ne coïncide pas avec le pli, quand le jugement est sans équivoque, et le rejette dans les cas « presque bons » ou « bons ». Une réduction de l'annexe 3a (ci-contre) peut constituer la trace écrite du cahier.

EN RELATION AVEC LA SITUATION CONSTRUIRE UN ANGLE DROIT (CE2)

CHERCHER DANS LA BOITE À OUTILS

- **Exercice 1 :** mettre une gommette sur tous les coins droits des instruments de la boite à outils.
- **Exercice 2 :** chercher les instruments qui permettent de contrôler si les coins sont droits.
- **Exercice 3 :** chercher les instruments grâce auxquels il est possible de tracer des coins droits.

LES ACTIVITÉS AU CM1

EN RELATION AVEC LA SITUATION PÉTANQUE (CM1)

AVEC UN LOGICIEL DE GÉOMÉTRIE

Il est proposé aux élèves de travailler les problèmes de la situation PÉTANQUE, résolus sur papier avec crayon p. 94, au moyen d'un logiciel de géométrie (la caractéristique dynamique n'est pas nécessaire dans cette situation).

Cette activité d'accompagnement permet aux élèves :

- de se familiariser avec l'outil de construction du logiciel (cercle défini par centre et passant par point) ;
- d'adapter les procédures employées sur papier avec crayon à cet outil logiciel, qui est plus formel que le compas et qui met en évidence les deux points qui caractérisent un cercle.

TRACER DES CERCLES

Exercices d'entrainement

Cinq exercices sont proposés en annexe 4, dans lesquels les élèves doivent :

- tracer des cercles de centre donné et passant par un autre point (exercices 1 et 2) ;
- tracer un cercle de centre donné et de rayon 2 cm (exercice 3) ;
- compléter un énoncé pour correspondre à un tracé donné (exercice 4) ;
- identifier parmi quatre productions d'élèves celles qui ne respectent pas la consigne (exercice 5).

Défi

Quelques semaines après la situation PÉTANQUE, l'enseignant annonce aux élèves : *« Il reste cinq minutes avant la récréation, je vous propose le défi suivant : placez un point sur votre feuille. »*

Il attend que tous aient placé ce point, puis il continue : *« Placez le plus rapidement possible 25 points situés à 5 cm de ce point. »*

Il laisse une minute puis il demande aux élèves de s'arrêter. Il fait ensuite un sondage pour savoir combien de points chacun a placés et demande les méthodes utilisées.

Dans ce type d'activités, encore beaucoup d'élèves ne pensent pas au cercle (malgré le travail déjà accompli précédemment) mais lorsque certains présentent la méthode du cercle, les autres élèves sont étonnés de ne pas y avoir pensé !

EN RELATION AVEC LA SITUATION CONSTRUIRE UN RECTANGLE (CM1)

Plusieurs exercices sont proposés, dans lesquels les élèves vont à nouveau mettre en œuvre la perpendicularité des côtés consécutifs du rectangle.

Pour chaque exercice, l'enseignant énonce la même consigne, en montrant un agrandissement de la figure (ou en la reproduisant au tableau) : « *ABCD est un rectangle. J'ai commencé à le tracer. Vous devez le terminer.* »

Les éléments donnés diffèrent d'un exercice à l'autre et sont tels que le rectangle obtenu n'aura aucun côté parallèle aux bords de la feuille (voir annexes 5a et 5b).

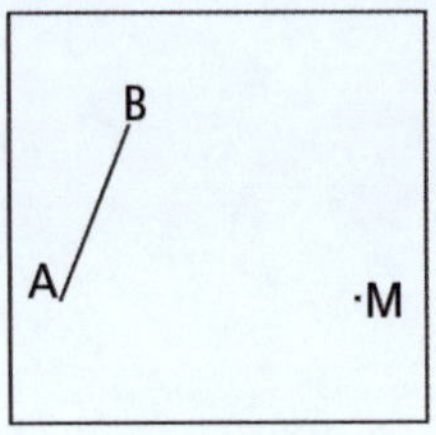

Annexe 5a

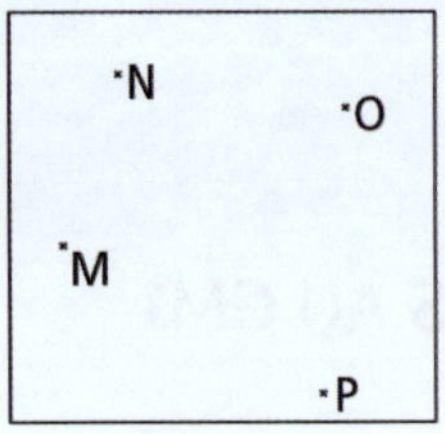

Annexe 5b

- ✔ **Exercice 1 :** le côté AD du rectangle est donné (ou bien les deux sommets A et D).
- ✔ **Exercice 2 :** le côté AB et un point M du côté CD (différent de C et de D) sont donnés (annexe 5a).
- ✔ **Exercice 3 :** un point de chacun des côtés, différent des sommets, est donné (annexe 5b).

Les élèves reçoivent les feuilles de travail au format A4 et disposent des quatre outils utilisés dans la phase 2 de la situation : équerre non graduée, téquerre, règle non graduée et équerre sur transparent.

Dans chaque cas, une rapide synthèse permet de décrire les procédures employées et de dire s'il y a une seule ou plusieurs solutions :

- Pour l'exercice 1, la mise en commun doit permettre de préciser qu'il existe plusieurs solutions (une infinité) et que tous les côtés BC sont parallèles entre eux.
- Pour l'exercice 2, on veillera à expliciter pourquoi il n'y a qu'une seule solution. Ce sera l'occasion d'énoncer des constats comme : « *Par le point A, je ne peux tracer qu'une seule droite perpendiculaire au côté AB.* »
- L'exercice 3 peut poser davantage de questions dans la mesure où il faut choisir arbitrairement le support d'un des côtés. On explicitera que ce support étant choisi, il n'y a alors plus qu'un seul rectangle possible.

EN RELATION AVEC LA SITUATION L'ATTRAPE (1) (CM1)

LE JEU DU MIROIR

Le jeu du miroir se joue à deux avec un géomiroir. Chaque joueur a un jeu de cartes (circulaires), constitué de paires de formes superposables (issues de l'annexe 6 de la situation PAREIL, PAS PAREIL ? (1) p. 56).

Un joueur pose une forme près du miroir, l'autre cherche dans son jeu la forme que l'on voit dans le miroir.

Pour valider, les joueurs placent les deux cartes de part et d'autre du géomiroir et regardent alternativement dans et par-dessus le miroir. Si la carte proposée par le deuxième joueur est validée, les deux cartes sont posées de côté, en vis-à-vis, et on inverse les rôles.

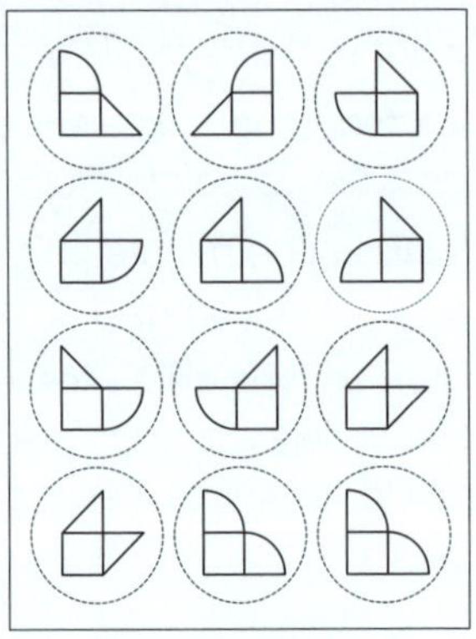

Paires de formes superposables

EN RELATION AVEC LA SITUATION EMPREINTES (CM1)

RECHERCHE DES AXES

Le déroulement est analogue à celui de la phase 3 de la situation (voir p. 109).

Les élèves doivent chercher, sur les annexes 6a et 6b, les formes qui sont réversibles, et dessiner les axes de symétrie.

L'enseignant peut imprimer trois exemplaires de l'annexe (deux sur papier opaque et un sur calque), pour y découper les formes ou pour y dessiner les empreintes.

Annexe 6a

Annexe 6b

LES ACTIVITÉS AU CM2

EN RELATION AVEC LA SITUATION PAREIL, PAS PAREIL ? (2) (CM2)

TANGRAM ET BRISE-CROIX

Les élèves doivent reproduire les figures modèles ci-dessous dans les cadres fournis (annexes 7a et 7b ; 8a et 8b), plus grands que sur le modèle.

- ✔ Le tangram (annexes 7a et 7b) permet de reconstituer un carré ou un rectangle. Le carré (ou le rectangle) ne doit pas être agrandi pièce par pièce, mais globalement avec les tracés intérieurs.

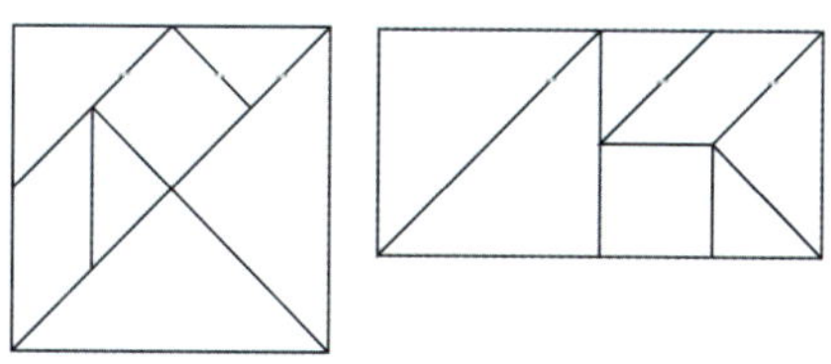

- ✔ Le brise-croix (annexes 8a et 8b) permet de reconstituer une croix et un rectangle. De la même façon, on n'agrandit pas pièce par pièce, mais globalement la croix (ou le rectangle).

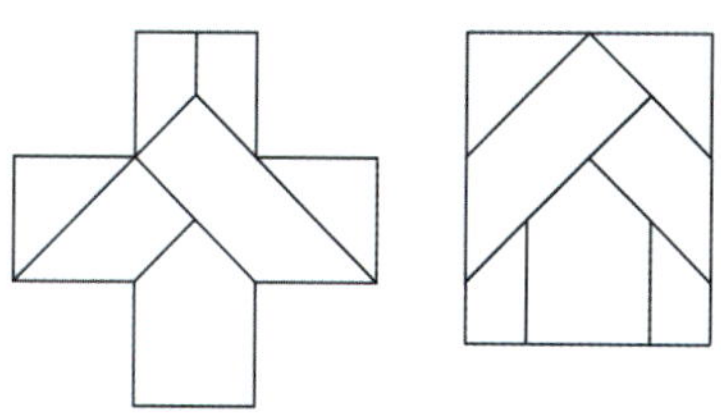

La reconstitution du rectangle (ou de la croix) après découpage permet la validation.

EN RELATION AVEC LA SITUATION UN POLYGONE ET SES ANGLES (CM2)

Les élèves ont un lot de gabarits d'angles de 45°, 60°, 80°, 90°, 100°, 120° et 135° (annexe 4 de la situation UN POLYGONE ET SES ANGLES p. 141).

✔ **Exercice 1 :** « *Choisissez l'un de vos gabarits. Construisez un quadrilatère de côtés mesurant 4 cm, 5 cm, 6 cm et 7 cm et dont un angle correspond au gabarit choisi.* » (il existe à priori plusieurs solutions).

✔ **Exercice 2 :** « *Choisissez deux de vos gabarits. Construisez un quadrilatère de côtés mesurant 4 cm, 5 cm, 6 cm et 7 cm et dont deux angles correspondent aux gabarits choisis.* » (il n'existe à priori pas de solution).

EN RELATION AVEC LA SITUATION TRIANGLES, QUADRILATÈRES ET ANGLES DROITS (CM2)

TOUT UN PROGRAMME

Les élèves doivent suivre le programme de construction suivant pour obtenir la figure ci-contre.

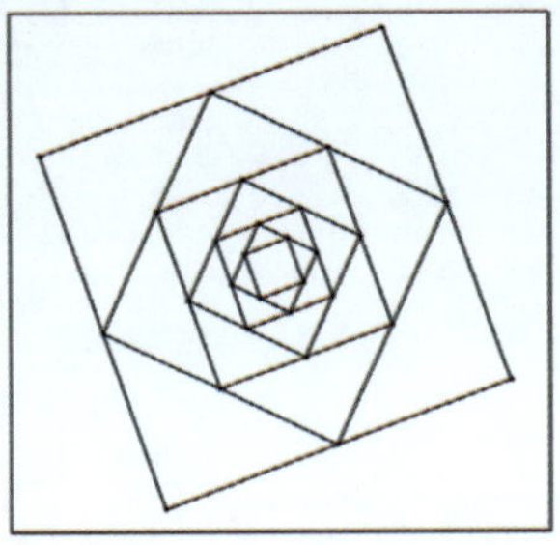

1 Trace un carré de 8 cm de côté.

2 Place les milieux de chacun des côtés.

3 Joins ces milieux pour obtenir un nouveau quadrilatère.

4 Place les milieux de chacun des côtés et joins-les pour obtenir un nouveau quadrilatère.

5 Continue la construction en répétant l'étape 4 jusqu'à ce que tu obtiennes un quadrilatère dont tous les côtés mesurent 1 cm.

Les élèves doivent ensuite déterminer combien de quadrilatères ils ont tracés, puis observer le dessin obtenu pour écrire toutes les propriétés qu'ils remarquent dans leur cahier de brouillon.

Éclairages sur

OBJETS ET RELATIONS DU PLAN

Ce texte présente les principales caractéristiques de l'apprentissage des objets du plan et des relations géométriques associées, que nous proposons dans les situations du CE2 au CM2. Durant ces trois années, les connaissances des élèves vont évoluer vers l'analyse des propriétés des figures.[1]

PRISE EN COMPTE DES CONNAISSANCES INITIALES

Les notions abordées dans ce thème ne peuvent pas être toutes considérées comme des nouveautés qui seraient introduites et au sujet desquelles les élèves seraient ignorants. Certaines formes géométriques sont familières aux élèves depuis la maternelle, comme objets physiques du monde qui les entoure, par exemple des éléments de jeux, et aussi par leurs représentations. Pour les assembler et les comparer, les élèves ont développé des gestes, très souvent répétés avec des formes voisines (carrés, triangles, côtés rectilignes ou angles droits...), qui leur ont assuré une expérience de ces formes. Par exemple, depuis la Grande Section, ils sont souvent capables d'anticiper le résultat d'un emboitement ou de prévoir le sens dans lequel il faut placer une pièce avant de la positionner.

Par ailleurs, les élèves perçoivent aussi certaines relations comme le parallélisme de tracés ou la symétrie d'une forme, bien qu'elles n'aient pas été enseignées auparavant. Elles peuvent être exprimées par les élèves avec des termes un peu vagues (« *c'est pareil* ») ou s'accompagner de confusions. Par exemple, des élèves croient que des figures présentant une certaine régularité, comme un parallélogramme, possèdent un axe de symétrie (qu'elles pourraient être repliées sur elles-mêmes)[2].

Comme pour les connaissances d'autres domaines des mathématiques, les connaissances géométriques doivent s'articuler avec des savoir-faire antérieurs, qu'elles remplacent si nécessaire, pour devenir opérationnelles. Par exemple, un élève au début du CE2 voit d'abord dans un triangle un objet familier qui lui rappellera des contextes d'utilisation.

Le processus d'apprentissage que nous proposons prend en compte ces connaissances initiales. Dans plusieurs situations de cet ouvrage, les élèves agissent avec des formes dans une première phase, puis résolvent un problème analogue sur feuille par la production de tracés.

INTERACTIONS ENTRE OBJETS ET DES RELATIONS

Les connaissances abordées dans ce thème concernent les objets du plan (triangles, quadrilatères et autres polygones, angles, cercles et disques, etc.) et les relations portées par ces figures (égalités de longueurs) et, plus généralement, par les lignes droites (perpendicularité, parallélisme, etc.). Ces connaissances ne sont pas traitées indépendamment les unes des autres.

Un des objectifs des situations proposées, notamment au CE2, est de permettre aux élèves de passer d'une vision globale d'une forme (par exemple celle d'un assemblage d'un carré, d'un triangle et d'un quart de disque dans PAREIL, PAS PAREIL ? (1)) à l'analyse de ses éléments.

Dans la situation RECTANGLE À TERMINER (1) au CE2, les élèves ont à tracer l'angle d'un rectangle, sans avoir sur leur table toute la figure à compléter. Ils vont donc devoir tracer un angle droit. Bien que les élèves sachent depuis longtemps anticiper si une pièce rectangulaire peut s'emboiter dans un emplacement, et que certains aient « appris » les propriétés du rectangle, la plupart d'entre eux ne mobilisent pas ces références : ils tracent des traits qui complètent la figure plus ou moins approximativement. Ces productions seront invalidées par les critiques formulées par la classe lors de la mise en commun, puis en dernier ressort, par la validation pratique en recollant les deux parties du rectangle. Cette situation, comme de nombreuses autres, conduit l'élève à passer, par le tracé de traits droits, d'une vision de la forme « angle droit » comme « coin du rectangle » au tracé de lignes droites perpendiculaires. La résolution de ce problème portant sur une figure explicite donc la relation de perpendicularité entre des lignes droites et mène à la recherche d'outils appropriés, qui sera développée dans les situations suivantes.

L'ÉVOLUTION DES SUPPORTS

Au CE2, la première phase des situations met en jeu des objets matériels, tels que des pièces manipulables (PAREIL, PAS PAREIL ? (1), PUZZLE, AUX COINS CITOYENS !), et des actions sont parfois explicitement demandées (faire glisser une feuille dans FEUILLE QUI COULISSE, effectuer un pliage dans TRAIT SUR TRAIT).

1. L'explicitation des problématiques d'apprentissage est développé dans la rubrique « Enjeux didactiques » (p. 207).
2. Cf. ERMEL Géométrie CP-CE1 (Hatier, 2020), situation « Pliage et symétrie » p. 126

Cette phase permet ainsi à l'élève de se représenter les contraintes du problème avant de le résoudre sur feuille, dans les phases suivantes, au moyen de représentations graphiques proposant une modélisation du contexte initial (par un exemple, un trait figurant le pli).

Puis, au CM1, les données des problèmes sont en général exposées à partir de contextes simplement évoqués (sans objets matériels), qui peuvent être accompagnés d'une représentation graphique, comme dans les situations PÉTANQUE et SUR LA TRACE DES ROUES. Comme au CE2, la résolution du problème sollicite des tracés sur feuille.

Enfin, au CM2, les problèmes, sauf exception, sont communiqués sous la forme d'énoncé mathématique (par exemple, *« chercher tous les triangles dont les côtés mesurent 4 cm ou 6 cm »*) ou de questions portant sur un lot de figures. Les énoncés sont décontextualisés et ne font plus appel à une situation de référence liée à un phénomène ou à un vécu de l'élève. Ils se rapprochent ainsi de ceux que les élèves rencontreront dans la suite de leur scolarité.

Cette évolution des supports contribue à faire passer les élèves d'une géométrie portant sur des objets physiques à une géométrie portant sur des figures « abstraites ».

LE RÔLE DES TRACÉS

Du CE2 au CM2, un des enjeux des apprentissages est d'amener les élèves à appréhender des figures géométriques, définies par des propriétés qu'ils savent mobiliser. Aussi, chaque mise en évidence d'une propriété s'accompagne du tracé d'une figure associée, non seulement pour la réalisation instrumentée, mais aussi pour l'analyse des lacunes éventuelles dans la mise en œuvre de cette propriété.

L'ÉTUDE DES FIGURES

Certaines situations conduisent plus particulièrement à l'analyse des figures :

- ✔ au CE2, PAREIL, PAS PAREIL ? (1), PUZZLE, RECTANGLE À TERMINER (1) ;
- ✔ au CM1, TRACER PAREIL.

D'autres sont plus centrées sur la construction de figures :

- ✔ au CM1, CONSTRUIRE UN RECTANGLE ;
- ✔ au CM2, COMBIEN DE POLYGONES ?, UN POLYGONE ET SES ANGLES et LA ROTONDE.

L'ÉTUDE DES RELATIONS

Plusieurs relations géométriques sont étudiées (voir tableau des situations pages suivantes) :

- ✔ la symétrie axiale ;
- ✔ la perpendicularité et l'angle droit ;
- ✔ le parallélisme.

Pour chacune de ces relations, l'explicitation des connaissances initiales des élèves, la présentation des savoirs concernés et des choix d'enseignement possibles ainsi que l'organisation précise de la progression sont exposées dans la rubrique « Enjeux didactiques » en fin d'ouvrage (p. 220 à 229).

L'USAGE DES INSTRUMENTS

Le tracé de traits droits et l'usage de la règle, notamment pour prolonger des traits, sont travaillés dans des situations du thème 1 « Repérage et alignement ».

Pour le tracé d'angles droits, nous avons constaté lors de notre recherche que beaucoup d'élèves à l'entrée du CE2 connaissaient l'équerre mais en avaient un usage inapproprié : certains pouvaient partir du zéro de la graduation et non du bord droit de l'équerre, d'autres prenaient l'instrument en utilisant ses bords droits comme ceux d'une règle, sans repérage de l'usage de l'angle droit. Aussi, nous proposons que l'équerre ne figure pas dans la boite à outils dans les premières situations portant sur le tracé de l'angle droit, notamment RECTANGLE À TERMINER. En revanche, d'autres instruments, comme la réquerre ou la téquerre, peuvent permettre de tracer un angle droit ou de le vérifier sans présenter ces inconvénients. Par ailleurs, l'équerre sera à nouveau disponible dans les situations TRAIT SUR TRAIT et CONSTRUIRE UN ANGLE DROIT au CM1.

Certaines situations de ce thème font évoluer le recours aux instruments ou leurs techniques d'utilisation.

- ✔ L'usage de l'équerre, de la réquerre et de la téquerre est travaillé :
  - au CE2 dans CONSTRUIRE UN ANGLE DROIT et C'EST D'ÉQUERRE ;
  - au CM1, dans RECTANGLE À TERMINER (2) et CONSTRUIRE UN RECTANGLE.
- ✔ Le recours au compas est analysé :
  - au CM1 dans TRACER PAREIL et PÉTANQUE ;
  - au CM2 dans LA ROTONDE.

Les activités d'accompagnement renforcent aussi la maitrise de l'ensemble de ces instruments.

3. Cf. « La boite à outils de géométrie » dans les compléments pédagogiques p. 201

TABLEAU SYNTHÉTIQUE DES SITUATIONS DU THÈME 2

Situations portant principalement sur la symétrie axiale

Niveau	Période	Situations	Problèmes	Connaissances visées
CE2	2	PAREIL, PAS PAREIL ? (1)	Reconnaitre si deux formes sont superposables avec ou sans retournement.	Analyse de figures Approche de la symétrie
CE2	2	PUZZLE	Réaliser un puzzle avec des pièces réversibles ou non.	Analyse de figures superposables ou non Construction d'une figure agrandie
CM1	4	EMPREINTES	Identifier des formes réversibles. Rechercher des axes de symétrie.	Symétrie axiale
CM1	4	L'ATTRAPE (1)	Trouver un axe de symétrie. Construire le symétrique d'un point.	Symétrie axiale
CM2	2	L'ATTRAPE (2)	Construire le symétrique d'une figure.	Symétrique d'un point Symétrique d'un segment

Situations portant principalement sur la perpendicularité et l'angle droit

Niveau	Période	Situations	Problèmes	Connaissances visées
CE2	4	RECTANGLE À TERMINER (1)	Construire un angle droit sans disposer du rectangle.	Angle droit du rectangle
CE2	5	TRAIT SUR TRAIT	Anticiper la position de plusieurs plis perpendiculaires à un trait.	Perpendicularité
CE2	5	CONSTRUIRE UN ANGLE DROIT	Construire un angle droit avec ou sans instrument (pliage).	Synthèse des techniques de construction d'un angle droit
CE2	5	C'EST D'ÉQUERRE	Identifier et construire des angles droits pour compléter différentes figures.	Segments perpendiculaires Utilisation de l'équerre
CM1	2	RECTANGLE À TERMINER (2)	Construire deux côtés perpendiculaires d'un rectangle sans disposer des sommets.	Côtés perpendiculaires du rectangle

Situations portant principalement sur le parallélisme

Niveau	Période	Situations	Problèmes	Connaissances visées
CE2	4	FEUILLE QUI COULISSE	Tracer un trait parallèle à un trait donné.	Parallélisme (comme direction commune de lignes droites)
CM1	5	SUR LA TRACE DES ROUES	Tracer une parallèle.	Parallélisme (comme écart constant)
CM1	5	PARAPUZZLE	Reproduire un réseau de parallèles (une seule droite étant présente sur la feuille de travail).	Parallélisme de droites (perpendiculaire commune)

Situations portant principalement sur l'analyse et la construction de figures

Niveau	Période	Situations	Problèmes	Connaissances visées
CE2	4	AUX COINS CITOYENS !	Identifier des « coins » de même angle mais de taille différente.	Angle caractérisé par l'écartement de ses côtés
CM1	1	PÉTANQUE	Comparer des distances à un point.	Cercle
CM1	2	CONSTRUIRE UN RECTANGLE	Compléter le tracé d'un rectangle.	Propriétés du rectangle Procédures de construction instrumentée
CM1	4	TRACER PAREIL	Construire des figures. Comparer des figures.	Analyse de figures Procédures de construction instrumentée
CM2	1	PAREIL, PAS PAREIL ? (2)	Produire un message permettant d'identifier une figure parmi d'autres lui ressemblant.	Analyse et description de figures Procédures de construction instrumentée
CM2	2	IDENTIFIER LA FIGURE	Formuler des questions portant sur des propriétés d'un polygone pour l'identifier.	Identification des propriétés d'une figure
CM2	2	COMBIEN DE POLYGONES ?	Chercher le nombre de quadri-latères vérifiant des dimensions données pour leurs côtés.	Propriétés des figures Procédures de construction instrumentée Constats d'impossibilités (inégalités triangulaires)
CM2	4	UN POLYGONE ET SES ANGLES	Produire un message permettant d'identifier une figure. Identifier une figure à partir d'un message	Identification d'un quadrilatère par ses angles Procédures de construction instrumentée
CM2	4	TRIANGLES, QUADRILATÈRES ET ANGLES DROITS	Déterminer si un triangle peut avoir deux angles droits. Déterminer si un quadrilatère peut avoir exactement trois angles droits.	Synthèse sur les relations Preuve d'une impossibilité
CM2	5	RECHERCHE DE TOUS LES QUADRILATÈRES	Dessiner à main levée le plus de quadrilatères différents (par leurs propriétés).	Synthèse sur les quadrilatères
CM2	5	LA ROTONDE	Construire dans un cercle des cordes équidistantes du centre (l'écart est donné).	Situation de synthèse sur les constructions

THÈME 3
Objets et relations de l'espace

- Analyser les solides et leurs propriétés.
- Aborder des représentations (patrons, schémas).

Présentation du thème 3
Objets et relations de l'espace

CE2 PÉRIODE 3 ANALYSER UN SOLIDE ET SES FACES

La situation TROUVER LE POLYÈDRE

Elle vise à faire expliciter les propriétés nécessaires pour pouvoir distinguer des solides perceptivement ressemblants. Elle comporte une phase de communication qui oblige les élèves à recourir à un langage géométrique précis.

Questions sur le choix des lots de solides dans TROUVER LE POLYÈDRE

Ce texte explicite les caractéristiques des solides utilisés. Les solides se ressemblent perceptivement pour mettre en échec la reconnaissance fondée seulement sur la perception globale du solide et l'utilisation d'un vocabulaire familier. L'objectif est de développer chez l'élève des critères d'analyse.

La situation CONSTRUIRE UN SOLIDE

L'élève doit identifier dans un lot les faces nécessaires pour fabriquer un solide donné et les communiquer à un autre élève.

Questions sur le matériel pour fabriquer des solides

Ce texte présente différents types de matériel, que l'enseignant ou les élèves peuvent utiliser pour fabriquer des polyèdres.

CM1 PÉRIODE 3 ASSOCIER UN SOLIDE AVEC SES FACES ET ASSOCIER DES SOLIDES ENTRE EUX

La situation POLYCUBES PAREILS

Les élèves doivent construire tous les assemblages de quatre cubes (tétracubes) possibles. Pour les comparer, ils sont amenés à décrire précisément les positions relatives des cubes dans chaque assemblage. Puis ils ont à représenter tous ces assemblages à partir d'un matériel 2D adéquat.

La situation ASSEMBLONS LES FACES

Cette situation permet aux élèves d'appréhender les patrons des solides : ils doivent produire un dessin qui permettra de construire un solide, d'abord présent sur leur table, puis éloigné (solide caché dans la classe). Ils peuvent pour cela utiliser des gabarits de faces et construire le solide pour vérifier leur production. Enfin, les élèves cherchent tous les patrons du cube.

Questions sur les patrons

Ce texte décrit différentes procédures des élèves pour produire des patrons de cubes.

CM2 PÉRIODE 3 ASSOCIER UN SOLIDE ET SES REPRÉSENTATIONS

La situation BOUCHER LE TROU

Les élèves disposent d'un assemblage de solides dans lequel se trouve un emplacement vide. Ils doivent produire, d'abord à main levée, des patrons du solide qui permettra de combler cet emplacement. Ce solide sera ensuite construit pour valider les productions. La particularité de cette situation est donc que le solide à construire n'est pas visible.

Questions sur le dessin à main levée

Ce texte présente les intérêts du dessin à main levée, tant pour produire des représentations rapides que pour expliciter et communiquer des caractéristiques géométriques du solide, notamment lors des mises en commun.

La situation REPRÉSENTER UN SOLIDE

Cette situation synthétise les apprentissages précédents, notamment sur la représentation des solides. Elle propose aux élèves de produire un dessin de solide afin que d'autres puissent le construire avec du matériel de construction.

ACTIVITÉS D'ACCOMPAGNEMENT

Elles visent à stabiliser les connaissances développées dans les situations et notamment à familiariser les élèves dès le CE2 avec les représentations planes des solides dont les patrons.

ÉCLAIRAGES SUR LES OBJETS ET LES RELATIONS DE L'ESPACE

Ce texte rappelle les finalités et les composantes des apprentissages de ce thème. Il présente notamment les types de situation proposées.

Planning du thème

Au CE2

	SITUATION	SÉANCES		ACTIVITÉS D'ACCOMPAGNEMENT
Période 3	TROUVER LE POLYÈDRE p. 168	1	Phase 1 : Distinguer des solides proches	
		2	Phase 2 : Identification d'un polyèdre	
		3		
	CONSTRUIRE UN SOLIDE p. 172	1	Phase 1 : Communication entre élèves	Identifier les côtés qui s'assemblent p. 190
		2	Phase 2 : Commande de faces	
		3	Phase 3 : Reprise	

Au CM1

	SITUATION	SÉANCES		ACTIVITÉS D'ACCOMPAGNEMENT
Période 3	POLYCUBES PAREILS p. 176	1	Phase 1 : Appropriation du matériel Phase 2 : Trouver tous les tétracubes Phase 3 : Représenter tous les tétracubes	Le cube SOMA p. 190
	ASSEMBLONS LES FACES p. 179	1	Phase 1 : Solide sur la table	Associer un assemblage à un solide Compléter un patron Jeux de cartes p. 191-192
		2	Phase 2 : Solide caché	
		3	Phase 3 : Trouver les patrons du cube	

Au CM2

	SITUATION	SÉANCES		ACTIVITÉS D'ACCOMPAGNEMENT
Période 3	BOUCHER LE TROU p. 183	1	Phase 1 : Dans un assemblage de cubes tronqués	Préparer le patron du cube tronqué Autour des patrons du pavé Autour des relations d'incidence p. 192
		2	Phase 2 : Dans un assemblage de tétraèdres	
	REPRÉSENTER UN SOLIDE p. 187	1	Phase 1 : Les limites du dessin	
		2	Phase 2 : Expérimentation des techniques	

TROUVER LE POLYÈDRE

Ressources pour la situation hatier-clic.fr/24ermelg301

Le problème
Les élèves doivent trouver un solide parmi un lot en posant des questions fermées à un binôme d'élèves qui peut le voir et le toucher.

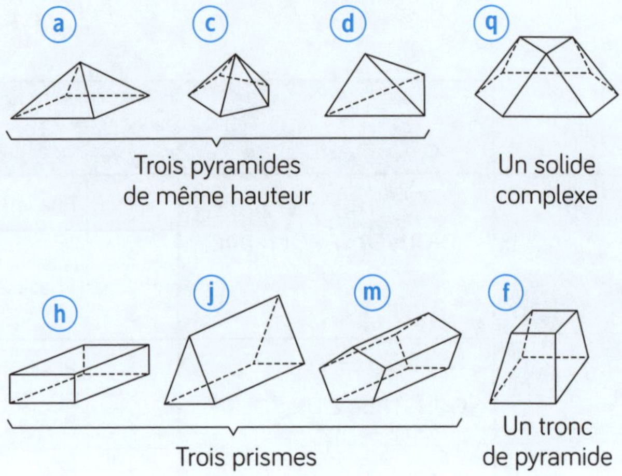

Connaissances visées
- Caractériser un polyèdre (solide délimité uniquement par des surfaces planes) par des informations numériques, telles que le nombre d'arêtes, de sommets, de faces et la puissance des sommets (nombre d'arêtes qui partent d'un sommet), ainsi que la nature de ses faces.
- S'approprier un vocabulaire géométrique : faces, arêtes, sommets.

Résumé de la situation
- Dans la **phase 1**, destinée à ceux qui n'auraient pas abordé cet apprentissage au CP ou au CE1, les élèves prennent conscience de l'insuffisance des critères qualitatifs (taille, couleur, matière, forme « pointue »…) ou des comparaisons avec des objets usuels (« *ça ressemble à une montagne* », « *ça roule un peu* »).
- Dans la **phase 2**, les élèves, par groupe, identifient un solide caché en posant des questions à un binôme qui peut le voir et le toucher.

Organisation de la situation
En trois séances : une pour la phase 1, deux pour la phase 2.

Questions sur le choix des lots de solides : analyse p. 171

ERMEL Géométrie Cycle 3 (Hatier, 2006), situation p. 479

Fabrication des solides
Pour fabriquer les polyèdres, les fichiers .obj pour imprimante 3D et les patrons sont fournis en annexes 1a à 1i et 2a à 2h.

Phase 1 : Distinguer des solides proches

Objectif de la phase 1
Prendre conscience qu'il est nécessaire d'élaborer des critères exprimant la diversité de solides.

Matériel pour la classe et pour un binôme
- Le premier lot de solides placé sur un plateau de polystyrène extrudé (servant de support et donc de moyen de stockage et de transport).
- Une boite pour cacher un solide.

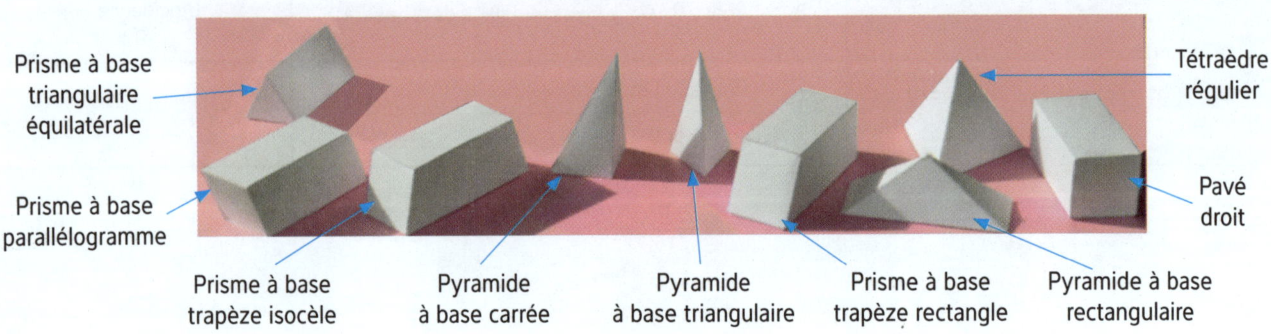

ÉTAPE 1 : PREMIÈRE RECHERCHE EN BINÔME

Les lots sont rangés à part. Les élèves sont regroupés. L'enseignant présente le lot : « *Nous allons utiliser ce matériel et vous aurez tous le même sur votre table. Vous allez travailler en binôme.* »

Il prend successivement plusieurs solides : « *Regardez bien ces solides ; dans un moment, je vais en cacher un. Chaque binôme cherchera quel solide est caché et reviendra avec ici pour vérifier si c'est le bon. Alors, je vous laisse déjà bien les regarder.* »

Il extrait ensuite le tétraèdre régulier du lot, les élèves le regardent une trentaine de secondes. Le solide est mis dans une boite et les élèves vont à leur place. L'enseignant donne à chaque binôme un lot de solides. Les élèves cherchent le solide caché, le prennent et reviennent avec leur proposition.

L'enseignant prend alors le solide caché dans la boite, le sort, et demande aux élèves si c'est bien celui qu'ils ont rapporté.

ÉTAPE 2 : COMMUNICATION ENTRE DEUX ÉLÈVES

Dans chaque binôme, l'enseignant désigne un élève émetteur et un élève récepteur. Les émetteurs viennent devant le lot complet avec l'enseignant, les récepteurs restent à leur place et ne voient pas le lot de solides.

L'enseignant prend le prisme à base trapèze isocèle. Les élèves l'observent une minute environ puis l'enseignant le cache. Les émetteurs partent ensuite décrire le solide à leur binôme. La communication est libre (verbale, gestes…). L'enseignant donne ensuite un lot aux récepteurs, qui doivent désigner le solide.

La mise en commun porte sur la validation du solide (« *Est-ce que tout le monde a trouvé le même solide ?* ») et la description du solide (« *Qu'est-ce que les émetteurs ont dit ou fait pour vous faire trouver ?* »).

ÉTAPE 3 : REPRISE

Les élèves émetteurs deviennent récepteurs et inversement. Le déroulement est le même qu'à l'étape 2. L'enseignant cache la pyramide à base carrée. La mise en commun permet de mettre en évidence que l'on ne peut pas se contenter d'une description globale du solide (« *c'est une pyramide* ») ou locale (« *c'est pointu* »), mais que l'on doit décrire les faces, leur orientation, etc.

Organisation de la phase 1

Pour limiter le nombre de lots de solides, il est possible de travailler en demi-classe ou de n'avoir qu'un lot pour 3 ou 4 binômes. Dans ce deuxième cas, le lot est présenté successivement aux binômes qui désignent le solide (au lieu de le prendre) en collant une gommette de couleur (différente pour chaque binôme) repositionnable en dessous pour le retrouver lors de la mise en commun.

Choix des solides

Le lot comporte deux familles (prismes et pyramides) présentant des caractéristiques vraiment différentes. Dans une même famille, les solides ont des ressemblances et des différences.
Trois solides sont choisis successivement : le tétraèdre régulier, le prisme à base trapèze isocèle et la pyramide à base carrée.

Solide caché à l'étape 1 : tétraèdre régulier

Ce choix vise à favoriser une bonne entrée des élèves dans la situation car l'identification est immédiate : ce solide se distingue des autres car il n'est composé que de triangles.

Arguments pour justifier le choix

- Ressemblance avec un objet connu.
- Qualification d'une composante du solide par une qualité locale (pointu).
- Comparaison entre deux solides (exemple par des pyramides).
- Position relative des faces.
- Expression d'une propriété spatiale du solide (« *c'est penché* »).
- Dénombrement des sommets ou des faces.
- Taille (ou volume occupé dans la main).

Phase 2 : Identification d'un polyèdre

Matériel pour un groupe de 4 élèves

- Un lot de 8 solides (cf. haut de page 168).
- Une feuille pour noter les questions.

Matériel pour le binôme émetteur

- Le solide **q** (annexe 2d) : base hexagonale régulière, 3 faces carrées et 4 faces triangulaires équilatérales.
- Une feuille pour prendre des informations.
- Un cache (pour que les élèves puissent manipuler le solide sans être vus des autres) et une boite (pour cacher le solide).

Présentation et consigne

L'enseignant désigne un binôme qui vient s'installer au bureau, derrière un paravent ou caché du reste de la classe. Le reste de la classe est réparti en groupes de quatre élèves.

Objectif de la phase 2

Prendre conscience que pour trouver le solide, c'est-à-dire le différencier des autres, utiliser le vocabulaire mathématique est le plus efficace : le nombre de faces, la nature des faces, le nombre d'arêtes, de sommets et éventuellement la puissance des sommets.

Choix des solides

Les solides qui constituent un lot permettent de disqualifier les formulations du type « *c'est un triangle* » (car 4 solides ont des faces triangulaires) ou « *ça ressemble à un toit d'une maison* » (car c'est le cas de plusieurs solides).

Il explique : « *Je vais donner un solide au binôme qui est au bureau. Ils ont le droit de le regarder et de le toucher... mais pas vous. Je vais vous donner un lot de solides dans lequel se trouve le même solide que celui du binôme. Vous allez devoir trouver ce solide en posant des questions au binôme. Attention celui-ci n'aura le droit de répondre que par "oui" ou "non". Dans chaque groupe, vous devrez vous mettre d'accord sur les questions et les écrire sur la feuille. Vous pourrez ensuite les poser au binôme.* »

L'enseignant donne le solide dans une boite fermée au binôme qui ne l'ouvre que derrière le paravent. Il distribue un lot et une feuille à chaque groupe.

Recherche par groupe de quatre

Au sein de chaque groupe, les élèves se mettent d'accord sur les questions à poser et les écrivent. Ils ont le lot de solides à disposition pour repérer les différences entre les solides.

Communication des questions

L'enseignant rappelle la consigne : « *Chaque groupe va poser une question à tour de rôle, je vais noter la question et la réponse au tableau au fur et mesure. Quand vous êtes certains d'avoir trouvé le solide, vous levez la main.* »

Chaque question est débattue en classe, par exemple la question « *Est-ce que c'est un solide en forme de triangle ?* » est claire pour certains élèves, qui voient bien de quel solide il s'agit (« *parce que c'est un triangle tiré* ») mais pas pour d'autres (« *Un triangle ce n'est pas un solide, on ne peut pas répondre et puis* ***a***, ***c*** *et* ***d*** *c'est aussi des triangles* »). Dans ce cas l'enseignant note : « *On ne peut pas répondre.* » Certaines questions font consensus malgré leur inexactitude mathématique comme « *Est-ce qu'il a un sommet principal ?* ». Les élèves peuvent dire que les solides **a**, **c** et **d** ont un sommet qui se détache des autres. L'enseignant peut poser ces solides sur une autre face, mais si les élèves sont tous d'accord, il laisse le binôme répondre.

Lorsqu'un groupe pense avoir trouvé le solide, il lève la main et va proposer sa réponse au binôme. Si elle est validée, les autres groupes continuent à poser des questions jusqu'à ce que tous aient trouvé.

Mise en commun et trace écrite

L'enseignant : « *La prochaine fois nous recommencerons avec un autre solide, alors maintenant l'objectif est de savoir quelles questions permettent de trouver le solide.* »

Il demande aux élèves de formuler des grandes catégories de questions pour constituer la trace écrite.

Reprise

À la séance suivante, la situation est reprise mais plus rapidement. La phase de mise en commun permet de contrôler ou améliorer la trace écrite si nécessaire.

Activités d'accompagnement : Descriptions et liens p. 190

Exemples de questions d'élèves

Elles peuvent porter sur :
- des propriétés relatives : « *Est-il petit ?* » ;
- des propriétés physiques : « *Est-ce qu'il tient debout sur toutes ses faces ?* » ;
- l'aspect général : « *A-t-il une forme de triangle ? une forme de maison ?* » ;
- des propriétés liées à l'orientation : « *A-t-il une base plate ? un sommet principal ?* » ;
- le nombre de faces, arêtes, sommets : « *Est-ce qu'il a 8 faces ? 10 sommets ?* » ;
- la nature des faces : « *Est-ce qu'il a 8 faces triangulaires ?* ».

Différenciation

Pour apporter une aide méthodologique aux élèves, l'enseignant peut leur donner une fiche sur laquelle ils indiquent au fur et à mesure les solides éliminés par certaines réponses.

Tour	On est sûr que ce n'est pas le solide ...
1	
2	
...	

Gestion de la mise en commun

Lors de la mise en commun, l'enseignant insiste sur le fait que les questions doivent fonctionner à chaque fois et pour tous les solides, de façon à disqualifier les formulations erronées sur lesquelles les élèves se sont mis d'accord telles que l'idée de « sommet principal ».

Choix du solide caché

Le solide à cacher est choisi pour disqualifier certaines questions erronées encore utilisées par les élèves, par exemple les solides **a**, **c** et **d** peuvent tous être qualifiés de pointu, de triangle...

Mise en commun et trace écrite

Les élèves proposent les catégories de questions suivantes : « *sur le nombre de faces, d'arêtes, de sommets, sur la nature des faces* ». Cette liste constitue une trace écrite qui peut s'intituler : « *Pour trouver un solide, il faut connaitre ...* ».

Questions sur LE CHOIX DES LOTS DE SOLIDES

Les situations du thème 3 « Objets et relations de l'espace » nécessitent l'utilisation de lots de solides dans lesquels l'élève doit retrouver un solide mystère.

La constitution du lot de solides est une variable importante de chaque situation car elle permet de modifier les contraintes dans la communication.

Nous avons également tenu compte des aspects matériels et économiques en utilisant les mêmes solides dans plusieurs situations et en limitant le nombre de solides utilisés.

L'influence du matériel de construction pour la fabrication de solides par les élèves est traitée dans « Le matériel pour fabriquer des solides » p. 175.

DES SOLIDES PROCHES

La ressemblance entre les solides d'un lot permet d'orienter la nature de la communication des élèves.

Dans la situation TROUVER LE POLYÈDRE, les solides du premier lot (phase 1) sont construits dans un même matériau et de la même couleur. Ils ont, de plus, des dimensions pour la plupart identiques. Par exemple, pour distinguer les trois prismes (**1**, **2** et **3**) et le pavé droit (**4**) ci-dessous, il faut utiliser des informations spatiales et géométriques.

Pour distinguer le prisme **1** des prismes **2** et **3**, on peut dire que ses faces sont toutes « *penchées pareil* », mais cette caractérisation convient également au pavé (**4**). Il faut alors préciser qu'il y a des faces qui n'ont pas d'angles droits ou encore que des faces sont des parallélogrammes.

Des faces des prismes **2** et **3** sont des trapèzes. Pour distinguer les prismes, il faut alors préciser que des faces du prisme **3** sont des trapèzes rectangles. Les formulations des élèves évoquent ces propriétés : ils ne disent pas *« c'est un trapèze rectangle »*, mais *« là, c'est pas penché »* (avec le geste de mettre les mains en équerre) et *« là, c'est penché »* (avec le geste de former un angle aigu avec les deux mains).

Dans les situations suivantes du thème 3, les particularités des solides choisis permettent de disqualifier les descriptions par analogie, avec métaphores ou utilisant une orientation privilégiée du solide.

METTRE EN DÉFAUT CERTAINES STRATÉGIES

Dans la phase 2 de TROUVER LE POLYÈDRE, les solides du deuxième lot, représentés ci-dessous, sont choisis pour amener les élèves à utiliser une caractérisation analytique (nombre et nature des faces, nombres de sommets et d'arêtes, et éventuellement la puissance des sommets, c'est-à-dire le nombre d'arêtes qui partent d'un sommet).

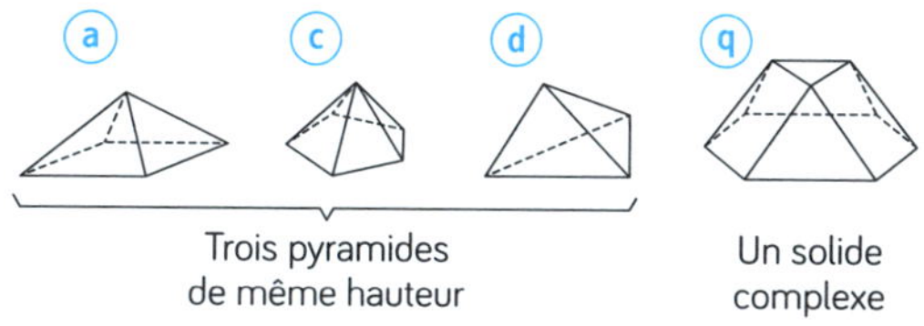

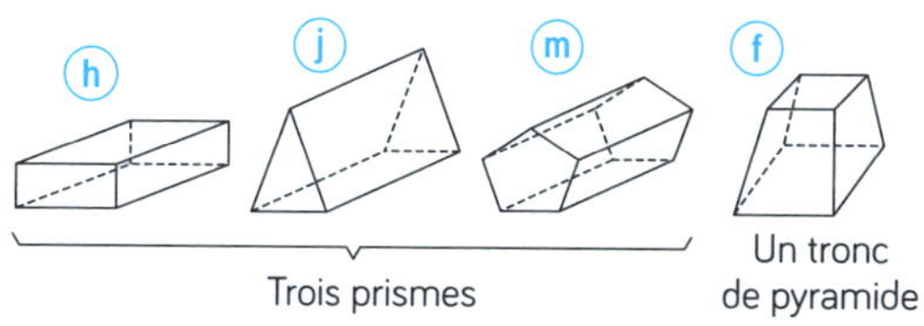

Il faut pour cela que les autres moyens de distinguer les solides du lot ne fonctionnent pas. Ainsi, si un élève demande :

- *« Est-ce que c'est pointu ? »*, *« Est-ce que c'est une pyramide ? »*, les solides **a**, **c** et **d** ne peuvent pas être départagés ;
- *« Est-ce que ça ressemble à une montagne ? »*, les solides **a**, **c**, **d**, **q**, **j** et **f** peuvent correspondre ;
- *« Est-ce que c'est allongé ? »*, les solides **h**, **j** et **m** peuvent convenir.

Les élèves essaient aussi des caractérisations physiques ou spatiales, telles que :

- *« Est-ce qu'il a un sommet principal ? »*, sous-entendu *« Y a-t-il une pointe à l'opposé de la face la plus "large" (que l'on aurait envie de qualifier de base) ? »*, dans ce cas, les solides **a**, **c**, **d**, et peut-être **j** ou **m**, peuvent convenir ;
- *« Est-ce qu'il tient debout sur toutes ses faces ? »*, ce qui correspond à tous les solides.

Contrairement à la phase 1, nous proposons d'utiliser dans la phase 2 un lot varié de solides tant dans leur couleur, leurs dimensions que leur matière. Cela permet aux élèves de dire que la question *« Est-ce qu'il est petit ? »* ne peut pas avoir de réponse : *« Est-ce qu'il est petit, est-ce qu'il est gros… ça va pas, regarde, nous on a celui-là, il est petit, et toi il est gros, et c'est le même… C'est comme la couleur, toi il est bleu et nous rose, alors on peut pas savoir ce qu'ils ont eux* (émetteurs). »

CONSTRUIRE UN SOLIDE

Ressources pour la situation hatier-clic.fr/24ermelg302

Le problème

Les élèves doivent commander, à partir d'un catalogue, les faces nécessaires pour fabriquer un solide identique à un solide placé au fond d'une boite, accessible seulement pendant la prise d'informations.

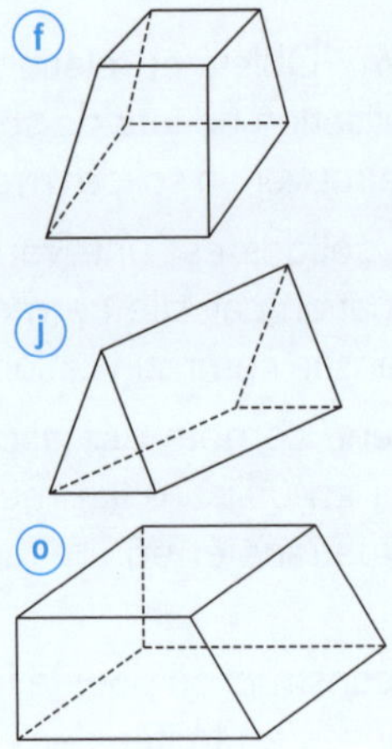

Solides

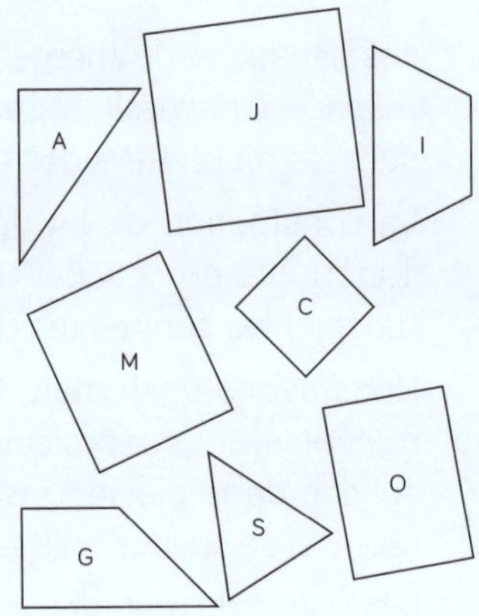

Catalogue de faces (annexe 2)

Connaissances visées

- Caractériser un polyèdre par des informations numériques telles que le nombre de faces, d'arêtes, de sommets et d'arêtes qui partent d'un sommet, ainsi que la nature de ses faces.
- Comprendre qu'il existe des contraintes de longueurs de côtés, entre les faces qui se touchent.

Résumé de la situation

- Dans la **phase 1**, un élève voit le solide **f** et doit communiquer à un autre élève les faces qu'il doit prendre dans le catalogue pour construire le même solide.
- Dans la **phase 2**, les élèves voient le solide **j** (puis **o**) et doivent commander des faces du catalogue qui respectent les contraintes de longueurs de côtés ; par exemple, pour le solide **j**, l'élève peut hésiter entre les rectangles **M** et **O** et les triangles **A** et **S**.

Organisation de la situation

Elle peut se dérouler en trois séances : une par phase.

Questions sur le choix des lots de solides et le matériel pour fabriquer des solides :

analyse p. 171 et 175

ERMEL Géométrie Cycle 3 (Hatier, 2006), situation p. 492

Fabrication des solides

Pour fabriquer les polyèdres, les fichiers .obj pour imprimante 3D et les patrons sont fournis en annexes 1a à 1c.

Phase 1 : Communication entre élèves

Matériel pour la classe

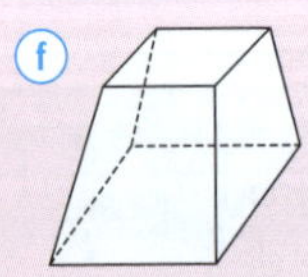

- 4 troncs de pyramide (solides **f**) identiques et 4 boites pour les cacher.
- Un catalogue de faces (annexe 2a) pour affichage.
- Une réserve de quelques exemplaires de chaque face découpée.

Matériel par binôme

- Feuille blanche (format A4) et crayons pour l'émetteur.
- Le catalogue de faces (annexe 2a).
- Une banque de faces avec deux exemplaires de chaque face (annexes 2b et 2c) découpée dans du papier bristol ; du scotch.

Objectifs de la phase 1

- Comprendre qu'il faut communiquer la nature des faces, leur nombre et les relations entre les faces pour reproduire un solide.
- Prendre conscience de la nécessité d'utiliser un vocabulaire précis.

Présentation et consigne

L'enseignant cache les quatre troncs de pyramide (solide **f**) identiques dans des boites placées aux quatre coins de la salle de classe et constitue les binômes.

Il explique : « *Un élève par binôme, l'émetteur, va aller voir un de ces solides (ce sont tous les mêmes) et il va faire un message pour que l'autre élève, le récepteur, puisse fabriquer le solide avec des faces que je lui donnerai.* » Les émetteurs vont prendre des informations sur les solides et produisent leurs messages, qui sont ensuite donnés aux récepteurs avec une banque de faces.

Fabrication et vérification des solides

Les élèves récepteurs assemblent les faces avec du scotch pour fabriquer les solides. Les émetteurs observent mais n'ont pas le droit de parler. L'enseignant peut fournir des faces supplémentaires si nécessaire. Le solide fabriqué est comparé au solide modèle.

Mise en commun

L'enseignant commence par faire examiner des messages qui n'ont pas permis de fabriquer le solide, puis les autres. Les élèves concluent en listant oralement les informations dont ils ont besoin pour fabriquer un solide et le vocabulaire pour désigner les faces.

Si peu d'élèves ont réussi ou si les messages sont trop imprécis, une reprise, en échangeant les rôles, peut être mise en place.

Messages

Ils sont de plusieurs types et associent des dessins et informations écrites :
- bons de commande (« *2 formes comme ça* », « *1 forme comme ça* ») ;
- patrons (assemblages de faces) ; certains élèves utilisent le solide modèle pour décalquer des faces, d'autres indiquent des mesures sur les côtés des dessins ;
- modes d'emploi (« *tu mets le plus gros rectangle en dessous, tu mets les faces à côté* ») ;
- faces isolées avec des flèches pour indiquer les assemblages ;
- descriptions (« *à la fin il y a 8 pointes* ») ; la désignation des faces est parfois imprécise (« *il y a deux faces bizarres* », « *il y a deux carrés avec les bords penchés* »).

Mise en commun

Les élèves commencent par chercher à identifier les sources des erreurs : message incomplet, erroné ou mal interprété.
Ils examinent ensuite les messages ayant mené à la fabrication du bon solide, car c'est parfois la logique du récepteur qui a permis de compléter l'information manquante.

Phase 2 : Commande de faces

Matériel pour la classe

- 4 prismes à base triangulaire isocèle (solide **j**) identiques et 4 boites dans lesquelles les cacher.
- Réserve avec quelques exemplaires de chaque face découpée.

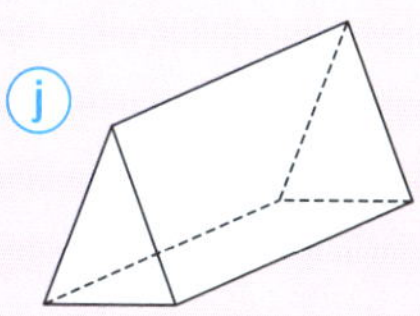

Matériel par binôme

- Un quart de feuille pour la prise d'informations.
- Un catalogue de faces (annexe 2a).
- Un bon de commande de faces (annexe 3).
- Une banque de faces avec au moins deux exemplaires de chaque face du catalogue (annexes 2b et 2c) découpée dans du papier bristol et du scotch.

Matériel par groupe de 4

- Un bon de commande de faces (annexe 3).

Objectif de la phase 2

Comprendre que la nature d'un solide dépend de la nature et du nombre de ses faces.

Matériel

- Les différentes faces du catalogue ont été choisies pour que les élèves aient à réfléchir aux relations entre les faces sans pour autant avoir à mesurer des longueurs.
- Bon de commande (annexe 3)

Face (lettre du catalogue)	Nombre de faces

Constitution des binômes et des groupes

Binômes homogènes et groupes de 4 hétérogènes.

Présentation du problème et consigne

L'enseignant cache les quatre prismes à base triangulaire isocèle (solide **j**) identiques dans des boites placées aux quatre coins de la salle de classe et répartit les élèves en binômes.

Il explique : « *Un même solide est caché à différents endroits de la salle. Chaque binôme va aller prendre des informations sur ce solide et les noter sur un quart de feuille. Il va ensuite revenir à sa table et choisir dans un catalogue les faces nécessaires pour pouvoir fabriquer le même solide que celui qui est caché. Vous devrez alors remplir un bon de commande pour obtenir ces faces. Le bon de commande et le catalogue de faces restent sur votre table et vous n'avez le droit d'aller voir le solide qu'une seule fois.* »

Recherche par binôme

Les élèves vont observer le solide et prendre des notes, puis, à leur table, remplissent leur bon de commande à l'aide du catalogue.

Production d'un bon de commande par groupe de quatre

Quand les binômes ont terminé, l'enseignant les regroupe par deux pour écrire un bon de commande collectif : *« Maintenant, vous devez vous mettre d'accord à quatre pour remplir un bon de commande du groupe. Si vous ne parvenez pas à vous mettre d'accord, vous pouvez me demander à aller regarder à nouveau le solide. Dans ce cas, un seul élève du groupe sera autorisé à aller voir le solide. »* Cet échange réduit le nombre de commandes à examiner et évite qu'un grand nombre de solides ne soient pas constructibles.

Mise en commun

L'enseignant rappelle la consigne et l'objectif de la mise en commun : *« Nous allons examiner vos commandes pour savoir si elles vont permettre de fabriquer un solide identique à celui qui est caché. Nous regarderons aussi s'il n'y a pas de faces en trop. »*

Les commandes identiques sont regroupées et examinées : *« Est-ce que la commande comporte juste ce qu'il faut pour fabriquer le solide : Oui ? Non ? Pourquoi ? »*

Fabrication du solide et vérification

Les groupes peuvent modifier leur commande suite à la mise en commun. L'enseignant distribue les faces et les élèves fabriquent les solides. Il sort le solide caché et les élèves le comparent au leur.

Nouvelle mise en commun rapide

Elle se conclut par une trace écrite provisoire : *« Il faut identifier les faces qui constituent le solide, compter les faces de chaque nature, regarder les longueurs des côtés qui vont ensemble. »*

Phase 3 : Reprise

Matériel

Identique à celui de la phase 2 sauf les solides : 4 prismes à base trapèze (solide **o**).

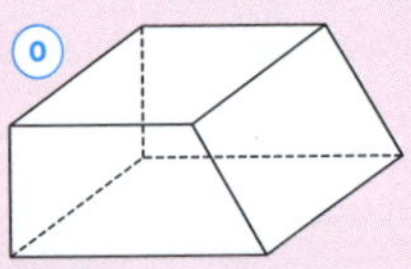

Le déroulement est identique à celui de la phase 2.

Mise en commun avant construction

Les élèves analysent les bons de commande avant de valider par la pratique. Ils se concentrent sur l'assemblage des faces et en déduisent que les longueurs de leurs côtés doivent être identiques.

Fabrication du solide et vérification

Les élèves peuvent modifier leurs bons de commande.

L'enseignant distribue les faces et les élèves fabriquent les solides. Il sort ensuite le solide caché et les élèves le comparent au leur.

Institutionnalisation

Une reprise du débat permet de dégager une trace écrite telle que : *« Pour construire un solide, il faut : choisir les bonnes formes de faces ; avoir le bon nombre de faces de chaque forme ; choisir des faces avec un côté de même longueur qui devront s'attacher. »*

Activités d'accompagnement : Descriptions et liens p. 190

Prise d'informations

Les élèves ne peuvent plus décalquer les faces sur la feuille en raison de sa taille (un quart de feuille A4) et ils n'ont pas le droit d'amener avec eux le catalogue pour poser le solide sur les faces. Ainsi la prise d'informations doit être une analyse des caractéristiques géométriques de la face : côtés de même longueur, angles droits… sans pour autant que ces termes ne soient encore utilisés. Il peut être difficile pour les élèves de bien analyser de façon exhaustive les faces : oubli d'une face (souvent celle du « dessous »), faces comptées plusieurs fois.

Possibilité de modifier la commande

Le fait de pouvoir retourner voir le solide permet de répondre à des questions qui ne peuvent pas être résolues par la discussion.

Groupes hétérogènes de quatre élèves

Nous cherchons à favoriser le débat sur des arguments géométriques. Les faces n'étant pas disponibles (seulement dessinées sur une feuille), les élèves ne peuvent pas accoler les faces mais doivent expliciter leur choix.

Mise en commun

Les élèves ne savent pas si les commandes sont correctes. La discussion porte sur le nombre de faces et leurs natures.

Fabrication du solide

Elle permet de prendre conscience que certaines faces ne peuvent pas s'accoler.

Objectif de la reprise

Prendre conscience des relations entre les faces et produire une trace écrite.

Choix du solide

Le solide a des faces trapèzes rectangles, rectangulaires et carrées. Dans le lot, plusieurs rectangles différents existent, ce qui amène les élèves à réfléchir à la relation entre les longueurs des côtés du trapèze et celles des côtés du rectangle, mais sans avoir recours à la mesure.

Mise en commun

Le débat porte sur le choix des faces, notamment entre les deux rectangles et les deux triangles. Puisqu'ils n'ont pas le solide, les élèves doivent se concentrer sur l'assemblage des faces : « *Regarde, le côté de* **G** *il va là* (sur le côté de **C**), *mais pas là ni là…* »

Questions sur LE MATÉRIEL POUR FABRIQUER DES SOLIDES

Les situations du thème 3 « Objets et relations de l'espace » nécessitent l'utilisation de solides, fabriqués au préalable par l'enseignant, et de matériel, à préparer, qui permette à l'élève de construire des solides.

FABRICATION PAR L'ENSEIGNANT

Les lots de solides nécessaires dans les situations ont été soigneusement choisis pour limiter le travail de préparation de l'enseignant. Plusieurs solides sont présents dans des situations différentes, ils sont soit les solides à faire trouver, soit des pièces « parasites » dans le lot de solides.

Les solides de la phase 1 de la situation TROUVER LE POLYÈDRE sont extraits du lot utilisé dans la situation IDENTIFIER UN SOLIDE décrite dans ERMEL géométrie CP-CE1. Il est donc possible de mutualiser ces solides avec des collègues de cycle 2. Les patrons prédécoupés sont vendus séparément[1].

L'intégralité des patrons de solides est téléchargeable via les liens hatier-clic indiqués sous les titres de chaque situation. Nous conseillons d'imprimer ces patrons sur du papier bristol à fort grammage ou sur de la cartonnette et de les assembler avec de la colle liquide en tube qui, une fois solidifiée à l'intérieur des arêtes, assure une forte rigidité aux solides. Il est aussi possible de les vernir. Les solides peuvent alors être conservés plusieurs années.

Nous fournissons également en numérique, via les liens hatier-clic, des fichiers .obj pour imprimante 3D. Cette technologie est maintenant abordable et permet de fabriquer un lot pour une classe complète.

À noter qu'il est aussi possible de faire imprimer ces solides dans des fablabs, espaces partagés où sont mis à disposition du matériel (imprimante 3D, découpeuse numérique, etc.) et des compétences.

FABRICATION PAR LES ÉLEVES

Dans les situations du thème 3, les élèves ont à construire les solides de différentes façons : à partir de faces (emboitables, à coller ou à scotcher), de tiges ou d'arêtes. D'autres façons sont possibles mais posent des problèmes techniques importants : par exemple, il est difficile de réaliser même un cube avec de la pâte à modeler, et le découpage de matériel, tel que le polystyrène, est dangereux.

À partir de faces

La construction de solides à partir de faces, découpées et distribuées par l'enseignant, nécessite l'utilisation de scotch pour relier les faces entre elles.

Il existe également des faces en plastique emboitables, fournies par Clixi©, Polydron© ou Lokon©.

L'enseignant peut aussi créer des faces (plastifiées) avec des languettes[2] : l'élève glisse l'élastique dans les languettes des deux faces pour les maintenir entre elles. L'avantage est qu'il est possible de désassembler les solides.

Les solides produits ont des « imperfections » mais ce n'est pas un problème : un enjeu des situations est d'amener les élèves à s'abstraire des propriétés qualitatives des objets et identifier un solide par le nombre et la nature de ses faces. La construction des solides à partir de faces oriente nécessairement les communications, les messages et les commandes vers la nature des faces et les relations d'incidence.

Les tiges

Pour connecter les tiges entre elles, il existe plusieurs technologies : des boules avec des trous (qui permettent d'obtenir différents angles entre les tiges), des connecteurs souples ou de la pâte à modeler.

Ce matériel a l'avantage de laisser visibles les parties cachées du solide, ce qui est important dans le cadre du dessin 2D des objets 3D. Aussi il a été choisi pour la situation REPRÉSENTER UN SOLIDE. Par ailleurs, il centre la communication sur les arêtes.

Les assemblages de cubes

Des cubes à assembler permettent de produire des solides par emboitement. Ils peuvent être de simples cubes en bois à assembler avec de la colle repositionnable ou des cubes en plastique à attacher avec des ergots. Dans ce dernier cas les solides sont « imprécis » car des ergots dépassent. Cependant, comme pour les languettes, cela peut être un avantage pour centrer les échanges sur les propriétés.

1. Ermel Géométrie CP-CE1, Matériel élèves, 72 formes prédécoupées (Hatier, 2020).
2. DARCHE Michel, PITOU François, Les dossiers du PLOT, Les polyèdres dans l'espace, ADECUM, APMEP, Régionale d'Orléans-Tours Orléans (1987).

POLYCUBES PAREILS

Ressources pour la situation hatier-clic.fr/24ermelg303

Le problème

Les élèves doivent construire tous les tétracubes (assemblages de quatre cubes) différents possibles.

Connaissances visées

Identifier si deux solides sont identiques par rotation mentale ou par analyse de l'agencement des cubes.

Résumé de la situation

- Dans la **phase 1**, les élèves s'approprient le matériel et les techniques d'assemblages.
- Dans la **phase 2**, les élèves doivent trouver tous les tétracubes qu'il est possible d'obtenir (cf. ci-contre).
- Dans la **phase 3**, ils doivent représenter tous les tétracubes obtenus à la phase 2.

Organisation de la situation

Elle peut se dérouler en une séance et être suivie d'entrainements notamment autour du cube Soma (casse-tête).

ERMEL Géométrie Cycle 3 (Hatier, 2006), situation p. 367

Matériel pour la classe

- 32 gros cubes en bois (d'arêtes de longueur de 3 à 4 cm), collés pour faire les huit tétracubes.
- Agrandissement A3 de l'annexe 1 ou utilisation d'un logiciel au tableau numérique interactif (TNI).

Matériel par groupe de 4

- 50 petits cubes en bois (d'arêtes de longueur 2 cm) et de la « patafix » ou cubes emboitables par toutes les faces (ASCO par exemple), ce qui correspond à 350 à 400 cubes en tout.
- Au moins deux exemplaires de l'annexe 1 par élève (cubes 2D à découper).

Enjeu de la situation

Amener les élèves à comprendre que la nature d'un solide est indépendante de sa position et de son orientation dans l'espace.

Matériel

Il est possible d'utiliser des cubes du commerce. Les cubes ASCO (ci-contre) peuvent être assemblés en les faisant pivoter, il n'y a alors pas de face avant plane.

Phase 1 : Appropriation du matériel

L'enseignant a fabriqué avec les gros cubes le tétracube en forme de L.

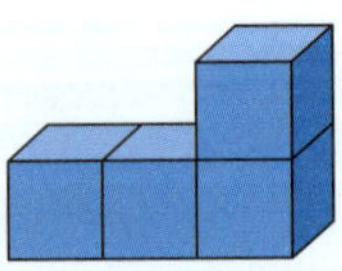

Consigne

L'enseignant : « *Vous allez devoir fabriquer des assemblages de quatre cubes comme celui-ci* (il montre le tétracube L). *Cela s'appelle un tétracube. Pour être un tétracube, le solide doit être fait avec quatre cubes bien accolés par une face complète* (l'enseignant montre des assemblages non corrects). *Sur votre table, vous avez des cubes. Chacun doit d'abord refaire ce tétracube* (le L) *et ensuite en fabriquer un autre différent.* »

L'enseignant distribue ensuite les cubes aux groupes et veille à ce que chaque élève en ait bien une douzaine.

Recherche par groupe de quatre

Les élèves construisent le tétracube « L » et quelques autres.

L'enseignant : *« Maintenant, mettez vos tétracubes au milieu de la table. Vous devez bien vérifier que ce sont des tétracubes. »*

Il fait rappeler les consignes (*« quatre cubes accolés par des faces »*) et ajoute : *« Maintenant que vous êtes certains que ce sont bien des tétracubes, vous devez trouver les tétracubes identiques et n'en garder qu'un seul de chaque sorte. »*

Mise en commun : première collection de tétracubes

L'enseignant : *« Maintenant vous n'avez plus le droit de toucher aux cubes. Vos tétracubes sont au milieu de votre table. Chaque groupe va venir placer un tétracube au tableau* (sur la réglette du tableau ou sur une table visible de toute la classe). *Attention, il faut amener un tétracube différent de ceux qui sont déjà au tableau. »*

L'enseignant choisit un premier groupe et lui demande d'amener le « L ». L'enseignant demande : *« Est-il bien identique au modèle ? »* L'enseignant tourne le modèle. Les élèves répondent que le tétracube est bien identique au modèle même si le modèle est plus gros et qu'il est orienté différemment. L'enseignant tourne le modèle dans plusieurs positions et repose la question.

L'enseignant choisit alors un autre groupe pour aller placer un tétracube différent du « L ». Le fait qu'il soit bien différent est discuté.

Un troisième groupe vient alors poser un autre tétracube, différent des deux premiers et ainsi de suite tant que les élèves trouvent des tétracubes différents.

Mise en commun et trace écrite

L'enseignant demande : *« Comment peut-on faire pour savoir si deux assemblages sont identiques ou différents ? »*

Les élèves expliquent que la taille ne compte pas et que parfois les assemblages paraissent différents mais qu'en les faisant tourner, pivoter, basculer, etc., ils peuvent être mis « *dans le même sens* », c'est-à-dire qu'ils sont en fait identiques.

Par exemple, les deux assemblages ci-contre peuvent paraitre différents mais sont identiques.

Une première trace écrite peut-être produite, par exemple :

- Deux solides sont identiques si on peut les mettre dans la même position en les tournant.
- Deux solides sont différents si on ne trouve pas de position où ils sont identiques même en les tournant.

Phase 2 : Trouver tous les tétracubes

Les tétracubes trouvés lors de la phase 1 sont toujours présentés au tableau.

Consigne

L'enseignant : *« Maintenant vous devez trouver et fabriquer tous les tétracubes différents qui existent. Il y en a huit en tout. Vous pouvez vous aider de ceux que l'on a déjà trouvés au tableau. »*

Recherche par groupe de quatre

Ce choix n'est pas qu'une question de matériel, le fait de travailler par groupe de quatre avec une cinquantaine de cubes permet à chacun de manipuler et construire des tétracubes et également d'avoir des assemblages redondants. Cela amène les élèves du groupe à discuter pour savoir si les assemblages sont identiques ou différents.

Difficultés des élèves

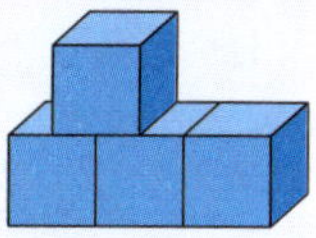

Selon le matériel utilisé, les élèves peuvent réaliser des assemblages incorrects. L'étape de construction par groupe de quatre devrait permettre aux élèves d'identifier ces non-respects de la consigne. Si ce type d'assemblage est toujours proposé lors de la mise en commun, les élèves peuvent rappeler les règles d'assemblage. S'ils ne le font pas, c'est à l'enseignant d'intervenir.

Arguments de comparaison

- Comparaison des assemblages l'un à côté de l'autre et dans le même sens pour identifier les assemblages identiques.
- Comparaison de l'organisation de l'assemblage : *« le "L" est une barre de 3 cubes avec un cube sur le côté au bout de la barre. Ce n'est pas pareil que le "T" qui est une barre de 3 cubes avec un cube sur le côté au milieu de la barre. »*

Trace écrite

Une trace écrite peut être produite et photocopiée par l'enseignant. Elle peut contenir une photo de deux assemblages identiques dans la même position et deux assemblages différents présentés au tableau.

Objectif de la phase 2

Les élèves ont déjà réalisé des recherches d'exhaustivité dans les problèmes numériques au CM1. Les élèves connaissent le nombre de configurations à trouver. L'objectif de la phase 2 est donc de trouver une méthode pour trouver de nouvelles configurations.
La longueur de la plus grande barre est par exemple un critère de recherche possible :
- un seul assemblage (le « I ») a une longueur de 4 cubes ;
- plusieurs assemblages ont une longueur de 3 cubes, ils se différencient par la place du 4e cube : à une extrémité (on revient à une barre de 4 cubes, assemblage « I »), sur le côté au bout (le « L ») ou au milieu (le « T ») de la barre ;
- et ainsi de suite...

Recherche par groupe de quatre

Mise en commun

L'enseignant commence par s'assurer que tous les groupes ont bien les tétracubes qui sont déjà au tableau : il en présente un et les groupes lèvent le leur.

Comme pour la phase 1, chaque groupe est interrogé l'un après l'autre et doit présenter un nouveau tétracube. Si leur tétracube est identique à un tétracube déjà présent au tableau, le groupe désassemble sa construction.

Si les huit tétracubes ne sont pas trouvés, les élèves cherchent à nouveau.

Phase 3 : Représenter tous les tétracubes

Consigne

L'enseignant : « *Pour conserver une trace des huit tétracubes trouvés, je vais vous donner une feuille avec des cubes dessinés que l'on peut découper et assembler pour représenter les tétracubes.* » L'enseignant montre au tableau l'annexe 1 agrandie et quatre cubes découpés et explique : « *Pour représenter un assemblage de deux cubes, on place les dessins l'un sur l'autre.* »

L'enseignant montre deux « vrais » cubes (3D) et réalise les assemblages ci-dessous en les positionnant comme les cubes dessinés. Il montre aussi des assemblages incorrects.

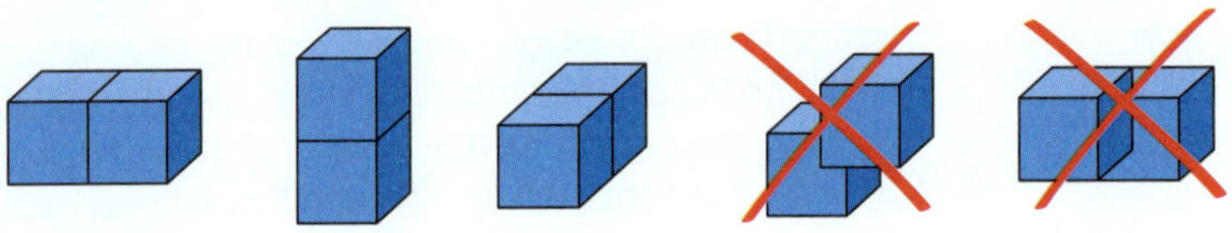

Recherche par groupe de quatre

Les élèves ont sur leur table les huit tétracubes (construits à la phase 2) et des représentations 2D de cubes à découper (annexe 1). Ils doivent représenter les huit tétracubes sur une affiche (feuille A3).

Mise en commun et trace écrite

Toutes les affiches sont mises au tableau. L'enseignant montre un tétracube et demande aux élèves de retrouver sa représentation sur les affiches. Les élèves peuvent le tourner pour le mettre dans le même sens que la représentation.

Les affiches incomplètes sont complétées. L'enseignant duplique les affiches (format A3) au format A4 pour que chaque élève du groupe ait une trace dans son cahier.

Entrainements

De nombreuses activités (voir accompagnement) sont possibles autour du cube SOMA, un casse-tête qui comporte 7 pièces (tricube et tétracubes) à assembler pour fabriquer un grand cube de 3 petits cubes de côtés. Il existe 240 solutions possibles.

Activités d'accompagnement : descriptions et liens p. 190

Mise en commun

Quand un assemblage est trouvé, l'enseignant sort celui qu'il a réalisé avec les gros cubes. Ceci constitue une trace de l'activité.

Matériel pour la phase 3

Annexe 1 : 27 représentations identiques d'un cube en 2D à découper.

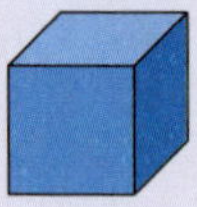

Difficulté spécifique

Il est difficile pour les élèves de dire si les deux tétracubes suivants sont identiques ou non.

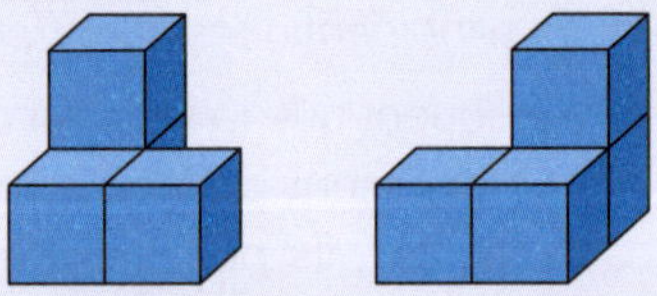

En effet, ils sont tous les deux constitués de de barres de deux cubes mais sont « comme dans un miroir ». Les élèves peuvent mettre du temps pour s'approprier cette différence.

Usage du TNI

L'usage du tableau numérique interactif (TNI) par l'enseignant pour montrer les assemblages nécessite d'utiliser les différents plans pour mettre une forme derrière une autre. Sans logiciel spécifique, il est possible d'utiliser un traitement de texte qui permet d'organiser les objets entre eux.

Situation
CM1 Période 3

ASSEMBLONS LES FACES

Ressources pour la situation hatier-clic.fr/24ermelg304

Le problème

Les élèves doivent produire un dessin qui permette de construire un solide, présent sur leur table, puis à distance. Ils doivent ensuite chercher le maximum de patrons d'un cube.

Gabarit de faces (annexe 2)

Connaissances visées

- Savoir que n'importe quel assemblage de figures planes ne permet pas toujours de construire un solide.
- Approcher le patron comme un assemblage de figures planes qui, une fois plié, permet de construire la maquette du solide sans superposition (la dimension « d'un seul tenant » sera institutionnalisée en CM2).
- Comprendre la relation entre patron et polyèdre (nombre de faces, nature des faces, relations entre les faces…) et qu'il existe plusieurs patrons pour un solide.
- Reconnaitre si un assemblage de figures planes est un patron de solide et identifier les patrons usuels (le cube est privilégié).

Résumé de la situation

- Dans la **phase 1**, les élèves dessinent un assemblage d'un solide, posé sur la table, à partir des gabarits de faces.
- Dans la **phase 2**, ils dessinent un assemblage d'un solide caché à distance.
- Dans la **phase 3**, ils doivent identifier des patrons d'un cube parmi une sélection d'assemblages et rechercher un maximum de patrons de cube.

Organisation de la situation

Elle peut se dérouler en trois séances : une par phase.

Questions sur les patrons : analyse p. 182

ERMEL Géométrie Cycle 3 (Hatier, 2006), situations p. 501 et 507

Fabrication des solides

Pour fabriquer les polyèdres, les fichiers .obj pour imprimante 3D et les patrons sont fournis en annexes 1a à 1d.

Phase 1 : Solide sur la table

Matériel par groupe de 4

- Une pyramide à base triangle équilatéral et 3 triangles isocèles (solide **d**).
- La boite à outils incluant des gabarits de face (annexe 2) et du scotch.
- Une feuille blanche A4 par élève.

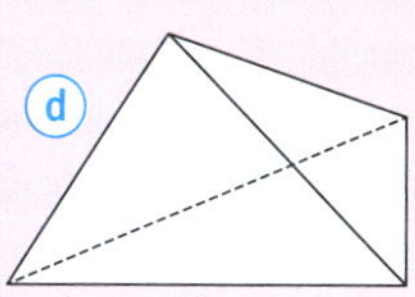

Consigne

L'enseignant : « *Vous devez faire un dessin qui permettra de fabriquer un solide identique à celui qui est sur votre table. Vous pouvez utiliser tout ce que vous voulez, vous avez par exemple des gabarits de faces. Quand vous aurez fini, nous discuterons des dessins. Ensuite, vous pourrez vérifier si votre dessin est juste en fabriquant le solide. À ce moment-là, vous aurez du scotch à votre disposition.* »

Objectif de la phase 1

Comprendre la relation entre solide et l'assemblage qui permet de le construire (que l'on nommera patron).

Organisation de la phase 1

Répartir la classe en groupes de quatre élèves permet de limiter le nombre de solides à fabriquer. Chaque élève doit cependant produire son propre dessin pour que l'enseignant puisse prendre de l'information individuelle.

Recherche individuelle

Les élèves produisent des dessins, l'enseignant veille au bon accès de chacun au solide.

Mise en commun

Tous les dessins sont affichés au tableau. L'enseignant demande d'abord de regrouper les dessins identiques. Pour chaque regroupement, il peut indiquer le nombre de productions concernées.

Ensuite, il fait trois colonnes : *« on est sûr que ça marche »*, *« on est sûr que ça ne marche pas »* et *« on ne sait pas »*. Chacune des productions (ou groupement identique) est examinée. Les élèves doivent argumenter pour la classer dans une des colonnes.

Les différents types d'arguments possibles lors du débat concernent :

– le nombre de faces : *« il n'y a pas assez de faces »* ou *« il y a trop de faces »* ;

– la nature des faces : *« il n'y a pas de carré dans le solide »* ;

– les relations d'incidence grâce à des pliages imaginés : *« si tu plies comme ça* (mouvement des mains) *ça, ça va venir là… »* ;

– les relations d'incidence en comparant les longueurs : *« cette face-là ne peut pas venir se coller à celle-là, car c'est trop long »*.

Vérification : construction du solide

Les élèves qui ont un dessin dans la colonne *« on est sûr que ça ne marche pas »* peuvent le modifier avant de construire leur solide. Les élèves découpent leur dessin et l'assemblent en utilisant du scotch.

Synthèse et trace écrite

L'enseignant fait un premier bilan : *« Est-ce que vos dessins ont bien permis de faire le même solide ? »*

Ensuite, il indique aux élèves qu'ils vont recommencer l'activité et qu'il faut qu'ils se souviennent de ce qui a permis de réussir. Il leur demande de continuer la phrase : *« Pour réussir son assemblage, il faut… »*. Les formulations des élèves constituent la trace écrite.

Phase 2 : Solide caché

Matériel pour la classe

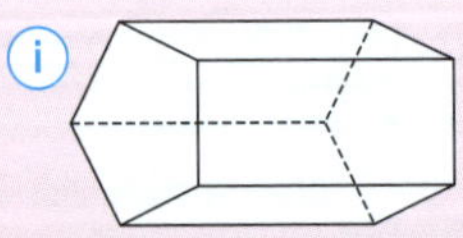

- 4 prismes (solides **i**).
- 4 boites pour cacher les solides.

Matériel par binôme

- La boite à outils incluant des gabarits de faces (annexe 2).
- Un quart de feuille A4 pour prendre des informations.
- Une feuille A4 pour dessiner le patron.

Les élèves sont en binômes, les quatre solides sont cachés de la vue des élèves dans quatre emplacements distincts de la classe.

Consigne

L'enseignant : *« Vous allez recommencer le même travail mais cette fois le solide est éloigné de vous. Un élève par groupe va se déplacer avec un quart de feuille pour prendre des informations et l'autre élève réalisera un dessin qui permettra de construire le solide. Avant de commencer, vous devez vous mettre d'accord sur les informations qu'il est important de noter et de dessiner. C'est votre travail à tous les deux. »*

Choix du solide

Le solide est choisi pour que le dessin de son assemblage nécessite de réfléchir aux relations d'incidence entre les faces. La pyramide à base triangulaire (solide **d**) a aussi l'avantage d'être assez simple (tétraèdre) sans que ses patrons ne soient connus des élèves. (Ils peuvent en revanche connaitre le patron « en croix » du cube.) Elle peut être remplacée par une pyramide à base carrée (solide **b**).

Procédures observées

- Faire rouler le solide sur la feuille et détourer les faces.
- Utiliser les gabarits en les superposant avant avec le solide.
- Essayer de tracer en prenant des mesures. (Le fait que l'enseignant signale la présence de gabarits peut aider à éviter cette procédure.)

Exemple d'affichage

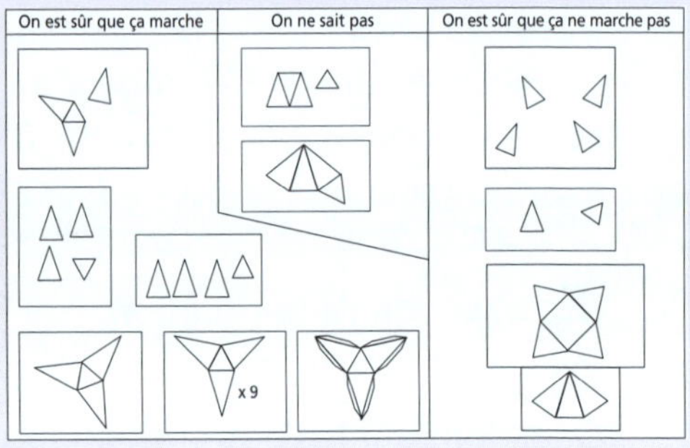

Trace écrite

Faire commencer la phrase par « *il faut* » permet d'amener les élèves à reformuler « *il a trop de faces* » et « *il manque des faces* » en « *il faut que le dessin ait le même nombre de faces que le solide* ». Lors de la phase 1, si les élèves n'évoquent pas le terme « patron », l'enseignant n'utilise que le terme « dessin » ou « assemblage ».

Objectif de la phase 2

Prendre les informations utiles sur le solide : nombre de faces de chaque nature et relations entre les faces.

Variables de la situation

La mise à distance des solides et le petit format de la feuille pour la prise d'informations empêchent les élèves de décalquer les faces (faire « rouler » le solide sur la feuille). Ils doivent donc prendre des informations sous forme de schémas ou de mots.

La suite du déroulement est identique à la phase 1.

Trace écrite

La trace écrite de la phase 1 est améliorée. L'enseignant ajoute que ces assemblages sont appelés les patrons.

Phase 3 : Trouver les patrons du cube

Matériel pour la classe

- 1 gros cube (solide **g**).

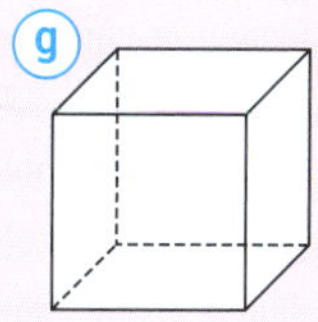

Matériel par élève

- Assemblages (un exemplaire de l'annexe 3).
- Des feuilles à petits carreaux (format A4).

ÉTAPE 1 : RECONNAITRE LES PATRONS D'UN CUBE

Consigne

L'enseignant montre le cube et explique : *« Voici un solide. C'est un cube. Sur votre feuille, vous avez des assemblages. Certains sont des patrons, c'est-à-dire qu'ils permettent de reconstruire ce solide. Pour chaque assemblage, vous devez indiquer si vous pensez que, oui ou non, c'est un patron du cube. »*

Recherche individuelle

Mise en commun

Pour chaque assemblage, l'enseignant demande *« Qui a dit "oui" pour cet assemblage ? »* et note au tableau le nombre d'élèves qui lèvent la main … et ainsi de suite. Il invite ensuite les élèves à argumenter : *« pour le premier patron, il manque une face »* ; *« pour le deuxième, les faces sont du même côté donc elles vont se recouvrir »*. Il rectifie en entourant la bonne réponse pour chaque patron.

Les élèves reconnaissent tous le patron en forme de « croix ».

ÉTAPE 2 : TROUVER LE PLUS DE PATRONS POSSIBLE

Consigne

L'enseignant : *« Maintenant, vous devez trouver le plus possible de patrons du cube, ils devront être différents de ceux que nous avons déjà trouvés. Le travail est individuel, vous faites les dessins des patrons sur votre feuille en vous aidant des carreaux ou des gabarits, puis quand vous avez un patron, vous le découpez. »*

Recherche individuelle et mise en commun en binôme

C'est l'occasion d'un premier échange entre élèves et d'une première comparaison pour laquelle ils peuvent manipuler les patrons.

Mise en commun : liste des patrons de la classe

Chaque groupe donne à tour de rôle un de ses patrons et la classe vérifie qu'il n'est pas déjà affiché au tableau. La production finale est la liste de tous les patrons que la classe a trouvés. L'enseignant conclut aussi sur le fait qu'il n'y a pas qu'un seul patron pour un solide donné.

Si la liste n'est pas complète, elle peut rester affichée pour que les élèves continuent à chercher.

Activités d'accompagnement : descriptions et liens p. 190

Trace écrite améliorée

Repartir de la trace écrite de la phase 1 montre aux élèves le processus d'apprentissage et légitime les mises en commun. En comprenant pourquoi on cherche ensemble les procédures efficaces, les élèves sont plus enclins à contribuer aux mises en commun.

Objectifs de la phase 3

- Identifier si un assemblage est un patron.
- Savoir qu'un solide a plusieurs patrons.

Matériel

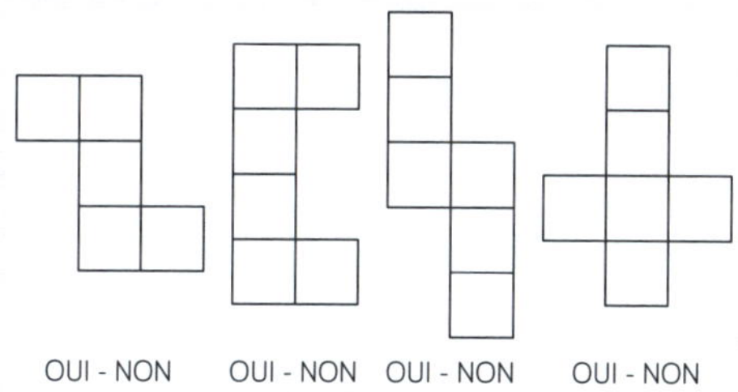

Assemblages (annexe 3)

Mise en commun à l'étape 2

- L'enseignant commence par les binômes les plus en difficulté pour qu'ils aient ainsi plus de chance de placer un de leurs patrons.
- Les patrons ne sont pas pliés et dans la majeure partie des cas les élèves parviennent à un consensus.
  Si ce n'est pas le cas, l'enseignant peut faire plier le patron litigieux pour que les élèves voient la superposition de faces.

Liste des patrons

Les 11 patrons du cube (annexe 4)

Questions sur LES PATRONS

Notre choix est de mettre en place des problèmes qui permettent aux élèves d'avoir une définition explicite du concept de patron. Au cycle 2, les élèves approchent le patron comme « l'emballage sans recouvrement » du solide. Ils remarquent que les faces du solide sont présentes sur le patron. Au cycle 3, le patron est défini comme : ayant le même nombre de faces et des faces de même nature que celles du solide ; étant d'un seul tenant ; n'étant pas unique pour un solide donné ; respectant les relations d'incidence. Nous revenons ici sur différents aspects de ce travail.

LA RECHERCHE DE NOUVEAUX PATRONS

Certains patrons sont tellement usuels qu'ils peuvent devenir prototypiques, c'est-à-dire qu'ils laissent penser qu'ils sont LE patron du solide.

C'est le cas du patron en croix (à gauche) qui sera identifié comme le patron du cube alors que celui en W ou « en escalier » (à droite) ne le sera pas.

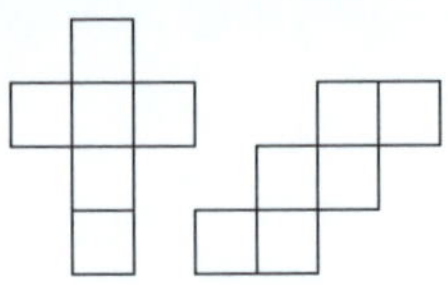

On trouve classiquement des situations de reconnaissance de patrons prototypiques ou encore des associations patron/dessin en perspective (exemple ci-dessous). Or ce type d'activité peut se résoudre sans réflexion approfondie sur le patron, en repérant le patron du cube et en remarquant que la pyramide a beaucoup de triangles.

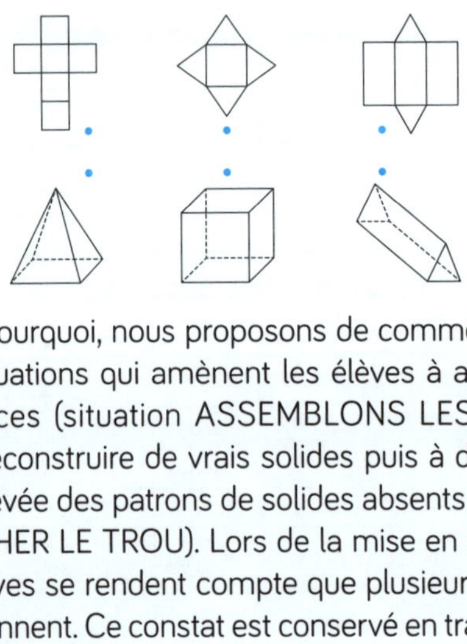

C'est pourquoi, nous proposons de commencer par des situations qui amènent les élèves à assembler des faces (situation ASSEMBLONS LES FACES) pour reconstruire de vrais solides puis à dessiner à main levée des patrons de solides absents (situation BOUCHER LE TROU). Lors de la mise en commun, les élèves se rendent compte que plusieurs patrons fonctionnent. Ce constat est conservé en trace écrite.

LA RECHERCHE DE TOUS LES PATRONS

Dans ASSEMBLONS LES FACES, la recherche d'exhaustivité des 11 patrons du cube permet de questionner ses patrons prototypiques. Les élèves doivent trouver un moyen de garantir l'exhaustivité.

Une solution efficace est de baser la recherche sur la taille de la plus grande bande de carrés :

- une bande 6 carrés ne permet pas de réaliser le solide, une bande de 5 carrés non plus ;
- une bande de 4 carrés nécessite de placer un carré de chaque côté pour obtenir un patron.

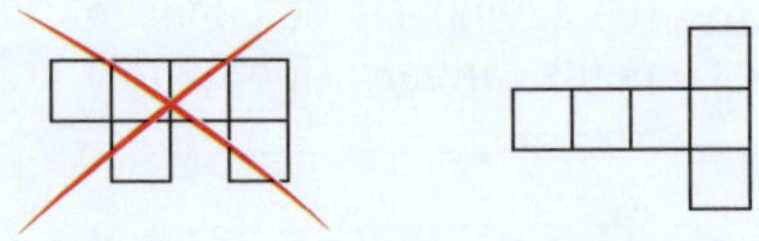

L'élève doit ensuite chercher les différentes positions des deux carrés qui permettent l'assemblage et qui sont bien différentes malgré les retournements et les rotations. Par exemple, les deux patrons ci-dessous sont identiques.

La recherche de tous les patrons permet donc de revenir sur la symétrie des figures planes.

Les élèves peuvent reconnaitre qu'une solution est erronée de différentes façons :

- certains ont besoin de replier le patron pour constater que deux faces se superposent ;
- certains ont simplement besoin d'amorcer ce pliage (et annoncent que la quatrième face constitue « le couvercle ») ;
- certains peuvent effectuer des déductions relatives à la taille de la plus grande bande de carrés (cf. ci-dessus) ou portant sur le fait que si trois faces sont alignées, les deux faces extrêmes vont être opposées.

LES RELATIONS D'INCIDENCE

Identifier si un assemblage est un patron nécessite soit de réaliser le pliage réellement ou mentalement, soit d'analyser les relations d'incidence (ci-dessous).

Deux faces qui se touchent dans l'espace vont former une arête. Les côtés (en couleur) des faces du patron qui vont se rejoindre en une arête ont nécessairement la même longueur (les flèches représentent les sommets du cube). C'est ce qu'on appelle une relation d'incidence entre les faces.

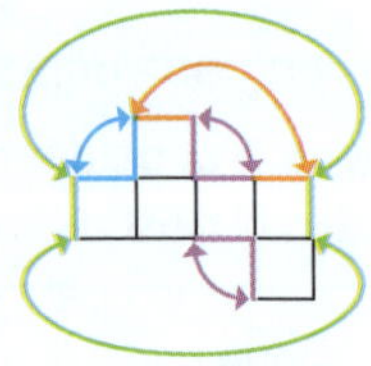

Ce travail se combine avec la visualisation du pliage dans l'espace. Un entrainement, « patron à colorier », est proposé dans les activités d'accompagnement p. 192.

Situation
CM2 Période 3

BOUCHER LE TROU

Ressources pour la situation hatier-clic.fr/24ermelg305

Le problème

Les élèves doivent produire un dessin permettant de construire un solide destiné à boucher un trou. Les élèves ne voient pas le solide à construire.

Phase 1

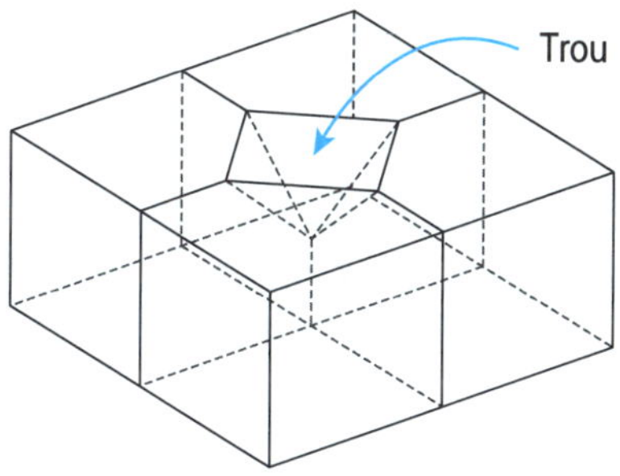

Phase 2

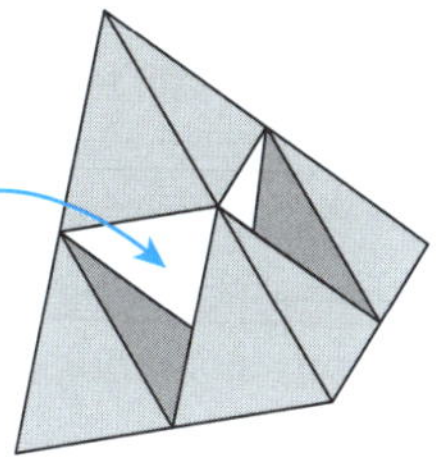

Connaissances visées

- Savoir qu'un assemblage de figures planes ne permet pas toujours de construire un solide.
- Approcher le patron comme un assemblage constitué de figures planes qui, une fois plié, permet de construire le solide sans superposition et d'un seul tenant.
- Comprendre que le nombre et la nature des polygones constituant le patron d'un polyèdre sont identiques au nombre et à la nature des faces du solide.
- Savoir qu'il existe plusieurs patrons possibles pour un solide.
- Déterminer, avant de le construire, si un assemblage de figures planes est un patron de solide.

Résumé de la situation

- Dans la **phase 1**, les élèves doivent construire le patron d'un solide permettant de boucher un trou constitué par quatre cubes tronqués, en travaillant d'abord à main levée, puis en anticipant le résultat et en débattant de la validité du patron.
  La validation pratique n'intervient qu'en dernier recours.
- Dans la **phase 2**, le déroulement est le même qu'en phase 1 mais le solide à trouver est plus complexe.

Organisation de la situation

Elle peut se dérouler en deux séances ne se suivant pas nécessairement directement dans le temps. Elle nécessite un travail de construction préparatoire qui peut être réalisé par les élèves sous forme d'entrainement ou par l'enseignant. Elle peut être suivie d'entrainements.

Questions sur le dessin à main levé : analyse p. 186

ERMEL Géométrie Cycle 3 (Hatier, 2006), situations p. 516 et 523

Phase 1 : Dans un assemblage de cubes tronqués

Matériel par groupe de 4

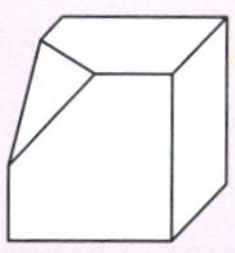

- 4 cubes tronqués (patron fourni en annexe 1).
- Plusieurs feuilles blanches (format A4).
- Du scotch.
- Les gabarits de faces carrées et triangulaires pour la construction du solide (annexe 3a).

Les cubes tronqués sont assemblés sur la table pour laisser apparaitre en creux une pyramide à base carrée. Les élèves travaillent en binôme. Il y a une construction pour deux binômes.

Objectif de la phase 1

Comprendre la relation entre solide et patron : nombre de faces, nature des faces, etc.
La notion « d'un seul tenant » n'est pas un enjeu de cette phase.

Organisation de la phase 1

Les cubes tronqués peuvent être construits par les élèves dans une situation d'entrainement préalable à la séance.

Consigne

L'enseignant : « *Vous allez faire un patron du solide qui permettrait de boucher le trou au milieu de cet assemblage. D'abord, vous devez réaliser un dessin à main levée du patron, puis nous discuterons de ces dessins. Vous fabriquerez ensuite le patron puis le solide.* »

Recherche en binôme

Les élèves, en binôme, prennent des informations directement sur l'assemblage de cubes tronqués et produisent des dessins à main levée des patrons.

L'enseignant veille à ce que chaque élève ait bien accès au solide et contribue bien à la production du binôme.

Mise en commun

Tous les dessins sont affichés au tableau.

L'enseignant demande d'abord de regrouper les dessins identiques et les lie entre eux avec un trombone. Pour chaque regroupement, il peut indiquer le nombre de productions concernées.

Ensuite, il trace trois colonnes au tableau : « *on est sûr que ça marche* », « *on est sûr que ça ne marche pas* » et « *on ne sait pas* ».

Chacune des productions (ou groupement identique) est examinée. Les élèves doivent argumenter pour la classer dans une colonne.

Les différents types d'arguments possibles lors du débat concernent :

- le nombre de faces ;
- la nature des faces ;
- les relations d'incidence grâce à des pliages mentaux : « *si tu plies comme ça* (avec mouvement des mains) *ça, ça va venir là…* » ;
- les impossibilités de pliage ou les pliages qui ne donnent pas un solide (dessin non pliable des diagonales dans un carré pour obtenir 4 triangles).

Vérification : construction du solide

Les élèves qui ont un dessin dans la colonne « on est sûr que ça ne marche pas » peuvent le modifier avant de construire.

L'enseignant distribue des gabarits de faces (annexe 3a) et les élèves construisent leur solide en utilisant du scotch.

L'enseignant fait alors un premier bilan : « *Est-ce que vos dessins ont bien permis de faire le même solide ?* »

Les élèves peuvent alors venir à tour de rôle au tableau vérifier leur construction en plaçant leur solide dans le trou de l'assemblage.

Ensuite, il indique aux élèves qu'ils recommenceront l'activité et qu'ils doivent se souvenir de ce qui a permis de réussir leur construction. Il leur demande de continuer la phrase : « *Pour réussir un patron, il faut…* ». Les formulations des élèves constituent la trace écrite.

Choix du solide à construire

Le solide est assez simple (pyramide à base carrée) et peut être assez facilement deviné à partir de l'assemblage des cubes tronqués, ce qui permet une analyse directe de la forme en creux.

Difficultés des élèves

Les élèves oublient souvent la face « du dessus », c'est-à-dire la face carrée. D'autres, au contraire, ne cherchent qu'à « masquer » le trou et non le « boucher » et ne font qu'une face carrée.

Construction : utilisation du scotch

Le travail sur les languettes qui permettraient d'assembler le solide avec de la colle n'est pas l'enjeu de cette situation : on se concentre sur le nombre et la nature des faces.

Modification du dessin

Après la mise en commun, les élèves peuvent modifier leur patron ou s'approprier celui d'un autre. Cela leur permet de tenir compte des nouvelles informations et aussi d'avoir une construction correcte à la fin. L'enjeu de la situation n'est pas de construire un solide mais bien de développer une connaissance des solides et des patrons.

Trace écrite

Voici quelques exemples observés.

- Sur la tâche : « *Pour boucher le trou il faut un solide, une seule face ne suffit pas* ».
- Sur les patrons :
  - « *Le patron doit être d'un seul tenant, il a le même nombre de faces que le solide et les mêmes faces.* » ;
  - « *Les côtés qui se touchent dans un patron doivent être de la même longueur pour que l'on puisse le fermer.* » ;
  - « *Il ne doit pas y avoir trop de faces et ne pas en manquer : quand on assemble le solide, il ne doit pas y avoir de trous.* ».
- Sur le dessin instrumenté :
  - « *C'est plus simple de commencer par une figure "centrale" et de dessiner ensuite les faces attachée.* » ;
  - « *Il faut bien respecter les mesures des côtés.* ».

Phase 2 : Dans un assemblage de tétraèdres

Matériel par groupe de 4

- 4 tétraèdres à assembler sur une plaque (le « losange » avec 8 triangles). Les patrons sont fournis dans l'annexe 2.
- Plusieurs feuilles blanches (format A4).
- Du scotch.
- Les gabarits de faces triangulaires pour la construction (annexe 3b).

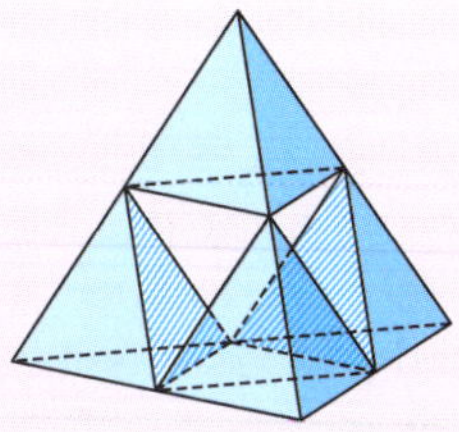

Consigne et déroulement

La consigne et le déroulement sont identiques à la phase 1 : dessin à main levée, mise en commun en trois colonnes (*« on est sûr que ça marche », « on n'est pas sûr que ça marche », « on est sûr que ça ne marche pas »*), modification possible des dessins par les élèves et fabrication des patrons avec les gabarits, puis vérification pratique (solide placé dans le trou).

Mise en commun finale et trace écrite

Lors de cette mise commun, l'enseignant demande : *« Comment faire pour obtenir un patron ? »*

Les élèves répondent :

- *« on compte le nombre de faces du solide »* ;
- *« il faut que ça fasse un solide quand on plie »* ;
- *« on reproduit la nature des faces du solide, ici ce sont des triangles équilatéraux »* ;
- *« les faces sont "attachées" par un côté »* ;
- *« quand on plie, les faces ne doivent pas se superposer »* ;
- *« il peut y avoir plusieurs patrons différents pour un même solide ».*

L'enseignant fait alors rédiger une trace écrite. Pour obtenir la définition d'un patron, il fait reformuler les réponses précédentes en commençant par *« Pour être un patron, il faut… »*

Le fait que le patron soit d'un seul tenant est conventionnel.

Activités d'accompagnement : descriptions et liens p. 190

Enjeu de la phase 2

Arriver à la définition d'un patron et ses caractéristiques par rapport au solide qu'il permet de construire.

Choix du solide à construire

Comme dans la phase 1, les élèves ne voient pas le solide à construire et celui-ci est plus complexe à deviner car le trou à boucher est davantage caché.
Une analyse des faces du solide est alors nécessaire.

Assemblage à construire

- Il peut être réalisé par l'enseignant ou les élèves à partir des patrons (annexe 2). Cette fabrication guidée peut constituer un entrainement.
- Les quatre tétraèdres peuvent être assemblés sans plaque en les fixant par exemple avec des cure-dents. Dans ce cas, le losange de l'annexe 2 est superflu et la construction des tétraèdres nécessite un matériel plus solide tel que du papier bristol.

Procédures des élèves

- P1 : Faces séparées ou non pliables.
- P2 : L'élève cherche à boucher les trous des faces.
- P3 : Construction de tétraèdres.
- P4 : Patron correct mais incomplet.
- P5 : L'élève replie et bouche les trous.
- P6 : L'élève fait deux patrons de pyramide qu'il veut ensuite coller par leur face carrée.
- P7 : Construction d'un unique patron correct.

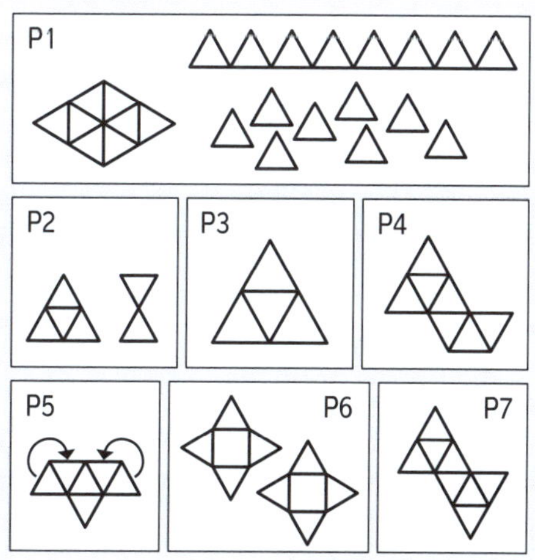

LE DESSIN À MAIN LEVÉE

Dans la situation BOUCHER LE TROU, nous choisissons de faire dessiner les patrons à main levée. Nous parlons de dessin à main levée quand les élèves n'utilisent pas d'instrument, et de schémas quand les élèves cherchent, en plus, à communiquer des propriétés. Ce choix a plusieurs intérêts qui sont réexploités dans les situations REPRÉSENTER UN SOLIDE p. 187 (« Objets et relations de l'espace ») et RECHERCHE DE TOUS LES QUADRILATÈRES p. 148 (« Objets et relations du plan »).

FACILITÉ, RAPIDITÉ ET ACCÈS AUX REPRÉSENTATIONS DES ÉLÈVES

Faire dessiner les patrons de solide à main levée réduit le temps de production puisque le recours à des instruments (règle, équerre, compas, ...) n'est pas nécessaire.

Les élèves peuvent alors réaliser plusieurs essais rapidement et reproduire leurs productions facilement au tableau. La mise en commun ne nécessite donc pas de passer par un affichage.

De plus, sans la contrainte du matériel pour construire le solide, les élèves peuvent dessiner des assemblages de faces qui sont impossibles. Le dessin à main levée est donc représentatif des propriétés que l'élève a repérées ou non.

Par exemple, le patron ci-dessous ne permet pas de fabriquer le solide dans BOUCHER LE TROU mais montre que l'élève a repéré les propriétés des triangles équilatéraux.

s

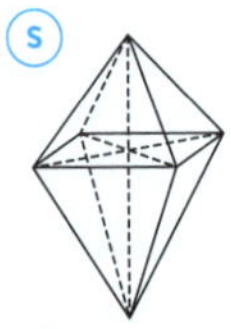

En revanche, le dessin à main levée ci-dessous du solide **u** dans REPRÉSENTER UN SOLIDE montre que l'élève n'a pas repéré la face carrée (en bas du dessin).

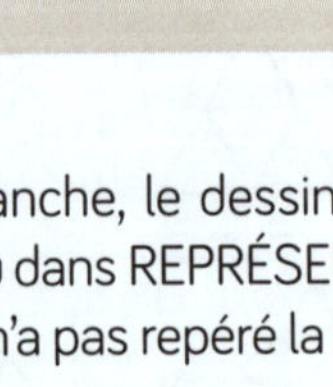

u

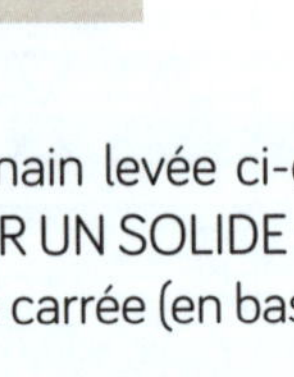

Les dessins à main levée, puisqu'ils sont faciles et rapides à réaliser, permettent un travail individuel et donc l'analyse des productions de chacun plus aisément que des constructions d'objets.

Dans la situation RECHERCHE DE TOUS LES QUADRILATÈRES, l'enseignant peut recueillir les dessins produits par chaque élève et ainsi repérer ceux qui considèrent encore qu'un grand carré et un petit carré sont deux types de polygones différents.

AIDE À LA GESTION DE LA MISE EN COMMUN

Les élèves peuvent facilement reproduire leurs dessins à main levée au tableau. Leur statut de dessin imprécis facilite la discussion : les élèves demandent des informations complémentaires en se concentrant davantage sur ce que l'autre a voulu communiquer et non sur ce qu'ils voient, contrairement aux discussions sur un tracé achevé. Les élèves ne discutent donc pas inutilement les imperfections de tracés, ici naturelles. Par ailleurs, ces dessins permettent d'expliciter et de critiquer les justifications avant de recourir à la validation pratique. Ainsi, ils forcent les élèves à discuter des propriétés que doivent porter les dessins.

Nous proposons de demander aux élèves de classer les dessins au tableau en trois colonnes : *« on est sûr que ça marche »*, *« on est sûr que ça ne marche pas »* et *« on ne sait pas »*.

L'enseignant en profite pour noter les arguments qui permettent de trancher : *« il a le même nombre de faces que les solides »* ; *« il n'y a que des faces triangulaires »* ; *« les faces doivent être attachées pour être découpables »*, etc.

LA POSSIBILITÉ DE MODIFIER SA PRODUCTION

Après la mise en commun, les élèves qui ont un dessin dans la colonne *« on est sûr que ça ne marche pas »* ou *« on ne sait pas »* peuvent reprendre leur dessin, l'adapter ou encore en produire un nouveau. Ainsi, tous les élèves peuvent avoir une production correcte au moment de la validation pratique.

L'enjeu de la situation BOUCHER LE TROU n'est pas de produire le solide correct. Elle vise à amener les élèves à identifier les caractéristiques d'un patron. Donc, le fait que tous les élèves aient un solide qui bouche le trou les met en réussite et permet à l'enseignant de réaliser l'institutionnalisation non pas sur la production, mais sur la définition d'un patron.

Situation
CM2 Période 3

REPRÉSENTER UN SOLIDE

Ressources pour la situation hatier-clic.fr/24ermelg306

Le problème

Les élèves, en binôme, doivent produire un dessin d'un solide, qui permette à un autre binôme, n'ayant pas vu le solide, de construire le squelette du polyèdre à l'aide de matériel de construction.

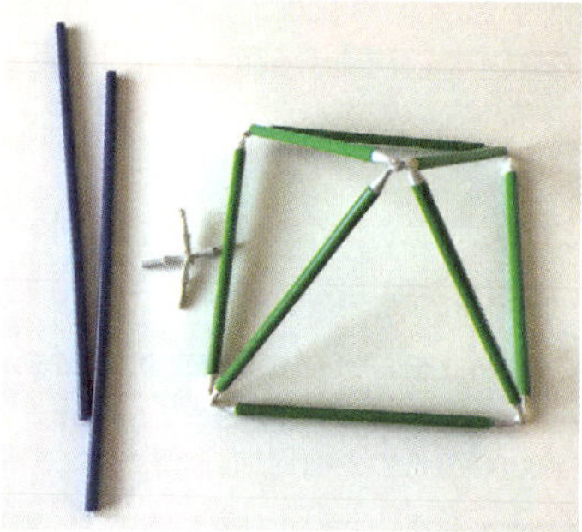

Connaissances visées

- Comprendre qu'une représentation plane (2D) d'objets géométriques 3D nécessite le recours à des « conventions » graphiques (pointillés, perspectives, etc.) ou la représentation de plusieurs vues.
- Trouver des moyens pour communiquer les propriétés géométriques des objets 3D sans pouvoir les représenter (en perspective, les longueurs égales ne peuvent pas toutes être représentées avec la même longueur).

Résumé de la situation

Les deux phases proposent le même type de problème, avec un temps de représentation, un temps de construction et un temps de mise en commun.

Organisation de la situation

Elle peut se dérouler en deux séances : une par phase. Elle peut être précédée d'une phase de manipulation du matériel choisi par l'enseignant.

Questions sur le matériel pour fabriquer des solides : analyse p. 175

ERMEL Géométrie Cycle 3 (Hatier, 2006), situation p. 528

Fabrication des solides

Pour fabriquer les polyèdres, les fichiers .obj pour imprimante 3D et les patrons sont fournis en annexes 1a à 1g.

Phase 1 : Les limites du dessin

Les élèves travaillent en binômes, répartis en deux groupes A et B, qui échangent mutuellement leurs messages.

Matériel par binôme

- Un solide **b** pour les binômes A et un solide **e** pour les binômes B.
- Une boite pour que le solide ne soit vu que du binôme.
- Le matériel de construction.
- Une feuille blanche (format A4) par élève.

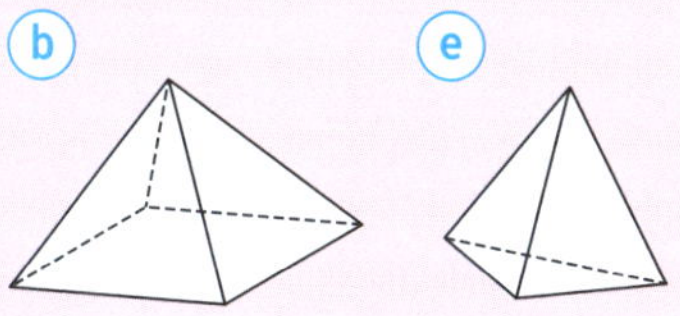

Connaissance du matériel

Il peut être utile de familiariser les élèves avec le matériel de construction avant la séance : ils peuvent reproduire un solide simple posé devant eux et même réaliser des constructions libres (maison, voiture...).

Objectifs de la situation

- S'approprier les contraintes de la représentation d'objets 3D par un dessin 2D.
- Comprendre qu'il faut recourir à des conventions complémentaires, notamment pour représenter des caractéristiques connues d'un solide.

Matériel de construction

Un matériel possible est « tiges et connecteurs » de Pierron. Voir les références pour l'achat et d'autres possibilités en annexe 2.
L'utilisation de faces à assembler changerait les dessins, notamment l'apparition de pointillés.

Consigne

L'enseignant : « *Dans la boite se trouve un solide. Il doit rester caché, vous seuls avez le droit de le voir. Vous devez faire un dessin qui permette à quelqu'un qui ne l'a pas vu de fabriquer le solide avec son matériel. C'est un dessin donc vous ne devez écrire ni mots ni chiffres. Vous allez travailler en binôme et il y aura deux groupes. Une fois les dessins réalisés, vous échangerez les messages avec un binôme de l'autre groupe. Puis, chaque binôme devra construire le solide avec le matériel à partir du dessin qu'il a reçu. Nous validerons en comparant le solide construit avec celui qui est caché.* »

Recherche en binôme

Les élèves produisent des dessins, l'enseignant veille au bon accès de chacun au solide et au respect de la consigne.

Les élèves échangent ensuite leurs dessins et construisent le solide.

Validation

Les solides sont sortis des boites pour être comparés aux constructions. L'enseignant affiche les dessins au tableau, dans deux colonnes.

A permis de construire | N'a pas permis de construire

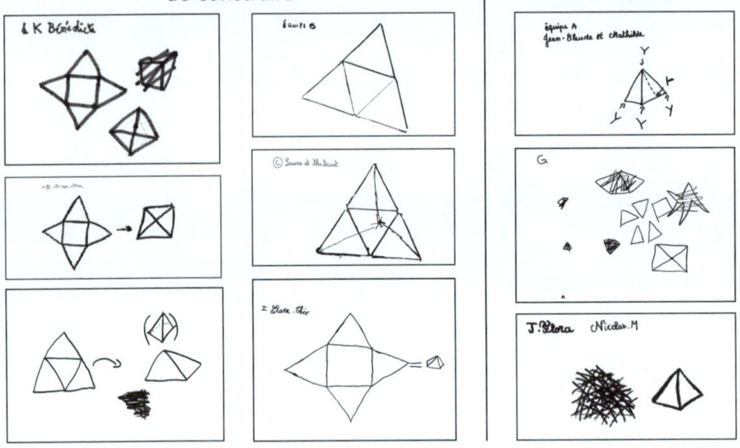

Mise en commun et trace écrite

L'enseignant : « *Nous allons recommencer cette activité avec un nouveau solide mais avant cela nous allons examiner vos dessins afin de trouver quelles méthodes permettent de réussir. Vous pouvez commencer vos phrases par "il faut" ou "il ne faut pas".* »

Pour engager la discussion, l'enseignant peut poser des questions :
- « *Y a-t-il des dessins que vous ne comprenez pas ?* » ;
- « *Y a-t-il des dessins qui se ressemblent ?* » ;
- « *Y a-t-il des dessins qui se ressemblent et qui ont permis de construire le solide dans certains cas, mais pas dans d'autres ?* ».

À l'issue de cette mise en commun, une trace écrite est produite à partir des formulations des élèves, par exemple :

« *Pour faire un dessin qui permette de réussir on peut :*
- *dessiner le patron du solide ;*
- *faire un dessin du solide ;*
- *essayer de montrer ce qu'il y a derrière ;*
- *faire plusieurs dessins pour le montrer sous plusieurs vues ;*
- *utiliser plusieurs méthodes : patron, plusieurs vues...*
- *ajouter le dessin du matériel nécessaire* (les élèves rajoutent parfois : *mais c'est long*). »

Choix du solide

Les deux pyramides ont des caractéristiques proches mais leur dessin 2D peut provoquer des ambiguïtés (cf ci-contre). Il est donc nécessaire de représenter les faces cachées par la vue en perspective.

Procédures des élèves

- P1 : Dessin de faces isolées ou mal reliées ou incomplètes.

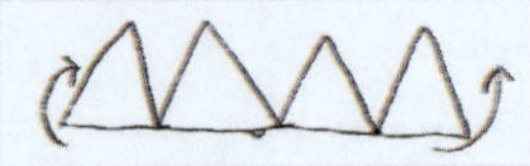

- P2 : Dessin d'un patron du solide.

- P3 : Représentation des faces perçues exclusivement. L'élève ne représente pas les informations cachées.

- P4 : Représentation de plusieurs vues du solide.

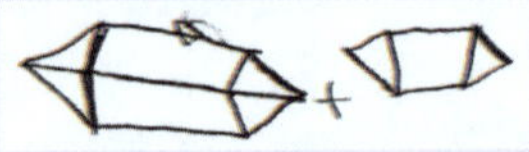

- P5 : Essai de représentation de ce qui est caché avec un code de tracé, par exemple des pointillés.

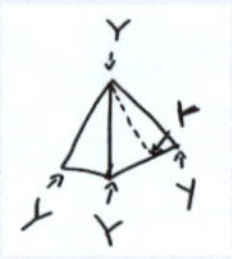

- P6 : Liste et codage du matériel à utiliser (les élèves anticipent sur la tâche de fabrication).

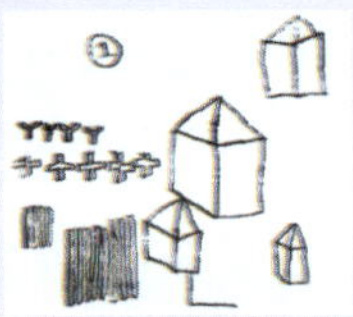

- P7 : Essai de représentation de ce qui est caché avec un essai de déformation de certaines faces (pseudo-perspective).

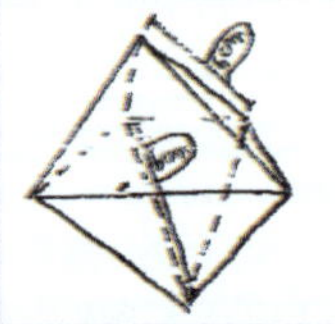

Beaucoup d'élèves utilisent plusieurs procédures sur le même dessin.

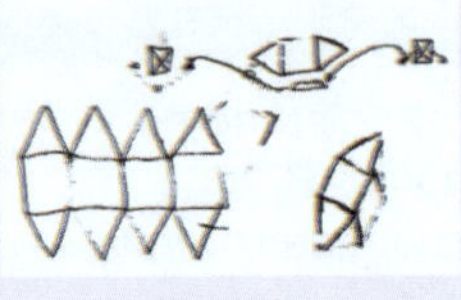

Reprise

Des reprises avec d'autres solides peuvent être utiles si les élèves ne parviennent pas à repérer la perte d'informations liée à la représentation en 2D.

On utilise par exemple les solides **w** et **t** (cf. Choix des solides, ci-contre).

Phase 2 : Expérimentation des techniques

Comme dans la phase 1, les élèves travaillent en binômes répartis en deux groupes A et B qui échangent mutuellement leur message.

Matériel par binôme

- Un solide **s** pour les binômes A et un solide **v** pour les binômes B.
- Une boite pour cacher le solide.
- Le matériel de construction.
- Une feuille A4 par élève.

s

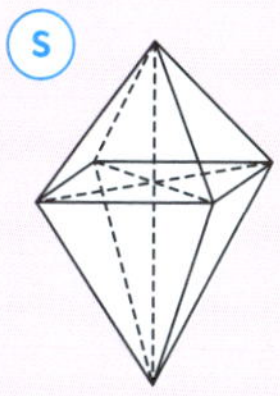

v

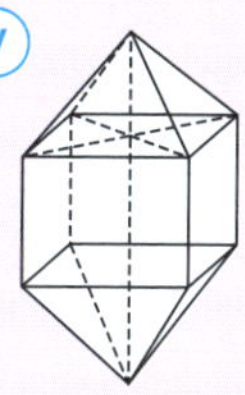

Présentation et consigne

L'enseignant rappelle ce qui a été trouvé à la phase 1 et fait relire la trace écrite.

Il reprend ensuite la même consigne qu'en phase 1 mais il ajoute la contrainte suivante : *« Il ne faut faire qu'un seul dessin. »*

Recherche et mise en commun

Le déroulement est le même que dans la phase 1.

Institutionnalisation

À l'issue de la mise en commun, la trace écrite est modifiée pour intégrer, entre autres, les éléments suivants :

- *« Il ne faut pas représenter qu'une seule "vue" (type vue de dessus). »*
- *« Il faut trouver un moyen de dessiner les faces cachées. »* (L'utilisation des pointillés peut apparaitre ou être présentée par l'enseignant après les questions des élèves.)
- *« Il faut déformer certaines faces pour les représenter. »*

Ce dernier point est important mais ne peut pas être vraiment institutionnalisé au cycle 3 car certains élèves n'intériorisent totalement cette nécessité qu'au collège (en 5e et en 4e).

Les formulations des élèves sont notées et gardées comme trace écrite avec leurs dessins (dupliqués pour que chaque élève en ait un).

Enjeu de la phase 2

Mettre à l'épreuve de nouvelles techniques de représentation.

Choix des binômes

Il peut être intéressant de changer la composition des binômes pour associer des élèves ayant utilisé des procédures différentes à la phase 1.

Choix des solides

Les solides sont plus complexes et ont des caractéristiques proches qui nécessitent une représentation plus fine de ce qui est caché. D'autres paires de solides peuvent être utilisées en phase 2 ou dans des reprises : **w** et **t** ou **v** et **u**

w

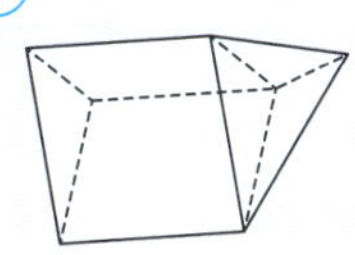

t

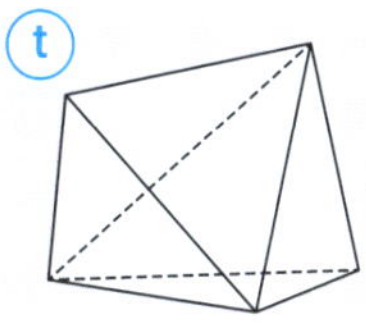

v

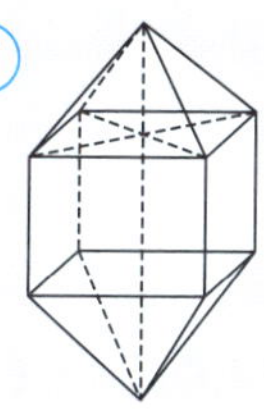

u

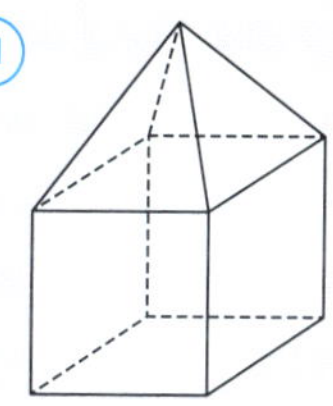

Une nouvelle contrainte : un seul dessin

La contrainte d'un seul dessin empêche les élèves d'utiliser plusieurs vues ou le dessin du matériel. Seule la gestion des faces cachées reste une solution pertinente. Cette contrainte est forte et nécessite que les élèves aient déjà bien compris la perte d'informations liée au passage au dessin 2D. Plusieurs reprises peuvent alors être nécessaires avant de l'introduire.

Activités d'accompagnement

POUR LE THÈME

Ressources hatier-clic.fr/24ermelg307

Fiches à télécharger

- Faces isolées et patron à colorier pour l'activité IDENTIFIER LES CÔTÉS QUI S'ASSEMBLENT
- Sept assemblages de solides et treize patrons numérotés pour les activités ASSOCIER UN ASSEMBLAGE À UN SOLIDE
- Assemblages à compléter et assemblages de solides pour les activités COMPLÉTER UN PATRON
- Jeu de cartes pour le RAMI DES SOLIDES et le MÉMORY
- Gabarits de faces pour l'activité PRÉPARER LE PATRON DU CUBE TRONQUÉ

✔ Les activités d'accompagnement permettent aux élèves :

- de stabiliser les nouvelles connaissances acquises lors des situations ;
- d'enrichir leurs expériences spatiales ;
- d'acquérir des connaissances sociales (utilisables dans la vie courante) sur les objets 3D et les patrons usuels sans pour autant en faire des figures prototypiques (cf. « Questions sur les patrons » p. 182).

✔ Les apprentissages portent principalement sur :

- les patrons, usuels ou non ;
- la recherche d'exhaustivité ;
- les relations d'incidence ;
- la connaissance des solides en relation avec leurs faces, arêtes et sommets.

✔ Les activités sont de formes variées :

- travail individuel (fabrication de solides, coloriage de patrons ou d'arêtes) ;
- défis et problèmes ouverts ;
- jeux en groupes ou à plusieurs.

EN RELATION AVEC LA SITUATION CONSTRUIRE UN SOLIDE (CE2)

IDENTIFIER LES CÔTÉS QUI S'ASSEMBLENT

Colorier de la même couleur les côtés qui s'assemblent sur des faces isolées et sur un patron (annexe 1).

EN RELATION AVEC LA SITUATION POLYCUBES PAREILS (CM1)

LE CUBE SOMA

Les élèves doivent construire tous les assemblages de 3 ou 4 cubes différents, par exemple avec des cubes emboitables ou des cubes en bois et de la colle repositionnable.

Les pavés sont enlevés de ce lot d'assemblages. Il ne reste alors que 7 assemblages (ci-contre) qui utilisent en tout 27 cubes. Ils peuvent donc refabriquer un gros cube, dont les arêtes sont constituées de 3 cubes.

De nombreuses activités de codage des assemblages sont possibles et proposées sur le site de l'APMEP[1] (www.apmep.fr) via le lien hatier-clic.fr/24ermelg308.

EN RELATION AVEC LA SITUATION ASSEMBLONS LES FACES (CM1)

ASSOCIER UN ASSEMBLAGE À UN SOLIDE

Retrouver le solide montré au tableau

L'enseignant pose un solide au tableau (pour commencer, le prisme à base pentagonale) et demande aux élèves d'entourer sur l'annexe 2 les assemblages qui permettent de construire ce solide.

Distinguer patrons ou non patrons

Les élèves doivent identifier parmi les dessins de l'annexe 2 ceux qui sont des patrons de solides, sans les construire.

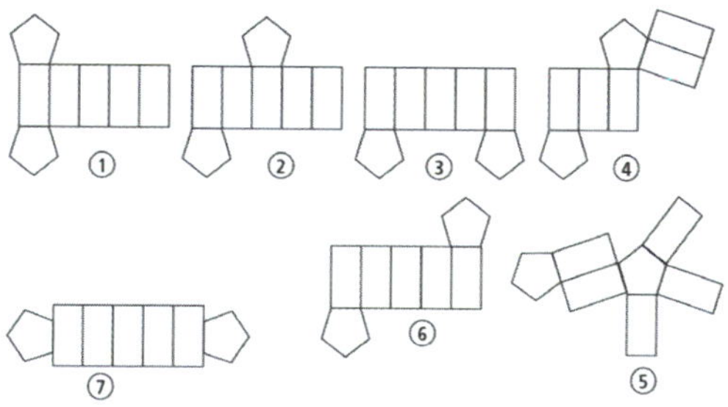

Annexe 2

Associer patrons et solides

L'enseignant construit au préalable les huit solides représentés ci-dessous et place un post-it avec une lettre en dessous de chacun. Les solides sont disposés au tableau. Il distribue l'annexe 3 sur laquelle sont représentés treize patrons (numérotés). Les élèves doivent associer solides et patrons.

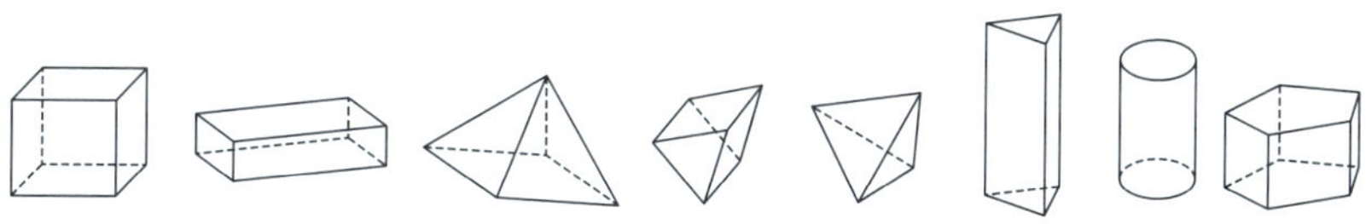

Prolongement

On peut mettre en place, en tant que problème ouvert, la recherche de l'exhaustivité des patrons d'un solide donné.

COMPLÉTER UN PATRON

Compléter un patron

Compléter les assemblages de l'annexe 4 pour qu'ils soient des patrons du cube.

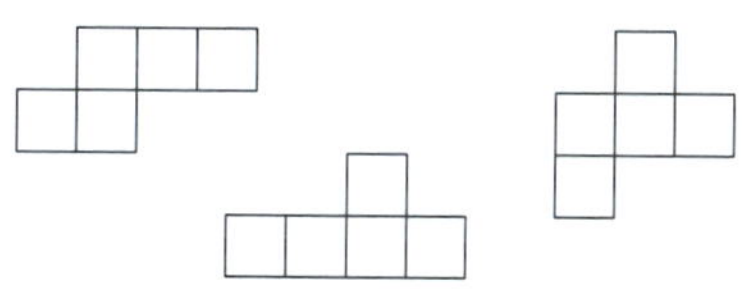

Annexe 4

Problèmes ouverts

Une fois que les onze patrons du cube ont été trouvés (cf. p. 181), le travail avec les patrons du cube peut amener des problèmes ouverts qui sortent du champ de la situation ASSEMBLONS LES FACES, par exemple :

- Trouver le pavage utilisant les 11 patrons du cube ayant un périmètre minimum.
- Trouver la forme fermée utilisant les 11 patrons du cube ayant un périmètre maximum.
- Réaliser un tangram avec les 11 patrons du cube, le détourer et transmettre la figure obtenue à un camarade qui doit reconstituer le tangram à partir des patrons.

Reconnaitre les patrons du cube

Trouver les patrons du cube parmi les assemblages de l'annexe 5, sans les plier.

JEUX DE CARTES

Le jeu de cartes (annexe 6) comporte des descriptifs et des patrons. Ces patrons peuvent être associés à un, deux ou aucun descriptif(s).

1. Brochure n° 119 « *Jeux 5. Des activités mathématiques au collège* », Groupe Jeux de l'Association des Professeurs de Mathématiques de l'Enseignement Public (APMEP), Paris, 1998.

Le rami des solides

On distribue cinq cartes à chaque joueur, le reste constitue la pioche. Un joueur peut poser pour la première fois ses cartes s'il a deux cartes de la même famille.

À chaque tour, le joueur pioche une carte. S'il a déjà posé des cartes, il peut compléter ses familles ou celles de son adversaire. S'il ne peut pas poser de carte, il passe son tour et conserve la carte piochée dans son jeu.

Le gagnant est celui qui n'a plus de cartes en main (ou celui qui en a le moins si le jeu est arrêté avant la fin).

Mémory

Les joueurs doivent former des paires patron/description. Les cartes sont disposées faces cachées et, à tour de rôle, les joueurs retournent deux cartes. Si le patron et la description correspondent, le joueur prend les cartes, sinon il les retourne face cachée. Le gagnant est celui qui a trouvé le plus de paires.

EN RELATION AVEC LA SITUATION BOUCHER LE TROU (CM2)

PRÉPARER LE PATRON DU CUBE TRONQUÉ (CM2)

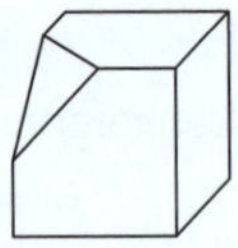

Cette activité permet de prolonger le travail sur les patrons du cube tout en préparant le matériel pour la situation BOUCHER LE TROU.

L'enseignant montre un cube tronqué (un patron est fourni via le lien hatier-clic.fr/24ermelg305) et demande aux élèves de dessiner un patron à main levée. Ils produisent ensuite un patron avec les gabarits de faces (annexe 7) et l'assemblent.

Le solide obtenu sert dans la situation BOUCHER LE TROU, dans laquelle les élèves travaillent par groupe de 4, chacun amenant un solide pour l'assemblage.

AUTOUR DES PATRONS DU PAVÉ (CM2)

Trouver tous les patrons d'un pavé

L'enseignant demande aux élèves de trouver le plus de patrons de pavé possible (il en existe 54). Ils utilisent du papier quadrillé. Les longueurs du parallélépipède rectangle sont fixées.

Prolongement

Pour ceux qui ont terminé rapidement ou pour prolonger le travail, on peut proposer de réaliser deux pavés identiques qui devront « rentrer exactement dans le grand pavé ».

La difficulté réside ici dans le fait qu'il ne faut pas diviser toutes les dimensions par deux, mais seulement une des trois.

AUTOUR DES RELATIONS D'INCIDENCE (CM2)

Patrons à colorier

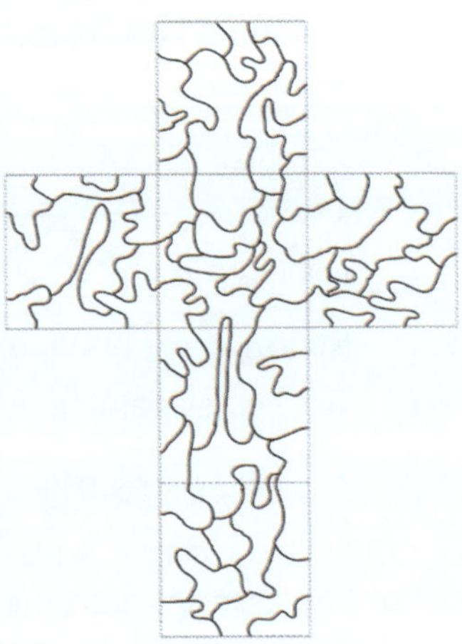

Cette activité est proposée par l'APMEP (Association des Professeurs de Mathématiques de l'Enseignement Public, loi 1901).

Les élèves doivent colorier les zones dessinées sur les patrons de façon à ce qu'elles se poursuivent sur les faces du solide quand il sera assemblé. Deux zones qui se touchent doivent être de couleur différente. Le coloriage se fait à plat et le patron n'est assemblé qu'une fois le coloriage terminé.

Des exemples de patrons à colorier sont proposés sur le site de l'APMEP (www.apmep.fr) via le lien hatier-clic.fr/24ermelg309 :

Défi : utiliser le moins de couleurs possible !

Remarque : il est possible de réaliser ce coloriage en quatre couleurs maximum.

OBJETS ET RELATIONS DE L'ESPACE

Éclairages sur OBJETS ET RELATIONS DE L'ESPACE

Depuis la maternelle, la progression vise à passer d'une caractérisation des objets de l'espace sensible par des propriétés qualitatives (couleur, matière, fonction, forme globale, etc.) à une caractérisation par des propriétés géométriques (par exemple pour les polyèdres : nombre de faces, nature des faces, propriétés des faces et des arêtes, nombre d'arêtes et de sommets, etc.).

LES FINALITÉS DES APPRENTISSAGES

Les situations liées aux objets de l'espace ont donc trois objectifs :

- ✔ caractériser les objets de l'espace par des propriétés géométriques ;
- ✔ savoir que le patron d'un solide a le même nombre et la même nature de faces que le solide et respecte les relations d'incidence ; savoir qu'un patron n'est pas unique pour un solide donné ;
- ✔ savoir que des informations sont perdues lors de la représentation 2D d'un objet 3D et que les conventions de représentation pallient en partie cette perte.

LES CONNAISSANCES INITIALES

Depuis la maternelle, les élèves désignent souvent un solide par un nom familier (*« boite », « Toblerone »*) ou par une caractéristique locale (*« pointu »*). Pour amener les élèves à analyser les propriétés géométriques des solides, nous les avons conduits, au CP et au CE1, à distinguer des solides perceptivement très proches[1] en dénombrant et décrivant les faces, arêtes, sommets de ces solides.

Nous avons aussi proposé, au CE1, d'aborder les patrons de solide par la création d'un emballage de solide, une enveloppe qui n'a pas de recouvrement[2].

Enfin les élèves ont pu rencontrer des représentations en perspective dans certains manuels et dans leur vie de tous les jours (jeux vidéos, dessins, etc.) mais aucun enseignement n'a été proposé.

LES TYPES DE SITUATIONS

Les situations du cycle 3 (CM1 et CM2) s'appuient sur les connaissances initiales des élèves pour les faire évoluer et sont de trois types :

- ✔ les situations de communication (TROUVER LE POLYÈDRE, CONSTRUIRE UN SOLIDE ; REPRÉSENTER UN SOLIDE) ;
- ✔ les situations de construction d'un solide (ASSEMBLONS LES FACES, BOUCHER LE TROU) ;
- ✔ les situations de comparaison d'objets (POLYCUBES PAREILS).

Situations de communication

Deux types de communication sont proposés :

- ✔ le récepteur pose des questions fermées pour trouver le solide mystère dans un lot ;
- ✔ le récepteur reçoit un message (sous forme de dessin) pour produire un solide de même nature que le solide mystère.

Ainsi, dans ce thème, une situation de communication peut être caractérisée par la nature de l'objet à communiquer, le vecteur de la communication et la tâche du récepteur. Ce tableau présente les variables que nous avons choisies depuis le CP.

Objet	Vecteur (oral ou écrit)	Tâche du récepteur
Maquette 3D (manipulable et visible).	Questions fermées à l'émetteur.	Trouver un solide dans un lot.
Maquette 3D (manipulable et non visible[3]).	Commande de faces dans un catalogue.	Construire le solide avec des faces.
Maquette 3D (visible et non manipulable[4]).	Représentation du solide en 2D.	Fabriquer le solide avec du matériel.

D'autres variables seraient envisageables[5] : fournir le solide, le fabriquer avec du matériel, faire toucher le solide dans une boite opaque. Le vecteur de communication pourrait aussi varier : mimer, décrire verbalement, combiner mots et mimes, faire modeler.

1. Cf. ERMEL Géométrie CP-CE1 (Hatier, 2020), situation CUBE ET QUASI-CUBES p. 82
Les expérimentations que nous avons menées nous ont aussi conduit à développer ce choix dès la Grande Section : cf. ERMEL Grande Section (Hatier, 2023), situation p. 177 et explication de ce choix p. 236.
2. Cf. ERMEL Géométrie CP-CE1 (Hatier, 2020), situation EMBALLER LE SOLIDE p. 96
3. Cf. ERMEL Géométrie CP-CE1 (Hatier, 2020), situation IDENTIFIER UN SOLIDE (phase 2) p. 77
4. Cf. ERMEL Géométrie CP-CE1 (Hatier, 2020) situation IDENTIFIER UN SOLIDE (phase 1) p. 76
5. Cf. ERMEL Géométrie CP-CE1 (Hatier, 2020) p. 93

Situations de construction

La situation BOUCHER LE TROU est caractérisée par l'utilisation du dessin à main levée pour anticiper le tracé du patron du solide qui permettra de boucher le trou. La construction n'intervient qu'après l'argumentation sur la validité du patron.

Situations de comparaison

La situation POLYCUBES PAREILS a pour originalité de travailler sur des assemblages de solides (des cubes) mais aussi de fournir une représentation 2D simple des assemblages de cubes réalisés.

La comparaison dans l'espace est plus complexe à réaliser que dans le plan dans la mesure où la superposition des solides n'est pas possible. Notamment la comparaison d'objets chiraux (symétrie dans l'espace par rapport à un plan) est une difficulté des élèves.

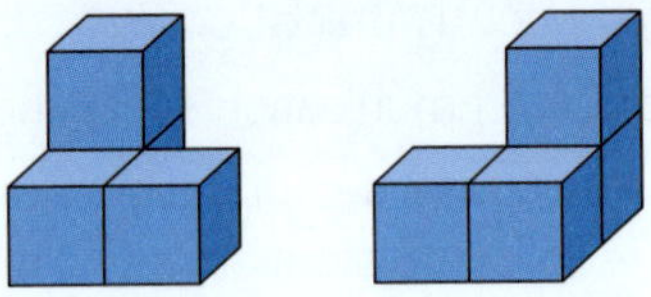

LE RÔLE DES PATRONS DE SOLIDES

Le patron de solide est un objet intermédiaire. Sa fonction, qui est de fabriquer des solides, impose des contraintes pratiques qui n'ont pas d'intérêt strictement mathématique : par exemple, le patron d'un solide doit être d'un seul tenant.

En revanche, il est bien porteur des propriétés des faces du solide et permet de les retranscrire dans l'espace 2D. Ces propriétés sont reconnues depuis longtemps par les élèves, qui nomment parfois au CP les patrons par le nom des faces.

Nous avons fait le choix d'enseigner la représentation 2D des objets 3D pour fournir des outils de représentation des solides et aussi alerter l'élève sur la perte d'information liée à ces représentations. Avec les situations proposées, l'élève est amené à interpréter et produire des représentations[6].

LE LANGAGE

Connaitre le nom d'un solide ne signifie pas connaitre le solide. L'élève peut simplement reconnaitre une figure prototypique sans associer des caractéristiques à la forme qu'il désigne.

Le langage spécifique lié aux solides apparait comme la meilleure solution pour désigner sans ambigüité les caractéristiques du solide.

En demandant à l'élève de décrire un solide, les situations de communication lui permettent de passer d'une reconnaissance globale des solides à une connaissance analytique.

LA MISE EN ŒUVRE DES SITUATIONS

L'absence de manipulation réelle des solides dans les classes antérieures et inversement une importante utilisation de la représentation en perspective peut amener les élèves à un manque d'expérience sensible. Il est donc important de leur permettre de toucher les faces, d'assembler et de désassembler les solides, d'expérimenter les relations d'incidence (essayer de plier un patron pour qu'une face en touche une autre). Il peut aussi y avoir une forte disparité entre les élèves sur l'expérience de manipulation des objets.

L'utilisation des représentations prototypiques, les années antérieures, peut induire des rejets de certaines représentations (de patrons ou en perspective). Il est donc aussi important de prendre le temps d'expérimenter réellement, par exemple mettre le solide dans une autre position ou assembler réellement le patron non usuel.

Il est également possible de faire explorer les objets dans d'autres disciplines, notamment en arts plastiques en jouant avec différentes matières pour les modelages ou en exploitant des patrons originaux (les kaléïdocycles par exemple).

Le report de la validation pratique dans les situations de construction peut être difficile à assurer car des élèves ont envie de voir rapidement si leur production fonctionne. En insistant sur l'importance de savoir à l'avance et en discutant collectivement des productions, l'enseignant permet aux élèves de réfléchir à leur production mais aussi d'avoir tous une production correcte à la fin de la séance.

6. La représentation en perspective représente l'objet géométrique idéal dans l'espace graphique, comme le solide en bois dans l'espace sensible.

COMPLÉMENTS POUR LA GESTION DES SITUATIONS

« La profession d'enseignant est une profession dont on ne mesure pas encore toutes les compétences qu'elle exige. On prend mieux la mesure de cette expertise lorsqu'on observe le maitre ou la maitresse dans leur classe : ils prennent des décisions importantes avec une fréquence rare dans la plupart des autres professions. »

Gérard Vergnaud
(Préface d'ERMEL « Apprentissages numériques et résolution de problèmes au CE1 »)

La mise en œuvre des situations

Ce texte explicite la structuration des situations et aborde des éléments communs aux dispositifs d'enseignement présentés dans leur descriptif, notamment les interventions de l'enseignant.

LA PRÉSENTATION DES SITUATIONS

Les situations décrites dans cet ouvrage conduisent les élèves à acquérir des connaissances géométriques par la résolution de problèmes. Le niveau et la période auxquels la situation est destinée sont précisés.

Le descriptif de chaque situation commence par une présentation du problème et la liste des connaissances visées.

Un résumé de chaque phase de la situation est ensuite proposé ainsi que le nombre de séances à dédier à chacune. L'organisation de la situation (nombre de séances et travail individuel, en binômes ou groupes) peut, bien entendu, être différente, selon les choix ou les contraintes de l'enseignant.

Le déroulement des situations (1re colonne)

La première colonne expose l'ensemble des activités des élèves et des actions de l'enseignant. Ces propositions, en particulier les décisions de l'enseignant pour assurer la fiabilité des situations, s'appuient sur les expérimentions conduites durant plusieurs années dans de nombreuses classes, dans des milieux sociaux variés.

Ce descriptif propose, pour chaque situation, un déroulement en phases (et étapes lorsque c'est nécessaire). La phase est une entité cohérente du point de vue de l'activité mathématique. Elle n'a pas vocation à être segmentée en plusieurs séances, sauf exception, par exemple la mise en commun peut être reportée à la séance suivante pour laisser le temps à l'enseignant d'analyser les productions.

La séance est une unité temporelle que nous pouvons estimer de quarante à cinquante minutes maximum.

Une phase peut proposer un nouveau problème et constituer ainsi un moment autonome. Le travail peut prendre une nouvelle forme, par exemple :

- ✔ les rôles peuvent être répartis différemment au sein d'équipes ou de binômes (un émetteur devient un récepteur, et inversement) dans une situation de communication (cf. p. 200) ;
- ✔ le support peut évoluer, comme dans les situations de CE2, où les élèves résolvent le problème en s'appuyant sur du matériel lors de la phase 1, puis directement sur papier lors de la phase 2.

Enfin, le descriptif peut inclure des propositions de trace écrite ainsi que des reprises et accompagnements éventuels en prolongement des situations.

Des pistes de réflexion sous forme de commentaires (2e colonne)

Elles précisent :

- ✔ les objectifs spécifiques de chacune des phases ;
- ✔ les choix d'adaptation de la situation en fonction des connaissances initiales des élèves ;
- ✔ la diversité des procédures attendues ou visées pour chaque phase ;
- ✔ les formulations ou expressions des élèves lors des échanges relevées lors de nos expérimentations ;
- ✔ les difficultés éventuelles (qui bien entendu peuvent ne pas se retrouver dans chaque classe) ;
- ✔ l'organisation des activités et les formes de travail ;
- ✔ l'appropriation du problème par les élèves, sa résolution, les mises en commun et les synthèses.

La présentation des interventions de l'enseignant

Les interventions de l'enseignant sont indiquées dans le déroulement de la situation (1re colonne) et leurs finalités sont souvent explicitées dans les commentaires (2e colonne).

Dans de nombreux descriptifs de situations (présentation de l'activité et du matériel, énoncé de la consigne, organisation de la mise en commun, etc.), ces interventions sont exemplifiées sous la forme d'échanges dialogués qui se sont déroulés dans certaines classes. Ces échanges détaillés, ainsi que ceux présentés dans certaines rubriques « Questions sur », peuvent donner l'idée d'interventions possibles pour d'autres situations.

STRUCTURATION DES PHASES DES SITUATIONS

L'appropriation du problème

Une des spécificités des activités géométriques est que l'entrée dans la situation s'appuie en général sur :

- ✔ des actions des élèves sur des objets matériels au CE2 ;
- ✔ l'évocation d'un contexte connu ou aisé à se représenter au CM1 (par exemple, la pétanque) ;
- ✔ un simple énoncé accompagné d'une figure ou d'un ensemble de figures au CM2.

Au CE2 et au CM1, la première phase d'une situation permet aux élèves de s'approprier les contraintes liées au matériel ou au contexte. Il est donc essentiel de lui dédier le temps nécessaire pour s'assurer que tous les élèves ont compris. Pour faciliter sa mise en œuvre, la présentation du problème est très souvent rédigée sous la forme de dialogues issus des expérimentations.

La transmission de consignes s'effectue principalement oralement. L'enseignant est ainsi souvent conduit à faire reformuler par plusieurs élèves le « scénario » pour s'assurer de sa bonne compréhension. Dans les activités successives d'une même situation, les élèves sont sollicités pour reformuler ce qui leur est demandé.

La recherche d'une solution

Lors de la recherche, l'enseignant laisse le temps aux élèves de chercher et n'intervient pas pour « guider » (ce qui serait contradictoire avec la résolution du problème par l'élève lui-même). Il peut cependant être conduit à accompagner le travail de l'élève de différentes façons :

- ✔ il peut inciter les élèves à prendre leur temps s'ils ont tendance à être très rapides dans leur choix ;
- ✔ il peut repérer le type d'outil que l'élève émetteur emporte pour aller chercher les informations sur un solide, qu'il doit ensuite communiquer dans un message à un élève récepteur (cf. p. 200). Ainsi, lors de la confrontation ultérieure entre le message de l'émetteur et la production du récepteur, l'enseignant pourra plus aisément savoir si une erreur provient d'un choix d'outil erroné, d'un message incomplet de l'élève émetteur ou d'une interprétation inexacte par l'élève récepteur d'un message correct.

La mise en commun

La mise en commun est un temps important car elle permet de rendre accessible à tous les procédures utilisées et donne aux élèves la responsabilité de valider les solutions du problème en les justifiant par la formulation de propriétés géométriques.

Pour qu'un apprentissage soit possible, et plus particulièrement pour que tous les élèves prennent conscience de leurs erreurs ou des limites de leurs procédures afin de les améliorer, il est nécessaire qu'ils puissent analyser leurs différentes productions collectivement. Cette analyse va donc les amener :

- ✔ à valider eux-mêmes les productions correctes, invalider les incorrectes, mais aussi à comparer les méthodes ;
- ✔ à reformuler et améliorer les expressions employées pour en permettre la compréhension et le partage des méthodes.

Les mises en commun permettent donc aux élèves de formuler des raisonnements, parfois encore implicites lors de leur recherche. L'enseignant donne aux élèves le temps de les exprimer, sans porter lui-même de jugement qui empêcherait les élèves de valider eux-mêmes leurs propositions. C'est donc un temps où le langage se construit comme outil pour communiquer de façon non ambigüe les concepts, les objets mathématiques ainsi que les procédures.

Lorsque les élèves sont en recherche, ils parviennent à se persuader de la véracité de ce qu'ils ont trouvé, mais cela peut être mathématiquement erroné. Lors des mises en commun, c'est donc à l'enseignant, en tant que représentant de l'institution mathématique, d'affirmer que ce que les élèves ont trouvé est bien reconnu comme vrai mathématiquement. On parle alors de temps d'institutionnalisation. Cette institutionnalisation peut aussi déboucher sur une trace écrite, conservée dans un cahier, qui constitue le texte du savoir pour l'élève et les parents.

La diversité des mises en commun proposées dans cette publication est présentée p. 198.

Des interventions de l'enseignant pendant la mise en commun

Elles visent d'abord à mettre en place les conditions d'un échange entre les élèves. Il est nécessaire, surtout en début d'année, que l'enseignant accompagne les élèves pour la formulation de leurs solutions, de leurs remarques ou de leurs critiques. Celui-ci peut demander aux élèves de donner des explications : il les aide alors à préciser leur pensée, à l'exprimer avec des mots simples. Lorsqu'un élève peine à reformuler ses propos, si les autres élèves de la classe n'y parviennent pas non plus, l'enseignant peut reformuler lui-même. Aussi l'enseignant est souvent conduit à :

- ✔ faire expliciter si nécessaire ce qui vient d'être prononcé, c'est-à-dire demander à l'élève de reformuler, ou faire reformuler par un autre ;
- ✔ solliciter un avis sur une déclaration d'un élève : (*« Avez-vous des remarques à dire sur ce qui vient d'être dit ? », « Qu'en pensez-vous ? »*) ;
- ✔ rappeler la question posée (*« Vous dites plein de choses intéressantes, mais il vous faut répondre à la question : est-ce que ce que propose X est correct ? »*) ;
- ✔ garantir que la critique des productions s'effectue selon des critères mathématiques, sans porter lui-même de jugement pouvant annihiler le débat ou fournir lui-même « la » solution.

Les mises en commun sont aussi l'occasion de préciser le vocabulaire, de corriger des expressions utilisées par les élèves, sous réserve que ces corrections n'altèrent pas la fluidité des échanges.

La synthèse et les reprises

La synthèse est construite à partir des formulations des élèves, permettant aussi, par les interventions de l'enseignant, la transformation d'expressions en un langage dépersonnalisé.

La situation est souvent suivie d'une reprise (décrite dans la situation elle-même), ou de l'approfondissement de l'apprentissage par une situation ultérieure du thème. La reprise permet notamment aux élèves de réinvestir des méthodes explicitées lors de la mise en commun. Par ailleurs, nous présentons dans les « activités d'accompagnement », en fin de thème, une variété de situations pour consolider les apprentissages.

Les différentes organisations pour les mises en commun

Nous présentons dans ce texte les différents types de mise en commun qui peuvent être organisés, selon le moment dans l'apprentissage (en cours de travail ou après que l'élève a achevé sa production) et les regroupements d'élèves concernés (en groupe ou en classe entière). Nous nous appuyons sur des exemples issus de situations présentées dans cet ouvrage.

MISE EN COMMUN DES PRODUCTIONS INTERMÉDIAIRES

En groupes

Des mises en commun de productions intermédiaires ont été mises en place dans RECHERCHE DE TOUS LES QUADRILATÈRES et POSITIONS ET PLAN.

Elles permettent aux élèves de discuter de leurs procédures avant même la validation des productions. Ces mises en commun se font au sein d'un groupe, sans intervention de l'enseignant qui, à cette étape, peut laisser exister des procédures erronées (elles seront mises à l'épreuve dans la suite de la situation).

Elles interviennent après un travail individuel où chacun se confronte au problème avant d'échanger avec les autres. En mettant directement les élèves en groupe, sans ce temps préalable de recherche individuelle, on prendrait le risque que l'un d'entre eux prenne en charge le travail et que les autres ne s'engagent pas dans une réflexion personnelle.

Cette organisation donne aussi accès à l'enseignant au travail de chaque élève, ce qui lui permet de repérer leurs essais ou idées initiales. Il ne s'agit pas de tenir compte de ce travail dans l'évaluation finale de l'élève, l'erreur faisant partie intégrante du processus d'apprentissage. L'objectif est de s'informer sur l'état des connaissances ou des représentations des élèves pour les aider à les faire évoluer en leur demandant au bon moment d'expliquer ce qu'ils voulaient faire ou en choisissant des activités adaptées.

Dans RECHERCHE DE TOUS LES QUADRILATÈRES, les élèves dessinent à main levée tous les types de quadrilatères différents qu'ils peuvent trouver. La mise en commun en groupe permet de faire réaliser une nouvelle production, celle du groupe, avec tous les quadrilatères que ces élèves ont trouvés. Les échanges dans le groupe conduisent à éliminer des dessins qui ne sont pas des quadrilatères ou qui sont redondants. Ces productions ne seront pas discutées en classe entière, mais les élèves auteurs ont pu se convaincre qu'elles ne convenaient pas.

Dans la phase 1 de la situation POSITIONS ET PLAN, les élèves émetteurs font un dessin pour communiquer aux élèves récepteurs la position du nombre 8 dans le dispositif. Il est possible de faire une première mise en commun en répartissant les élèves émetteurs par groupe, à l'écart du dispositif. Lors des discussions sur leurs dessins, les élèves remarquent déjà certaines ambigüités et peuvent ainsi rectifier leurs messages avant qu'ils ne soient transmis aux élèves récepteurs.

En classe entière

Des mises en commun des productions intermédiaires en classe entière ont été mises en place, notamment dans les situations FEUILLE QUI COULISSE et BOUCHER LE TROU.

Pour ces mises en commun, l'enseignant interrompt le travail avant que les élèves ne testent leurs productions et organise un débat avec toute la classe pour favoriser la réflexion sur les procédures qui permettent de réussir ou non. Il peut s'appuyer sur un tableau à trois colonnes pour demander aux élèves de classer les procédures : *« on est sûr que ça marche »* ; *« on est sûr que ça ne marche pas »* ; *« on ne sait pas »*. Les avis sur chaque cas doivent être justifiés.

Organiser la mise en commun, en groupes ou en classe entière, avant que l'élève ne sache si sa procédure fonctionne, favorise l'investissement de l'élève dans les échanges puisque sa production est étudiée et qu'il doit l'expliquer et la justifier.

Il nous semble aussi important de laisser à l'élève la possibilité de reprendre sa production à l'issue de cette mise en commun. Les échanges peuvent ainsi être constructifs et l'amener à améliorer son travail. Cela permet que chaque élève puisse avoir une production compatible avec le problème à la fin de la séance.

À contrario, organiser la mise en commun après la validation pratique rend plus délicate la remise en cause des procédures, et en particulier l'analyse par chaque élève, ou groupe, des raisons éventuelles de ses erreurs. En effet, puisque les élèves savent s'ils ont réussi ou non et ont identifié les solutions correctes, ils peuvent ne plus être motivés pour en discuter ensuite. Il faut donc justifier cette mise en commun, notamment par la nécessité de faire émerger les procédures efficaces dans l'optique d'une reprise d'un problème analogue ou de la maitrise d'une technique.

MISE EN COMMUN DES PRODUCTIONS ACHEVÉES

En groupes

Dans la phase 2 de POSITIONS ET PLAN et dans REPÉRAGE SUR QUADRILLAGE, les élèves émetteurs doivent communiquer une position à des élèves récepteurs grâce à un message. Tous les élèves sont mis en groupes après avoir échangé leur message et savent donc si le récepteur a trouvé la position. Ils sont invités à chercher ensemble pourquoi les élèves récepteurs ont réussi ou non. L'émetteur ou le récepteur peuvent être en cause.

L'enjeu de la mise en commun finale en classe entière n'est plus de constater si la position a été trouvée ou non mais de déterminer ce qui permet de la trouver. L'enseignant demande alors : *« Que doivent contenir les messages pour réussir ? »*

Un groupe qui n'est pas parvenu à communiquer la position peut tout à fait réussir à identifier les composantes nécessaires du message.

Cette mise en commun est aussi nécessaire car un binôme émetteur/récepteur peut avoir sélectionné la bonne position malgré des erreurs dans le message et dans son interprétation. L'objectif est que les élèves puissent ensuite produire de nouveaux messages (pour une position différente) avec les informations qu'ils ont identifiées comme pertinentes (par exemple, l'orientation de dispositif par des repères fixes).

En classe entière

L'échange en classe entière sur des productions achevées est l'option que nous avons choisie dans beaucoup de situations. Il est difficile d'examiner toutes les productions dans un temps raisonnable, sans lasser les élèves qui attendent de présenter leur travail ou qui l'ont déjà présenté. Pour autant, plusieurs solutions sont possibles pour examiner systématiquement toutes les productions qu'elles soient individuelles ou par groupe :

- ✔ **Le regroupement des productions identiques**, proposé par exemple dans la phase 1 de POSITIONS ET PLAN, où tous les élèves ont le même nombre à communiquer ;
- ✔ **La production commune**, par exemple une affiche de tous les quadrilatères trouvés par la classe dans RECHERCHE DE TOUS LES QUADRILATÈRES, où il serait complexe d'examiner et comparer toutes les productions des groupes (plus de 70 dessins à main levée !) : les groupes proposent, à tour de rôle, un quadrilatère, qui est comparé à ceux déjà présents sur l'affiche. Ils dessinent ce quadrilatère sur l'affiche seulement s'il est différent. Les groupes qui ont trouvé le moins de quadrilatères passent en premier pour avoir plus de chance de proposer plusieurs quadrilatères. À la fin, tous les dessins trouvés par un groupe sont donc présents sur l'affiche au tableau.

INSTITUTIONNALISATION ET TRACE ÉCRITE

L'institutionnalisation et la trace écrite peuvent porter sur des savoirs contextualisés à la situation. Nous parlons dans ce cas de mise en commun partielle ou locale, comme cela est proposé dans les situations :

- ✔ FEUILLE QUI COULISSE, à la fin de laquelle l'enseignant institutionnalise les procédures valides pour tracer un trait « penché pareil » qu'un autre ;
- ✔ POSITIONS ET PLAN, où les élèves notent à la fin de la phase 1 ce qui a fonctionné ou non pour communiquer une position ;
- ✔ FAISCEAUX DE TRAITS, dans laquelle la description du procédé de construction s'appuie sur des photocopies des figures (fournies en annexes) ;
- ✔ REPRÉSENTER LE SOLIDE, où il s'agit de lister des principes pour réaliser le dessin d'un solide, mais sans entrer dans les règles conventionnelles de représentation, notamment en perspective.

Elles peuvent également avoir un niveau de généralité plus important, par exemple dans les situations :

- ✔ TROUVER LE POLYÈDRE, où la mise en commun et la trace écrite portent sur la façon de reconnaitre un polyèdre ;
- ✔ BOUCHER LE TROU, qui aboutit à la formulation d'une définition d'un patron de solide.

Il peut aussi exister des traces écrites provisoires qui marquent l'état d'avancement du travail sans pour autant formuler de façon définitive le savoir. Par exemple, dans la situation POSITIONS ET PLAN la trace provisoire établie en fin de phase 1, permet de repérer lors de la mise en commun de la phase 2 (reprise) les procédures qui ont à nouveau fonctionné et celles qui doivent au contraire être supprimées de la trace finale.

Lors de ces temps d'institutionnalisation, l'enseignant peut aider les élèves à reformuler plus correctement ce qu'ils disent. Quand c'est nécessaire et que la connaissance d'une notion est suffisamment avancée, il peut introduire un vocabulaire géométrique qui ne serait pas apparu. Par exemple, dans la mise en commun de FEUILLE QUI COULISSE, il introduit le mot « parallèle » pour remplacer l'expression « penché pareil » si les élèves ne l'emploient pas spontanément.

Les situations de communication

Dans une « situation de communication », l'apprentissage se réalise parce que l'élève (émetteur) doit communiquer une information à un autre élève (récepteur). Il doit ainsi trouver les informations utiles ainsi que les moyens pour les transmettre sans ambigüité. Ces situations rendent donc nécessaires l'acquisition et l'utilisation d'un vocabulaire précis et partagé, tel que le vocabulaire géométrique.

ORGANISATION D'UNE « SITUATION DE COMMUNICATION »

Cacher les informations

La mise en œuvre d'une situation de communication suppose :

- ✔ une prise d'information des récepteurs sans que les émetteurs ne voient le dispositif ;
- ✔ une transmission des informations entre émetteur et récepteur sans que les autres binômes entendent ;
- ✔ un travail du récepteur sans que l'émetteur n'intervienne pour apporter des précisions.

Pour cacher le solide mystère, on peut utiliser une boite, comme proposé dans les situations REPRÉSENTER LE SOLIDE et TROUVER LE POLYÈDRE, ou des paravents entre les groupes (livres posés sur la tranche). Il est aussi possible de séparer les élèves émetteurs et récepteurs dans différents lieux, comme proposé dans POSITIONS ET PLAN et REPÉRAGE SUR QUADRILLAGE. L'enseignant doit pouvoir surveiller tous ses élèves ce qui amène à trouver des astuces en fonction de l'architecture de l'école. La rubrique « Questions sur » accompagnant la situation POSITIONS ET PLAN aborde la gestion de la classe avec plusieurs lieux (cf. p. 19).

Organisation temporelle

Deux types d'organisation temporelle sont proposés : successive ou simultanée.

Dans le cas d'une organisation successive, les émetteurs prennent de l'information et construisent leur message pendant que les récepteurs sont occupés à une autre activité. Quand les récepteurs reçoivent leur message, les émetteurs peuvent soit observer leur travail comme dans les situations POSITIONS ET PLAN et CONSTRUIRE UN SOLIDE (phase 1) ou être eux-mêmes occupés à une autre activité, prévue par l'enseignant.

Dans le cas d'une organisation simultanée, comme dans la situation REPRÉSENTER UN SOLIDE, chaque émetteur est également récepteur d'un message. Tous les élèves ou groupes conçoivent un message en même temps puis reçoivent un message et réalisent la production.

PLACE DE LA COMMUNICATION DANS LA SITUATION

Certaines situations, par exemple POSITIONS ET PLAN, REPÉRAGE SUR QUADRILLAGE et REPRÉSENTER UN SOLIDE, sont fondées uniquement sur l'échange de messages entre émetteurs et récepteurs et leur analyse.

La « situation de communication » peut aussi constituer seulement une phase du descriptif. Par exemple, dans les situations TROUVER LE POLYÈDRE, IDENTIFIER LA FIGURE et UN POLYGONE ET SES ANGLES, elle favorise une caractérisation des objets géométriques. Dans tous les cas, les ambiguïtés liées aux messages produits ou à leur interprétation par les récepteurs rendent nécessaire aux yeux des élèves le recours à un vocabulaire précis.

Dans la situation PAREIL, PAS PAREIL ? (2), la communication en phase 2 permet de réinvestir des connaissances et amène les élèves à mettre en mots les propriétés qu'ils ont identifiées dans la phase 1. Notamment, dans l'étape 2 de la phase 2, la communication nécessite de réutiliser le vocabulaire en lien avec le parallélisme et la perpendicularité dans un nouveau contexte.

Dans la situation CONSTRUIRE UN SOLIDE, la phase de communication permet aux élèves de comprendre la nécessité de tenir compte de la nature des faces d'un solide, de leur nombre et des relations d'incidence. Dans la phase 2, ils réalisent des bons de commande pour exploiter ce qu'ils ont repéré en phase 1 grâce à la communication.

SPÉCIFICITÉ DES MISES EN COMMUN

Dans une situation de communication, plusieurs sources d'erreurs peuvent être en cause :

- ✔ une prise d'information incomplète ou erronée ;
- ✔ un message ambigu dépendant de la position de l'émetteur ou utilisant un vocabulaire non partagé ;
- ✔ une mauvaise interprétation du message par le récepteur même si celui-ci est correct ;
- ✔ une erreur dans la réalisation par le récepteur malgré un message bien interprété.

Les erreurs peuvent parfois se compenser et aboutir à des résultats corrects. L'enseignant doit donc aider les élèves à examiner toutes ces possibilités lors des mises en commun.

La boite à outils de géométrie

La boite à outils de géométrie est présente, de façon plus ou moins complète, dans presque toutes les situations.

Cette boite est composée d'**instruments** pour la **géométrie**, qui sont destinés à servir d'**outils** notamment pour la résolution de problèmes.

Les instruments jouent un rôle majeur dans les apprentissages. Ils véhiculent des propriétés, d'abord implicites, auxquelles les élèves peuvent accéder en premier lieu par la vue ou par des gestes.

INVENTAIRE DES INSTRUMENTS

Les boites à outils de géométrie[1] peuvent contenir tous les instruments sauf la grande règle rangée à part. Ceux-ci sont classés selon les trois catégories suivantes.

Les instruments du commerce

- ✔ Double et triple décimètres (règles plates)
- ✔ Règle en bois non graduée
- ✔ Réquerre

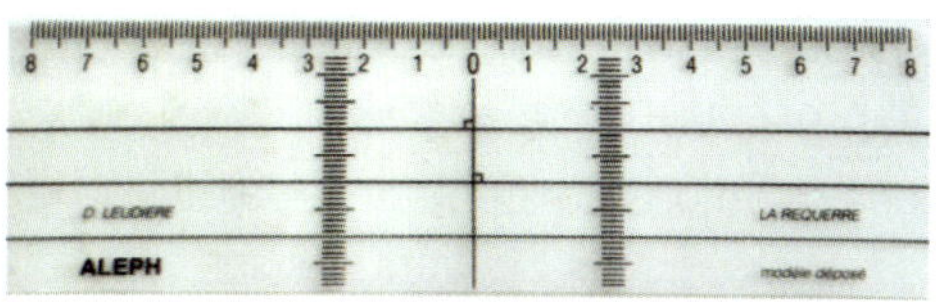

- ✔ Géomiroir (ils sont introduits dans la situation L'ATTRAPE (1) au CM1)
- ✔ Équerres en dur non graduées
- ✔ Compas
- ✔ Papier calque

Les instruments fabriqués

- ✔ Téquerre[2]

- ✔ Bandes de bristol à bords courbes, droits, parallèles, non parallèles.

- ✔ Deux carrés (7 × 7, 10 × 10), deux rectangles (7 × 10, 6 × 13) en bristol.
- ✔ Des instruments sur transparent : équerres, carrés, rectangles (le transparent déborde de la figure pour la préhension de l'instrument).
- ✔ Baguette (roseau), servant à comparer des distances sans mesurer.
- ✔ Grande règle plate de 50 cm **non graduée**.
- ✔ Fil non élastique (ficelle).
- ✔ Des instruments « bricolés » en fonction des possibilités de récupération « locales » : équerres massicotées à partir de boites d'archivage en plastique…

Les instruments issus de situations

- ✔ Coins de 72°, 84°, 90°, 95°, 120° (suite à la situation AUX COINS CITOYENS !).
- ✔ Réseau de droites parallèles (suite à la situation FEUILLE QUI COULISSE).

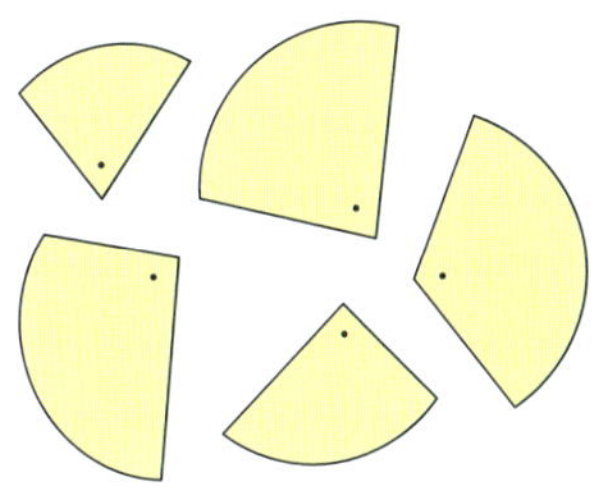

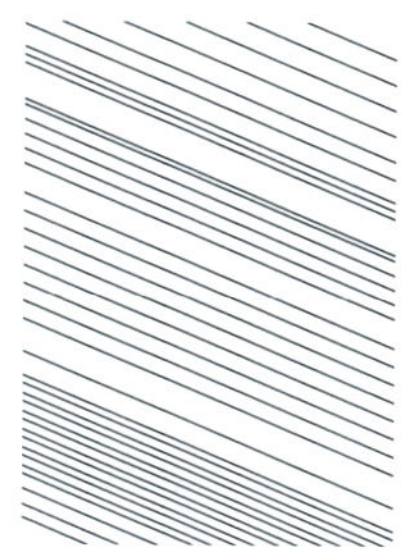

Les outils de la trousse

En plus de cette boite, chaque élève dispose des outils de la trousse : crayon taillé, taille-crayon, gomme, feutres (moyens et fins).

Rangement des boites

Les boites sont rangées dans la classe, l'enseignant les fait apporter par les élèves en début de séance. La liste du contenu peut être placée dans le couvercle de chaque boite pour pouvoir facilement vérifier de temps en temps le nombre d'instruments présents et leur état de « fonctionnement ».

Les élèves effectuent les premières activités avec une boite à outils de géométrie complète. Ensuite, l'enseignant suggère que chaque équipe laisse, par commodité, sa grande règle et la baguette dans une grande boite collective en fond de classe, libre à chacune d'aller les chercher si nécessaire.

1. Une boite (type boite à chaussure) peut être prévue pour deux élèves.
2. Fichier pour imprimante 3D : hatier-clic.fr/24ermelg401

Certains outils (réquerre, téquerre, etc.) peuvent être laissés dans les trousses pour que les élèves se familiarisent avec leur usage.

Quels instruments pour une situation ?

Le plus souvent, pour une situation donnée, la boite à outils de géométrie est fournie complète : les instruments efficaces ne sont pas sélectionnés par l'enseignant car les élèves ne disposeraient alors que des instruments appropriés à la résolution ; au contraire, ces instruments restent éparpillés dans la boite à outils. L'objectif est que les élèves aient à réfléchir pour choisir celui ou ceux qui sont adaptés, en fonction de la propriété caractéristique souhaitée.

Mais il arrive parfois que, pour un problème donné, certains instruments soient ôtés (l'équerre par exemple car certains élèves n'ont pas identifié l'angle droit) ou que l'élève n'ait accès à aucun instrument (par exemple, dans les situations PÉTANQUE – phase 2, étape 2 – et TRIANGLES, QUADRILATÈRES ET ANGLES DROITS). Le but est alors qu'il ne puisse effectuer que des actions intériorisées pour développer des raisonnements. Ces actions peuvent être traduites à l'écrit par des schémas à main levée ou à l'oral.

POURQUOI UNE TELLE DIVERSITÉ ?

De nombreux instruments ont une fonction particulière dans les activités. Ils ont été créés pour porter des propriétés :

- ✔ certaines sont perceptibles directement sur l'instrument tel qu'il est (la règle sert à tracer des traits droits, éventuellement à mesurer ; l'équerre sert à réaliser des angles droits) ;
- ✔ d'autres sont moins perceptibles, soit parce qu'il faut agir sur l'instrument pour le rendre actif (le fil pour reporter une distance ou réaliser un alignement, le compas pour tracer un cercle, etc.), soit parce que la fonction de l'instrument n'est pas immédiatement apparente (la baguette de bois).

Contrôler et produire

Certains instruments permettent à la fois **le contrôle et la réalisation matérielle d'une propriété** : l'équerre du commerce pour l'angle droit, une règle plate pour contrôler un alignement ou tracer un trait droit…

D'autres instruments, utilisés seuls, permettent uniquement le **contrôle de la propriété** qu'ils portent : la plupart des instruments, dont l'équerre sur transparent. Mais l'adjonction d'un autre instrument permet une réalisation de cette propriété : un trait perpendiculaire peut être tracé au moyen de l'équerre sur transparent et d'une règle (on veillera à ce que la règle reste fixe lorsqu'on ôte l'équerre, qui se trouvait en dessous).

Plusieurs instruments pour une même fonction

Il est aussi important que plusieurs instruments différents possèdent la même propriété utilisable, mais puissent être différenciés par d'autres propriétés : par exemple les bandes de bristol, les règles, l'équerre, la téquerre et la réquerre ont en commun la propriété de rectitude et diffèrent par leur matière, couleur, forme et usage principal (règles pour mesurer, etc.). Les élèves perçoivent ainsi des propriétés communes et sont contraints de faire des choix pour trouver l'instrument le plus approprié ou d'utiliser plusieurs instruments pour leur propriété commune. En particulier, pour l'identification ou la production d'angles droits, certains élèves ne savent pas encore comment utiliser l'équerre : ils partent du zéro de la graduation et non du bord et utilisent un autre angle de l'équerre…

Plusieurs fonctions pour un même instrument

Les élèves d'eux-mêmes peuvent choisir le compas pour mesurer un écart (cf. SUR LA TRACE DES ROUES).

UN EXEMPLE D'UTILISATION : LA SITUATION « FEUILLE QUI COULISSE »

Une partie de l'apprentissage réside donc dans le choix approprié du ou des instruments pour la résolution du problème posé, parmi des instruments divers qui peuvent posséder une propriété **en commun**, mais aussi une propriété **qui les différencie** ou une propriété **singulière** (un seul instrument dispose de cette propriété).

Une autre partie de l'apprentissage repose sur l'utilisation du ou des instruments : quelle(s) fonction(s) ont-ils dans la procédure ?

Les situations concernant le parallélisme montrent comment les élèves peuvent utiliser cette diversité d'instruments et quels apprentissages fortement implicites en découlent.

La situation FEUILLE QUI COULISSE utilise un dispositif composé d'une feuille en carton sur laquelle est fixé un guide (calque ou transparent).

Une feuille de travail où figure un point (puis d'autres ensuite) est donnée aux élèves avec le problème : « *Tracez un trait qui passe par le point et qui sera caché par le trait du guide quand vous ferez coulisser la feuille dans le guide. Attention, vous n'aurez pas le guide pour tracer.* »

Trait passant par le premier point

L'élève, n'ayant sur sa feuille que le trait de référence et le point, va en général utiliser un instrument lui permettant de tracer un trait droit passant par le point (grâce à la rectitude d'un de ses bords). Mais comment choisira-t-il la direction ?

- ✔ Au jugé directement, en « conformant » perceptivement la direction du bord de l'instrument à celle du trait de référence.
- ✔ Au jugé par déplacement, en se référant à nouveau au trait de référence et en s'en éloignant progressivement tout en conservant la direction établie, jusqu'à ce que le bord passe par le point.

- En utilisant l'instrument pour une autre de ses propriétés : en plaçant la règle au jugé, mais au lieu de la faire glisser jusqu'à ce que le bord initialement posé sur le trait atteigne le point, il la ferait glisser seulement jusqu'à ce que l'autre bord de la règle passe par le point. Le parallélisme des bords de la règle est dans ce cas un outil de résolution.

Dans les deux premiers cas, l'instrument n'est choisi que pour son bord droit et la direction est déterminée à l'œil. Dans le troisième, l'instrument est aussi utilisé pour le parallélisme de ses bords. Notons que ces propriétés des instruments sont outils de résolution, mais qu'elles restent implicites. Lors des mises en commun, il est utile de solliciter les élèves :

- pourquoi et comment déplacent-ils la règle ?
- pourquoi utilisent-ils l'autre bord de la règle ?

Trait passant par le deuxième point

Le deuxième point est plus éloigné du trait que le premier. Nous examinons ci-dessous des procédures observées :

- Placement d'une bande à bords parallèles sur le trait donné, puis d'une deuxième bande conforme à la direction de la première pour que son bord passe par le point souhaité (les bandes peuvent être légèrement superposées si nécessaire) ;
- Ajustement (au tableau) de deux équerres permettant d'obtenir un rectangle, et des bords parallèles ;

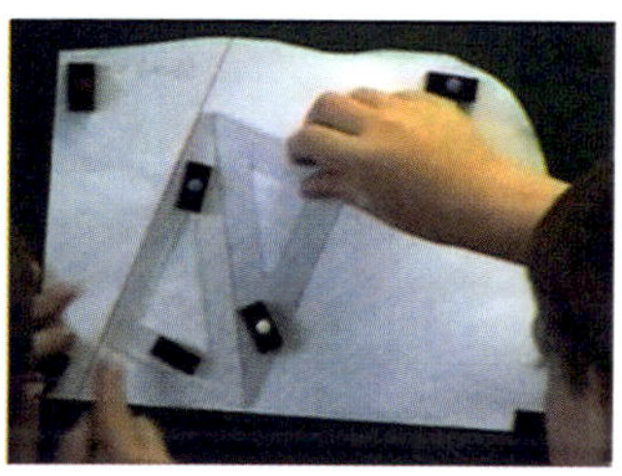

- Placement d'une première règle plate à l'orthogonale du trait, en se servant de ses bords perpendiculaires ; puis placement d'une seconde règle plate, passant par le point, et perpendiculaire à la première.

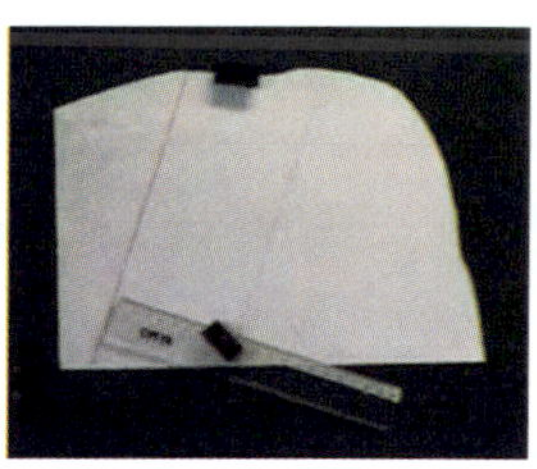

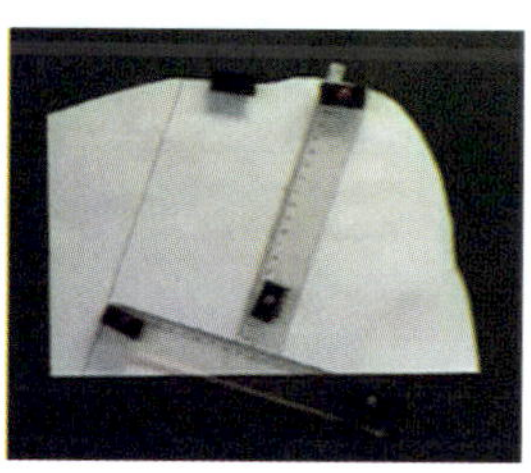

Les élèves utilisent les instruments de façon conventionnelle ou non ; ils font preuve de beaucoup d'ingéniosité. On pourrait citer des exemples de même nature pour les situations d'alignement et de perpendicularité. La diversité d'instruments fait donc la richesse des propriétés implicites mobilisées.

LE RÔLE MAJEUR DES INSTRUMENTS

Les instruments jouent ainsi un rôle majeur dans les apprentissages (cf. p. 240). Leur caractère matériel, parfois banal, parfois intrigant, fait qu'ils sont assez proches des connaissances initiales des élèves. Ils véhiculent des propriétés auxquelles les élèves peuvent accéder en premier lieu par la vue.

Les problèmes proposés consistent à faire mobiliser ces propriétés dans des actions sur des objets de l'espace (graphique notamment) ; ces propriétés sont très implicites au départ, mais les échanges et les débats sont organisés pour les faire expliciter progressivement.

Les instruments font ainsi accomplir aux élèves des actions effectuées à partir de leurs propres connaissances initiales.

LES « INSTRUMENTS LOGICIELS » DE GÉOMÉTRIE

Des activités nécessitant l'utilisation d'un logiciel de géométrie dynamique sont proposées en accompagnement des situations relatives à l'alignement. En conséquence, les instruments logiciels utilisés se limitent à « point », « segment », « droite », « intersection » et « point sur » éventuellement.

La résolution d'un problème dans l'environnement de géométrie dynamique après sa résolution dans un environnement classique (avec papier et crayon) change la nature des instruments. Certes, ils servent à réaliser des actions (ils sont « fonctionnels »), mais ces actions, qui restent très implicites (elles n'ont pas besoin d'être exprimées lors de la recherche) dans un environnement classique, prennent un caractère plus explicite. Par exemple, dans un environnement de géométrie dynamique, une droite a besoin de deux points pour exister (il faut les créer ou les choisir) et une intersection a besoin de deux droites (il faut les sélectionner ou les créer), etc. Cela constitue un apport notable pour les apprentissages.

Dans une situation, la diversité des outils s'accroit donc dans l'utilisation de l'environnement logiciel après l'environnement avec papier et crayon.

Les technologies numériques pour enseigner la géométrie

Les technologies numériques peuvent apporter une plus-value pour enseigner la géométrie, notamment pour :

- ✔ préparer le matériel (imprimer les patrons, fabriquer les solides avec une imprimante 3D, etc.) ;
- ✔ gérer plus efficacement la communication des consignes et l'affichage des productions lors des mises en commun avec un vidéoprojecteur ;
- ✔ poser des problèmes dont les contraintes sont nouvelles par rapport aux problèmes avec papier et crayon, grâce aux logiciels de géométrie dynamique, aux simulateurs d'environnement 3D ou encore aux robots de plancher ;
- ✔ exploiter les traces numériques laissées par l'élève lors de l'utilisation des technologies, avec ou sans l'aide d'algorithme d'intelligence artificielle.

D'autres usages existent comme l'enseignement à distance ou le travail collaboratif, mais ils ne sont pas exploités dans cet ouvrage.

PREMIÈRE RÉFLEXION

Une ambigüité existe entre enseigner avec le numérique et enseigner le numérique. Dans le premier cas, il s'agit d'utiliser les technologies pour provoquer des apprentissages, alors que dans le second cas, il s'agit d'enseigner des connaissances spécifiques liées au domaine du numérique, telles que la programmation et l'algorithmique.

Par exemple, les formulations officielles (programmes, accompagnements) peuvent laisser penser que faire programmer les déplacements d'un robot aux élèves leur enseigne la programmation d'un outil numérique, mais l'objectif géométrique est bien de faire travailler une compétence mathématique (ici se repérer et se déplacer dans l'espace en utilisant ou en élaborant des représentations).

Il en est de même lorsque les élèves ont à réaliser une figure plane simple ou une figure composée de figures simples à l'aide d'un logiciel de géométrie dynamique.

La polyvalence de l'enseignant l'amène nécessairement à aborder les deux aspects : enseigner le numérique via l'éducation aux médias et enseigner la technologie grâce au numérique. Il nous semble important de les dissocier pour bien identifier les enjeux d'apprentissage des situations. Nous ne traiterons ici que l'enseignement des mathématiques.

PRÉPARER LE MATÉRIEL

Outre les patrons de solides à imprimer (ou à utiliser sur une découpeuse), nous fournissons via les liens hatier-clic.fr (sous les titres de chaque situation concernée), les modèles pour impression 3D permettant à l'enseignant de fabriquer les solides utilisés dans nos situations (cf. rubrique « Questions sur le matériel » p. 175). Cela permet d'avoir des solides complètement adaptés aux situations de classe et qui peuvent être conservés.

LORS DES MISES EN COMMUN

La mise en commun est souvent plus complexe à gérer en géométrie en raison de la nature même des productions des élèves : des objets 3D, des dessins difficiles à reproduire au tableau, etc. Dans ce cas, l'usage d'un visualiseur, d'une webcam ou d'un smartphone couplé à un vidéoprojecteur (ou TNI) permet d'agrandir les productions ou manipulations pour les rendre visibles de tous. La plupart des élèves peuvent ainsi rester à leur place.

Le visualiseur

Il s'agit d'une caméra fixée à un mât qui peut être orientée vers le bas. Il peut être remplacé par une simple webcam fixée sur un support. L'avantage de ce dispositif est de retransmettre en direct non seulement la production, mais également les gestes de l'élève.

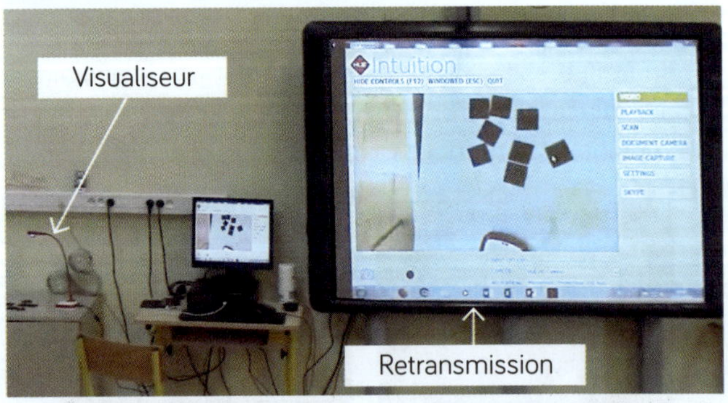

Le smartphone et l'appareil photo numérique

Il est possible d'afficher en direct ce que « filme » la caméra d'un smartphone ou d'une tablette sur un ordinateur et donc au vidéoprojecteur grâce à la projection d'écran (screen mirroring) disponible sous Android avec l'appellation « Miracast » ou IOS sous le nom de « recopie d'écran ».

Il est également possible de simplement photographier les travaux des élèves et de transférer (via Bluetooth, câble ou carte mémoire) les clichés sur ordinateur pour les visualiser à l'écran. Cette opération prenant un peu de temps, l'enseignant peut être amené à reporter la mise en commun à une autre séance.

UN MILIEU POUR LES APPRENTISSAGES

La géométrie dynamique

Les logiciels de géométrie dynamiques (LGD) ont été introduits à la fin des années 80. Un des précurseurs est le logiciel Cabri développé par le laboratoire IMAG du CNRS et l'université Joseph Fourier. Il existe maintenant de nombreux logiciels payants ou gratuits utilisables à l'école. La caractéristique commune de ces outils est qu'ils constituent un nouveau contexte d'apprentissage ayant des contraintes spécifiques.

Notamment, ces logiciels donnent aux élèves un nouveau moyen de contrôle sur leur construction géométrique car ils permettent de tester la « résistance » des dessins : un dessin « résiste » s'il conserve les propriétés attendues lorsque l'on déplace les points libres dans le logiciel. Par exemple, les deux figures ci-dessous semblent visuellement être deux carrés. S'il s'agissait de constructions sur papier, rien ne permettrait à l'enseignant de disqualifier l'une d'entre elles.

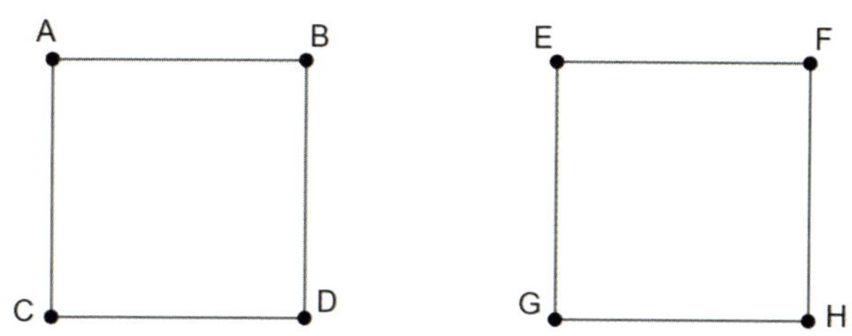

En revanche, en déplaçant un point de chaque figure (points B et E) dans un logiciel de géométrie dynamique, on constate que la figure de droite reste un carré contrairement à la figure de gauche. Seule la figure de droite est donc validée (et celle de gauche est disqualifiée).

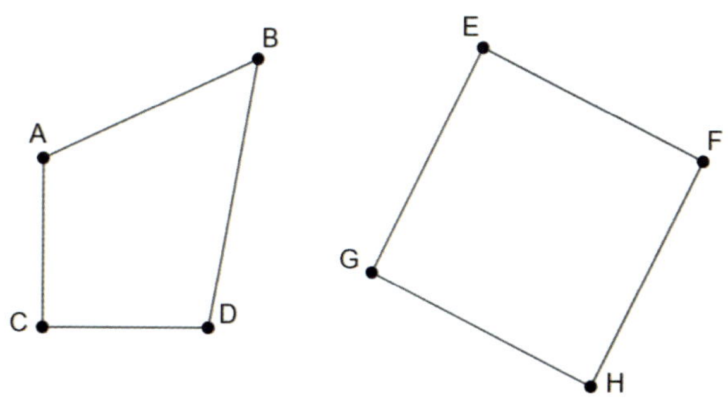

La résistance de la figure de droite s'explique par les outils utilisés pour sa construction, qui nécessitent de communiquer les propriétés de construction au logiciel. Alors que le dessin de gauche a été construit au jugé avec quatre segments, celui de droite a été construit grâce aux propriétés de perpendicularité des côtés du carré. Sa construction commence par le tracé du segment [EF] puis des droites perpendiculaires à [EF] passant par E et F grâce à l'outil « perpendiculaire à… passant par … ». Deux cercles sont ensuite tracés, l'un de centre E passant par F et l'autre de centre F passant par E, pour garantir que les points G et H soient bien les sommets d'un carré de côté [EF].

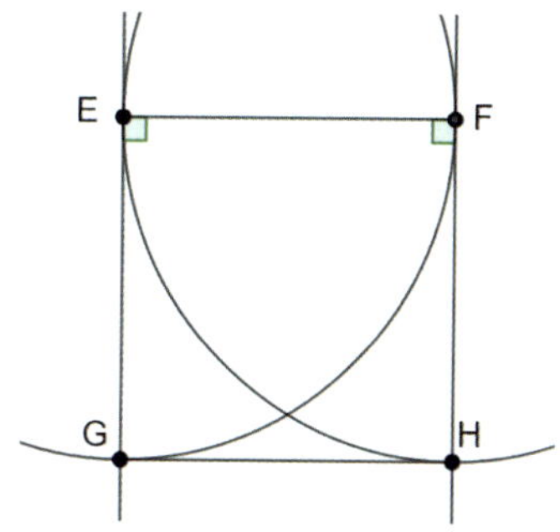

Ainsi, si le dessin d'un élève résiste c'est qu'il a bien communiqué des propriétés caractéristiques de la figure géométrique qu'il voulait construire.

Les logiciels de géométrie dynamique permettent aussi, grâce aux dessins résistants, d'explorer de nombreuses configurations, de conjecturer des propriétés et de se détacher des dessins prototypiques[1].

De plus, la zone visible dans le logiciel n'est qu'une partie de la zone de travail. Il est ainsi possible de simuler les contraintes d'un espace tel que le macro-espace[2]. Par exemple, dans la version numérique d'ŒILSURTOUT, proposée en accompagnement page 42, l'élève ne peut pas voir en même temps Férocel et certains points, ce qui l'oblige à utiliser l'outil droite pour matérialiser la zone vue par Férocel.

Enfin, les outils du logiciel imposent des contraintes de construction à l'élève. Par exemple, pour tracer une perpendiculaire, l'élève doit désigner un point (créé ou non) et une droite (ou segment, demi-droite, créés) à laquelle la construction doit être perpendiculaire.

Les espaces 3D virtuel

Dans plusieurs situations d'accompagnement (cf. p. 38 à 41), nous utilisons un espace 3D virtuel. Cette solution est adaptée à la classe pour des raisons évidentes liées aux dangers inhérents aux déplacements dans une ville réelle ou à la difficulté de créer matériellement un labyrinthe dans lequel les élèves sont immergés.

L'espace 3D virtuel reprend une partie des contraintes de l'espace 3D réel : la vue est limitée à un champ donné, en caméra subjective, et donc le repérage est relatif à l'observateur. L'élève doit donc mettre en correspondance l'espace virtuel et le plan.

1. et 2. Cf. Lexique p. 246

L'espace virtuel que nous avons conçu pour la situation labyrinthe est aussi utilisable avec un casque de réalité virtuelle, mais nous n'avons pas de résultat indiquant que son usage apporte une réelle plus-value pour le travail mathématique.

Les robots de plancher et les lutins

Nous avons choisi de ne pas proposer d'activités ayant pour seul but de faire se déplacer un lutin (dans Scratch™) ou un robot. Nous faisons plutôt en sorte que cet objectif réponde à un besoin d'un projet disciplinaire ou transdisciplinaire. C'est d'ailleurs l'idée fondatrice[2] du développement des langages tels que Logo, Scratch et des robots de plancher programmables (par exemple, robot Thymio ci-contre).

En réalisant un projet, les élèves vont avoir à mobiliser des connaissances existantes ou à aller en chercher de nouvelles.

Ces projets transdisciplinaires peuvent être :

- ✔ faire jouer une histoire aux personnages de Scratch ;
- ✔ programmer un jeu dans Scratch ;
- ✔ inventer une danse sur un thème donné et faire danser les robots Thymio avec les enfants ;
- ✔ faire dessiner des formes géométriques en insérant un crayon dans le support dédié du robot Thymio ou avec Scratch à l'écran.

Il est possible d'anticiper un certain nombre de compétences qui seront développées dans le projet, tant en mathématiques que dans les autres domaines, mais il reste une part de découvertes opportunistes. Dans tous les cas, il est important que l'enseignant consacre des temps pour faire formuler ce que les élèves ont appris au fil du travail.

Différence entre informatique et automatique

Les termes codage, programmation et algorithmique sont souvent utilisés pour caractériser le travail sur Scratch ou avec les robots. Pour autant il nous semble important de bien repérer les spécificités du travail effectué avec ces outils.

Un algorithme, tel qu'il sera enseigné ensuite dans le domaine de l'informatique, est l'élaboration par l'élève de la relation entre plusieurs données qui, une fois traitées, renvoient une réponse.

La programmation d'un robot ou d'un lutin avec Scratch appartient au domaine de l'automatique. Certes, les élèves produisent un code informatique (suite d'instructions), mais celui-ci ne déclenche une action que quand un ou plusieurs évènements surviennent. Cela signifie que la machine surveille en permanence les capteurs et les actionneurs pour déclencher différentes parties du programme en fonction de ce qui se produit. Un travail spécifique doit donc amener l'élève à comprendre cet aspect.

ENTRAINEMENT, COOPÉRATION ET SUIVI DES APPRENTISSAGES

Travail en autonomie et coopérations

Les élèves peuvent utiliser en autonomie les simulations ou les logiciels de géométrie dynamique car ces outils conservent la trace des activités de chacun. Par exemple, les logiciels de géométrie dynamique conservent l'historique des constructions réalisées et génèrent des rétroactions (feed-back), ce qui permet à l'élève d'interpréter ses erreurs.

Les interactions avec l'outil numérique sont différentes des interactions humaines :

- ✔ l'ordinateur est neutre, se tromper sur un ordinateur n'implique pas le regard de l'enseignant, ce qui peut modifier l'appréhension de l'erreur par l'élève ;
- ✔ sur une machine, une même action provoque une même réaction.

Une piste qui nous semble prometteuse est de faire travailler les élèves par deux sur un même ordinateur pour les amener à coopérer. Les premières expériences menées nous montrent que les rétroactions de la machine amènent les élèves à échanger, discuter et reformuler.

Analyse de l'apprentissage et intelligence artificielle

Les traces générées par les logiciels peuvent informer l'enseignant sur les parcours des élèves. Elles fournissent ce que l'on appelle l'analyse de l'apprentissage (ou *learning analytics*) lorsqu'elles sont mises en forme. Elles s'appuient parfois sur l'intelligence artificielle (IA) pour identifier des régularités statistiques quand la quantité de données est suffisante.

L'intelligence artificielle peut également proposer de façon automatique des aides (tuteurs intelligents) ou des activités à l'élève (exerciseurs). Comme toutes les technologies, il nous semble important que l'enseignant se les approprie pour augmenter sa capacité de décision, au même titre que la calculatrice augmente la capacité de calcul.

2. Seymour Papert est à l'origine du constructionnisme.

LES ENJEUX DES APPRENTISSAGES SPATIAUX ET GÉOMÉTRIQUES

« ...un écueil nous semble devoir être évité, c'est celui d'une géométrie, réduite à l'apprentissage d'un vocabulaire et de quelques concepts trop formels qui ne seraient là, à titre culturel ou symbolique, que pour marquer la place future d'un enseignement tenu pour important. »

Daniel Perrin
(Rapport sur la géométrie - Commission de Réflexion sur l'Enseignement des Mathématiques - 1998)

De la recherche...

LES RECHERCHES

Cette nouvelle publication est le produit de plusieurs recherches menées par l'équipe ERMEL dans le cadre de l'Institut français de l'Éducation (Ifé-ENS-Lyon, ex INRP).

- ✔ la première, qui portait sur les apprentissages géométriques et la résolution de problèmes du CE2 au CM2, avait abouti à la rédaction de l'ouvrage du même titre[1] publié en 2006 dans la collection ERMEL.
- ✔ la deuxième concernait les apprentissages géométriques et la résolution de problèmes de la GS au CE1. Elle a abouti à une publication spécifique sur la géométrie pour le CP et le CE1[2] en 2020, et une autre concernant l'ensemble des apprentissages mathématiques – dont les apprentissages spatiaux et géométriques – pour la Grande Section publiés en 2023[3]. Cette recherche nous a notamment conduit à analyser plus précisément les connaissances dont disposent les élèves à l'entrée du CE2 et donc à repenser l'organisation des apprentissages sur les trois années jusqu'au CM2.
- ✔ d'autres recherches de l'équipe, notamment sur la prise en compte de la diversité des connaissances et des difficultés des élèves, ou sur la gestion des situations, en particulier par des enseignants débutants, nous ont conduits à améliorer nos dispositifs d'enseignement.

Aussi, ces différentes recherches nous ont amené à :

- ✔ analyser les connaissances que les élèves révélaient dans leurs actions avec des objets, dans leurs tracés... ;
- ✔ élaborer des problèmes qui conduisent les élèves à prendre conscience des insuffisances de leurs solutions, de leurs tracés, des ambigüités de leurs formulations et qui leur permettent d'acquérir des connaissances tant sur les propriétés des objets et des relations que sur les techniques et les raisonnements afin de contrôler eux-mêmes leurs méthodes.
- ✔ expérimenter dans diverses classes des situations, souvent modifiées, voire non conservées pour cette publication ;
- ✔ repenser des progressions dans les situations sur l'ensemble de ces apprentissages et proposer une progressivité pour les trois années ;
- ✔ rédiger des dispositifs en explicitant les décisions et les types d'interventions possibles ou nécessaires de l'enseignant.

De la recherche à la production de ressources

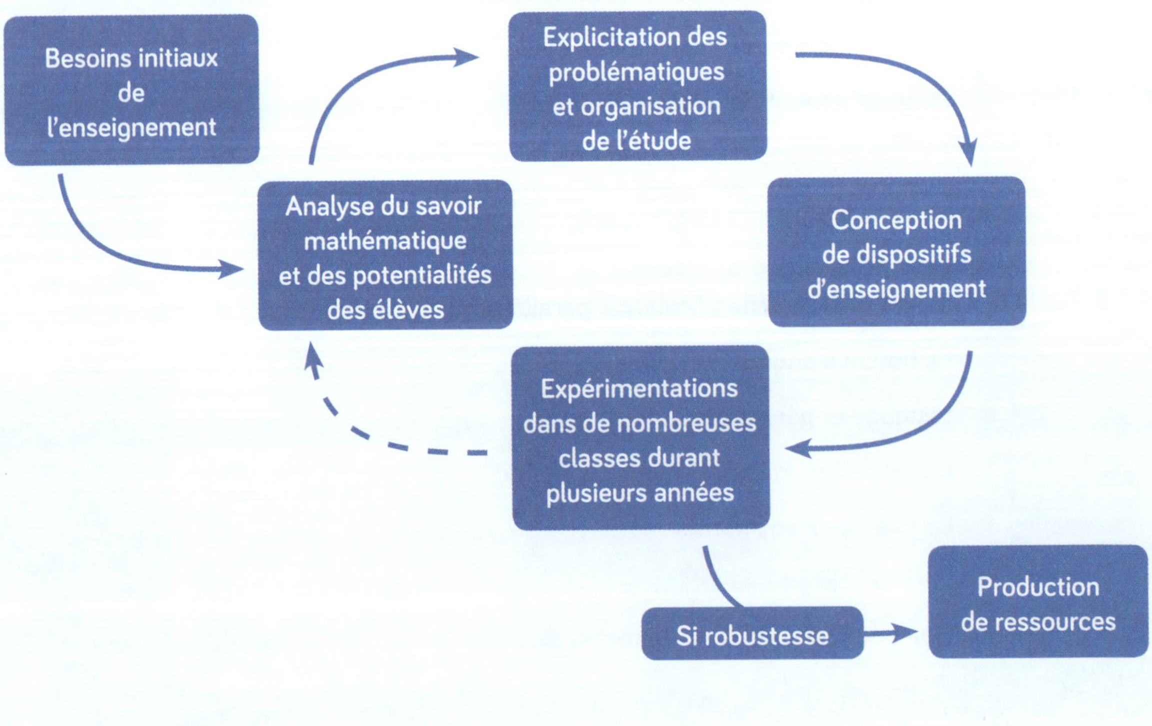

1. ERMEL GS « Apprentissages géométriques et résolution de problèmes », (Hatier, 2006)
2. ERMEL Géométrie CP-CE1 (Hatier, 2020)
3. ERMEL Maternelle GS « Apprentissages des nombres et de la géométrie » (Hatier, 2023)

...à la production de ressources

Cette publication a donc pour but de rendre accessible aux enseignants et aux formateurs les résultats de nos recherches, tant sur l'analyse des composantes du savoir que des connaissances et des potentialités des élèves ou sur les dispositifs d'enseignement proposés.

Elle prend en compte l'intégralité des contenus du programme pour ces niveaux. Leur répartition sur les trois années vise à permettre :

- Un passage des expériences spatiales des élèves sur les formes planes et les solides à des connaissances géométriques.
- Une entrée progressive dans le domaine spatio-graphique, celui de la géométrie des tracés de figures, supposant de faire de ces tracés des outils efficaces pour résoudre des problèmes géométriques.
- Une évolution des procédures de l'action sur des objets du monde sensible, au raisonnement sur les propriétés.

LA CONCEPTION DE LA RESSOURCE

L'ensemble de ces modifications, centrées sur l'aide qu'une ressource peut apporter aux gestes professionnels, s'est aussi imposé comme étant indispensable pour que les enseignants puissent s'en emparer eux-mêmes, compte tenu des évolutions de leur formation professionnelle.

Des outils pour la mise en œuvre des situations

Notre choix constant est que les recherches que nous conduisons aboutissent à des publications qui :

- facilitent le travail de l'enseignant pour la préparation et la conduite des situations en classe, notamment par la description aussi détaillée et pratique que possible de tout ce que l'enseignant a la charge d'accomplir, ainsi que des adaptations nécessaires des organisations compte tenu de la structure de la classe (niveaux multiples ou non, effectifs...) Nous proposons aussi des adaptations des situations pour des élèves qui n'auraient pas eu réellement l'occasion, les années précédentes, d'appréhender les potentialités de la géométrie.
- éclairent l'enseignant au moyen de nombreuses « questions sur » qui proposent des analyses précises des productions, les échanges entre acteurs dans des débats lui permettant de mettre à profit les potentialités des élèves.

LA CONSTITUTION DES PROGRESSIONS

Celles-ci ont été regroupées en trois thèmes,

- ✔ Les connaissances initiales des élèves et ce en quoi celles issues de leurs expériences spatiales peuvent servir de point d'appui.
- ✔ Les composantes du savoir, en particulier l'articulation entre la connaissance des figures planes et celles des relations.
- ✔ La cohérence de l'enseignement sur les trois années concernées.

L'évolution par rapport à ERMEL Géométrie (2006)

Par rapport à la précédente publication de l'équipe « Apprentissages géométriques et résolution de problèmes » nous avons :

- ✔ développé la description des situations initiales qui permettent des sauts qualitatifs des connaissances, en réduisant aussi leur nombre.
- ✔ assuré une cohérence des apprentissages, notamment pour le second thème (objets et relations du plan) qui concerne les thèmes 2 à 5 de la publication de 2006.
- ✔ regroupé sur chaque période des situations portant sur un même thème.

Ces modifications, succinctement résumées ici, sont le fruit de nos recherches, citées en début de ce chapitre ou conduites par d'autres équipes de didactique des mathématiques. Ces propositions visent toutes à développer l'activité mathématique de l'élève.

PLAN DES ENJEUX DIDACTIQUES

Il comporte trois parties :

- ✔ une présentation
  - du savoir géométrique,
  - des apprentissages spatio-géométriques,
  - des connaissances initiales des élèves
  - des problématiques d'enseignement
- ✔ des analyses des enjeux plus spécifiques :
  - des objets, figures et notamment des angles
  - des relations : perpendicularité, parallélisme et symétrie
  - des fonctions du langage
  - du rôle de la validation
  - du rôle de la résolution de problèmes
- ✔ des synthèses sur :
  - les apports de la didactique des mathématiques
  - nos choix didactiques et la validité de nos recherches

Les types de géométrie

UNE DOUBLE FINALITÉ

La géométrie contribue à la connaissance du monde sensible. « *La géométrie s'est constituée en partie comme modélisation de cet espace physique.* »[4] Elle s'est aussi construite comme un domaine scientifique, avec des objets d'étude et des méthodes progressivement indépendants du monde physique.

L'enseignement de la géométrie poursuit ces deux buts. D'une part, il contribue à modéliser le monde en relation avec d'autres sciences. À l'école primaire, l'enseignement de la géométrie vise à développer une vision de l'espace, et des connaissances spatiales permettant à l'élève de maitriser ses rapports usuels avec l'espace (positions relatives d'objets, déplacements, utilisation de représentations…). Cet enseignement sera, par la suite, au service d'autres disciplines (physique, technologie…) et de nombreuses activités ou professions. Il participe aussi à appréhender diverses représentations du monde ou de l'art.

D'autre part, l'enseignement de la géométrie construit des savoirs qui lui sont propres : les propriétés des objets mathématiques du plan et de l'espace ainsi que les relations géométriques qui les caractérisent. De plus, la géométrie contribue au développement du raisonnement (émettre des hypothèses, effectuer des déductions…)

PLUSIEURS TYPES DE GÉOMÉTRIE À L'ÉCOLE

L'enseignement de la géométrie recouvre, au cours de la scolarité, plusieurs approches[5].

Une approche concrète de l'espace

Les problèmes sont résolus directement par des actions sur les objets physiques comme au début de l'école primaire. Par exemple, pour délimiter un terrain dans la cour ou le préau en réalisant un alignement de plots, les élèves utilisent diverses procédures comme la visée ou du fil tendu, voire des « pas », puis vérifient que les dimensions et la forme sont compatibles avec ce qui était recherché. Ou, en maternelle, produire un assemblage de pièces géométriques conforme à un modèle[6] ou réaliser un puzzle de solides « géométriques ». Dans ces différentes activités l'élève ne fait pas que « manipuler » des objets, au sens où il agirait sans réflexion ; au contraire l'anticipation des emplacements conduit l'élève à élaborer des procédures et à en évaluer les effets. Celles-ci ne sont, en général, pas exprimées oralement et, pour qu'il y ait un apprentissage conscient de la part de l'élève, il est nécessaire que l'activité leur permette non seulement de prévoir l'action avant de la réaliser mais aussi d'expliquer pourquoi il pense que sa solution est correcte ou non avant de vérifier. Afin qu'il puisse ainsi améliorer ou remettre en cause ses procédures.

Dans de nombreuses situations, en particulier au CE2, une première phase relève de ce type de géométrie ; par exemple l'élève doit reconstituer un puzzle en retournant des pièces bicolores pour appréhender que certaines pièces occupent la même position qu'elles soient placées à l'endroit ou à l'envers. Cette phase permet à l'élève de constater que toutes les pièces ne partagent pas cette propriété. Dans la phase suivante, les élèves ne pourront plus agir sur de telles pièces : ils pourront ainsi affiner leur analyse des figures et accèderont à un autre type de géométrie.

Une géométrie associée à des représentations graphiques

La représentation de figures sur papier ou avec des logiciels de géométrie (domaine spatio-graphique). Il s'agit alors de résoudre le problème proposé au moyen de l'analyse des figures et du recours aux instruments. Dans la première phase de la plupart des situations du CM1, un contexte connu par les élèves est simplement évoqué, par exemple l'écart constant entre les rails dans SUR LA TRACE DES ROUES (p. 119), mais la résolution s'effectue au moyen d'une prise d'information sur une figure suivie d'un tracé. La résolution peut s'effectuer au moyen de tracés, et la validation des productions et des procédures fait appel à des propriétés géométriques.

Une géométrie « théorique »

Elle traite d'énoncés mathématiques où la source de la validation est la déduction logique, qui sera étudiée au collège, mais dont les prémices sont abordées au CM2, comme dans la situation TRIANGLES, QUADRILATÈRES ET ANGLES DROITS (p. 145) où les élèves ont à déterminer si un triangle peut avoir deux angles droits ou un quadrilatère trois angles droits.

Ces géométries diffèrent donc par :

- ✔ leurs objets : matériels, spatio-graphiques, ou énoncés ;
- ✔ leurs procédures de résolution : par la réalisation effective d'actions sur des objets, par des tracés instrumentés, par les déductions ;
- ✔ la façon d'établir la validité des résultats : par la validation pratique (superposer les formes produites…), par la vérification de la conformité des tracés et le recours à des propriétés connues, par la seule validité des raisonnements fondés sur des théorèmes.

---

4. Cf. Laborde C., « L'enseignement de la géométrie », *Recherches en didactique des mathématiques*, vol. 9/3, La pensée sauvage, Grenoble (1989)
5. Cf. Houdement C. et Kuzniak A., « Réflexions sur l'enseignement de la géométrie pour la formation des maitres », *Grand N*, IREM de Grenoble (1998), vol. 64, p. 65-78
6. Cf. « L'apport des jeux aux apprentissages géométriques », ERMEL Maternelle GS (Hatier, 2023) p. 163

Les apprentissages spatio-géométriques

QUELQUES CONSTATS

Les connaissances spatiales sont développées dans différentes activités à l'école, en relation avec les mathématiques et d'autres domaines d'apprentissages, mais aussi dans des contextes familiers.
Les unes contribuent à une meilleure appréhension de l'espace dans la vie quotidienne ; ce sont des connaissances sociales utiles à l'enfant (et à l'adulte) : identification d'une position, description d'un trajet, utilisation d'un plan… Elles ne constitueront pas des objets d'étude propres aux mathématiques dans la suite de la scolarité. Les activités portant sur le repérage dans le thème 1 développent des connaissances mathématiques nécessaires à leur acquisition. Les autres (par exemple : reconnaitre si une pièce en bois est carrée ou non) sont des connaissances spatiales, mais qui vont entrer en interaction avec les apprentissages en géométrie avec par exemple l'effet des expérimentations que les élèves ont pu mener auparavant sur des apprentissages géométriques : effet d'un (ou de plusieurs) demi-tour(s)…
Ces connaissances spatiales peuvent concerner différents types d'espaces.

DIFFÉRENTS TYPES D'ESPACES

À l'école primaire, les problèmes géométriques peuvent être posés dans différents types d'espace ou d'activités relevant de la géométrie pouvant se situer dans trois « tailles » d'espace ; celles-ci étant déterminées par ce que voit l'élève et par son insertion ou non dans le dispositif[7] :

- ✔ le micro-espace, dans lequel l'élève est extérieur à cet espace (cf. les activités sur feuille) ; il a la vue complète de l'espace de travail et se situe à l'extérieur de celui-ci, par exemple des tracés géométriques sur une feuille.
- ✔ le méso-espace, celui des actions et déplacements du sujet dans un domaine contrôlé par la vue. L'élève peut agir sur les objets de l'espace, mais pour le faire sur tous, il doit changer de place. (cf. POSITIONS ET PLAN p. 16 ou phase 1 d'ŒILSURTOUT p. 25)
- ✔ le macro-espace, accessible localement par l'élève, mais qu'il ne voit pas dans son ensemble, et pour lequel il a besoin d'un système de repères (cf. Accompagnements, thème 1 et d'autres activités aux objectifs pluridisciplinaires telles que l'orientation).

Certaines des situations proposées dans cette publication associent plusieurs types d'espace, notamment dans le thème 1, pour élaborer le plan d'un dispositif matériel ou pour appréhender un alignement.

LE REPÉRAGE

Les enjeux de la relation entre les apprentissages spatiaux et les activités de repérage sont développés dans les Éclairages du thème 1 (p. 43). Nous rappelons ici les grandes lignes et l'évolution des connaissances.

Les connaissances initiales

Dès la GS, les élèves se « débrouillent » pour réussir ces tâches dans des espaces familiers : ils identifient différents lieux, utilisent des repères locaux qu'ils ont mémorisés, ils effectuent ou représentent des parcours. Toutefois, dès que l'espace concerné ne leur est plus familier, par exemple une autre salle que celle de la classe, les informations que fournissent les élèves sur les positions ou les trajets sont souvent imprécises ou lacunaires. De plus, pour indiquer une direction ou la position d'objets entre eux, les élèves associent des gestes, parfois ambigus, à leurs mots. Dans la plupart de ces occasions, le repérage exprimé par l'élève ne prend pas en compte le fait que la future position de son interlocuteur pourrait être différente de la sienne. Un des enjeux des apprentissages, poursuivis au CP et une des conditions de leur mise en œuvre, va donc être de bloquer ce type de communication en partie non verbale, en partie liée à la vision de l'énonciateur pour passer au repérage d'une position fondé sur une description des lieux indépendante de la position des observateurs. Par ailleurs, les déplacements sur des plans ont été travaillés au CE1.

Les apprentissages visés

Aussi, ces constats nous conduisent à proposer des situations d'apprentissage qui permettent à l'élève de :

- ✔ se décentrer de son point de vue ; et de prendre conscience de la nécessité d'orienter un plan de façon objective, non liée à la position de l'observateur.
- ✔ appréhender l'efficacité d'un système de coordonnées.

Ces apprentissages s'appuient sur des situations de communication ; pour leur résolution, les élèves doivent produire des messages non ambigus pour un autre élève. Ils doivent aussi émettre des hypothèses, les invalider éventuellement par des déductions, notamment lors des mises en commun. Dans toutes les situations, le langage permet la justification des solutions et la formulation de critiques, et donc de lever des ambiguïtés liées à la polysémie de certains termes, et plus largement d'éliminer des imprécisions des formulations des élèves. Les mises en commun fournissent l'occasion d'expliciter ces ambiguïtés.

7. Cf. Berthelot R. et Salin M.-H. « L'enseignement de la géométrie à l'école primaire », *Grand N*, 1993, vol. 53, p. 39-56

Les connaissances initiales des élèves

Les connaissances des élèves, celles qu'ils vont mobiliser au début d'un apprentissage ne se réduisent pas aux définitions qu'ils énoncent quand elles leur sont demandées. Elles sont composées des procédures déjà employées, des propriétés explicites ou implicites (les « théorèmes en acte » mis en œuvre mais pas encore formulés), associés à leurs actions, des formulations, des représentations, de leur usage des instruments…

L'analyse de ces connaissances est nécessaire pour déterminer le type d'évolution souhaitée : s'agit-il d'étendre à de nouveaux contextes des connaissances déjà présentes ? d'en renforcer la maitrise ? ou de mettre en évidence les limites de certaines conceptions pouvant faire obstacle à l'acquisition d'un savoir ?

Malgré des actions sur des objets depuis la maternelle, ces connaissances peuvent être lacunaires : certains élèves par exemple n'ont pas identifié que les angles d'un rectangle sont tous égaux, ou ils ne pensent pas à retourner une pièce pour réaliser un emboitement, ou à placer une forme dans une position différente pour l'identifier correctement.

L'ANALYSE DES CONNAISSANCES

Dans le domaine numérique, la connaissance de la numération écrite est sollicitée pour l'apprentissage des techniques opératoires, de la proportionnalité, des fractions… Les calculs deviennent peu à peu autonomes lors de l'année de CE1. De plus, de nombreux travaux en psychologie ou en didactique ont analysé les connaissances initiales des élèves. Ils apportent des informations indispensables pour élaborer des dispositifs d'enseignement désireux de les prendre en compte. L'origine des difficultés d'un élève en CE2 ou CM peut être analysée et des propositions pour y remédier peuvent être envisagées.

En géométrie, les connaissances semblent plus spécifiques à chaque thème : ce qui relève des tracés diffère de ce qui relève du repérage. Les travaux en didactique ou en psychologie sont moins abondants dans ce domaine. Or, depuis l'école maternelle, en fonction des apprentissages proposés ou des actions sur les objets familiers. les élèves ont acquis une expérience des objets géométriques. Ils ont élaboré des procédures pour construire des assemblages de formes ou de solides, produire des empreintes, réaliser des puzzles, comparer des formes…. Au CP et au CE1 ils ont acquis des techniques, explicité les résultats de leurs actions et ont assimilé des propriétés.

Comme dans le domaine des nombres et du calcul, ces connaissances sont issues des apprentissages des années antérieures mais aussi liées à leurs actions sur des objets familiers. Selon les élèves et leurs pratiques, certaines de ces connaissances géométriques sont contextualisées, associées à un objet particulier, ou portent sur une information locale De plus, elles sont souvent implicites ; il y a des traces des productions mais peu des procédures. Pour identifier celles-ci il faut souvent un discours de l'élève sur ses actions ; c'est le rôle des mises en commun de permettre une prise de conscience des erreurs ou des améliorations des productions.

DES CONNAISSANCES SUR LES OBJETS

Les élèves ont des connaissances sur les objets de leur environnement, que ce soient des objets matériels avec leurs aspects physiques (taille, position, couleur, matériau, fonction), ou leurs représentations.

Les objets matériels de l'espace et du plan sont appréhendés par la vue et le toucher. Pour les objets non graphiques, l'élève agit de différentes façons :

- ✔ il les superpose pour les comparer ;
- ✔ il les juxtapose bord à bord pour les assembler ;
- ✔ il les place et les ajuste pour les emboiter ;
- ✔ il les déplace, les fait pivoter, les retourne ;
- ✔ etc.

Les connaissances issues de ces actions

Elles concernent :

1 La « forme »

Cette identification aboutit aux désignations des grandes catégories de « formes » – qui restent souvent incertaines (« *c'est un triangle* », « *c'est carré* »), ou d'une propriété (« *c'est rond* »).

2 L'espace occupé

Avec différentes façons de l'exprimer (« c'est haut » ; « c'est gros » ; « c'est large »…)

3 Un type de déplacement de l'objet

« ça roule », pour un cercle, une ellipse, un disque ou un cylindre.

4 La « régularité »

C'est une perception esthétique attribuée à une forme, comme le parallélogramme qui présente une symétrie centrale, et qui est parfois interprétée par certains élèves comme étant la présence d'un axe de symétrie.

5 La planéité
C'est un critère que l'on retrouve en application aux polyèdres par rapport aux autres solides (un cylindre, par exemple).

6 L'invariance par translation, rotation, retournement
Un carré, après avoir été simplement retourné, ou après avoir fait un quart de tour, apparait identique.

7 L'invariance par symétrie
L'élève peut faire la recherche de la partie symétrique d'un objet ou identifier des anomalies (éléments non symétriques entre deux parties). L'axe est en général orienté verticalement par les élèves, aussi nous veillons à ne pas indure cette orientation par la disposition des figures proposées sur leur support (supports arrondis ou irréguliers).

L'élève peut aussi faire la recherche d'axe de symétrie d'un objet : il n'est pas matérialisé et doit être retrouvé et tracé, en tant que pli d'une feuille (cf. PLIAGE ET SYMÉTRIE[8]). La symétrie en tant que transformation (ponctuelle du moins) sera abordée.

8 La réversibilité
La découverte de la différence entre « tourner » et « retourner » est une acquisition du début de l'école élémentaire (cf. PAREIL, PAS PAREIL (1) ?)

9 La superposabilité
Elle peut concerner des objets 2D, ou des objets et leur représentation sur papier ou sur calque.

L'IMPORTANCE DES GESTES

Les gestes auxquels nous nous intéressons sont ceux utilisés pour résoudre des problèmes, et dont l'élève peut constater la réussite ou l'échec. Ils s'appliquent depuis la maternelle à des objets de même type : formes polygonales planes, solides polyédriques, qui peuvent avoir des apparences diverses. Ces gestes tels que « faire glisser », « tourner », « retourner » sont communs à plusieurs activités. Les élèves les utilisent pour réussir à juxtaposer, à emboiter, à ajuster les positions relatives de deux ou plusieurs objets, à les comparer ou à les assembler. Nous les distinguons des gestes pour communiquer évoqués dans certaines chroniques, ou de ceux avec des instruments…

Les gestes comme procédures

Dans leur aspect cognitif les gestes révèlent une intentionnalité : « Le geste – ou l'action (enchainement de gestes) se définit non par les mouvements qui sont effectués mais par l'intention de son auteur qui en décide l'exécution en fonction de son but, de sa finalité. Il s'en représente les effets (sur son environnement, sur l'autre, sur lui) et en contrôle la réalisation. (…) Tout geste comporte en effet deux composantes, l'une motrice et l'autre cognitive. Les aspects cognitifs du geste comprennent tous les aspects préparatoires de l'action. Mais souvent seule l'intention d'agir est consciente : le sujet connait et se représente le résultat, les effets de son acte… À ce stade la représentation ne contient pas de détail sur la façon précise d'exécuter les mouvements de chaque séquence. »[9]

Les gestes ont une fonction heuristique, une exploration des possibilités : par exemple, tourner une forme pour prendre de l'information sur ses caractéristiques. Ils constituent des procédures de résolution ou interviennent comme procédures de contrôle. Leur usage est parfois dépourvu d'autres verbalisations spontanées qu'un bilan du type *« ça ne va pas »*. Ils sont aussi fugaces et ne laissent pas toujours de trace en mémoire, l'élève peut donc avoir du mal à les restituer. Ils constituent une part importante de l'activité mathématique de l'élève.

La connaissance des propriétés des objets du plan ou de l'espace ne s'acquiert pas par leur simple observation, accompagnée de leur description, mais par le questionnement de l'élève concernant ses actions sur ces objets. L'explicitation des actions qu'il a entreprises, des buts qu'il visait et la remise en cause de l'efficacité de ses gestes contribue à faire prendre conscience à l'élève des caractéristiques propres des objets. C'est le rôle des mises en commun de permettre, par l'analyse des productions, cette explicitation des méthodes.

Progressivement les gestes, associés depuis l'enfance à des images mentales dynamiques, qui peuvent servir au CE2 à l'appropriation des contraintes du problème, ne vont plus porter sur des objets, ceux-ci n'étant plus utilisables que dans les vérifications pratiques qui suivent éventuellement certaines mises en commun. Bien entendu, ces gestes pourront toujours accompagner les déplacements d'objets « virtuels », ou un échange.

UN EXEMPLE DE PROGRESSION

Pour illustrer une évolution possible des connaissances spatio-géométriques, le tableau suivant présente l'ensemble des problèmes et des notions que nous proposons de la GS au CE1.[10]

8. Cf. ERMEL Géométrie CP-CE1 (Hatier, 2020), p. 126
9. Cf. Mazeau M. et Pouhet A., *Neuropsychologie et troubles des apprentissages chez l'enfant*, Elsevier-Masson (2014), p. 114-115
10. Cf. ERMEL Maternelle GS « Apprentissages des nombres et de la géométrie » (Hatier, 2023) et ERMEL Géométrie CP-CE1 (Hatier, 2020)

Tableau récapitulatif des situations proposées dans ERMEL GS et ERMEL CP-CE1

Situation	Thème	Niveau / Période	Problème	Notions abordées
DIS-MOI OÙ	Repérages	GS / 1	Retrouver un objet dans une salle. Formuler un message pour un élève.	Vocabulaire précis de localisation.
TRACES	Objets de l'espace et du plan	GS / 2	Trouver un solide à partir de ses faces. Trouver toutes les traces de ses faces.	Faces d'un solide. Associer une face.
LES PAPILLONS	Objets du plan	GS / 2	Identifier les deux ailes d'un papillon.	Régularités d'une figure (Symétrie).
PLACER LE JETON	Repérages	GS / 3	Repérer et formuler une position sur une grille ; énumérer des positions.	Lignes, colonnes, dénombrement de cases. Construction d'un parcours.
TROUVER LE SOLIDE	Objets de l'espace et du plan	GS / 4	Faire identifier un solide par mime, après l'avoir touché sans le voir.	Propriétés caractéristiques du solide (forme des faces).
LES FLEURS	Objets de l'espace et du plan	GS / 5	Identifier le cœur d'une fleur ; le faire trouver par un message.	Passage d'une reconnaissance globale à une analyse de la figure.
C'EST MOI LE CHAT	Repérages	GS / 5	Trouver sa position à partir d'informations sur celles des voisins.	Vocabulaire « à ma gauche »... Déductions spatiales.
OBJETS CACHÉS	Repérages	CP / 1	Identifier un emplacement, le décrire.	Vocabulaire précis de localisation. Imaginer la vision d'une autre place.
EMPREINTES	Objets de l'espace	CP / 1	Trouver toutes les faces d'un solide.	Ensemble des faces d'un solide carrés, rectangles trapèze.
IDENTIFIER UN SOLIDE	Objets de l'espace	CP / 2	Faire identifier un polyèdre par mime, après l'avoir touché sans le voir.	Sommet – face – côté. Pyramides, prismes...
RAYURES	Tracé de traits droits	CP / 2 et CE1 / 2	Prolonger un dessin où sont amorcées des lignes parallèles.	Propriétés d'un trait droit. Technique de tracés de traits droits.
FORMES EMPILÉES	Tracé de traits droits	CP / 3	Représenter un empilement dont seul le contour est dessiné.	Traduction de l'ordre d'un empilement. Tracés de traits droits.
IDENTIFIER UNE FORME	Objets du plan	CP / 3	Caractériser une forme par ses côtés.	Côtés droits ; nombre de côtés. Triangle, carré, rectangle ; trapèze.
CARRÉ ET QUASI CARRÉS	Objets du plan	CP / 4 et CE1 / 4	Distinguer le carré des quadrilatères proches. Tracer des angles droits.	Propriétés du carré, du rectangle du losange. Tracer des angles droits.
ÉTOILE	Tracé de traits droits	CP / 5 et CE1 / 1	Reproduire une étoile.	Analyse d'une figure pour produire son tracé.
OÙ EST MA PLACE ?	Repérages	CP / 5 CE1 / 3	Identifier une position à partir d'une vidéo d'un trajet (CP) ; d'une vue à 360° (CE1).	Association d'un trajet à un plan (CP). Localisation sur un plan (CE1).
PLIAGE ET SYMÉTRIE	Objets du plan	CE1 / 1	Identifier des figures symétriques par le tracé des axes.	Figure symétrique. Axe de symétrie.
RECTANGLES CASSÉS	Objets du plan	CE1 / 2	Déterminer si un rectangle découpé et en partie caché a bien été reconstitué.	Alignement de traits. Utilisation d'instruments.
CUBE ET QUASI-CUBES	Objets de l'espace	CE1 / 3	Distinguer le cube de solides proches.	Propriétés du cube. Cube, carré, rectangle.
FIGURES COURBES	Objets du plan	CE1 / 4	Distinguer les composantes d'une figure.	Cercle comme figure à courbure constante. Précision d'un tracé.
LA MAISON	Repérages	CE1 / 5	Mémoriser la disposition d'une maison ou d'une classe virtuelle.	Le plan comme outil performant pour mémoriser l'espace.
EMBALLER UN SOLIDE	Objets 3D	CE1 / 5	Associer des faces à un solide.	Enveloppe d'un solide. Cube, pavé droit, prime droit.

L'enseignement de la géométrie

Des constats

L'enseignement de la géométrie voit parfois se succéder des sujets isolés (« le cube », « le rectangle ») ou malencontreusement associés (« les droites perpendiculaires » et « les droites parallèles »). Les enseignants regrettent souvent l'insuffisance de problèmes qui leur permettraient de développer les potentialités de leurs élèves. Alors que dans le champ numérique de nombreux travaux ont permis une analyse de ces potentialités, celles-ci, en particulier issues des pratiques spatiales des élèves restent peu exploitées.

Dans certaines pratiques, on peut s'interroger sur l'activité mathématique réelle de l'élève. Citons par exemple :

- ✔ Une focalisation sur la simple énonciation de propriétés mathématiques à partir de la description des objets. Le critère de l'apprentissage est alors l'utilisation d'un vocabulaire plus que la découverte de propriétés ; l'environnement spatial n'est évoqué que pour illustrer la notion mathématique (par exemple les lignes parallèles tracées sur le tableau ou formées par un carrelage) à partir de laquelle l'élève est invité à en généraliser les caractéristiques. Les associations exclusives qui ont pu se former dans son esprit, entre lignes parallèles et lignes verticales ou horizontales par exemple, ne sont pas remises en causes.
- ✔ Des classifications trop précoces fondées sur des ressemblances quelquefois à partir de consignes telles que *« Mettez ensemble ce qui va ensemble. »* Ces comparaisons où les élèves se demandent souvent *« Qu'est-ce que je dois faire ? »*, ne traitent pas les confusions issues de leurs connaissances spatiales. En effet, souvent les critères n'ont pas été élaborés par les élèves et donc la dénomination des objets est peu stable. L'enseignant est obligé de trancher alors qu'une situation de communication leur aurait permis de percevoir leurs imprécisions.
- ✔ Un recours trop fréquent à l'ostention (citer les propriétés qu'on voudrait que l'élève découvre), liée à l'absence de problèmes pour apprendre, l'enseignant étant conduit à définir des termes (*« ces points sont alignés »*).

Des questions

Plusieurs questions se posent :

- ✔ Comment prendre en compte, avec leurs potentialités et leurs limites, les connaissances dont disposent les élèves sur des objets familiers, issues de leurs expériences quotidiennes ou des activités menées depuis la maternelle ?
- ✔ Quelle unité entre les différentes notions qui constituent les savoirs géométriques, portant sur des solides, des figures, des techniques et des raisonnements ? Quelles articulations entre des actions sur des objets de l'espace ou du plan, les relations, les tracés et l'analyse de figures ?

Ces constats et questions ont été à l'origine des recherches que nous avons conduites tant pour les apprentissages géométriques de la GS au CE1[11] que pour ceux du CE2 au CM2[12].

Des perspectives

Les apprentissages géométriques que nous proposons dès la GS et au CP ont conduit les élèves à prendre conscience des limites de la perception et à développer des raisonnements fondés sur des propriétés géométriques. Ils se sont poursuivis au CE1 par l'apprentissage des tracés, non pas simplement pour représenter des objets, mais pour résoudre de nouveaux problèmes.

Les élèves ont des connaissances sur les objets de leur environnement, que ce soit des objets matériels avec leurs aspects physiques (taille, matière…), ou leurs représentations. Une des caractéristiques des apprentissages géométriques du CE2 au CM2 concerne donc, la multiplicité de ces connaissances : des solutions pratiques efficaces ne s'accompagnent pas toujours d'un discours explicite et peuvent rester très liées à un contexte là où l'apprentissage mathématique vise progressivement des justifications rationnelles et universelles. En effet, pour qu'il y ait un apprentissage il est nécessaire que l'élève puisse prévoir l'action et non la réaliser comme il le fait usuellement. Il doit pouvoir expliquer pourquoi il pense que sa solution est correcte ou non et faire évoluer ses procédures.

Notre ambition est de fournir aux enseignants des outils d'analyse qui leur permettent de prendre en compte l'état des connaissances de leurs élèves, ainsi que les choix d'enseignement sur les connaissances nouvelles.

Toute proposition de progression nécessite des justifications. Dans l'histoire récente de l'enseignement des mathématiques à l'école primaire, il y en a eu plusieurs, fondées parfois sur des théories abandonnées quelques années après, même si l'enseignement de la géométrie, du moins au primaire a été moins atteint qu'au secondaire ou que dans le domaine numérique.

Pour justifier nos choix, nous évitons de recourir à des principes généraux, parfois non définis, comme « donner du sens » par exemple, qui peuvent être interprétés de façon variable, ou à des théories globalisantes sur les apprentissages.

---

11. Cf. ERMEL Maternelle GS « Apprentissages des nombres et de la géométrie » (Hatier, 2023) et ERMEL Géométrie CP-CE1 (Hatier, 2020)
12. Cf. ERMEL « Apprentissages géométriques et résolution de problèmes du CE2 au CM2 » (Hatier, 2006)

Pourquoi proposer des problèmes ?

Au-delà des spécificités propres à chaque apprentissage, il existe une même finalité entre les problèmes proposés dans les situations des trois thèmes de cette publication : permettre aux élèves de passer à des savoirs géométriques, en s'appuyant sur l'élaboration de raisonnements fondés sur des propriétés, elles-mêmes en construction. Une des fonctions de nos expérimentations a été d'appréhender, grâce à la résolution de ces problèmes, les connaissances initiales des élèves pour chacun des apprentissages afin de pouvoir l'expliciter pour les enseignants.

Développer le regard sur les élèves

Des enseignants savent bien que les élèves sont capables d'autre chose que ce qu'ils font habituellement en géométrie. Le descriptif des situations permet aussi à l'enseignant de mieux identifier les potentialités des élèves. Sans cette connaissance il lui est difficile de permettre aux élèves de contrôler par eux-mêmes leurs productions. En effet dans ces problèmes l'activité mathématique de l'élève ne comporte pas seulement l'élaboration d'une solution, mais aussi sa validation, qui suppose l'émergence et la formulation de critères de jugements.

Mettre en place un contrat didactique approprié

Progressivement, ces situations contribuent à aider l'élève à prendre confiance dans ses propres capacités, d'élaborer ses solutions, de les analyser et de formuler des critiques sur ses productions et celles de ses camarades. Un « contrat didactique »[13] favorable se met en place ; il porte sur la représentation que l'élève a des attentes de l'enseignant.

Or cette représentation ne se construit pas chez l'élève par ce que dit l'enseignant, mais par ce qu'il valorise ou interdit. Dire que chacun peut choisir sa méthode, mais ne traiter ensuite que des productions correctes, serait par exemple contradictoire.

À plus long terme, c'est la représentation même que l'élève se forge de la géométrie qui est en jeu. Le contrat n'est pas le même pour toutes les activités : dans certaines activités d'entrainement, le contrat sera de s'exercer à obtenir plus efficacement un résultat ; dans les problèmes, l'élève sait qu'il peut élaborer sa méthode, choisir un instrument, faire des essais, mais que c'est à lui de vérifier si sa production est conforme à ce qui lui était demandé.

Permettre une diversité d'objectifs d'apprentissage...

1. Mettre en évidence une conception erronée : par exemple confusion entre régularité d'une figure comme le parallélogramme, et l'existence d'un axe de symétrie.
2. Découvrir de nouvelles procédures.
3. Acquérir des connaissances « techniques » : maitriser certains gestes de tracés, utiliser des instruments.
4. Expliciter les productions par un langage approprié.
5. Acquérir des connaissances sur des objets mathématiques.
6. Développer des capacités méthodologiques : faire des essais, émettre des hypothèses, réguler son action ; certaines situations comme FAISCEAUX DE TRAITS p. 34 supposent une « planification » de l'action de la part des élèves.
7. Élaborer des raisonnements géométriques.
8. Appréhender progressivement des critères pour valider une solution en géométrie

... par une diversité de types de problèmes

Sans en dresser une liste exhaustive, les principaux problèmes proposés conduisent les élèves à :

- ✔ analyser ou comparer des figures ou solides ;
- ✔ associer un solide et ses faces ;
- ✔ identifier des figures correspondant à une propriété (réversibilité, symétrie...) ;
- ✔ produire ou reproduire des tracés de lignes droites (parallèles, perpendiculaires, ...) ;
- ✔ produire un plan ou se repérer dans un plan ;
- ✔ construire ou reconstruire des figures ou des solides ;
- ✔ recourir à des tracés intermédiaires ou à des schémas pour produire un solide ou une figure ;
- ✔ rechercher l'ensemble des figures répondant à une condition ;
- ✔ produire des informations pour identifier une position, une figure ou un solide ;
- ✔ formuler un jugement pour établir si une conjecture est vraie ou fausse ;
- ✔ prouver l'impossibilité d'une construction.

13. Cf. Brousseau G. « Le contrat didactique : le milieu », *Recherches en didactique des mathématiques*, vol. 9/3, La pensée sauvage, Grenoble (1989), p. 309-336

La structuration de nos progressions

Ainsi que nous l'avons vu, lors de l'étude des différents thèmes, les connaissances des élèves relatives à une notion ne se limitent pas à l'énoncé de propriétés explicites. En prenant appui sur les travaux de Gérard Vergnaud, les connaissances associées à une notion sont aussi constituées par :

1. L'ensemble des problèmes qu'elle permet de résoudre.
2. Les procédures de résolution et en particulier celles que l'élève produit dans cette diversité de problèmes et dont il connait les effets (théorèmes en acte), sans toutefois pouvoir toujours les expliciter.
3. Les systèmes de représentation langagiers ou non (schémas, dessins, figures…) associés à la notion.
4. Les systèmes de contrôle qui permettent à l'élève d'établir la validité de ses productions.

L'ensemble de ces composantes, significations associées aux problèmes proposés, manipulations d'objet, techniques de tracé, vérification pratique ou raisonnements sur des propriétés, évolue au cours des trois années comme nous le précisons dans chacun des chapitres de cet ouvrage.

LE LONG TERME DANS LES APPRENTISSAGES

Les progressions proposées associent les relations entre les significations spatiales que les élèves ont pu rencontrer et les propriétés géométriques qui sont explicitées dans les différents thèmes de cet ouvrage.

Prenons l'exemple du parallélisme de deux droites, celui-ci peut être perçu comme deux droites ayant la même direction, ou conservant le même écart, ou ayant une perpendiculaire commune. Nous avons vu, que préalablement à l'étude de ces propriétés, les élèves ont, de par leurs expériences spatiales et leur visualisation des figures une connaissance implicite du parallélisme. À ces expériences sont associés des procédures de résolution (gestes, recours à des instruments) et des représentations. Dans ce cas, le choix d'un ordre dans l'abord de ces significations va prendre en compte la construction progressive d'un savoir géométrique en ayant recours à des gestes instrumentés (translation de la règle), puis à la mesure des écarts et enfin aux propriétés des droites perpendiculaires.

Il serait illusoire d'imaginer que l'on puisse enseigner de façon efficace, dans un temps réduit, les différentes composantes de ces connaissances. L'appropriation de ces différents aspects supposant l'approfondissement et l'opérationnalité des notions de distance, de perpendicularité.

UNE DIALECTIQUE OUTIL-OBJET

Dans ces progressions, les connaissances et procédures sollicitées constituent dans un premier temps des outils – souvent implicites dans les phases de résolution de problèmes avant d'être analysés lors des mises en commun, puis reformulés dans les synthèses – qui deviennent, par la suite, des objets d'étude dans de nouvelles situations[14].

Face à un problème, qu'il ne sait donc pas résoudre à priori, un élève se pose des questions, fait des essais, des erreurs, revient en arrière… Il met en œuvre des connaissances anciennes comme « outils » pour engager une procédure de résolution d'une partie du problème au moins, mais le problème dans son ensemble peut « résister » : la procédure devient trop couteuse ou ne fonctionne pas. Les connaissances dont l'élève dispose peuvent être erronées, inadaptées, ou insuffisantes pour résoudre un problème qui a justement été conçu pour déclencher un nouvel apprentissage.

Le contrat didactique qui s'installe progressivement entre l'enseignant et les élèves – l'un a la charge de proposer des problèmes, l'autre de les résoudre – permet à l'élève de comprendre qu'« il lui faut trouver autre chose, un autre moyen de procéder », parfois en rupture avec ce qu'il a l'habitude d'employer.

Ces nouvelles connaissances sont formulées et identifiées. Elles peuvent être comprises comme étant liées à la situation, à l'élève lui-même (deux élèves peuvent ne pas les utiliser tout à fait de la même manière), elles peuvent être formulées de manière contextualisée, personnalisée et datée. De nouvelles situations sont alors proposées, tenant compte de ce qui a été « appris », contraignant les élèves à adapter ces connaissances par un changement de contexte par exemple et à leur donner un caractère moins personnel.

Dans cette mesure, une **institutionnalisation** de l'outil nouveau peut être conduite lors de la phase de synthèse. Ce temps a pour but l'officialisation de la connaissance : celle-ci acquiert un statut mathématique ; elle prend un caractère objet. Les connaissances nouvelles ayant acquis ce statut d'objet (plus proche du savoir), elles prennent

14. Cf. Douady R., « Un exemple d'ingénierie didactique où sont à l'œuvre jeux de cadres et dialectique outil-objet », *Publications mathématiques et informatiques de Rennes* n° 5 (1987), p. 1-17

leur place dans la famille des connaissances ancienne de l'élève. De plus, elles constituent des « outils » pour les nouvelles résolutions à venir.

Plusieurs situations sont ainsi nécessaires à un apprentissage allant jusqu'à son institutionnalisation. Ce qui justifie ce que nous avons décrit sur le long terme, l'apprentissage pouvant être réparti sur plusieurs niveaux de classes.

L'ORGANISATION DES SITUATIONS DIDACTIQUES

Pour que les problèmes proposés produisent l'évolution des connaissances attendues, l'activité de l'élève et les interventions de l'enseignant sont structurées sous forme de situations didactiques. Celles-ci sont composées en général de plusieurs phases, centrées chacune sur l'acquisition d'une des composantes du savoir ; la première d'entre elles permettant l'appropriation du problème, c'est-à-dire assurant à l'élève la compréhension du but à atteindre et des contraintes de la situation, afin de pouvoir le rendre autonome dans sa recherche.

La finalité des situations proposées est non seulement de développer des procédures, raisonnements, formulations chez les élèves, mais aussi de permettre à l'enseignant de les interpréter.

Le rôle des variables didactiques

L'évolution des procédures de résolution est rendue possible par les variables didactiques des situations qui rendent inefficaces les anciennes procédures, par exemple :

- ✔ l'impossibilité de recourir à des actions sur les objets dans les phases 2 des situations du CE2, pour rendre nécessaire le recours aux tracés ;
- ✔ l'interdiction de certains instruments ;
- ✔ le recours à des formes voisines ou à des solides voisins dans plusieurs situations des thèmes 2 et 3 pour rendre nécessaire l'emploi des critères de comparaison géométriques ;
- ✔ l'éloignement de l'objet recherché dans des situations de communication qui nécessite de passer par un message oral ou écrit ;
- ✔ l'absence d'information sur l'environnement des situations de repérage pour conduire l'élève à les produire.

OBJETS ET RELATIONS

Les différentes notions introduites avec l'étude des objets et des relations sont en interaction. La constitution de dispositif d'enseignement suppose d'expliciter la structuration de la progression.

Les situations portant sur l'apprentissage des relations géométriques sont directement identifiables dans nos plannings ; aussi le tableau de la page suivante récapitule, pour en faciliter l'approche, les principales situations abordant explicitement l'étude des objets géométriques.

Une évolution depuis le CP

Au CP et au CE1 les élèves sont passés d'une connaissance globale des formes, souvent fondée sur la perception ainsi que sur les expériences spatiales liées à leurs actions avec des objets plus ou moins familiers, à l'analyse des éléments qui les composent en développant des critères de comparaison des composantes (nombre et forme des faces ou nombre de côtés et égalités de longueurs, caractéristiques angulaires : « pointu ou non », rectitude ou courbure d'éléments de bords...). Ils ont aussi amorcé le tracé de figures.

À partir du CE1 et plus encore au CE2, les élèves sont entrés progressivement dans le domaine spatio-graphique, dont les objets ne sont plus des formes mais leur représentation graphique, progressivement dotée de propriétés.

Au CE2 la production de tracés comme procédures de résolution de problèmes conduisent les élèves à analyser les relations (perpendicularité, parallélisme, symétrie...) entre les composantes des figures et plus uniquement leurs caractéristiques perceptives comme celles citées plus haut.

Interaction entre la connaissance des figures et celle des relations

Les « objets » soumis aux élèves lors des situations sont très souvent sujets à comparaisons, soit globalement avec des objets « concurrents » (*« sont-ils pareils ou pas ? »*), soit par l'analyse des éléments qui les composent. Ces comparaisons engendrent l'explicitation d'éléments figuraux et langagiers qui s'avèrent traduire des relations. De sorte qu'un problème sur des objets amène à analyser les relations entre les éléments qui les composent, et certaines de ces relations introduisent de nouveaux objets. Cette évolution commune manifeste :

- ✔ un passage de critères perceptifs (formulés en des termes liés à la connaissance des objets du monde sensible) à des critères géométriques ;
- ✔ une évolution du vocabulaire due à la fois à la précision accrue de la pensée et à la nécessité de se faire comprendre.

Cela permet aussi à l'élève de développer l'exploration, de savoir s'arrêter, se poser, observer avec attention, produire d'autres essais, accepter les autres modèles...

Principales situations abordant un objet de l'espace ou du plan

OBJETS	SITUATIONS		
	CE2	CM1	CM2
Angle, secteur angulaire	AUX COINS CITOYENS !		UN POLYGONE ET SES ANGLES
Angle droit	RECTANGLE À TERMINER (1) CONSTRUIRE UN ANGLE DROIT	RECTANGLE À TERMINER (2)	TRIANGLES, QUADRILATÈRES ET ANGLES DROITS
Axe de symétrie		L'ATTRAPE (1)	L'ATTRAPE (2)
Cercle		PÉTANQUE	PAREIL, PAS PAREIL (2) LA ROTONDE
• *Corde*			LA ROTONDE
• *Demi-cercle*		TRACER PAREIL	
• *Quart de disque*	PAREIL PAS PAREIL (1) ?		
Distance		PÉTANQUE	COMBIEN DE POLYGONES ?
Formes réversibles		EMPREINTES	
Pli	TRAIT SUR TRAIT		
Point, point d'intersection			FAISCEAUX DE TRAITS
Polyèdre	TROUVER LE POLYÈDRE CONSTRUIRE UN SOLIDE		REPRÉSENTER UN SOLIDE
• *Arête*			REPRÉSENTER UN SOLIDE
• *Cube*		ASSEMBLONS LES FACES	
• *Face*		ASSEMBLONS LES FACES	
• *Figure (introduction)*		TRACER PAREIL	
• *Parallélépipède*	TROUVER LE POLYÈDRE		
• *Patron*		ASSEMBLONS LES FACES	BOUCHER LE TROU
• *Prisme*		TROUVER LE POLYÈDRE	
	CONSTRUIRE UN SOLIDE	ASSEMBLONS LES FACES	
• *Polycube*			POLYCUBES PAREILS
• *Pyramide*	ASSEMBLONS LES FACES	TROUVER LE POLYÈDRE REPRÉSENTER UN SOLIDE	
	CONSTRUIRE UN SOLIDE		
Polygones	PUZZLE		COMBIEN DE POLYGONES ?
• *Carré*	PAREIL, PAS PAREIL (1) ? TRACER PAREIL		PAREIL, PAS PAREIL (2) ?
• *Quadrilatère* • *Losange* • *Parallélogramme*			IDENTIFIER LA FIGURE RECHERCHE DE TOUS LES QUADRILATÈRES COMBIEN DE POLYGONES ? UN POLYGONE ET SES ANGLES
• *Rectangle*	RECTANGLE À TERMINER (1)	TRACER PAREIL RECTANGLE À TERMINER (2) CONSTRUIRE UN RECTANGLE	
• *Trapèze*		TRACER PAREIL	
• *Triangle, triangle isocèle*			COMBIEN DE POLYGONES ?
• *Triangle rectangle*		TRACER PAREIL	
Schéma			BOUCHER LE TROU REPRÉSENTER UN SOLIDE

Chaque ligne permet de suivre l'apprentissage sur le moyen terme du CE2 au CM.

Les relations géométriques

ALIGNEMENT ET RECTITUDE

L'apprentissage de l'alignement est abordé par des problèmes mettant en relation des points et des lignes droites. Il est présent dans les instructions officielles de l'école élémentaire depuis les programmes de 2002 ; cette relation apparaissant auparavant comme banale et très simple du point de vue mathématique.

À partir de l'école élémentaire, les élèves ont à tracer des traits droits, notamment comme éléments constitutifs de figures. Dans les usages courants, cet apprentissage porte essentiellement sur la technique de tracé. Or, avec la découverte progressive des propriétés de figures planes, qui sollicite l'identification de l'alignement de points, ces tracés ne sont plus simplement des représentations sur feuille d'objets étudiés auparavant. Ils vont être associés aux relations géométriques (un point est l'intersection de deux lignes droites) selon des critères mathématiques « en construction » et non plus selon des critères esthétiques ou de conformité à un modèle.

Le tracé de traits droits contribue ainsi à l'analyse des figures et à la compréhension des relations entre leurs éléments.

ANALYSE DU SAVOIR MATHÉMATIQUE

Les connaissances sur la ligne droite et son tracé peuvent être analysés sous différents aspects.

Les notions mathématiques

D'un point de vue théorique, une **droite** peut notamment être caractérisée comme étant :

- ce qui est invariant dans une transformation (les points sur l'axe dans une symétrie plane) ;
- une direction ;
- l'ensemble des points alignés avec deux points distincts ;
- l'ensemble des points équidistants de deux points distincts (la médiatrice) ;
- une intersection de plans non parallèles (dans l'espace à trois dimensions).

La notion de droite est un élément central d'autres notions telles que la symétrie axiale, la perpendicularité, le parallélisme....

Plusieurs de ces notions sont abordées dans les situations de cet ouvrage : la symétrie axiale (cf. Symétrie p. 228), l'alignement des points (situations ÉPINGLE SUR PLI, ŒILSURTOUT, FAISCEAUX DE TRAITS), la direction d'une ligne droite (cf. Parallélisme p. 226). D'autres, la médiatrice par exemple, seront abordés plus tard dans la scolarité.

Le **point** n'est pas un « objet théorique » mais une trace matérielle : l'endroit où on pique une épingle, une tache ronde sur une feuille de papier... c'est un objet de l'espace usuel ou du spatio-graphique. Il peut aussi être l'intersection de cercles ou de droites.

Le **segment** apparait le plus souvent comme une ligne rectiligne qui a deux extrémités. Cette notion n'est pas facile à appréhender, notamment à cause de la représentation des extrémités, qui sont indiquées sur le trait, comme surajoutées. L'approche du segment et de la droite, comme étant un ensemble de points alignés avec deux points donnés relève du collège. Cette définition est cependant utilisée en acte dans certaines situations comme PÉTANQUE.

Plusieurs relations sont associées aux notions de point, de segment, de droite, notamment :

- les relations d'incidence : un point appartient à une droite (ou la droite « passe » par le point) et deux droites sont sécantes en un point ;
- les relations d'ordre : un point peut être placé sur une droite dans, ou à l'extérieur, de l'intervalle entre deux points.

Les significations « spatiales » des notions

Les notions associées à la ligne droite (trait droit, alignement...) peuvent être appréhendées par l'élève du primaire à travers différentes significations induites par la perception ou l'expérience :

- un objet matériel, tel qu'un fil tendu, un objet (ou un bord d'objet) rectiligne, un rayon lumineux, un pli de feuille... voire des objets « composés » (un mètre de menuisier que l'on déplie, des baguettes mises bout à bout, etc.) ;
- une frontière entre deux régions planes de l'espace, comme les arêtes d'un polyèdre, ou entre deux régions du plan, comme des demi-plans ;
- un objet graphique : la trace produite sur feuille par un tracé avec la règle, ou à l'écran par l'outil « droite » d'un logiciel de géométrie dynamique ;
- la trajectoire d'un objet ponctuel animé d'un mouvement rectiligne (une bille, par exemple) ;
- un ensemble de points alignés (points alignés avec deux points).

Les difficultés des élèves pour transférer leurs connaissances spatiales sur l'alignement d'objets dans le monde qui les entoure à des tracés sur feuille de traits droits reliant des points est détaillé en page suivante « Quelle approche de la ligne droite privilégier ? »

Les types de problèmes possibles

L'apprentissage de l'alignement peut être le seul objectif des problèmes proposés, qui peuvent être de plusieurs types :

- ✔ des problèmes de « **reconnaissance** », qui amènent les élèves à identifier si des points sont alignés ;
- ✔ des problèmes de « **production** » d'un point aligné (ou non aligné) avec deux autres points ;
- ✔ des problèmes d'« **existence** », grâce auxquels les élèves déterminent s'il existe un point aligné avec deux points donnés ; ils peuvent aussi être des problèmes d'« **exhaustivité** », qui demandent de trouver des (ou tous les) points alignés avec deux points donnés ;
- ✔ des problèmes de « **conjonction** », qui mettent en jeu une double relation d'alignement (un point est-il aligné avec deux paires de points, elles-mêmes non alignées entre elles ?).

Ils peuvent conduire à la production ou au contrôle de point d'**intersection de deux droites**.

La relation d'alignement peut aussi intervenir dans des problèmes faisant travailler d'autres relations comme le parallélisme.

LES CONNAISSANCES INITIALES DES ÉLÈVES

Nous avons constaté que pour de nombreux élèves au CP-CE1 et même au début du CE2, le tracé sur feuille de lignes droites se limite à des traits de la longueur de l'instrument utilisé. Pour « prolonger un trait », certains produisent ensuite des tracés successifs de lignes brisées sans porter de jugement critique sur leurs productions.

Or, ce n'est pas parce que l'élève sait tracer un trait droit avec la règle qu'il sait l'utiliser pour représenter un côté d'une figure. Par exemple au CP, pour tracer une étoile à 5 branches[15], certains tracent des traits qui s'arrêtent à chaque intersection avec un côté déjà tracé plutôt que de relier directement deux sommets. L'enseignant repère ainsi que les élèves n'ont pas encore compris « comment prolonger un trait ».

QUELLE APPROCHE DE LA LIGNE DROITE PRIVILÉGIER ?

Les connaissances visées

Il n'est pas attendu de définir de façon formelle « la droite » comme un ensemble infini de points ou comme étant déterminé par deux points distincts. Toutefois cette dernière approche a été rencontrée lors de nos expérimentations lorsque des élèves ont eu à réfléchir à la question : « *Combien de points faut-il pour tracer une ligne droite ?* » ; leurs réponses et le débat qui a suivi leur a permis de distinguer deux aspects : deux points suffisent, mais souvent pour s'assurer de la qualité du tracé il est prudent d'en prendre un troisième (Cf. p 125). Au CE2, l'objectif est aussi de faire le lien entre la représentation graphique de la ligne droite et des expériences spatiales d'alignement.

Problématique générale

Plusieurs questions se posent pour établir des relations entre des objets physiques du monde sensible et les tracés :

- ✔ Faut-il aborder l'apprentissage à partir de l'un des aspects mathématiques, de l'une des significations spatiales ou d'un type de problème ?
- ✔ Suffit-il d'explorer plusieurs significations spatiales pour que l'élève s'en imprègne ?

En particulier, nous avons questionné les trois approches suivantes :

1. choisir une progression en se référant à des notions « théoriques » avec une définition de la droite (« ensemble infini de points alignés avec deux points distincts », « ligne de courbure nulle ») qui ne sera connue que bien des années plus tard.
2. se limiter à des observations d'objets ou de phénomènes du monde physique pour donner une « signification » au trait droit : cette approche permet d'appréhender un problème et de procéder en dernière instance à une validation pratique mais nécessite, pour que l'apprentissage soit efficace, que les conceptions erronées des élèves puissent être explicitées à partir de leurs solutions.
3. faire l'hypothèse que l'usage d'un vocabulaire mathématique suffit à porter les propriétés des figures concernées ?

Ces trois approches présentent la même faiblesse : elles ne prennent pas explicitement en compte les connaissances réellement développées par les élèves.

Deux approches possibles : alignement et rectitude

Plusieurs questions se posent dans les premières années de l'école élémentaire :

1. Faut-il d'abord introduire le recours aux tracés pour **représenter** sur feuille des situations familières, ou, des situations proposées précédemment dans la cour, nécessitant par exemple de produire des alignements d'objets ;
2. Ou permettre aux élèves d'appréhender d'abord les caractéristiques du tracé de traits droits : **pourquoi et comment le prolonger un trait ?** Ce qui relève de la rectitude du trait, les points ne jouant quasiment aucun rôle.

Des expérimentations au CP et au CE1

Lors de notre recherche sur les apprentissages géométriques et la résolution de problèmes de la Grande

15. Cf. ERMEL Géométrie CP-CE1 (Hatier, 2020), situation ÉTOILE p. 22

Section au CE1[16], nous avions envisagé d'abord la première approche : favoriser une appréhension de la ligne droite, par des problèmes spatiaux d'alignement d'objets dans la cour de l'école, résolus ensuite sur feuille où les différents objets étaient représentés.

Ces expérimentations au CP et CE1 et d'autres menées au début du CE2 nous ont montré que pour vérifier si plusieurs points sont alignés certains élèves produisent des lignes brisées sans percevoir en quoi leur solution est erronée ; ils n'ont pas perçu la différence entre le fait de tracer des traits successifs avec une règle et prolonger un trait droit.

De plus, de nombreux élèves rencontrent des difficultés pour résoudre sur feuille la modélisation d'une situation vécue dans le méso-espace, car ils doivent associer les symboles graphiques aux objets et surtout adapter leurs procédures de résolution, qui sont naturellement différentes sur papier (tracé de traits droits, formulation de jugements...) et dans la cour (visée, recours à des ficelles, déplacements...).

Le passage à la résolution sur feuille, qui nécessite d'effectuer des reports de la règle pour prolonger des traits, a échoué :

- beaucoup d'élèves ne savent pas utiliser la modélisation (la représentation d'objets physiques par des symboles) ;
- pour vérifier si plusieurs points sont alignés, certains élèves produisent des lignes brisées sans percevoir que leur solution est erronée ni chercher à contrôler leur production ; ils n'ont pas perçu la différence entre tracer des traits successifs avec une règle et prolonger un trait droit.

Le recours à la géométrie dynamique a permis aux élèves de passer d'eux-mêmes d'une image en trois dimensions de la situation vécue à une vue de dessus pour tracer des lignes droites avec le logiciel. Toutefois, nous n'avons pas constaté plus de réussite lorsque le problème était à nouveau proposé aux élèves sur papier avec crayon, ni juste après ni à plus long terme.

L'APPRENTISSAGE DE LA RECTITUDE

Nous avons donc constaté qu'il était utile de développer au CP et CE1 un apprentissage des finalités de la ligne droite (ce qu'elle peut représenter et les problèmes qu'elle permet de résoudre) et non pas exclusivement des techniques de tracé de traits droits.

Aussi, après des expérimentations pendant plusieurs années dans une vingtaine de classes, nous avons développé des situations permettant aux élèves d'appréhender des significations de la ligne droite, d'avoir recours d'eux-mêmes à des tracés à la règle et de développer un jugement sur leurs productions.

Il nous semblait d'autant plus important de proposer une progression que des enseignants peuvent être démunis face à des activités souvent centrées sur la reproduction de dessins, l'usage de la règle, ou simplement sur le fait de relier des points.

Une contribution à l'analyse des figures

Cet apprentissage de la rectitude contribue aussi au passage d'une vision globale de la figure à l'analyse de ses composantes, ce que l'on pourrait appeler « une entrée dans le spatio-graphique ».

Notre hypothèse est que l'analyse des figures est utile pour la résolution de problèmes géométriques dans la suite de la scolarité de l'élève. Cela suppose qu'il puisse déjà produire des tracés, comprendre ses erreurs, et appréhender les propriétés qu'il met implicitement en œuvre en les rectifiant. **Les connaissances sur les figures ne s'acquièrent pas simplement par l'observation ou la description.**

L'importance du vocabulaire utilisé

Dans le langage courant certains termes sont polysémiques : par exemple « droit » peut vouloir dire « non penché », « rectiligne », ou encore « tout droit » selon le contexte.

Aussi, une certaine prudence s'impose dans le vocabulaire géométrique employé. Plusieurs termes peuvent être employés dans ces situations : trait, traits droits ou penchés, ligne, ligne droite. Le seul terme que nous excluons est « droite » car son usage laisserait croire que l'élève sait ce qu'est une droite d'un point de vue mathématique, ce qui est erroné, ou « construit la notion de droite », ce qui serait pour le moins présomptueux.

Les apprentissages réalisés au CP et au CE1

Au CP et CE1[17], le tracé d'un trait droit, les conditions de son tracé peuvent permettre de :

- prolonger un réseau de traits rectilignes (ceux-ci étant parallèles dans la situation RAYURES) ;
- tracer une figure (dont les côtés se croisent dans la situation ÉTOILE) ;
- représenter une superposition de polygones (quadrilatères, triangles) et déterminer leur contour par des traits droits (situation FORMES EMPILÉES) ;
- déterminer si deux traits, partiellement masqués, sont dans le prolongement l'un de l'autre (situation RECTANGLES CASSÉS), ce qui suppose de les prolonger.

Lors de la réalisation des tâches, l'apprentissage porte sur la technique du tracé, notamment le report de la règle (par

16. Cf. ERMEL Maternelle GS « Apprentissages des nombres et de la géométrie » (Hatier, 2023) et ERMEL Géométrie CP-CE1 (Hatier, 2020)
17. Cf. ERMEL Géométrie CP-CE1 (Hatier, 2020), situations p. 14 ; 22 ; 28 et 37

exemple, en la plaçant sur une partie du trait antérieur) qui est rendu nécessaire pour que les élèves abandonnent le tracé de lignes brisées. Dans ce but, les élèves n'ont à disposition que des règles nettement plus courtes que les feuilles A4 ou A3 fournies.

Les mises en commun au CP et CE1 permettent l'explicitation des procédures ainsi que la prise de conscience des erreurs et contribue progressivement à la compréhension de la ligne droite et de ce qu'elle peut représenter.

La poursuite de cet apprentissage à partir du CE2

Deux situations sont proposées pour poursuivre l'apprentissage de la rectitude :

- ÉPINGLE SUR PLI, dans laquelle la ligne droite est réelle au départ (le pli) mais devient virtuelle dans la suite du problème.
- ŒILSURTOUT, dans laquelle la ligne droite est virtuelle dès le départ.

Dans les deux cas, la ligne droite se matérialise par l'utilisation d'instruments (d'où le lien entre la rectitude des instruments adéquats, et la rectitude des tracés qu'ils permettent).

Ces premières situations de tracé sont aussi l'occasion de rappeler aux élèves les critères suivants permettant de juger leurs solutions :

1. La justification par l'élève de sa réponse à la question posée dans le problème, par exemple dans ÉPINGLE SUR PLI (p. 20) : « pourquoi est-on sûr que l'épingle est bien placée ? ».
2. La rectitude du tracé de chacun des traits.
3. La précision des techniques de tracé garantissant sa qualité : positionnement de l'outil, méthode de report de la règle…

L'APPRENTISSAGE DE L'ALIGNEMENT

C'est aussi à partir du CE2 que nous abordons plus spécifiquement l'alignement[18] de points dans trois situations selon la progression suivante.

Placées en début d'année, les deux premières permettent aussi de stabiliser les techniques de tracé de traits droits.

Progression proposée

✔ **ÉPINGLE SUR PLI** (CE2, période 1)

Le problème proposé aborde la ligne droite comme étant un pli : un pli caché n'étant repérable que par deux épingles, placées à ses extrémités, une troisième épingle doit être placée sur ce pli.

Les élèves produisent et contrôlent des alignements d'abord sur une maquette en plaçant des épingles puis sur des représentations graphiques.

✔ **ŒILSURTOUT** (CM1, période 1)

Le problème proposé aborde la ligne droite comme la frontière entre deux zones : Quelle zone de l'espace peut-on surveiller selon sa position par rapport à un mur ?

Les élèves déterminent une ligne droite par deux points distincts et cherchent à aligner des points en plaçant réellement des objets à des positions qu'ils estiment valables dans une maquette puis directement sur des représentations graphiques.

✔ **FAISCEAUX DE TRAITS** (CM1, période 5)

Le problème proposé est la construction d'une figure et aborde ainsi plusieurs relations d'incidence : alignement de points, appartenance d'un point à une droite, intersection de droites ;

Les élèves doivent identifier et produire des alignements de points et sont amener à construire des tracés intermédiaires pour reproduire une figure.

Les situations du CM2 concernant les objets et relations du plan contribuent à l'appréhension de la ligne droite.

18. Les enjeux des apprentissages sur l'alignement ainsi que l'apport de chaque situation sont développés dans la rubrique « Éclairages » du thème 1 (p. 45) ; nous ne rappelons ici que les éléments essentiels

PERPENDICULARITÉ, ANGLE DROIT

ANALYSE DU SAVOIR MATHÉMATIQUE

Plusieurs notions mathématiques sont associées à la perpendicularité, notamment :

1. L'angle droit des figures planes.
2. Les droites perpendiculaires.
3. La symétrie axiale.
4. Le quart de tour (rotation).
5. La distance d'un point à une droite.
6. L'ensemble de points à égale distance de deux points (médiatrice d'un segment).

Elles concernent donc des objets (figures, angle droit, ensemble de points, etc.) ou des relations (rotation, perpendicularité, distance, etc.)

Certaines de ces notions sont accessibles à partir du CE2, comme les trois premières, d'autres relèvent davantage du collège comme les deux dernières.

LES CONNAISSANCES INITIALES

Des expériences

Depuis la maternelle, les élèves rencontrent l'angle droit comme une caractéristique de certaines formes. Ils perçoivent également la perpendicularité de lignes bien avant le CE2, dans l'espace sensible et dans les représentations graphiques usuelles. L'identification de l'angle droit s'appuie donc sur des expériences perceptives de l'espace sensible (le coin d'une table ou d'une pièce d'un jeu, deux plis sécants sur une feuille, etc.) ou psychomotrices (un changement de direction sur un chemin, un signe effectué avec deux doigts, etc.)

Des apprentissages antérieurs

Dès le CP, les élèves peuvent être conduits à s'intéresser aux angles droits, par exemple grâce à la situation CARRÉ ET QUASI-CARRÉS[19]. Dans cette situation, les élèves sont amenés à comparer des losanges et des carrés, trop voisins pour être distingués visuellement (longueurs des côtés identiques mais angles différents de quelques degrés) et à découvrir qu'il n'est pas possible de réaliser un pavage formé par trois carrés et un losange « quasi-carré » sans laisser un espace vide ou produire une superposition de formes. Au CE1, ils ont ensuite à compléter le tracé de carrés dont un des côtés était déjà tracé sur une feuille non quadrillée et détourée.

QUELLES SIGNIFICATIONS SPATIALES PRIVILÉGIER ?

Les notions 1 à 3 citées associent des connaissances liées aux expériences spatiales antérieures et l'acquisition des propriétés. Dans les situations que nous proposons, les élèves peuvent à la fois remettre en cause des conceptions lacunaires et vérifier par eux-mêmes la validité de leurs productions à partir des propriétés géométriques qu'ils maitrisent progressivement.

Nous avons aussi expérimenté des situations associées aux significations 4 à 6, mais en général, tous les élèves ne disposent pas des connaissances nécessaires pour aller au-delà de simples constats : le savoir n'est alors pas construit dans la situation mais au mieux formulé par quelques élèves (ou l'enseignant). En particulier la compréhension des significations 5 et 6 relève du collège.

Des conflits avec l'expérience : la distance d'un point à une droite (signification 4)

Lorsque les élèves de CM1 ont à déterminer où se trouve, sur une droite, le point le plus proche d'un autre point situé à distance de cette droite, leurs solutions sont variées, que le problème soit posé avec un contexte (un nageur qui veut rejoindre une rive) ou non. Dans les deux cas, la droite fournie est oblique (ni parallèle ni perpendiculaire aux bords de la feuille) pour éviter que la solution ne relève du tracé usuel d'une « verticale » ou d'une « horizontale ».

Le recours à la mesure ne permet pas d'invalider des solutions erronées et risque au contraire de créer des confusions. En effet, sur une zone de la droite, la mesure de la distance entre le point et la droite peut ne varier que d'un ou deux millimètres, ce que les élèves jugent acceptable compte tenu de la précision possible des instruments dont ils disposent. Le résultat d'une telle situation serait paradoxal pour la connaissance de la distance d'un point à une droite : les élèves pourraient se persuader qu'il existe plusieurs solutions.

Le recours à des logiciels de géométrie dynamique permet aux élèves de constater que la distance du point à la droite passe par un minimum (en s'intéressant à la deuxième ou troisième décimale), mais l'interprétation de ce constat et son association à la perpendicularité reste à la charge de l'enseignant et non d'hypothèses d'élèves. Or, la validation par l'élève de ses propres productions est nécessaire pour l'apprentissage mais suppose la connaissance de propriétés qui ne seront accessibles qu'au collège.

19. ERMEL Géométrie CP-CE1 (Hatier, 2020), situation p. 117

Une première situation

Nous proposons d'aborder la perpendicularité au CE2 par l'angle droit du rectangle.

Dans la situation RECTANGLE À TERMINER, premier problème portant sur la perpendicularité au CE2, les élèves ont à compléter le tracé de l'angle d'un rectangle alors qu'ils ne disposent que de la partie inférieure sur leur table.

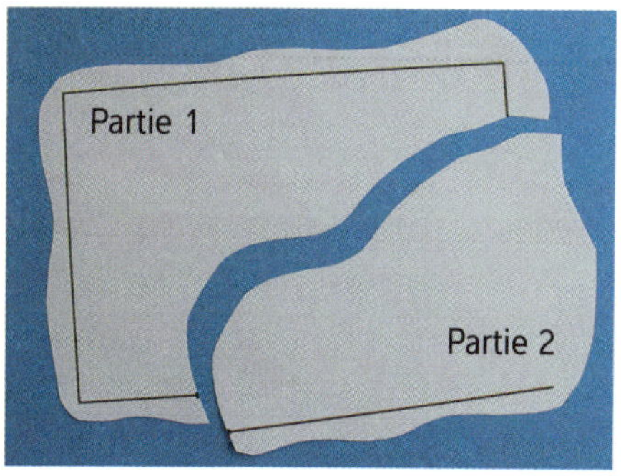

Bien que cette figure leur soit familière, la plupart d'entre eux ne cherchent pas à tracer un angle droit lors de la première phase de la situation ; ils n'associent pas cette construction à la production de l'angle du rectangle.

Pourtant les élèves ont une connaissance de la perpendicularité dans l'espace sensible (lignes et plans verticaux ou horizontaux, déplacements d'objets, etc.)

Enfin, le tracé de lignes droites perpendiculaires suppose de savoir prolonger des traits ; son apprentissage est donc associé à celui sur l'alignement[20].

LES PROBLÈMES

Plusieurs problèmes permettent de faire réfléchir les élèves aux significations de l'angle droit :

- ✔ Construire l'angle droit d'une figure.
- ✔ Construire des droites perpendiculaires, les expériences spatiales des élèves sur le pliage pouvant servir de points d'appui.
- ✔ Identifier ou produire des axes de symétrie.

LA PROGRESSION

Un enjeu de l'apprentissage va donc résider dans la reconnaissance de la relation de perpendicularité comme une relation entre des lignes droites ou les côtés d'une figure, et non comme une simple configuration spatiale prototypique.

Le recours à des instruments pour tracer des perpendiculaires est aussi abordé dans l'étude d'autres relations (droites parallèles, symétrie axiale, etc.).

La progression proposée vise à faire émerger progressivement des propriétés géométriques par la construction et la reconnaissance de l'angle droit.

Les notions mathématiques associées à la perpendicularité travaillées dans chaque situation sont listées ci-dessous.

- ✔ **RECTANGLE À TERMINER (1)** (CE2, période 4) : angle droit d'une figure connue et traits perpendiculaires consécutifs ;
- ✔ **TRAIT SUR TRAIT** (CE2, période 5) : « droites » produites par anticipation d'un pliage ;
- ✔ **CONSTRUIRE UN ANGLE DROIT** (CE2, période 5) : association des significations précédentes ;
- ✔ **C'EST D'ÉQUERRE** (CE2, période 5) : tracé instrumenté et réflexion sur l'usage des instruments ;
- ✔ **RECTANGLE À TERMINER (2)** (CM1, période 2) : angle droit d'une figure et traits perpendiculaires non consécutifs ;
- ✔ **CONSTUIRE UN RECTANGLE** (CM1, période 2) propriétés du rectangle ;
- ✔ **L'ATTRAPE (1)** (CM1, période 4) : symétrie axiale ;
- ✔ **L'ATTRAPE (2)** (CM2, période 2) : symétrie axiale ;
- ✔ **TRIANGLES, QUADRILATÈRES ET ANGLES DROITS** (CM2, période 4) : synthèse des notions.

Les situations L'ATTRAPE (1 et 2) portent principalement sur la symétrie mais contribuent à l'apprentissage de la perpendicularité.

20. Cf. *Alignement et rectitude* p. 220

PARALLÉLISME

ANALYSE DU SAVOIR MATHÉMATIQUE

Plusieurs notions mathématiques sont associées au parallélisme de droites, notamment :

1. Des droites ayant la même direction ;
2. Des droites ayant un écart constant ;
3. Des droites ayant une perpendiculaire commune ;
4. Des côtés opposés de certaines figures planes ;
5. Des droites du plan qui n'ont pas d'intersection commune.

Ces notions concernent donc principalement une relation entre des droites mais peuvent aussi porter sur des objets géométriques, tels que des figures du plan comme le parallélogramme ou le trapèze.

Certaines de ces notions sont accessibles à partir du CE2, d'autres relèvent davantage du CM.

LES CONNAISSANCES INITIALES

Sur le parallélisme de lignes droites

Les connaissances des élèves sur le parallélisme sont associées à des positions particulières de lignes (« horizontales » ou « verticales » de la feuille, etc.), à des expériences spatiales et aussi à des propriétés de certains objets.

Depuis la maternelle, ils ont pu tracer des réseaux de lignes droites parallèles pour des productions aux visées esthétiques, sans que des savoirs mathématiques n'y soient explicités.

Les connaissances sur la ligne droite sont donc encore fragiles au CP. Au CP, nous proposons la situation RAYURES[21] dans laquelle les élèves doivent prolonger des traits droits tous orientés dans la même direction. Nous avons observé que de nombreux élèves tracent des lignes brisées, voire des traits à main levée pour prolonger un trait droit. Toutefois au CP, au début de cette situation, les élèves perçoivent souvent le parallélisme (ou le non parallélisme) de leurs productions, sans pouvoir en identifier la cause. La comparaison des productions lors de la mise en commun leur permet d'exprimer ce qui relève de simples maladresses de tracé, d'une technique inadaptée de report de la règle ou d'un oubli de la tâche en cours de réalisation.

Sur les côtés parallèles de figures

Les élèves ont pu aussi avoir l'occasion, dès la Grande Section, de repérer que certains côtés opposés de formes planes non seulement étaient droits mais conservaient le même écart, sans bien sûr l'exprimer avec ces termes (ni celui de « parallélisme »). Par exemple, nous proposons la situation LES FLEURS[22] dans laquelle les élèves doivent comparer deux formes pour chercher laquelle est susceptible d'être superposée à une troisième. Lors des expérimentations, certains élèves exprimaient « *là c'est rétréci* [les deux côtés opposés du quadrilatère se rapprochent], *là c'est normal* [les deux côtés ne s'écartent pas et ne se rapprochent pas] », après avoir parcouru avec le doigt le bord des deux formes.

Ces connaissances peuvent s'accompagner de confusions. Nous avons constaté dans une évaluation initiale proposée au début du CE2 que de nombreux élèves ne reconnaissent pas deux traits parallèles s'ils sont de longueurs différentes et présentés sur des feuilles détourées (c'est-à-dire sans bords droits donc sans orientation particulière). De même, ils peuvent qualifier deux traits de parallèles seulement car ils ne se croisent pas sur la feuille. Ces difficultés peuvent provenir de la confusion entre « être parallèle » et « ne pas se couper » et du fait que la mesure de longueur a constitué un apprentissage marquant pour certains élèves les années antérieures.

LES SIGNIFICATIONS SPATIALES DES NOTIONS

Plusieurs significations liées aux objets de l'espace ou du plan peuvent être associées au parallélisme de droites ou aux caractéristiques de figures.

Des droites de même direction

Deux droites parallèles ont la même direction ; elles sont inclinées de la même façon (des élèves disent « *penchées pareil* ») par rapport à une droite sécante.

Des droites d'écart constant

Pour savoir si deux droites sont parallèles les élèves regardent souvent si elles conservent un écart constant. Mais la construction d'une droite parallèle à une droite donnée ne peut s'appuyer sur la seule perception visuelle, elle suppose de recourir à d'autres moyens qu'un tracé au jugé dont la mesure instrumente l'écart et son report.

Des droites ayant une perpendiculaire commune

La double perpendicularité, c'est-à-dire « *la perpendiculaire de la perpendiculaire* », est une signification du parallélisme accessible à l'école. Cette technique de construction de droites parallèles sera abordée dans plusieurs situations (SUR LA TRACE DES ROUES, PARAPUZZLE). Elle s'appuie sur un raisonnement déductif fondé sur des propriétés.

21. Cf. ERMEL Géométrie CP-CE1 (Hatier, 2020), situation p. 14
22. Cf. ERMEL Maternelle GS « Apprentissages des nombres et de la géométrie » (Hatier, 2023), situations p. 183 et p. 189

Des droites qui ne se coupent pas

La définition de droites parallèles comme droites qui ne se coupent pas semble, à première vue, être la plus simple mais n'est pas sans poser de difficultés à l'école. En effet, elle suppose d'imaginer que le trait puisse être prolongé. Or, le concept de droite comme ensemble illimité et dense de points alignés est en cours de construction. Des confusions importantes entre la droite et le trait qui la représente sur la feuille de papier sont courantes. Que signifie alors « ne se coupent pas » pour l'élève ? Pour répondre, doit-il se restreindre à l'espace de la feuille de papier sur laquelle on pourra éventuellement prolonger les traits ? Un prolongement virtuel des traits au-delà de la feuille lui est-il accessible et permet-il de conclure ?

Le constat est partagé que cette définition n'est pas accessible aux élèves pour démarrer l'apprentissage du parallélisme mais qu'elle est pertinente pour reconnaitre des droites non parallèles.

Toutefois, en fin de CM2 les élèves peuvent appréhender qu'ils ne peuvent répondre à partir de tracés de traits droits sur une feuille à la question *« Un triangle peut-il avoir deux angles droits ? »* (situation TRIANGLES, QUADRILATERES ET ANGLES DROITS). Par contre ils peuvent justifier que c'est impossible.

LES ENJEUX DE L'APPRENTISSAGE

Un premier enjeu est d'amener les élèves à dépasser la simple perception visuelle du parallélisme et à recourir à des propriétés mathématiques et à des techniques instrumentées de construction.

Le parallélisme et la perpendicularité sont parfois enseignés de façon trop rapprochée, en privilégiant une acquisition des termes fondée sur des configurations de droites, sans que les connaissances et confusions initiales des élèves sur l'une ou l'autre des notions aient été exploitées ou remises en cause. Aussi, nous choisissons d'aborder le parallélisme et la perpendicularité à des périodes différentes.

Le recours privilégié aux lignes parallèles de l'environnement (« horizontales » et « verticales ») risque de créer des illusions sur l'état des connaissances des élèves et de constituer un obstacle à l'élaboration de procédures de construction ou de jugement dans les cas où les droites ne sont pas parallèles à un bord de feuille. Il est donc nécessaire de poser à l'élève des problèmes pour lesquels les supports n'offrent pas d'indicateurs pour le tracé ou le jugement, même si fréquemment, il repositionne de sa propre initiative sa feuille de façon à retrouver une position prototypique.

La résolution de problèmes travaillant la notion de parallélisme sollicite le recours à d'autres notions elles-mêmes en cours d'élaboration : l'alignement, la distance et la perpendicularité.

LES PROBLÈMES

Dans la situation **FEUILLE QUI COULISSE** (CE2, période 4), une droite parallèle à une autre est obtenue par translation (glissement de la règle sans tourner). Nous l'avons choisi pour aborder le parallélisme car la résolution de ce problème ne s'appuie pas sur les « horizontales » ou les « verticales » et ne fait appel ni à la mesure ni à la perpendicularité, ces deux notions étant elles-mêmes en construction.

Dans la situation **SUR LA TRACE DES ROUES** (CM1, période 5), la trace à construire n'a pas la même direction que la trace de référence, la **mesure des écarts** doit se faire selon une **direction perpendiculaire** à l'une des droites selon un écart constant. La situation **PARAPUZZLE** (CM1, période 5) aboutit à la construction d'un réseau de droites parallèles, hors de toute référence à un contexte ; elle permet la valorisation des techniques de construction.

Dans la situation **TRIANGLES, QUADRILATÈRES ET ANGLES DROITS** (CM2, période 4), le problème suivant est proposé aux élèves : *« Un triangle peut-il avoir deux angles droits ? »*. Les tracés ou la mesure apparaissent insuffisants pour trancher entre les propositions. Les élèves doivent recourir à la propriété connue « si deux droites sont perpendiculaires à une même droite alors elles sont parallèles entre elles » pour justifier l'impossibilité de la solution. Les élèves produisent une preuve qui ne s'appuie plus sur des évidences, ni sur des mesures.

LA PROGRESSION

Le parallélisme est abordé à partir de la position relative de lignes droites.

- ✔ **FEUILLE QUI COULISSE** (CE2, période 4) : lignes droites de même direction.
- ✔ **SUR LA TRACE DES ROUES** (CM1, période 5) : lignes droites ayant un écart constant, techniques de tracé.
- ✔ **PARAPUZZLE** (CM1, période 5) : lignes droites ayant un écart constant, techniques de tracé.
- ✔ **TRIANGLES, QUADRILATÈRES ET ANGLES DROITS** (CM2, période 4) droites ayant une perpendiculaire commune.

Dans **TRAIT SUR TRAIT** (CE2, période 5), la production de plusieurs plis perpendiculaires à un même trait, contribue aussi à la connaissance du parallélisme.

La comparaison des figures géométriques est nécessaire pour déterminer les propriétés qu'elles vérifient.

SYMÉTRIE

Pour certaines figures apparemment ressemblantes pour les élèves, l'identification de leurs différences permet d'expliciter et de rendre opérationnelles les propriétés géométriques. La symétrie devient alors un outil pour comparer deux figures et contribue au passage d'une connaissance globale de formes manipulables au tracé et à l'analyse de figures dans le plan.

ANALYSE DU SAVOIR MATHÉMATIQUE

Une figure géométrique n'est pas définie par un dessin mais par ses propriétés. La symétrie, comme la rotation et la translation, est une transformation qui conserve les dimensions (isométrie), autrement dit qui respecte les distances entre les points d'une figure et plus largement conserve ses propriétés.

Lorsqu'une figure plane admet un axe de symétrie, on la partage naturellement en deux parties « pareilles » isométriques. Mais, lorsqu'une surface se décompose en deux parties isométriques, elles ne sont pas nécessairement symétriques. Il en résulte néanmoins une impression de régularité. Voici quelques exemples qui diffèrent selon la relation qui permet de passer d'une partie à l'autre. Ces figures sont rencontrées dans la situation L'ATTRAPE (2), p. 137, où les élèves ont à assembler deux pièces pour déterminer ensuite si elles sont symétriques.

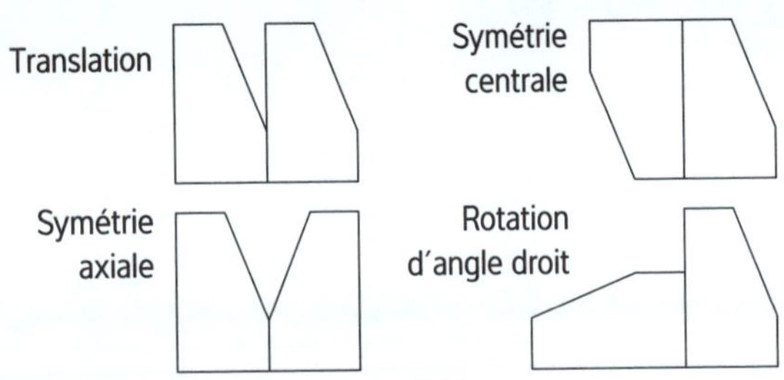

LES CONNAISSANCES INITIALES

La reconnaissance de formes symétriques a été abordée dans des activités développées depuis la maternelle : pliage, découpage de ribambelles, assemblages de formes selon des motifs, dessins de figures symétriques ; elle a été approfondie au CE1[23]. Les techniques associées ont parfois été oubliées par des élèves du CE2 ou du CM.

Dès la Grande Section, la production et l'analyse de figures symétriques peut être abordée. Par exemple, nous proposons la situation LES PAPILLONS[24], où les élèves ont à produire des ailes de papillon par pliage, puis à identifier dans un lot comportant des ailes de formes et de motifs très voisins, l'aile gauche d'un papillon dont l'aile droite est donnée. Cette situation permet aux élèves d'identifier des figures symétriques ou non en analysant notamment les différences de contour.

Nous proposons ensuite de poursuivre cet apprentissage au CE1 avec la situation PLIAGE ET SYMÉTRIE[25] pour renforcer le lien entre l'aspect technique (le pliage effectif) et l'axe de symétrie (la trace du pli) qui sépare la figure en deux parties superposables par retournement. Dans cette situation, les élèves doivent identifier si des formes pleines ou des tracés de contours peuvent avoir été produits par pliage. Si c'est le cas, les élèves ont à produire un tracé pour anticiper la position du pli, sinon ils ont à montrer, sans plier, que les parties ne peuvent pas être correctement superposées par pliage. Les élèves peuvent, après la validation de leurs productions fondée sur l'analyse des formes, vérifier si les deux parties sont symétriques ou non. Pour cela, certains élèves n'ont pas besoin de réaliser totalement le pliage : ils parviennent à vérifier la symétrie en pliant « à moitié » ou même parfois en argumentant sur des actions virtuelles.

En particulier, lors de la recherche de l'axe de symétrie d'une figure, les élèves repèrent assez facilement des points singuliers qui appartiennent nécessairement à l'axe si celui-ci existe (par exemple la « pointe » d'un cœur). Mais les élèves peuvent croire que des figures présentant une certaine régularité, comme un parallélogramme, ont deux parties qui se superposent à elles-mêmes par pliage et donc possèderaient un axe de symétrie (ce qui n'est le cas que pour les losanges ou les rectangles). La perception par l'élève de la « régularité » d'une forme, d'une figure ou d'un tracé, lui fait souvent attribuer à tort des propriétés qu'il appréhende encore imparfaitement.

Par ailleurs, certains élèves à l'entrée du CE2, voire plus tard, n'ont été confrontés qu'au tracé de figures symétriques sur quadrillage par rapport à un axe médian de la feuille[26]. Or, ce type de tâche ne permet pas aux élèves de faire évoluer leurs procédures fondées principalement sur le dénombrement de carreaux par rapport à l'axe. Ces activités sont peut-être à l'origine des erreurs fréquentes produites par les élèves quand ils ont à chercher où placer le symétrique d'un point par rapport à un axe orienté obliquement sur la feuille : ils ont en général une bonne approximation de la distance mais la direction choisie est erronée et souvent parallèle à un des bords de la feuille.

LES SIGNIFICATIONS SPATIALES

Trois significations spatiales de la symétrie sont abordées :

- ✔ forme réversible ;

---

23. et 25. Cf. ERMEL Géométrie CP-CE1 (Hatier, 2020), situation p. 126
24. Cf. ERMEL Maternelle GS « Apprentissages des nombres et de la géométrie » (Hatier, 2023), situation p. 166
26. Cf. Grenier D., « Construction et étude d'un processus d'enseignement de la symétrie orthogonale : éléments d'analyse de la théorie des situations », *Recherches en Didactique des Mathématiques*, vol. 10/1, 1990

- ✔ forme obtenue par pliage ;
- ✔ image dans un miroir.

Comme nous l'avons vu dans le paragraphe « Connaissances initiales », rechercher des axes de symétrie présente un caractère intuitif et visuel. Les élèves définissent spontanément l'axe comme étant « un trait qui coupe la figure en deux moitiés » sans toujours expliciter que les deux moitiés se superposent par pliage.

LES PROBLÈMES

Trois types de problèmes permettent de faire travailler la symétrie :

- ✔ identifier si une figure a un axe de symétrie (problème d'existence) et si c'est le cas, rechercher et tracer cet axe.
- ✔ déterminer si deux figures sont symétriques et produire le symétrique d'une figure.
- ✔ tracer le symétrique d'un point.

Ces problèmes comportent donc des tâches de production (d'une figure, d'un axe, du symétrique d'un point) et de jugement. Ils sont associés à des contextes de superposition ou de retournement de formes, de pliage de figures, d'usage d'un miroir semi- réfléchissant posé sur l'axe de symétrie.

LES ENJEUX DE L'APPRENTISSAGE

L'approche de la symétrie s'effectue en prenant en compte les connaissances initiales des élèves, qui sont liées à des expériences spatiales et en particulier à des actions sur des objets matériels.

Les procédures visées

- ✔ Des gestes sur les objets (pliage, retournement...), ou avec des instruments (placer le miroir, essayer d'imaginer l'emplacement d'un pli avec une règle...)
- ✔ Des procédures produites ou évoquées (déplacement, rotation, identification de points ou de traits en correspondance...) pour résoudre le problème ou pour vérifier sa production, accompagnées parfois de l'amorce d'un geste.
- ✔ Des tracés, avec repérage de points singuliers.

Des objectifs associés

Les problèmes proposés contribuent également à d'autres apprentissages, par exemple :

- ✔ pour tracer l'image d'un segment, il suffit de tracer l'image de ses deux extrémités ;
- ✔ pour tracer un axe, il est parfois nécessaire de trouver le milieu d'un segment ;
- ✔ pour analyser une figure, il faut identifier des éléments singuliers (sommets, positions relatives de côtés...)

Ils renforcent aussi le lien entre l'aspect technique (par exemple le pliage effectif) et la propriété géométrique de la figure (l'axe de symétrie).

La nécessité de la perpendicularité entre l'axe et le segment qui joint un point et son symétrique ne va apparaître que progressivement au cours du CM[27].

LA PROGRESSION

Une première étape de l'apprentissage va amener les élèves à agir sur des formes pour distinguer si elles sont semblables ou différentes. Pour cela la situation PAREIL, PAS PAREIL ? (1) leur propose de construire d'abord des assemblages à partir de trois formes élémentaires, puis d'identifier les assemblages identiques en les repositionnant de façon analogue et enfin de distinguer des formes qui se correspondent avec ou sans retournement.

Puis à partir du CM1 les élèves travailleront directement sur des figures, le recours à des actions avec objets concernera essentiellement la validation pratique qui suit les mises en commun.

Les situations de la progression

Au CE2, les situations proposent dans une première phase de produire et d'analyser des assemblages de formes réversibles ou pliables, puis dans les phases suivantes de comparer des figures.

Au CM1, les situations abordent la construction du symétrique d'une figure ou d'un point, en utilisant notamment l'image dans un miroir, ainsi que le vocabulaire associé (axe, symétrique).

Au CM2, la comparaison de figures apparemment semblables conduit à l'analyse de leurs propriétés.

Parmi les nombreuses situations visant l'analyse des figures, celles traitant plus spécifiquement la symétrie sont :

- ✔ **PAREIL, PAS PAREIL ? (1)** (CE2, période 2) : analyse et identification de formes superposables.
- ✔ **PUZZLE** (CE2, période 2) : analyse et identification de formes réversibles ; analyse de figures pour leur agrandissement.
- ✔ **EMPREINTES** (CM1, période 4) : identification de la réversibilité d'une forme symétrique, et tracé du pli en anticipation du pliage.
- ✔ **TRACER PAREIL** (CM1, période 4) : reproduction de figures simples
- ✔ **L'ATTRAPE (1)** (CM1, période 4) : recherche des axes de symétrie d'une figure ; construction du symétrique d'un point ; équivalence entre réversibilité, pliage en deux parties superposables, coïncidence de l'image dans un miroir et du symétrique.
- ✔ **PAREIL, PAS PAREIL ? (2)** (CM2, période 1) : analyse d'une figure, identification d'une figure à partir de ses propriétés.
- ✔ **L'ATTRAPE (2)** (CM2, période 2) : construction sur papier blanc et sur quadrillage du symétrique d'une figure.

---

27. Cf. L'ATTRAPE (2) phases 2 et 3, p.138

La notion d'angle

Nous souhaitons préciser l'évolution possible des élèves autour de la notion d'angle. L'apprentissage de cette notion s'effectue en général sur une durée assez longue. Mais, pour autant, cela ne signifie pas que les élèves n'ont pas de connaissances à son sujet et que celles-ci ne puissent être mobilisées au cours des activités antérieures à celles prévues par les programmes.

Nous essayons de montrer ci-dessous, le lien entre plusieurs composantes pour l'apprentissage :

- ✔ Les connaissances des élèves ;
- ✔ Les programmes ;
- ✔ Les possibilités d'évolution.

LES SIGNIFICATIONS DE L'ANGLE

L'angle apparait aux élèves comme une caractéristique des formes solides – qu'elles soient fines ou qu'elles aient une certaine épaisseur – qu'ils peuvent utiliser dans de nombreux jeux depuis la maternelle. Par exemple, pour constituer des assemblages, ils ont pris l'habitude d'évaluer empiriquement le « coin » d'une pièce.

L'angle est aussi associé à l'idée de rotation. Là-aussi les élèves ont des expériences physiques (ouverture de portes, tant réelles que dans des jeux…) où associées à des gestes quasi-identiques rencontrés dans de multiples occasions.

L'angle est aussi rencontré depuis la maternelle dans la réalisation de pliages, tant pour les réaliser que dans l'évaluation même du pliage.

À partir du CP, l'angle va constituer une caractéristique des tracés de figures. Ces tracés sont associés depuis la maternelle à divers instruments (gabarits de forme…), ou à des activités avec des déplacements de robots ou avec des logiciels de géométrie dynamique (cf. « Les technologies numériques pour enseigner la géométrie » p. 204).

Il est aussi en relation avec la notion de direction tant pour s'orienter dans l'espace que dans le plan (cf. les situations OÙ EST MA PLACE ?[28] et LA MAISON[29].

Cette notion est souvent évoquée de façon privilégiée dans ses dénominations à partir d'un angle particulier : l'angle droit. Aussi, pour certains élèves, les termes « angle » et « angle droit » sont confondus.

L'ANGLE DANS LES PROGRAMMES

Au cycle 2, les élèves ont à reconnaitre et utiliser la notion d'angle droit. Ils doivent pouvoir décrire un carré, un rectangle, un triangle rectangle à partir des côtés et des angles droits, construire ces figures sur un support uni en connaissant la longueur des côtés. Enfin, ils doivent être en mesure d'établir le lien entre propriétés géométriques et instruments de tracé dont notamment l'angle droit et l'équerre.

Au cycle 2, l'angle droit apparait au programme non seulement comme propriété de figure mais aussi comme objet de tracé et support de raisonnement : « *Ce n'est pas un carré car l'un de ses angles n'est pas droit* ».

Au cycle 3, de nouvelles grandeurs vont être étudiées (aire, volume, angles notamment) ainsi que leur mesure. Les élèves approchent la notion d'angle.

Dans les attendus de fin de CM :

- ✔ Les élèves identifient les angles d'une figure plane, puis comparent ces angles par superposition, avec du papier calque ou en utilisant un gabarit.
- ✔ Ils estiment, puis vérifient en utilisant l'équerre, qu'un angle est droit, aigu ou obtus.
- ✔ Ils construisent un angle droit à l'aide de l'équerre.

Dans les attendus de fin de cycle (donc en fin de 6e) les élèves doivent savoir :

- ✔ identifier des angles dans une figure géométrique.
- ✔ comparer des angles, en ayant ou non recours à leur mesure (par superposition, avec un calque).
- ✔ reproduire un angle donné en utilisant un gabarit.
- ✔ estimer qu'un angle est droit, aigu ou obtus.
- ✔ utiliser l'équerre pour vérifier qu'un angle est droit, aigu ou obtus, ou pour construire un angle droit.
- ✔ utiliser le rapporteur pour :
  - déterminer la mesure en degrés d'un angle ;
  - construire un angle de mesure donnée en degrés.

ÉVOLUTION DES CONNAISSANCES SUR L'ANGLE

En Grande Section

La situation LES PAPILLONS[30], propose une famille de papillons : les deux ailes des papillons ont été séparées et mélangées. Dans un premier problème, une aile gauche

28. Cf. ERMEL Géométrie CP-CE1 (Hatier, 2020), situation p. 160
29. Cf. ERMEL Géométrie CP-CE1 (Hatier, 2020), situation p. 172
30. Cf. ERMEL Maternelle GS « Apprentissages des nombres et de la géométrie » (Hatier, 2023), situation p. 166

de papillon est fixée sur une feuille, devant chaque élève, il doit retrouver l'aile droite correspondante dans un lot. Les élèves doivent donc analyser finement les différences et ils peuvent les exprimer à partir de leurs propres expressions mais aussi par des gestes (en suivant le contour avec leur doigt).

Pour cette analyse les élèves se servent des traits homologues (direction, longueur) et des paires de traits consécutifs homologues (l'« ouverture de l'angle »).

En CP-CE1

La situation IDENTIFIER UNE FORME[31], au CP, a donné lieu aussi à un échange significatif. En phase 1 l'élève reçoit un sac, dans lequel une forme plane (le trapèze isocèle) a été placée. Il doit chercher à l'identifier par le toucher, sans la voir, de manière à la retrouver dans la famille :

Lors de la mise en commun, toutes les réponses des élèves sont exposées pour être comparées et débattues ; il y a des trapèzes isocèles et un trapèze rectangle qui entrent en concurrence.

Nolan examine le trapèze rectangle et en compare les côtés latéraux (il va de soi qu'ils sont égaux pour le trapèze isocèle). Puis il dit : *« Là, c'est plus petit, et là c'est plus grand… Et c'est comme un carré. »*

L'enseignant : *« Où est-ce que tu as vu que c'était un carré ? »* Nolan suit alors du doigt les côtés des deux angles droits.

L'enseignant : *« Ceux qui ont mis celle-ci* (le trapèze isocèle), *pourquoi n'ont-ils pas mis celle-ci* (le trapèze rectangle) *? qu'est-ce qu'ils ont senti dans le sac ? »*

Wissam : *« J'ai senti ça »* : il parcourt simultanément de deux doigts de la main les côtés latéraux du trapèze pour signifier probablement qu'ils étaient de biais tous les deux (contrairement à ceux du trapèze rectangle).

Dans la situation CARRÉ ET QUASI-CARRÉS[32] les élèves ont à distinguer des losanges et des carrés ayant des dimensions trop proches pour qu'ils soient identifiés visuellement. C'est l'assemblage de trois carrés et d'un losange qui leur permet de constater qu'un vide apparait autour de leur sommet commun et donc que les angles sont différents.

Nombreux sont les problèmes au cours desquels les élèves ont eu à différencier des objets par leurs coins, et principalement par la présence de coin droit ou de coin non-droit.

En CE2, CM1 et CM2

Dans ces niveaux, plusieurs situations – tant pour des faces de solides (TROUVER LE POLYÈDRE, ASSEMBLONS LES FACES) que pour des tracés de lignes droites (FEUILLE QUI COULISSE, TRAIT SUR TRAIT) – conduisent les élèves à comparer les angles pour valider leurs productions.

D'autres situations visent la mise en relation des différentes significations de l'angle droit comme angle de figures planes, ou en association avec la symétrie ou encore la perpendicularité de droites. Elles sont présentées dans la rubrique « Perpendicularité, angle droit » de ces enjeux didactiques (p. 224). Dans ces situations, l'élève va être amené à différencier l'angle droit d'angles qu'il a pu tracer mais qui ne vérifient pas cette propriété (ils ne sont pas droits).

La situation AUX COINS CITOYENS ! (p. 69) propose des problèmes permettant aux élèves d'avoir, dès le CE2, une approche géométrique plus précise de la notion d'angle, sans que celle-ci ne soit associée à la notion de mesure. En effet, l'angle y apparait comme caractérisé par l'écartement des côtés et non par leur longueur ou par la surface du secteur angulaire. La « question sur » L'ÉVOLUTION DU COIN À L'ANGLE (p. 73), qui accompagne cette situation explicite comment la notion d'angle est en germe dans les connaissances des élèves, comme critère implicite de comparaison de formes.

Des situations du second semestre du CM2 (périodes 4 et 5) vont conduire l'élève à s'intéresser plus particulièrement aux angles des quadrilatères (UN POLYGONE ET SES ANGLES ; TRIANGLES, QUADRILATÈRES ET ANGLES DROITS ; RECHERCHE DE TOUS LES QUADRILATÈRES). On y aborde alors l'angle comme un objet d'étude à part entière.

31. Cf. Ermel Géométrie CP-CE1 (Hatier, 2020), p. 105
32. Cf. Ermel Géométrie CP-CE1 (Hatier, 2020), p. 117

Langage et géométrie

Le langage en géométrie permet à l'élève de décrire ses actions, avant ou après leur réalisation et de formuler des constats sur leurs effets – conformes ou non à ce qui était attendu. Grâce au langage, l'élève prend conscience de ce qu'il a fait. Il est nécessaire pour que l'élève accède aux propriétés des objets au-delà de leurs représentants particuliers. Il lui permet aussi d'exposer des solutions, des procédures, des propositions et de formuler des questions, critiques ou encore de justifier ses propositions par des connaissances (cf. « La validation et la preuve en géométrie » p. 236). Dans les moments d'échanges, le langage doit devenir sans équivoque, précis.

En d'autres termes, le langage permet à la fois d'exprimer la pensée mais aussi de la construire.

Il est sans doute excessif de parler de « langage géométrique » ou de « langue géométrique » à l'école élémentaire. En effet, le langage utilisé dans les échanges en classe correspond davantage à un domaine particulier de la langue naturelle qu'à une langue à part entière. Il est toutefois important de préciser qu'il a un usage défini et contraignant par rapport au langage ordinaire.

CONNAISSANCES DES ÉLÈVES À L'ENTRÉE DU CE2

Dès l'école maternelle, les élèves emploient un vocabulaire pour décrire des objets de l'espace avec des termes qui leur sont familiers. Vis-à-vis des formes géométriques, ils peuvent utiliser naturellement des métaphores en s'appuyant sur des ressemblances avec des objets du monde qui les entoure, ou qu'ils connaissent grâce à leurs activités scolaires. Les élèves utilisent entre eux ces termes avec une certaine efficacité (« un pic » pour décrire un sommet[33]), par exemple pour déterminer, quel solide pris dans un lot est caché par leur interlocuteur. L'emploi d'un vocabulaire géométrique lors des séances en classe ne les empêche pas de recourir ensuite à ces termes fondés sur des ressemblances, plutôt que les dénominations savantes.

Une familiarisation antérieure

Les termes tels que « carré », « triangle » ou « rectangle » – qui incarnent pour l'adulte des notions géométriques – pour désigner des objets matériels, sont connus bien avant que les propriétés des concepts sous-jacents à ces objets ne soient construites.

Ces termes familiers adhèrent fortement à des prototypes perceptifs, à des dispositions spatiales souvent très codifiées dans des configurations particulières. Certains élèves parlent de « rectangles penchés » pour désigner des parallélogrammes.

Au CP et au CE1 ces termes ne recouvrent pas toujours les objets géométriques du même nom. Prenons deux exemples : un carré sera souvent reconnu comme tel ou non selon sa disposition spatiale. En effet, placé « sur la pointe », il sera souvent dénommé « losange ». Dans des tâches de classification, expérimentées pour en estimer l'efficacité, nous avons pu constater que les élèves de CP différencient les triangles selon leur forme (« pointu » ou « toit ») et qu'au CE1 ils regroupent souvent les rectangles dont la longueur et la largeur sont proches avec les carrés, les différenciant des rectangles « allongés », ceux-ci étant perçus comme plus « rectangles ».

Ces connaissances initiales avec leurs potentialités et leurs limites doivent être prises en compte.

LES SAVOIRS

L'appropriation du vocabulaire géométrique par les élèves pose plusieurs questions. Dans la mesure où ces termes sont tout à fait conventionnels, ils ne peuvent être devinés ou déduits par les élèves. Or certains dispositifs d'enseignement se limitent à associer un terme à une représentation (« droites parallèles » par exemple associées à un schéma).

Nous souhaitons que les termes deviennent opérationnels pour les élèves, c'est-à-dire porteurs de propriétés qu'ils soient en mesure d'utiliser. Aussi, il est nécessaire que ces notions deviennent, aux yeux des élèves, d'abord des outils efficaces pour résoudre des problèmes, avant que l'étude ultérieure de leurs différentes significations suppose qu'un vocabulaire spécifique ne soit introduit.

Concrètement, nous précisons, dans la description des situations, à quel moment le vocabulaire géométrique est introduit, utilisé, puis institutionnalisé. À ce moment-là, il devient intéressant de s'arrêter à certains mots, d'en faire non seulement des outils pour s'exprimer mais des objets d'étude à part entière. Ce vocabulaire spécifique n'a de chance d'être assimilé que s'il est utilisé et réutilisé dans des conditions réelles de communication où il devient nécessaire pour lever les ambiguïtés des termes employés auparavant. Des réponses précises quant à l'introduction et à l'institutionnalisation de chaque terme sont apportées dans cette publication (voir aussi le tableau p. 219).

Un vocabulaire en partie nouveau

La géométrie, comme tout domaine théorique particulier, comporte un vocabulaire spécifique qui n'est pas familier à l'élève et qu'il va devoir apprendre. Ainsi, les termes « segment » et « perpendiculaire », n'ont pour ainsi dire pas

33. Cf. Coutat et Vendeira (2019).

d'existence sociale en dehors de leur usage géométrique et il est très difficile de leur trouver des substituts ou des périphrases adéquats. En mathématiques, et en particulier en géométrie, l'intérêt du vocabulaire est qu'il spécifie de manière univoque les notions qu'il désigne.

Quelle place pour les formulations des élèves ?

Si un langage privé trop ambigu ne doit pas s'installer dans la classe, il serait en revanche dangereux de dévaloriser systématiquement ce langage partagé qui, s'il n'est pas irréprochable sur le plan académique, n'est pas gênant intellectuellement car il ne suscite pas d'incompréhension ou de glissement de sens. Par exemple, après la situation FEUILLE QUI COULISSE du thème 2, les élèves ont tendance à parler de droites, ou de traits « penchés pareil ». Cette expression résume bien l'aspect du parallélisme qui y est travaillé (deux droites parallèles ont la même direction). Elle est acceptable et peut, de manière temporaire, faire sens pour tous les élèves. Sans doute vaut-il mieux l'accepter que d'imposer, de manière abrupte et profitable seulement à certains élèves, le terme « parallèle ». Il ne s'agit pas non plus de le proscrire, s'il émane de certains élèves. L'enseignant peut y recourir mais sans l'imposer à ce moment-là.

Un vocabulaire polysémique

Plus problématique est le vocabulaire commun au langage naturel et au langage du domaine géométrique, mais dont le sens géométrique s'éloigne ou diffère des sens habituels. Par exemple, toutes les expressions comportant le mot « droit » ou « tout droit » sont porteuses de nombreuses ambiguïtés. Pour certains élèves, un trait droit se distingue d'un trait « penché », c'est-à-dire qu'un trait droit est forcément parallèle à l'un des bords de la feuille, sinon il n'est « pas droit ». Rectilinéarité et parallélisme, horizontalité et verticalité, ne sont pas distincts d'emblée dans le terme « droit ». Dans les situations où ces confusions pourraient apparaitre, nous avons souvent recours à des supports découpés qui ne présentent donc pas de bord rectiligne, orientable, qui guiderait implicitement l'élève vers une solution spatiale et non géométrique.

Des formulations spécifiques

Le développement d'un vocabulaire approprié en géométrie ne peut se limiter à l'apprentissage d'un ensemble de termes. Il concerne aussi des formulations langagières nécessaires aux élèves pour se faire comprendre. Or celles-ci ne sont pas toujours considérées comme un objet d'enseignement.

L'apprentissage des propriétés des objets et des relations géométriques ne peut se limiter à une désignation d'objets.

La géométrie comporte non seulement un lexique spécifique mais aussi, des expressions caractéristiques, dont il est difficile de faire l'économie. Sans même utiliser les formulations canoniques et conventionnelles qui seront travaillées au collège, parler du « cercle passant par deux sommets du carré » peut entrainer des difficultés de compréhension chez l'élève qui situe les sommets du carré à l'intérieur du disque.

En outre, en géométrie, les élèves sont parfois confrontés à une diversité de formulations, source de difficultés. Par exemple, nous admettons facilement l'équivalence des deux propositions suivantes : « les droites (D1) et (D2) sont parallèles » et « la droite (D1) est parallèle à la droite (D2) », mais sont-elles équivalentes pour des élèves qui sont justement en train de construire la notion de parallélisme ? La première formule considère de la même manière les deux droites en question, alors que, dans la seconde, l'une des droites est caractérisée par sa référence à l'autre.

La multiplicité des signes graphiques

Enfin, la géométrie comporte un certain nombre de signes graphiques particuliers qui codent une relation ou une propriété géométrique, comme //, dans des textes ou sur des figures. Ces signes sont simples car ils sont le plus souvent de nature iconique et entretiennent un rapport de ressemblance avec ce qu'ils désignent. Mais leur emploi ne peut précéder l'emploi du vocabulaire de référence. Ces codages graphiques peuvent aussi être source d'ambiguïtés. Que l'on songe aux multiples façons de coder un point : un petit rond, un rond nettement plus gros, une croix (le point, intersection de deux droites pour l'expert), une croix et la lettre le désignant à côté, une petite barre pour indiquer le point comme extrémité d'un segment !

Fonctions du langage en classe

Avant tout, le langage permet la communication en assurant le partage des significations, l'adhésion individuelle à des sens collectifs. Un emploi correct, rigoureux, permet de créer des consensus de référence qui vont pouvoir peu à peu se passer de la caution de l'enseignant et déborder du cadre restreint du groupe classe de départ.

Toute formulation géométrique met d'ailleurs nécessairement l'accent sur les relations qu'entretiennent les objets théoriques entre eux. Les élèves ont besoin des mots « parallèle » et « perpendiculaire » dès lors qu'ils ont à construire ou à communiquer une figure. Dotés uniquement des expressions ordinaires (« ça se coupe » et « ça va tout droit »), ils ne peuvent en venir à bout. Le vocabulaire géométrique va donc contribuer à créer chez l'élève la prise de conscience de la spécificité des objets géométriques. On parlera alors de « segment » et non plus seulement de « trait » ; ces traits pouvant représenter une droite ou un segment.

Les élèves ont besoin d'un minimum de terme géométrique pour : décrire des figures, expliquer leurs procédures, argumenter sur leurs productions ou celles de leurs camarades. Le langage contribue à la construction de la pensée, parler n'est plus simplement un moyen d'expression, mais est associé au processus de la pensée.

Plus généralement, nous pensons que le langage en géométrie est le moyen privilégié pour faire évoluer les types de preuve auxquels les élèves peuvent recourir.

La reconnaissance du rôle des interactions orales et de la nécessité d'assurer aux élèves une réelle dévolution des processus de validation ont donné une importance croissante à l'étude des échanges argumentatifs (cf. p 237).

Vers un écrit géométrique ?

Enfin, alors que dans le domaine numérique les problèmes de planification au CM exigent un travail spécifique sur la rédaction de solutions, nous pensons que, pour la géométrie, cet apprentissage relève du collège. L'élaboration d'un texte écrit, reconstruisant de manière organisée et rigoureuse une démarche de résolution, nous parait inaccessible et prématurée au CM. Le travail de recherche et de validation exige déjà beaucoup des élèves en géométrie et le travail de mise en forme, caractéristique de l'écrit, est plus tardif.

VOCABULAIRE GÉOMÉTRIQUE ET PRINCIPALES FORMULATIONS

Nous avons, pour notre part et dans le cadre des textes officiels, élaboré une liste des termes, expressions et codages dont la maitrise à la fin du CM2 nous parait exigible des élèves parce qu'indispensable. Elles sont susceptibles d'être utilisées en classe (à l'oral et même à l'écrit) ou, pour certaines, déjà institutionnalisées. Il s'agit du vocabulaire géométrique à institutionnaliser et non pas ici du langage naturel.

Les élèves recourent à certaines expressions langagières correctement et assez facilement, cela n'exclut pas que, pour certaines d'entre elles, l'enseignant prenne le temps de s'y arrêter. D'autres encore seront utilisées par l'enseignant dans des situations variées autour des consignes de construction (cf. FAISCEAUX DE TRAITS, p. 31), ou même dans des énoncés de problèmes (« Dessiner la figure symétrique de la figure donnée par rapport à la droite » dans L'ATTRAPE (2) p. 137 ou « le centre du cercle est le milieu d'un côté du carré, le cercle passe par deux sommets du carré » dans PAREIL, PAS PAREIL (2) p. 126) permettant ainsi aux élèves de s'imprégner d'un langage, d'une syntaxe qu'ils ne peuvent inventer ou deviner.

Nous proposons une liste de termes de vocabulaire et de formulations langagières pouvant servir de repère pour les objets d'abord, pour les relations ensuite. Y sont joints des titres de situations où ces éléments apparaissent. Par ailleurs, certains de ces termes ou expressions ont été déjà introduits auparavant dans la scolarité.

Vocabulaire sur les objets

✔ **Point, segment, droite, ligne, milieu d'un segment, d'un côté.**

- Le point est désigné par une lettre majuscule (par exemple A). On écrira le segment AB ; il n'est pas utile d'approcher la désignation usuelle [AB]. On dira toutefois que A et B sont les extrémités de ce segment. On écrira la droite AB ; il n'est pas utile d'approcher la désignation usuelle (AB).
- Le point est représenté par une croix : ×, un petit rond : o, un petit trait quand il s'agit des extrémités d'un segment représenté ou par rien de spécial quand il s'agit du point d'intersection de deux droites représentées.

  Pour l'élève, un trait tracé sur une feuille commence à représenter l'objet géométrique « droite », lorsqu'il intègre le fait qu'il s'agit toujours du même objet quand il le prolonge.

  De même, un trait tracé sur une feuille peut changer de fait de statut : à l'origine, c'est un trait, puis celui-ci étant prolongé, il peut être perçu comme une ligne droite (trait de construction), et finalement acquérir un statut de segment (comme partie du trait prolongé puis côté d'une figure) : il ne s'agit plus du même objet quand il prolonge ce trait.

Situations : FAISCEAUX DE TRAITS ; PÉTANQUE ; LA ROTONDE, etc.

✔ **Cercle**

Centre, rayon, diamètre et les expressions langagières associées :

- le cercle de centre A et de rayon X cm ;
- le cercle de centre A passant par B ;
- le cercle de centre A et de diamètre X cm ;
- le cercle de centre A et de diamètre BC.

Situations : PÉTANQUE ; PAREIL, PAS PAREIL (2) ; LA ROTONDE.

✔ **Polygone** :

- quadrilatère, losange, carré, rectangle (sa longueur et sa largeur) ;
- sommet, côté ;
- triangles et triangles particuliers (équilatéral, isocèle, rectangle) ;
- angle, angle droit, angles égaux.

Situations : COMBIEN DE POLYGONES ? ; AUX COINS CITOYENS ! ; CONSTRUIRE UN ANGLE DROIT ; TRIANGLES, QUADRILATÈRES ET ANGLES DROITS.

Vocabulaire sur les objets de l'espace :

✔ cube, solide, polyèdre ;

✔ patron ;

✔ arête, face, sommet.

Situations : TROUVER LE POLYÈDRE ; ASSEMBLONS LES FACES ; BOUCHER LE TROU.

Vocabulaire sur les relations

✔ **Alignement**

- M est aligné avec A et B ;
- A, B, et M sont alignés.

Situations : ŒILSURTOUT ; FAISCEAUX DE TRAITS.

✔ Incidence

Les relations d'incidence associent une droite avec une droite (intersection), ou un point avec une droite (appartenance, « passant par »).

Un point est sur une droite, sur un segment, sur une ligne, sur un cercle.

- la ligne qui passe par un point ;
- les droites se coupent en A ; le point où les droites se coupent.

Situations : FAISCEAUX DE TRAITS.

✔ Parallèle

- deux droites, deux côtés, deux arêtes sont parallèles.
- une droite (segment) est parallèle à une autre droite (segment).
- les côtés sont parallèles entre eux ; les côtés opposés sont parallèles.

Situations : FEUILLE QUI COULISSE ; TRACE DES ROUES ; PARAPUZZLE ; TRIANGLES, QUADRILATÈRES ET ANGLES DROITS ; LA ROTONDE ; IDENTIFIER LA FIGURE.

✔ Perpendiculaire

- deux droites, deux côtés, deux arêtes sont perpendiculaires ;
- une droite (segment) est perpendiculaire à une autre droite (segment) ;
- les droites (segments) sont perpendiculaires ;
- deux côtés consécutifs sont perpendiculaires ;
- deux droites se coupent à angle droit.

Situations : TRAIT SUR TRAIT ; C'EST D'ÉQUERRE ; RECTANGLE À TERMINER (2) ; UN POLYGONE ET SES ANGLES ; TRIANGLES, QUADRILATÈRES ET ANGLES DROITS ; IDENTIFIER LA FIGURE.

✔ Distance

- la distance entre A et B ;
- la longueur du segment AB.

Situation : PÉTANQUE.

✔ Réversibilité et symétrie

- deux figures sont superposables sans retournement ou avec retournement (avec initialement le langage : deux figures sont « pareilles/pas pareilles », réversibles).
- une figure a un axe de symétrie.
- deux figures sont symétriques.

Situations : EMPREINTE ; PAREIL, PAS PAREIL (1) et (2), PUZZLE ; L'ATTRAPE (1) et (2).

✔ Systèmes de repères

- ligne, colonne, rangée, case, nœud ;
- le codage d'une case ou d'un nœud par le couple (a, 3) par exemple (on évitera de choisir le même système de codage sur les abscisses et les ordonnées de façon à ne pas avoir à traiter des codages du type (3,4) qui supposent une orientation du plan).

Situations : REPÉRAGE SUR QUADRILLAGE.

Formulations langagières plus complexes

L'élève doit être capable de comprendre un énoncé qui exprime conjointement plusieurs informations. Les formulations alors utilisées font intervenir, souvent, les relations d'incidence avec une autre relation, ou même plusieurs autres relations. De ce fait, elles sont aussi moins nombreuses. Citons quelques exemples :

- une arête est commune à deux faces. Les deux faces ont une arête commune ;
- un côté est commun à deux figures ;
- le point est sur ... et sur ... ;
- un sommet du carré est sur le cercle ; le cercle passe par un sommet du carré ;
- deux droites se coupent en faisant quatre angles droits ;
- la droite qui est perpendiculaire à la droite AB et qui passe par le point C ;
- la droite qui est parallèle à la droite AB et qui passe par le point C ;
- les traits perpendiculaires à celui qui est tracé sont parallèles.

La validation et la preuve en géométrie

Après avoir réalisé une tâche ou résolu un problème, la validation des procédures et des productions auxquelles elles ont abouti constitue un moment essentiel des apprentissages géométriques. Il s'agit pour l'élève non seulement de confronter son résultat à ce qui était demandé, et pour cela d'expliciter, en premier lieu pour lui-même, puis pour les autres ses méthodes, mais aussi de formuler des remarques, des questions, des critiques aux propositions ou commentaires exprimés par d'autres. Les programmes d'une façon constante précisent le rôle de la validation en géométrie comme élément essentiel de l'acquisition des connaissances et soulignent l'évolution vers une validation fondée sur le raisonnement et l'argumentation.

Le processus de validation, en particulier dans les mises en commun, consiste donc à donner à la classe la responsabilité, sous le contrôle de l'enseignant, d'établir si ces différents résultats sont vrais ou faux ou si les procédures utilisées sont appropriées ou non. Il ne s'agit pas d'une simple correction des productions ou de l'explication par l'enseignant de ce qui est juste ou faux. Cette verbalisation d'actions, joue un rôle important dans le recours à un vocabulaire partagé et progressivement dépourvu d'équivoque (voir le chapitre sur « Langage et géométrie », p. 232).

Mais surtout, au cours de l'école primaire, les méthodes de validation vont évoluer, pour favoriser la formulation de jugements faisant appel à des raisonnements fondés sur des propriétés mathématiques.

La fonction de la validation va être aussi de permettre aux élèves d'appréhender progressivement la modification des critères qui permettent d'établir qu'un résultat est correct : il ne suffira plus de superposer des pièces pour constater qu'elles sont identiques ; **ils accéderont à des preuves mathématiques**.

LA VALIDATION AVANT LE CE2

Depuis l'école maternelle les élèves ont eu recours à différents types de validation de leurs productions.

✔ En Grande Section :

- certaines productions de tracé, de pliage, ou d'assemblage de formes comme dans une mosaïque pouvaient être regardées essentiellement selon des **critères « esthétiques » de cohérence, de régularité ou d'habilité technique**[34] voire de conformité au modèle pour des jeux de construction.

Dans ce cas, la validation porte sur la vérification des différentes caractéristiques du modèle. Il est souvent nécessaire que le point sur ces productions soit fait collectivement pour que l'élève prenne conscience de ses erreurs éventuelles et formule comment il aurait pu faire autrement.

- La validation des productions peut nécessiter que les élèves **analysent les composantes des formes** pour les comparer.

✔ Au CP et au CE1, ces analyses sont développées, comme moyen de validation . De plus, dans ces classes, les élèves ont pu :

- faire émerger grâce aux tracés de figure, les propriétés qu'ils n'avaient pas su prendre en compte sur les objets géométriques ;
- distinguer sur les tracés, d'une part les imprécisions dues à une maîtrise encore imparfaite de l'usage de l'instrument (des raccords décalés entre traits) et d'autre part des conceptions erronées (par exemple des lignes brisées prises par leur auteur comme un prolongement d'une ligne droite).

Deux types de validation prennent de l'ampleur dans ces classes : celles s'appuyant sur l'usage d'un instrument (essentiellement la règle) et celles formulées à partir de propriétés. Par exemple dans la situation PLIAGE ET SYMÉTRIE[35] les élèves doivent reconnaître les figures ayant un pli qui permet de les superposer à elles-mêmes. Pour d'autres figures présentant une certaine régularité comme un parallélogramme, les élèves peuvent repérer qu'un point particulier (un sommet) serait sur le pli et, sans réaliser celui-ci, constater qu'ils n'arrivent pas à le placer. La validation contribue ici à passer d'une notion subjective (la régularité d'une forme) à une propriété explicite : (l'existence ou non d'un pli séparant la figure en deux moitiés superposables).

LA VALIDATION AU CE2 ET AU CM

Dans les situations de géométrie, différents types de validation coexistent qui consistent à vérifier que la production répond aux exigences du problème. Un des objectifs de nos situations à partir du CE2 est donc d'expliciter les types de validation potentielles qui peuvent coexister compte tenu des pratiques des élèves.

34. Cf. ERMEL Maternelle GS « Apprentissages des nombres et de la géométrie » (Hatier, 2023), p. 163
35. Cf. ERMEL Géométrie CP-CE1 (Hatier, 2020), situation p. 126

La validation par perception visuelle seule

Par exemple dans la situation FEUILLE QUI COULISSE les élèves ont à produire, de fait, un trait ayant la même direction qu'un trait donné ; s'ils voient que les deux lignes droites se rapprochent, ils reconnaissent que leur solution est erronée.

La validation pratique

Par exemple, dans la même situation l'élève vérifie si la droite qu'il a tracée est bien recouverte par le trait du guide, lorsqu'il déplace sa feuille à l'intérieur de celui-ci. Dans la situation PAREIL PAS PAREIL au CE2 les élèves peuvent superposer les assemblages qu'ils ont constitués pour vérifier s'ils sont identiques avec ou sans un retournement. Ce type de validation n'est possible que quand des actions sur les objets matériels le sont ; nous la réservons en général aux premières phases des situations du CE2, pour que l'élève intègre les contraintes du problème, c'est-à-dire qu'il puisse se rappeler ensuite les critères de réussite dans les phases suivantes où il ne pourra plus agir sur du matériel, mais devra tracer ou sélectionner des figures adéquates.

La validation instrumentée

Dans la situation FEUILLE QUI COULISSE plutôt que de faire glisser la feuille dans le cadre pour vérifier leur solution, des élèves peuvent mesurer l'écart entre les deux lignes selon une direction « horizontale » reste constante. Cette procédure est d'ailleurs utilisée par certains élèves pour tracer leur solution. Ou dans la situation TRAIT SUR TRAIT, des élèves qui ont tracé un trait perpendiculaire à un autre en utilisant une règle, peuvent valider avec une équerre.

Les élèves peuvent donc recourir à un instrument. **Ces preuves**, que nous appelons instrumentées, mettent en jeu une vérification pratique mais elles supposent aussi déjà une certaine connaissance de l'instrument, porteur de caractéristiques géométriques.

Il arrive donc, comme dans le domaine numérique, que procédure de résolution et procédure de validation voient leur rôle inversé.

L'interprétation des erreurs

Ces types de validation ne suffisent pas toujours à une remise en cause des méthodes ou des connaissances. En effet, les élèves interprètent parfois des erreurs comme n'étant que des imprécisions de mesure ou de tracé.

Dans le cas d'une validation pratique ou instrumentée, certains élèves peuvent obtenir des tracés apparemment exacts en utilisant simplement une règle, sans chercher à produire des angles droits, tandis que d'autres aboutissent à un tracé insatisfaisant du rectangle pour des raisons techniques alors qu'ils ont explicitement recours à l'angle droit. C'est le cas notamment pour compléter un rectangle dont deux côtés sont déjà dessinés, (dans la situation RECTANGLE À TERMINER 1)

Des procédures simplement graphiques peuvent donc conduire à des productions acceptables d'un point de vue perceptif et des procédures basées sur des propriétés à des productions erronées selon ce même point de vue. **La perception seule peut donc faire obstacle à l'analyse des erreurs.**

De plus, quand l'élève se rend compte que sa production ne convient pas, il peut ne remettre en cause que son exécution. Inversement, si sa procédure est correcte mais son exécution incorrecte, il peut remettre en cause la procédure elle-même. La validation pratique des constructions produites pose donc la question de l'appréciation de la précision.

La validation fondée sur un raisonnement

Si tous les types de validation évoqués précédemment font appel à l'expression de justifications, en relation avec les propriétés attendues des objets ou relations mathématiques, d'autres procédures de validation ne vont s'appuyer ni sur la conformité à un modèle, ni sur l'usage d'un instrument.

Prenons l'exemple de la validation d'un patron de cube qui peut être rejetée car :

- ✔ avant même de le construire l'élève constate qu'il a plus ou moins de 6 faces ;
- ✔ en le construisant l'élève constate que deux faces se superposent ;
- ✔ en amorçant simplement le mouvement de pliage l'élève fait déjà le même constat, par exemple que si « quatre faces sont mises en carré », l'ensemble n'est pas pliable ; l'action peut être simplement amorcée ou évoquée, s'appuyer sur des images mentales.
- ✔ en constatant sur le patron que cinq faces sont alignées et donc que les deux extrêmes seront opposées à celle du milieu, il en déduit qu'elles vont donc se superposer. Ce quatrième argument fait appel à une propriété des patrons de cube (cf. p. 182).

Notons par ailleurs que l'évolution visée entre ces différents types de validation (fondées sur la perception visuelle seule, sur une action sur des objets, sur la mesure ou le recours aux instruments ou sur des raisonnements seuls) n'est pas spécifique à la géométrie mais qu'elle va aussi être appréhendée dans le domaine numérique. En effet, en début de GS les élèves peuvent vérifier de l'équipotence de deux collections par la mise en correspondance terme à terme de leurs éléments. Au CE1, le recours à des procédures de calcul leur permettra de vérifier une technique en cours d'apprentissage (vérifier par l'addition une soustraction). Au CM1, c'est le recours à des raisonnements qui leur permettra de justifier que, par exemple, tous les nombres qui sont la somme de trois nombres qui se suivent au CM1 sont des multiples de 3.

NOS CHOIX DIDACTIQUES

Les apprentissages visés

La validation évolue du perceptif à un recours aux propriétés ; le recours aux instruments correspondant à une phase intermédiaire. Par exemple dans le travail mené sur la symétrie dans le thème 2, les validations dans les premières situations portent sur la forme générale puis sur le recours à la mesure précise des distances. Enfin, la critique des productions erronées suppose la décomposition des figures pour mettre en évidence leurs propriétés ainsi que des contraintes implicites non respectées.

Différer la validation pratique

Pour permettre l'accès à une validation fondée sur des raisonnements et des propriétés, il est nécessaire de différer la validation pratique et de commencer la phase de validation par un débat sur les productions qui s'appuie sur leur analyse.

Ce débat peut porter sur la qualité d'une production, en des termes d'efficacité d'une méthode (sur la qualité d'un tracé par exemple), ou sur la validité d'une proposition en termes de vrai ou de faux.

Par ailleurs, dans plusieurs situations une reprise de la production est proposée après la validation. Elle peut avoir divers buts :

- ✔ permettre à des élèves qui ont eu une maîtrise imparfaite d'un instrument de constater comment leur tracé aurait pu être amélioré, voire de le refaire ;
- ✔ assurer une meilleure compréhension des relations entre les données avant la résolution dans une nouvelle phase d'un nouveau problème plus « difficile » ;
- ✔ de ne pas priver les élèves de l'attrait d'un nouvel outil comme le géomiroir.

Mettre en place les conditions d'un débat

Quel que soit le type de débat engagé, il est nécessaire que celui-ci présente un réel enjeu pour les élèves, que les propositions qu'ils énoncent aient à leurs yeux une certaine solidité. Cet enjeu est nécessaire car sinon les élèves qui sont centrés sur la production ne comprennent pas pourquoi il faut discuter des méthodes. Leur goût pour la géométrie peut en être affecté. Cela suppose que les élèves se sentent responsables de la critique des propositions. Ces débats amènent aussi parfois la formulation de la question : *« Comment refaire pour que la solution soit correcte ? »*

Rôle des mises en commun

Les mises en commun conduites à cet effet ne constituent ni une présentation exhaustive, voire fastidieuse, des productions où les élèves ne se sentent pas vraiment concernés ni une simple correction. Leur fonction est de permettre aux élèves de formuler leurs résultats, et donc d'en prendre conscience, d'améliorer la précision du vocabulaire utilisé, mais aussi de critiquer leurs solutions et celles des autres élèves, c'est-à-dire de juger par eux-mêmes de leur validité.

Ces phases de mise en commun leur permettent aussi d'expliciter les contraintes du problème et la manière dont ils les ont prises en compte ; elles s'accompagnent de justifications sur les méthodes ou de rappels de savoirs reconnus. La validation pratique qui suit permet alors de renforcer ces critiques voire de trancher.

Les objectifs visés dans ces phases de validation peuvent être différents :

- ✔ remettre en cause une conception ou une procédure. Par exemple dans les deux situations RECTANGLE À TERMINER (thème 2), certains élèves prennent conscience qu'il ne suffit pas de choisir perceptivement une direction pour tracer l'angle d'un rectangle, étant entendu qu'un seul débat ne suffit pas toujours à remettre en question une procédure inappropriée ;
- ✔ développer ou réinvestir une connaissance, une procédure pour mettre en place une con- naissance nouvelle. Par exemple, au CM2, dans la situation TRIANGLES, QUADRILATÈRES ET ANGLES DROITS (thème 2), des propriétés des figures planes (nombre d'angles droits) peuvent être explicitées à partir du parallélisme et de la perpendicularité des côtés.

PROPOSER DES SITUATIONS DE PREUVE

D'autres situations ont pour but la production d'un jugement sur une proposition. Ce sont des situations de preuve ou de validation. L'enjeu ne porte pas in fine sur la réalisation pratique selon des critères d'efficacité (le résultat obtenu correspond-il au résultat attendu ?) mais sur la vérité de propositions à portée générale. Les propositions à débattre ont été produites par les élèves lors de la résolution antérieure d'un problème.

Il peut s'agir d'établir des propriétés, comme dans la situation PARAPUZZLE (thème 2) où est abordée la question : *« Combien de points sont nécessaires pour tracer une droite ? »*, pour laquelle certains élèves affirment qu'il faut trois points pour assurer la qualité du tracé tout en reconnaissant, grâce au débat sur cette question, que deux points suffisent. La distinction entre des justifications techniques et une propriété mathématique peut être faite. Dans ces deux cas, un objectif du débat est de prendre conscience des différents critères de preuves et de permettre la construction de savoirs plus théoriques.

Au CM, pour que les élèves puissent s'engager dans l'élaboration de preuves il est nécessaire qu'il y ait un enjeu, c'est-à-dire que des avis divergents fondés sur des convictions personnelles existent dans la classe, ou que l'ensemble de celles-ci se heurte à la réalité mathématique, comme par exemple l'impossibilité de construire un triangle dont deux côtés mesurent 4 cm et le troisième 9 cm (COMBIEN DE POLYGONES p. 134).

Ces problèmes de preuve ne peuvent donc être proposés que dans des situations où dans un premier temps les élèves ont eu à résoudre un problème analogue ayant une solution. Par exemple dans la situation TRIANGLES, QUADRILATÈRES ET ANGLES DROITS (p. 145), les élèves cherchent s'il existe un quadrilatère qui a exactement deux angles droits ; ils trouvent par exemple que le trapèze rectangle répond à la solution. Puis, ils ont à chercher s'il existe un quadrilatère qui a exactement trois angles droits. Ce problème, qui n'a pas de solution, ne pourrait leur être proposé directement sans avoir résolu le précédent. C'est l'évidence partagée de la solution du problème précédent qui crée un enjeu de preuve : « *pourquoi est-ce que nous ne trouvons pas ce quadrilatère ?* »

Les problèmes présentant des enjeux de preuve peuvent être :

- des problèmes d'existence comme dans la situation PÉTANQUE (p. 94) « Où placer un point situé plus près d'un point A que d'un point B ? » ;
- d'impossibilité comme dans la situation COMBIEN DE POLYGONES ? (p. 134) « Combien de quadrilatères avec trois côtés qui mesurent 3 cm et un côté 10 cm ? » ;
- d'unicité dans la même situation « Combien de triangles avec deux côtés de même mesure, les côtés mesurant 9 cm ou 4 cm ? » ;
- d'exhaustivité dans la situation ASSEMBLONS LES FACES (p. 179) la recherche de tous les patrons du cube.

Ces problèmes peuvent donc concerner des problèmes de lieux géométriques ou de construction de figures ou de solides.

La situation de preuve est plus particulièrement explicitée dans :

- ✔ La situation TRIANGLES, QUADRILATÈRES ET ANGLES DROITS (thème 2) : expliciter qu'il est impossible de tracer un tel triangle en prouvant le parallélisme de droites.
- ✔ La situation RECHERCHE DE TOUS LES QUADRILATÈRES (thème 2): identifier les propriétés des polygones.

LE RÔLE DE L'ARGUMENTATION

La reconnaissance du rôle des interactions orales et de la nécessité d'assurer aux élèves une réelle dévolution des processus de validation ont donné une importance croissante à l'étude des échanges argumentatifs. La conception de l'argumentation dans l'enseignement a évolué dans de nombreuses disciplines, suite à la prise en compte notamment des travaux de Perelman et Toulmin. L'argumentation n'est plus considérée simplement comme l'opposition rhétorique, dans le cadre de débats ou de dissertations, de deux thèses déjà constituées devant conduire au rejet de l'une ou à une synthèse. L'évolution du rôle de l'argumentation en mathématiques est aussi due à de nombreuses recherches en didactique dont celles de Balacheff sur la preuve.

L'argumentation en classe est envisagée plutôt comme la co-construction par des interlocuteurs d'une proposition que comme la persuasion de l'auditoire par un locuteur. Pour nous, elle a la double fonction d'établir le vrai (ou le vraisemblable) et de convaincre la communauté que constitue la classe. Il s'agit toujours de conviction et non de persuasion, c'est-à-dire d'amener à comprendre et non d'entraîner à agir.

Le rôle des instruments

PROCÉDURES ET INSTRUMENTS

Certains objets de la boite sont porteurs de propriétés spatiales particulières parce qu'ils sont conçus dans ce but : une règle sert à tracer des traits droits, un gabarit de rectangle à tracer un trait à angle droit à partir d'un autre... Ils ont été fabriqués spécialement pour permettre la concrétisation de cette (ou ces) propriété(s). Et, il peut arriver, pour ces propriétés, que ces objets soient utilisés maladroitement, ce qui nécessite une mise au point, par exemple par d'autres élèves qui en ont une utilisation appropriée).

Des usages différents

Certains outils peuvent remplir une fonction différente de celle pour laquelle ils ont été créés :

- un fil peut contrôler un alignement de points même s'il est peu approprié pour un usage graphique ;
- un gabarit de carré peut très bien servir de règle ;
- le crayon peut être employé pour une propriété (la rectitude) que l'élève va juger adaptée, alors qu'il n'est pas du tout conçu pour cette propriété ; cela peut être le cas d'autres objets.

Des assemblages d'instruments

Il est fréquent aussi que des élèves, contraints par les situations, effectuent des « assemblages » d'instruments :

- deux règles en chevauchement pour contrôler un alignement de points éloignés ;
- des bandes à bords parallèles mises bord à bord ou des équerres de même type jointes par leur hypoténuse pour créer du parallélisme ;
- une règle et une équerre pour une perpendicularité que l'équerre seule (étant trop courte) ne peut réaliser ;
- une équerre coulissant sur règle pour un tracé de parallèle (par perpendicularité commune) ;
- une règle plate coulissant à la perpendiculaire d'une autre pour une conservation d'écarts en vue de parallélisme.

Une réduction du nombre d'instruments

Nous avons constaté au gré des expérimentations que les connaissances des élèves augmentant du CE2 au CM2, et s'appliquant au graphique, les élèves trouvent le moyen de réduire le nombre d'instruments pour réaliser ce qui est attendu. Quelques exemples :

- plutôt que de placer deux règles en chevauchement pour réaliser un alignement, l'élève trace un trait avec la règle, et décale celle-ci en l'appuyant sur le trait tracé ;
- plutôt que l'emploi de deux règles plates à la perpendiculaire l'une de l'autre, l'élève s'aperçoit que la réquerre seule permet aisément la réalisation d'une conservation d'écarts par sa graduation du bord long. Il peut aussi contrôler le parallélisme par le glissement d'un trait intérieur de l'instrument le long sur le trait donné combiné avec le repérage de la conservation de l'écart au moyen du trait transversal gradué.

Ces exemples montrent aussi l'intérêt qu'il y a à mettre en évidence ces emplois simultanés puis successifs d'instruments et les configurations graphiques associées (qui matérialisent leur emploi).

DEUX FONCTIONS POUR L'USAGE DES INSTRUMENTS

Les instruments de la boite de géométrie deviennent donc des outils au service de la résolution de problèmes ; les propriétés qu'ils font apparaitre sont ainsi des connaissances-outils de résolution.

Deux idées peuvent donc être associées à l'usage des outils : les élèves adaptent l'outil et s'adaptent à l'outil.

L'outil au sens d'élément de la « boite à outils », peut donc servir à autre chose que ce pour quoi il a été créé, les élèves peuvent alors utiliser des « outils » différents de celui auquel l'enseignant s'attend. Ce que Pierre Rabardel nomme « le processus d'instrumentalisation », dirigé vers l'usage de l'objet : sélection, production et institution de fonctions, détournements, attribution de propriétés (par exemple vérifier la rectitude d'un trait en posant un crayon). Cette nouvelle fonction est porteuse de connaissances par les procédures développées à cette occasion.

Un outil apporte également un système de contraintes qui oblige l'élève à s'adapter, à modifier ses usages. Il a donc aussi un potentiel de transformation des procédures via ses propriétés, ce que Rabardel appelle « le processus d'instrumentation », dirigé vers le sujet (fonctionnement, coordination...) Le schéma ci-dessous illustre ces deux fonctions.[36]

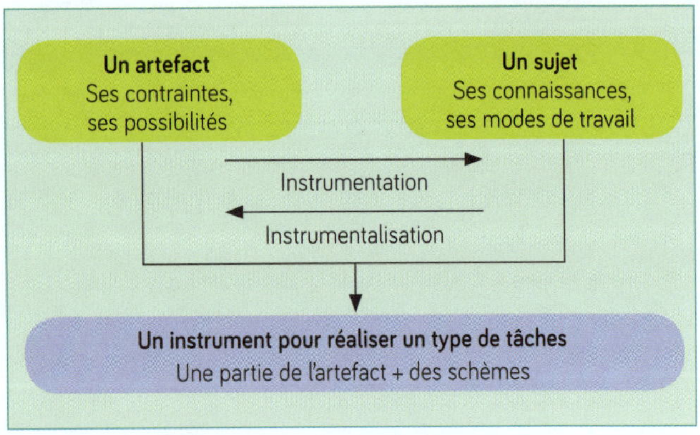

36. Cf. Luc Trouche, « Environnements Informatisés et Mathématiques : quels usages pour quels apprentissages ? », *Educational Studies in Mathematics*, 55 (1-3) (2004), p. 181-197

Vers le collège

ÉVOLUTION DES PROGRAMMES

L'évolution des programmes de CE et de CM, peut être décrite en trois grandes étapes. De 1923 à 1977, les programmes concernent principalement les objets étudiés (figures planes et solides) et la maitrise des techniques de tracé. Dans les programmes de 1980, des tâches sont explicitées : reproduire, décrire, représenter, construire et des « situations-problèmes » permettent l'étude des objets et des transformations géométriques ; celles-ci occupent une place importante dans les programmes à partir de 1985. Depuis 2002, les programmes mettent davantage en évidence les connaissances relatives aux relations (alignement, perpendicularité, parallélisme, égalité de longueurs, symétrie axiale).

LA TRANSITION AVEC LA 6E

Depuis 2013, la 6e est devenue la dernière année du cycle 3, proposant donc une continuité dans les objectifs d'apprentissage entre l'école et le collège. En classe de sixième, si une grande partie des objets et des relations étudiés ont déjà fait l'objet d'un apprentissage à l'école primaire, l'étude des figures planes est enrichie par la prise en compte de nouvelles propriétés relatives notamment aux angles et aux diagonales.

L'enjeu de la suite du secondaire est d'amener les réflexions de l'élève vers une approche déductive où les raisonnements et les preuves s'appuient sur des théorèmes et où le dessin n'est plus l'objet visé mais, désormais, le support du raisonnement.

Pour la géométrie, plus peut-être que pour d'autres domaines, s'il existe une continuité assez marquée en ce qui concerne les objets étudiés, une première rupture est caractérisée par cette approche plus « théorique » qui n'est possible que sur la base des expériences et des connaissances engrangées à l'école primaire. Les situations que nous proposons permettent un réel saut qualitatif dans les procédures des élèves et ainsi une acquisition progressive des concepts qui seront formalisés au collège.

DES PISTES DE RECHERCHES

D'autres recherches récentes menées aussi en didactique des mathématiques ouvrent des perspectives et des questionnements notamment sur la prise en compte des connaissances des élèves dans l'enseignement obligatoire.

Des synthèses de ces recherches ont été effectuées par Catherine Houdement[37] ou Claire Guille-Biel Winder et Teresa Assude[38]. Citons les travaux de Marie-Jeanne Perrin-Glorian et Anne-Cécile Mathé sur le rôle de la restauration de figures ainsi que ceux de Sylvia Coutat[39] sur l'introduction du codage des propriétés géométriques.

Les recherches sur la scolarisation des élèves à besoins éducatifs particuliers (BEP) permettent également d'apporter des éclairages pour l'enseignement « ordinaire ». Dans cette optique, Céline Vendeira-Maréchal[40] s'interroge sur le rôle d'un jeu de tâches de reproduction de dessins à main levée pour des élèves de l'enseignement spécialisé ; Édith Petitfour propose des dispositifs d'interaction en géométrie avec des élèves dyspraxiques et envisage donc comment faire de la géométrie sans faire de dessin.

Les technologies numériques (visualisation et impression 3D et intelligence artificielle…) amènent de nouvelles possibilités que la recherche doit explorer : les déplacements virtuels et leur impact sur le repérage et la perception des objets, l'approche des solides comme intersections de solides « de base » ou encore l'apport des tuteurs intelligents.

En rappelant la nécessité de faire évoluer la géométrie de l'école primaire, Nathalie Sinclair et Cathy Bruce[41] identifient plusieurs thématiques porteuses parmi les recherches internationales sur son enseignement et notamment le rôle du raisonnement spatial, la fonction du dessin dans la construction du sens géométrique, les possibilités des technologies numériques ainsi que l'importance des transformations géométriques dans les programmes d'études.

37. Actes de la 19e école d'été de didactique des mathématiques (2017)
38. Articulation entre les espaces sensible, graphique et géométrique : ressources pratiques et formation (ISTE éditions, 2023)
39. Coutat, S. (2006). *INTÉGRATION DE LA GÉOMÉTRIE DYNAMIQUE DANS L'ENSEIGNEMENT DE LA GÉOMÉTRIE POUR FAVORISER UNE LIAISON ÉCOLE PRIMAIRE-COLLÈGE : UNE INGÉNIERIE AU COLLÈGE SUR LA NOTION DE PROPRIÉTÉ* (Doctoral dissertation, Université Joseph-Fourier-Grenoble I).
40. Céline Vendeira-Maréchal (à paraitre). *Jeux de tâches pour faire des maths avec des élèves de l'enseignement spécialisé*, dans les Actes de la XXe école d'été de didactique des mathématiques, Bar-sur-Seine, 2023
41. New opportunities in geometry education at the primary school N. Sinclair et C. D. Bruce ZDM *Mathematics Education* (2015) n° 47

Quelques réflexions sur la recherche

Une recherche initiale

Lors de la recherche qui nous a conduit à publier en 2006 l'ouvrage ERMEL « *Apprentissages géométriques et résolution de problèmes du CE2 au CM2* »[42], nous cherchions à :

- ✔ repenser un enseignement qui, parfois, dans les faits, était composé d'une juxtaposition de leçons ;
- ✔ analyser les connaissances des élèves issues de leurs pratiques. En effet, au début du CE2, très peu d'élèves qui avaient à compléter le dessin d'un rectangle, auquel il manquait un « coin », n'évoquaient le fait qu'il leur fallait construire un angle droit ;
- ✔ proposer des problèmes où les élèves contrôlent eux-mêmes leurs solutions, en faisant évoluer les justifications produites vers des preuves mathématiques s'appuyant sur raisonnements géométriques ;
- ✔ développer les savoirs géométriques, sur les trois années en établissant une cohérence entre les différentes notions abordées (objets, figures, relations géométriques, raisonnements, tracés, usage des instruments…)

Ce souci de cohérence dans la progression nous avait amené à privilégier au CE2 et au CM1 une entrée par les relations géométriques et notamment à initier un apprentissage de l'alignement, puis à recentrer au CM2 l'étude sur les objets du plan.

Ce choix offrait aux enseignants un regard sur les potentialités des élèves, plus riches que la simple description des figures et l'énoncé de leurs propriétés. Nous avions donc proposé, dans notre publication précédente une soixantaine de situations, modifiées au cours de la recherche, sélectionnées parmi d'autres travaux et expérimentées dans de nombreuses classes de différents milieux sociaux durant plusieurs années.

De nouvelles perspectives

Nos récentes recherches, en particulier celle menée sur les apprentissages spatiaux et géométriques de la GS au CE1[43], nous ont permis de mieux prendre en compte l'étendue des connaissances des élèves notamment issues de leurs pratiques familières depuis la maternelle, avec les jeux de construction, sans négliger l'importance de leur entrée progressive – au début de l'école élémentaire – dans le domaine spatio-graphique : l'apprentissage du tracé des objets géométriques.

Méthodologie

Dans notre recherche, nous ne séparons pas l'élaboration de problèmes de la réflexion sur leur mise en œuvre par les enseignants.

Nos résultats relèvent des trois niveaux suivants :

- ✔ celui de l'ingénierie didactique, de la relation entre les connaissances des élèves et les connaissances visées, de l'explicitation des problématiques d'apprentissage et des dispositifs d'enseignement proposés. Dans ce domaine, certaines composantes comme la prise en compte des connaissances initiales des élèves sont la conséquence directe des hypothèses d'apprentissage, alors que d'autres comme l'enchainement des situations pourraient faire l'objet d'une organisation différente.
- ✔ celui de la ressource produite, de son appropriation par des enseignants souhaitant modifier leur enseignement ;
- ✔ celui de la recherche, de la construction progressive d'outils d'analyse et de résultats mis à l'épreuve, et de la capacité à contrôler cette construction.

La fiabilité de nos propositions d'enseignement est fonction de la possibilité pour les enseignants de se les approprier et de les mettre en œuvre ; elle suppose donc que les décisions de l'enseignant soient prises en compte et explicitées, qu'il dispose d'une progression justifiée par les expérimentations et d'une hiérarchie d'objectifs lui permettant de faire des choix. Il s'agit donc d'établir un lien entre l'apport d'informations, les résultats expérimentaux et le choix des situations.

Nos recherches peuvent être analysées selon différents critères :

- ✔ pragmatiques : la robustesse des situations permet aux enseignants savoir où ils vont.
- ✔ didactiques : la nature des problèmes, l'organisation des situations et les constats sur les connaissances acquises.
- ✔ épistémiques : les interrogations sur la validité des propositions et de leurs justifications.
- ✔ méthodologiques : la réponse aux questions de recherche.
- ✔ et l'adéquation de la ressource produite aux besoins des enseignants et des formateurs.

42. Cf. ERMEL « Apprentissages géométriques et résolution de problèmes au CE2-CM1-CM2 » (Hatier, 2006), p. 187
43. Cf. ERMEL Géométrie CP-CE1 (Hatier, 2020) et ERMEL Maternelle GS « Apprentissages des nombres et de la géométrie » (Hatier, 2023)

ANNEXES

Index

Cet index ne vise pas l'exhaustivité. De nombreux termes ont des significations usuelles dépourvues d'ambigüité et ne demandent pas à être précisés. D'autres termes, comme « phase », « séance », « figure » ou « forme », sont fréquemment utilisés et commentés dans le descriptif des situations.

Les termes cités ci-dessous renvoient aux rubriques « Questions sur » et « Éclairages sur », aux descriptifs des situations ou d'activités d'accompagnement, ainsi qu'aux compléments de fin d'ouvrage. Dans le cas où une notion est évoquée dans une situation, le renvoi porte sur la première page de cette situation.

Les objets géométriques qui constituent des composantes des figures, par exemple ceux associés au cercle (cordes, demi-cercle, quart de disque) ne sont pas présentés dans cet index. Les situations dans lesquelles ces termes sont abordés sont présentées dans la partie « La structuration de nos progressions » p. 219.

A

B

C

D

E

G

I

Lexique

Connaissance

Une connaissance n'est pleinement opératoire que si elle est mobilisable dans des situations différentes de celles qui ont servi à lui donner naissance.

Connaissance de l'espace ou spatiale

Connaissance qui permet au sujet de résoudre des problèmes spatiaux. Se rapporte à la maitrise par un sujet d'un espace matériel.

Connaissance géométrique

Connaissance portant sur ce que nous avons appelé « la géométrie » à l'école primaire.

Contrat didactique

Ensemble des règles, le plus souvent implicites, pouvant exister entre un enseignant et des élèves à propos du savoir.

Espace

Surface, étendue, volume destiné à un usage particulier. Il est qualifié souvent de « physique », « matériel » ou « sensible ». Le plan (une surface) est un espace. L'espace à trois dimensions est communément appelé « l'espace ».

Espace graphique

Cela peut être l'espace de la feuille de papier (dont les objets sont les traits, les points, les formes...) ; cela peut être aussi l'écran de l'ordinateur (où les objets peuvent être des modélisations d'objets réels ou de même nature que les précédents).

Espace (taille)

- **Macro espace :** espace accessible au sujet seulement par des visions locales ; la vision globale doit être construite de manière intellectuelle.
- **Méso espace :** espace des déplacements du sujet dans un domaine contrôlé par la vue ; les objets sont fixes et mesurent entre 0,5 et 50 fois la taille du sujet.
- **Micro-espace :** espace des interactions avec des petits objets : proche du sujet, accessible à la manipulation et à la vision.

Problème spatial

Problème dont la résolution requiert effectivement la mise en œuvre d'une connaissance que l'observateur reconnait comme bien décrite par un savoir de nature spatiale et plus particulièrement géométrique.

Rôle de la résolution de problèmes dans l'apprentissage

En mathématiques, la construction des connaissances se fait à travers la résolution de problèmes que l'élève n'a pas appris à résoudre ; ce qui suppose qu'il élabore une méthode de résolution et contrôle lui-même ses résultats.

Validation

Le processus de validation, en particulier lors des mises en commun, donne à la classe la responsabilité, sous le contrôle de l'enseignant, d'établir si les différents résultats sont vrais ou faux ou si les procédures utilisées sont appropriées ou non. La validation diffère d'une simple vérification pratique.

Variable didactique

Élément de la situation pour lequel un changement de « valeur », au cours de la situation, est susceptible d'entrainer un changement qualitatif de procédure. Dans le descriptif des situations, les variables didactiques propres à chaque phase sont souvent indiquées dans un commentaire intitulé « Choix didactiques » (2e colonne).

1. Guy Brousseau, « Les propriétés didactiques de la géométrie élémentaire. L'étude de l'espace et de la géométrie »,. Avril 2000, Rethymnon, Grèce. p. 67-83. hal-00515110.

Planning général au CE2

	SITUATION	SÉANCES		ACTIVITÉS D'ACCOMPAGNEMENT
Période 1	POSITIONS ET PLAN p. 16	1	Phase 1 : Un seul nombre mystère	Usages des plans p. 38 Déplacements avec les outils numériques p. 38
		2	Phase 2 : Un nombre mystère individuel	
		3	Phase 3 : Mise à l'épreuve des stratégies	
	ÉPINGLE SUR PLI p. 20	1	Phase 1 : Deux épingles sur une maquette	Trace de pli p. 41
		2		
		3	Phase 2 : Sur feuille, hors intervalle entre épingles	
Période 2	PAREIL, PAS PAREIL ? (1) p. 56	1	Phase 1 (préliminaire) : Présentation des pièces	Mémory Amnésique p. 155
		2	Phase 2 : Production d'assemblages	
		3	Phase 3 : Comparaison d'assemblages	
	PUZZLE p. 60	1	Phase 1 : Puzzle uniforme Phase 2 : Puzzle multicolore ou non ?	
		2	Phase 3 : Pièce réversible ou non ?	
		3	Phase 4 : Placer une pièce	
Période 3	TROUVER LE POLYÈDRE p. 168	1	Phase 1 : Distinguer des solides proches	
		2	Phase 2 : Identification d'un polyèdre	
		3		
	CONSTRUIRE UN SOLIDE p. 172	1	Phase 1 : Communication entre élèves	Identifier les côtés qui s'assemblent p. 190
		2	Phase 2 : Commande de faces	
		3	Phase 3 : Reprise	
Période 4	RECTANGLE À TERMINER (1) p. 65	1	Phase 1 : Appropriation de la situation	Reprise de l'activité
		2	Phase 2 : Développement de procédures	
	AUX COINS CITOYENS ! p. 69	1	Phase 1 : Appropriation et comparaison coins - entaille	
		2		
		3	Phase 2 : Comparaison des angles	
	FEUILLE QUI COULISSE p. 76	1	Phase 1 : Appropriation du problème	Trapèze à terminer p. 156
		2	Phase 2 : Tracer un trait parallèle à un trait plus éloigné	
		3	Phase 3 : Tracer un réseau de traits parallèles	
Période 5	TRAIT SUR TRAIT p. 80	1	Phase 1 : Production de pliages trait sur trait	Juger sans plier p. 156
		2	Phase 2 : Anticiper le tracé d'un pli passant par un point du trait	
		3		
		4	Phase 3 : Anticiper le tracé d'un pli passant par un point extérieur au trait	
	CONSTRUIRE UN ANGLE DROIT p. 85	1	Phase 1 : Tracer	Chercher dans la boite à outils p. 156
		2	Phase 2 : Fabriquer	
		3		
	C'EST D'ÉQUERRE p. 89	1	Phase 1 : Angles droits dans une figure	
		2	Phase 2 : Angles droits d'une ligne polygonale	
		3		

Thème 1 (POSITIONS ET PLAN, ÉPINGLE SUR PLI) — Thème 2 (PAREIL, PAS PAREIL ? (1), PUZZLE, RECTANGLE À TERMINER (1), AUX COINS CITOYENS !, FEUILLE QUI COULISSE, TRAIT SUR TRAIT, CONSTRUIRE UN ANGLE DROIT, C'EST D'ÉQUERRE) — Thème 3 (TROUVER LE POLYÈDRE, CONSTRUIRE UN SOLIDE)

Planning général au CM1

	SITUATION	SÉANCES		ACTIVITÉS D'ACCOMPAGNEMENT
Période 1	PÉTANQUE p. 94	1	Phase 1 : Trouver la boule la plus proche	Avec un logiciel de géométrie Tracer des cercles p. 157
		2	Phase 2 : Où placer le point pour faire mieux que A et moins bien que B ?	
	ŒILSURTOUT p. 25	1	Phase 1 : Appropriation et résolution sur une maquette	Œilsurtout revient p. 42
		2	Phase 2 : Résolution graphique	
		3		
		4	Phase 3 : Résolution graphique avec d'autres contraintes	
		5		
Période 2	RECTANGLE À TERMINER (2) p. 98	1	Phase 1 (facultative) : Appropriation	
		2	Phase 2 : Tracer un trait perpendiculaire à un trait donné sans point commun à celui-ci	
		3		
		4	Phase 3 : Identification de traits perpendiculaires	
	CONSTRUIRE UN RECTANGLE p. 103	1	Phase 1 : Utiliser les propriétés des côtés consécutifs	Exercices 1, 2 et 3 p. 157-158
		2		
		3	Phase 2 : Mettre en œuvre l'égalité de longueur des côtés opposés	
Période 3	POLYCUBES PAREILS p. 176	1	Phase 1 : Appropriation du matériel Phase 2 : Trouver tous les tétracubes Phase 3 : Représenter tous les tétracubes	Le cube SOMA p. 190
	ASSEMBLONS LES FACES p. 179	1	Phase 1 : Solide sur la table	Associer un assemblage à un solide Compléter un patron Jeux de cartes p. 191-192
		2	Phase 2 : Solide caché	
		3	Phase 3 : Trouver les patrons du cube	
Période 4	EMPREINTES p. 107	1	Phase 1 : Production de formes réversibles	Recherche des axes p. 158
		2	Phase 2 : Analyse de formes réversibles	
		3	Phase 3 : Tri de formes	
	TRACER PAREIL p. 111	1	Phase 1 : Tracer pareil	
		2		
		3	Phase 2 : Chercher l'erreur	
	L'ATTRAPE (1) p. 115	1	Phase 1 : Recherche d'axes de symétrie	Le jeu du miroir p. 158
		2	Phase 2 : Jeu de l'attrape avec le géomiroir	
		3	Phase 3 : Jeu de l'attrape (papier-crayon)	
Période 5	SUR LA TRACE DES ROUES p. 119	1	Phase 1 : Appropriation du problème	
		2	Phase 2 : Recherche avec d'autres directions	
	PARAPUZZLE p. 123	1	Phase 1 : Recherche en coopération	
		2	Phase 2 : Recherche individuelle	
	FAISCEAUX DE TRAITS p. 31	1	Phase 1 : Reproduction sans construction d'éléments intermédiaires	Étoile à cinq branches p. 42
		2	Phase 2 : Reproduction avec construction d'éléments intermédiaires	

Thème 1 Thème 2 Thème 3

Planning général au CM2

	SITUATION	SÉANCES		ACTIVITÉS D'ACCOMPAGNEMENT
Période 1	REPÉRAGE SUR QUADRILLAGE p. 35	1	Phase 1 : Repérages sur quadrillage	Usages des plans p. 38 Déplacements avec les outils numériques p. 38
		2	Phase 2 : Choix d'un système de repère Phase 3 : S'approprier un système de repère	
	PAREIL, PAS PAREIL ? (2) p. 126	1	Phase 1 : Tracé d'une figure	Tangram et brise-croix p. 159
		2	Phase 2 : Sélection de figures à partir d'une description	
		3		
Période 2	IDENTIFIER LA FIGURE p. 130	1	Identifications successives de plusieurs polygones	
		2		
	COMBIEN DE POLYGONES ? p. 134	1	Questions 1 et 3 (étapes 1 et 2)	
		2	Question 2 (étapes 1 et 2)	
		3	Questions 4 et 5 (étapes 1 et 2)	
		4	Question 6 (étapes 1 et 2)	
	L'ATTRAPE (2) p. 137	1	Phase 1 : Obtenir par assemblages des formes avec ou sans axe de symétrie Phase 2 : Compléter une figure par symétrie	
		2	Phase 3 : Construire le symétrique	
		3	Phase 4 : Jeu de l'attrape avec le géomiroir Phase 5 : Jeu de l'attrape (papier-crayon)	
Période 3	BOUCHER LE TROU p. 183	1	Phase 1 : Dans un assemblage de cubes tronqués	Préparer le patron du cube tronqué Autour des patrons du pavé Autour des relations d'incidence p. 192
		2	Phase 2 : Dans un assemblage de tétraèdres	
	REPRÉSENTER UN SOLIDE p. 187	1	Phase 1 : Les limites du dessin	
		2	Phase 2 : Expérimentation des techniques	
Période 4	UN POLYGONE ET SES ANGLES p. 141	1	Phase 1 : La mesure des côtés ne suffit pas toujours à déterminer un polygone	Exercices 1 et 2 p. 159
		2	Phase 2 : Comparer les angles	
		3	Phase 3 : Des gabarits d'angles pour reconnaitre des quadrilatères	
	TRIANGLES, QUADRILATÈRES ET ANGLES DROITS p. 145	1	Phase 1 : Construire un triangle qui a un angle droit (étape 1) ? deux angles droits (étape 2) ?	Tout un programme p. 159
		2	Phase 2 : Construire un quadrilatère qui a deux angles droits (étape 1) ? qui a exactement 3 angles droits (étape 2) ?	
Période 5	RECHERCHE DE TOUS LES QUADRILATÈRES p. 148	1	Recherche de tous les quadrilatères	
	LA ROTONDE p. 151	1	Phase 1 : Construire la plaque tournante	
		2	Phase 2 : Programme de construction	

Thème 1 — Thème 2 — Thème 3

Liste du matériel et des ressources

THÈME 1 : REPÉRAGE ET ALIGNEMENT

Pour la situation POSITIONS ET PLAN
(hatier-clic.fr/24ermelg101)

- Annexe 1a : Nombres « mystère » (1 à 11)
- Annexe 1b : Nombres « mystère » (12 à 18)

Pour la situation ÉPINGLE SUR PLI
(hatier-clic.fr/24ermelg102)

- Annexe 1 : Feuille B « Zones » (phase 1)
- Annexe 2 : Feuille de route
- Annexe 3 : Feuille B « Zones » (phase 2)
- Annexe 4 : Affiche énoncé

Pour la situation ŒILSURTOUT
(hatier-clic.fr/24ermelg103)

- Annexe 1a : Domaine d'Œilsurtout (phase 1)
- Annexe 1b : Affiche énoncé de la phase 1
- Annexe 2a : Domaine d'Œilsurtout (phase 2)
- Annexe 2b : Énoncé de la phase 2
- Annexe 2c : Domaine d'Œilsurtout (phase 2, reprise)
- Annexe 2d : Domaine d'Œilsurtout(phase 2, reprise)
- Annexe 3a : Énoncé de l'étape 1 de la phase 3
- Annexe 3b : Énonce de l'étape 2 de la phase 3
- Annexe 3c : Feuille « réponse »

Pour la situation FAISCEAUX DE TRAITS
(hatier-clic.fr/24ermelg104)

- Annexe 1a : Faisceau de traits à reproduire (phase 1)
- Annexe 1b : Reproduction partielle (phase 1)
- Annexe 2a : Faisceau de traits à reproduire (phase 2)
- Annexe 2b : Reproduction partielle (phase 2)
- Annexe 3 : Affiche « énoncé »

Pour la situation REPÉRAGE SUR QUADRILLAGE
(hatier-clic.fr/24ermelg105)

- Annexe 1a : Nombres « mystère » (1 à 11)
- Annexe 1b : Nombres « mystère » (12 à 18)
- Annexe 1c : Quadrillage 4 × 4
- Annexe 2a : Quadrillage – Modèle A
- Annexe 2b : Quadrillage – Modèle B
- Annexe 2c : Quadrillage vide
- Annexe 3a : Fiche de travail 1
- Annexe 3b : Fiche de travail 2

Pour les ACTIVITÉS D'ACCOMPAGNEMENT DU THÈME 1
(hatier-clic.fr/24ermelg106)

- Annexe 1a : Plan du labyrinthe (sans position de départ)
- Annexe 1b : Plan du labyrinthe (avec position de départ)
- Annexe 2a : Figure à reproduire (étoile à cinq branches)
- Annexes 2b à 2e : quatre reproductions partielles à compléter (étoile à cinq branches)
- Situation optionnelle : Œilsurtout revient

THÈME 2 : OBJETS ET RELATIONS DU PLAN

Pour la situation PAREIL, PAS PAREIL ? (1)
(hatier-clic.fr/24ermelg201)

- Annexe 1 : Présentation des pièces
- Annexe 2 : Grilles de carrés
- Annexe 3 : Exemples d'assemblages
- Annexe 4 : Pièces à découper
- Annexe 5 : Assemblages possibles (pour l'enseignant)
- Annexe 6 : Pièces pour le jeu

Pour la situation PUZZLE
(hatier-clic.fr/24ermelg202)

- Annexe 1 : Réseau pointé
- Annexe 2 : Pièces du puzzle et hexagone
- Annexe 3 : Pièces grises et blanches
- Annexe 4a : Puzzles 1 et 2
- Annexe 4b : Puzzles 3 et 4
- Annexe 5 : Emplacements des pièces
- Annexe 6 : Pièces à placer
- Annexe 7 : Consigne de la phase 3
- Annexe 8 : Pièces du puzzle
- Annexe 9 : Triangles et losanges à découper
- Annexe 10a : Placer le triangle (étape 1)
- Annexe 10b : Placer le triangle (étape 2)
- Annexe 11 : Tracer le contour des pièces

Pour la situation RECTANGLE À TERMINER (1)
(hatier-clic.fr/24ermelg203)

- Annexe 1 : Rectangle de référence R0
- Annexe 2 : Rectangle à terminer R1
- Annexe 3 : Rectangle à terminer R2

Pour la situation AUX COINS CITOYENS !
(hatier-clic.fr/24ermelg204)

- Annexe 1 : Tache bleue à recouvrir
- Annexe 2 : Figures « entaille »
- Annexe 3 : Coins gris à découper
- Annexe 4 : Coins jaunes

Pour la situation FEUILLE QUI COULISSE
(hatier-clic.fr/24ermelg205)

- Annexe 1 : Guide
- Annexe 2 : Feuille de travail (phase 1)
- Annexe 3 : Feuille de travail (phase 2)
- Annexe 4 : Feuille de travail (phase 3)
- Annexe 5 : Réseau de traits parallèles

Pour la situation TRAIT SUR TRAIT
(hatier-clic.fr/24ermelg206)

- Annexe 1 : Points A, B, C et D sur le trait
- Annexe 2 : Points E et F sur le trait
- Annexe 3 : Points G et H à côté du trait

Pour la situation CONSTRUIRE UN ANGLE DROIT
(hatier-clic.fr/24ermelg207)

- Annexe 1 : Affiche « Rectangle à terminer »
- Annexe 2 : Affiche « Trait sur trait »
- Annexe 3 : Angles droits ?
- Annexe 4 : Angles non droits ?
- Annexe 5 : Angles droits dans une figure (1)
- Annexe 6 : Angles droits dans une figure (2)

Pour la situation C'EST D'ÉQUERRE
(hatier-clic.fr/24ermelg208)

- Annexe 1 : Figure (phase 1)
- Annexe 2 : Chemin de la tortue (étape 1)
- Annexe 3 : Chemin de la tortue (étape 2)
- Annexe 4 : L'araignée-géomètre
- Annexe 5 : Réparer le fil

Pour la situation PÉTANQUE
(hatier-clic.fr/24ermelg209)

- Annexe 1 : Feuille réponse
- Annexe 2 : Jeu de pétanque (Antoine, Bastien et Chloé)
- Annexe 3 : Jeu de pétanque (Antoine, Bastien et Chloé)

Pour la situation RECTANGLE À TERMINER (2)
(hatier-clic.fr/24ermelg210)

- Annexe 1 : Rectangle de référence R0
- Annexe 2a : Rectangle à terminer R2, partie 1
- Annexe 2b : Rectangle à terminer R2, partie 2
- Annexe 3a : Rectangle à terminer R3, partie 1
- Annexe 3b : Rectangle à terminer R3, partie 2
- Annexe 4 : Paires de traits

Pour la situation CONSTRUIRE UN RECTANGLE
(hatier-clic.fr/24ermelg211)

- Annexe 1 : Construire un rectangle

Pour la situation EMPREINTES
(hatier-clic.fr/24ermelg212)

- Annexe 1 : Formes réversibles ? (1)
- Annexe 2 : Formes réversibles ? (2)
- Annexe 3 : Formes réversibles ? (3)
- Annexe 4 : Formes « papillon » et « y »
- Annexe 5 : Trouver les formes réversibles
- Annexe 6 : Trouver les formes réversibles (pour l'évaluation)

Pour la situation TRACER PAREIL
(hatier-clic.fr/24ermelg213)

- Annexe 1 : Figures à reproduire (Cartes 1 et 2)
- Annexe 2 : Figures à reproduire (Cartes 3 et 4)
- Annexe 3 : Figures à reproduire (Carte 5)
- Annexe 4 : Figures à reproduire (Cartes 6 et 7)
- Annexe 5 : Productions de quatre élèves
- Annexe 6 : Reproduction de la figure
- Annexe 7 : Productions de quatre élèves (étape 1)
- Annexe 8 : Productions de quatre élèves (étape 3)
- Annexe 9 : Reproduction d'une figure

Pour la situation L'ATTRAPE (1)
(hatier-clic.fr/24ermelg214)

- Annexe 1 : Figures A à F
- Annexe 2 : Figures G à N
- Annexe 3 : Macarons « disque » et « point »
- Annexe 4 : Le point est-il bien placé ? (1)
- Annexe 5 : Le point est-il bien placé ? (2)
- Annexe 6 : Placer un point
- Annexe 7 : Placer le géomiroir

Pour la situation SUR LA TRACE DES ROUES
(hatier-clic.fr/24ermelg215)

- Annexe : Mode d'emploi des annexes
- Annexe 1 : Trace des roues, 3 parties (phase 1)
- Annexe 1a : Partie A, source d'information (phase 1)
- Annexe 1b : Partie B, feuille de travail (phase 1)
- Annexe 1c : Partie C, pour validation (phase 1)
- Annexe 1d : Trace des roues (phase 1)
- Annexe 2 : Trace des roues, 3 parties (phase 2)
- Annexe 2a : Partie A, source d'information (phase 2)
- Annexe 2b : Partie B, feuille de travail (phase 2)
- Annexe 2c : Partie C, pour validation (phase 2)
- Annexe 2d : Trace des roues (phase 2)
- Annexe 3 : Reconnaitre des droites parallèles
- Annexe 4 : Tracer des droites parallèles

Pour la situation PARAPUZZLE
(hatier-clic.fr/24ermelg216)

- Annexe 1 : Réseau de droites parallèles
- Annexe 2 : Réseau à compléter (phase 1)
- Annexe 3 : Réseau à compléter (phase 2)

Pour la situation PAREIL, PAS PAREIL ? (2)
(hatier-clic.fr/24ermelg217)

- Annexe 1 : Types de figures possibles
- Annexe 2 : Cercle et carré : figures A à J
- Annexe 3 : Cercle et carré : figures K à T
- Annexe 4 : Carré et segments : figures A à H

Pour la situation IDENTIFIER LA FIGURE
(hatier-clic.fr/24ermelg218)

- Annexe 1 : Polygones A à R

Pour la situation COMBIEN DE POLYGONES ?

Aucune annexe nécessaire.

Pour la situation L'ATTRAPE (2)
(hatier-clic.fr/24ermelg220)

- Annexe 1 : Forme pentagonale P
- Annexe 2 : Figures à compléter par symétrie (phase 2)
- Annexe 3 : Figures à compléter par symétrie (phase 3)
- Annexe 4 : Figures à compléter par symétrie (phase 3)
- Annexe 5 : Macarons « boite » et « allumette »
- Annexe 6 : Placer l'image (1)
- Annexe 7 : Placer l'image (2)

Pour la situation UN POLYGONE ET SES ANGLES
(hatier-clic.fr/24ermelg221)

- Annexe 1 : Lot de polygones
- Annexe 2 : Figures à décrire et retrouver
- Annexe 3 : Fiche « message »
- Annexe 4 : Gabarits d'angles à découper
- Annexe 5 : Figure K
- Annexe 6a : Figure 1
- Annexe 6b : Figure 2
- Annexe 7 : Lot de figures

Pour la situation TRIANGLES, QUADRILATÈRES ET ANGLES DROITS

Aucune annexe nécessaire.

Pour la situation RECHERCHE DE TOUS LES QUADRILATÈRES

Aucune annexe nécessaire.

Pour la situation LA ROTONDE
(hatier-clic.fr/24ermelg224)

- Annexe 1 : Dispositif de la rotonde
- Annexe 2 : Rails fixes de la rotonde
- Annexe 3 : Plaque tournante
- Annexe 4 : Plan de l'ingénieur

Pour les ACTIVITÉS D'ACCOMPAGNEMENT DU THÈME 2
(hatier-clic.fr/24ermelg225)

- Annexe 1 : Cartes de jeu supplémentaires (Memory amnésique)
- Annexe 2a : Trapèze de référence (Trapèze à terminer)
- Annexe 2b : Trapèze à découper (Trapèze à terminer)
- Annexe 3a : Productions d'élèves (Juger sans plier)
- Annexe 3b : Fiche de jugement (Juger sans plier)
- Annexe 4 : Exercices d'entrainement (Tracer des cercles)
- Annexe 5a : Construire un rectangle (exercice 2)
- Annexe 5b : Construire un rectangle (exercice 3)
- Annexe 6a : Trouver les formes réversibles (1) (Empreintes)
- Annexe 6b : Trouver les formes réversibles (2) (Empreintes)
- Annexe 7a : Tangram (1) (Tangram et brise-croix)
- Annexe 7b : Tangram (2) (Tangram et brise-croix)
- Annexe 8a : Brise-croix (1) (Tangram et brise-croix)
- Annexe 8b : Brise-croix (2) (Tangram et brise-croix)

THÈME 3 : OBJETS ET RELATIONS DE L'ESPACE

Pour la situation TROUVER LE POLYÈDRE
(hatier-clic.fr/24ermelg301)

- Fichiers « .obj » pour impression 3D des solides
- Annexe 1a : Patron de la pyramide à base triangulaire (phase 1)
- Annexe 1b : Patron de la pyramide à base rectangulaire (phase 1)
- Annexe 1c : Patron de la pyramide à base carrée (phase 1)
- Annexe 1d : Patron du tétraèdre régulier (phase 1)
- Annexe 1e : Patron du prisme à base triangulaire (phase 1)
- Annexe 1f : Patron du prisme à base parallélogramme (phase 1)
- Annexe 1g : Patron du prisme à base trapèze rectangle (phase 1)
- Annexe 1h : Patron du prisme à base trapèze isocèle (phase 1)
- Annexe 1i : Patron du pavé droit (phase 1)

- Annexe 2a : Patron de la pyramide à base rectangulaire (phase 2, solide a)
- Annexe 2b : Patron de la pyramide à base pentagonale (phase 2, solide c)
- Annexe 2c : Patron de la pyramide à base triangulaire (équilatérale) (phase 2, solide d)
- Annexe 2d : Patron du solide complexe à base hexagonale (phase 2, solide q)
- Annexe 2f : Patron du pavé droit (phase 2, solide h)
- Annexe 2e : Patron du prisme droit à base triangulaire (isocèle) (phase 2, solide j)
- Annexe 2g : Patron du prisme droit à base pentagonale (régulière) (phase 2, solide m)
- Annexe 2h : Patron du tronc de pyramide (phase 2, solide f)

Pour la situation CONSTRUIRE UN SOLIDE
(hatier-clic.fr/24ermelg302)

- Fichiers « .obj » pour impression 3D des solides
- Annexe 1a : Patron du tronc de pyramide (solide f)
- Annexe 1b : Patron du prisme droit à base triangulaire (isocèle) (solide j)
- Annexe 1c : Patron du prisme droit à base trapèze (solide o)
- Annexe 2a : Catalogue de faces
- Annexe 2b : Faces J à découper
- Annexe 2c : Faces A à découper
- Annexe 2d : Faces I à découper
- Annexe 2e : Faces C à découper
- Annexe 2f : Faces S à découper
- Annexe 2g : Faces G à découper
- Annexe 2h : Faces O à découper
- Annexe 2i : Faces M à découper
- Annexe 3 : Bon de commande

Pour la situation POLYCUBES PAREILS
(hatier-clic.fr/24ermelg303)

- Annexe 1 : Cubes (2D) à découper

Pour la situation ASSEMBLONS LES FACES
(hatier-clic.fr/24ermelg304)

- Annexe 1a : Patron de la pyramide à base triangulaire (solide d)
- Annexe 1b : Patron de la pyramide à base carrée (solide b)
- Annexe 1c : Patron du prisme (solide i)
- Annexe 1d : Patron du cube (solide g)
- Annexe 2 : Gabarits de faces
- Annexe 3 : Assemblages de cubes
- Annexe 4 : Les 11 patrons d'un cube (matériel pour l'enseignant)

Pour la situation BOUCHER LE TROU
(hatier-clic.fr/24ermelg305)

- Annexe 1 : Patron du cube tronqué
- Annexe 2 : Patron du grand tétraèdre avec un trou
- Annexe 3a : Gabarit de faces carrées
- Annexe 3b : Gabarit de faces triangulaires

Pour la situation REPRÉSENTER UN SOLIDE
(hatier-clic.fr/24ermelg306)

- Annexe 1a : Patron de la pyramide à base carrée (solide b)
- Annexe 1b : Patron de la pyramide à base triangulaire (solide e)
- Annexe 1c : Patron de l'octaèdre irrégulier (solide s)
- Annexe 1d : Cube et 2 pyramides (solide v)
- Annexe 1e : Tétraèdre et prisme (solide w)
- Annexe 1d : Hexaèdre régulier (solide t)
- Annexe 1e : Pyramide et cube (solide u)
- Annexe 2 : Conseils pour le matériel (pour l'enseignant)

Pour les ACTIVITÉS D'ACCOMPAGNEMENT DU THÈME 3
(hatier-clic.fr/24ermelg307)

- Annexe 1 : Faces isolées et patron
- Annexe 2 : Assemblages de solides (Associer un assemblage à un solide)
- Annexe 3 : Patrons de solides (Compléter un patron)
- Annexe 4 : Assemblages à compléter (Compléter un patron)
- Annexe 5 : Assemblages (Compléter un patron)
- Annexe 6 : Jeu de cartes (Rami des solides et Mémory)
- Annexe 7 : Gabarits de faces (Cube tronqué)

Bibliographie

ARGAUD H.-C., *Problèmes et milieux a-didactiques, pour un processus d'apprentissage en géométrie plane à l'école élémentaire, dans les environnements papier-crayon et Cabri-géomètre*, Thèse, Université Joseph Fourier, Grenoble, 1998.

ARTIGUE M., « Ingénierie didactique : quel rôle dans la recherche en didactique aujourd'hui ? », *Revue Internationale des Sciences de l'éducation*, n° 8, 2002, p. 59-72.

ARTIGUE M., « À propos des conceptions du cercle. Présentation de situations de classes privilégiant certaines de ces conceptions (CE2 et CM) », *Grand N*, n° 27, IREM de Grenoble, Grenoble, 1982.

BALACHEFF N., *Une étude des processus de preuve en mathématiques chez des élèves de collège*, Thèse Université Joseph Fourier, Grenoble, 1988.

BALACHEFF N., « Penser l'argumentation pour la classe de mathématiques », *Petit x*, Institut de recherche sur l'enseignement des mathématiques (Grenoble), n° 116, 2022, p. 75-105.

BERTHELOT R. et SALIN M.-H., « L'enseignement de la géométrie à l'école primaire », *Grand N*, Institut de recherche sur l'enseignement des mathématiques (Grenoble), n° 53, 1993-1994, p. 39-56.

BERTHELOT R. et SALIN M.-H., « L'enseignement de l'espace à l'école primaire », *Grand N*, Institut de recherche sur l'enseignement des mathématiques (Grenoble), n° 65, 1999-2000, p. 37-59.

BOI L., *Le problème mathématique de l'espace : une quête de l'intelligible*, Springer, 1995, 526 p.

BROUSSEAU G., « Le contrat didactique : le milieu », *Recherches en didactique des mathématiques*, vol. 9, n° 9.3, 1990, p. 309-336.

BROUSSEAU G., « Les propriétés didactiques de la géométrie élémentaire. L'étude de l'espace et de la géométrie », *Séminaire de didactique des Mathématiques*, Avril 2000, Rethymnon, Grèce, p. 67-83 (hal-00515110).

DOUADY R., « Un exemple d'ingénierie didactique où sont à l'œuvre jeux de cadres et dialectique outil-objet », *Publications mathématiques et informatique de Rennes*, n° 5, 1987, p. 1-17.

DOUADY R., « Jeux de cadres et dialectique outil-objet », *Recherches en didactique des mathématiques*, vol. 7(2), 1986, p. 5-31.

DOUAIRE J., ARGAUD H.-C., EMPRIN F., FRÉMIN M., *ERMEL GÉOMÉTRIE CP-CE1*, Hatier, 2020.

DOUAIRE J., EMPRIN F. et ARGAUD H.-C., « Recherche et production d'une ressource pour les apprentissages géométriques en CP et en CE1 », dans GUILLE-BIEL WINDER Claire et ASSUDE Teresa, *Articulations entre les espaces sensible, graphique et géométrique*, ISTE editions, London, 2023.

DUVAL R., *Sémiosis et pensée humaine.* Peter Lang, Bern, 1995.

ERMEL, *Apprentissages Géométriques et résolution de problèmes au cycle 3*, Hatier, 2006.

GONSETH F., *La géométrie et le problème de l'espace*, Éditions du Griffon, Neuchâtel, 1955.

GRENIER D., « Construction et étude d'un processus d'enseignement de la symétrie orthogonale : éléments d'analyse de la théorie des situations », *Recherches en Didactique des Mathématiques*, vol. 10/1, 1990.

GRUGEON-ALLYS B., « Pratiques d'intégration d'un logiciel de géométrie dynamique à l'école élémentaire », *Carrefours de l'éducation*, vol. 25, n° 1, 2008, p. 75-90.

HOUDEMENT C., « Le spatial et le géométrique, le yin et le yang de l'enseignement de la géométrie ? » dans Coppé S., Roditi É., Celi V., Chellougui F., Tempier F., Allard C., Corriveau C., Haspekian M., Masselot P., Rousse S., Sabra H. et Kiwan-Zacka M. (Dir.), *Nouvelles perspectives en didactique : géométrie, évaluation des apprentissages mathématiques*, XIXe école d'été de didactique des mathématiques, Paris – 20-26 août 2017, La Pensée Sauvage éditions, 2019.

HOUDEMENT C. et KUZNIAK A., « Réflexions sur l'enseignement de la géométrie pour la formation des maîtres », *Grand N*, Institut de recherche sur l'enseignement des mathématiques (Grenoble), n° 64, 1998, p. 65-78.

HOUDEMENT C. et KUZNIAK A., « Paradigmes géométriques et enseignement de la géométrie », *Annales de didactique et de sciences cognitives*, n° 11, 2006, p. 175–193.

HOUDEMENT C., PETITFOUR E., « Le dessin à main levée, un révélateur du rapport des élèves à la figure géométrique », *Canadian Journal of Science, Mathematics and Technology Education*, vol. 22, 2022, p. 315-340.

LABORDE C., « L'enseignement de la géométrie en tant que terrain d'exploitation de phénomènes didactiques », *Recherches en didactique des mathématiques*, vol. 9(3), 1990, p. 337-363.

MATHÉ A.-C., « Analyse d'une situation d'argumentation en géométrie des solides en classe de CM1-CM2 », *Grand N*, Institut de recherche sur l'enseignement des mathématiques (Grenoble), n° 74, 2004, p. 33-50.

MAZEAU M. et POUHET A., *Neuropsychologie et troubles des apprentissages chez l'enfant : du développement typique aux dys*, Elsevier Masson, 2014.

MESQUITA A. L., « Sur une situation d'éveil à la déduction en géométrie », *Educational Studies in Mathematics*, vol. 20, n° 1, Springer Netherlands,1989.

PECHEUX M.-G. *Le développement des rapports des enfants à l'espace*, coll. « Nathan-université », éd. Nathan, 1990.

PERRIN-GLORIAN M.-J. et SALIN M.-H., « Didactique de la géométrie : peut-on commencer à faire le point ? », *Actes du séminaire national de didactique des mathématiques*, 2009, p. 47-81.

PERRIN-GLORIAN M.-J., MATHÉ A.-C. et LECLERCQ R. « Comment peut-on penser la continuité de l'enseignement de la géométrie de 6 à 15 ans : le jeu sur les supports et les instruments », *Repères-IREM*, vol. 90, 2013, p. 5-41.

PETITFOUR E., « Enseignement de la géométrie à la fin du cycle 3 : proposition d'un dispositif de travail en dyade », *Petit x*, Institut de recherche sur l'enseignement des mathématiques (Grenoble), n° 103, 2017. hal-02268417

PETITFOUR, E. « Outils théoriques d'analyse de l'action instrumentée, au service de l'étude de difficultés d'élèves dyspraxiques en géométrie », *Recherches en didactique des mathématiques*, vol. 37(2–3), 2017, p. 247–288

PIAGET J. et INHELDER B., *La représentation de l'espace chez l'enfant*, 3e édition, Presses universitaires de France, Paris, 1977.

PORCHERON J.-L., « Pareil, pas pareil ? : comparaison d'objets géométriques au cycle 3 de l'école élémentaire », *Repères-IREM*, n° 58, 2005, p. 19-35.

RABARDEL P. « Qu'est-ce qu'un instrument ? », *Les dossiers de l'Ingénierie éducative*, vol. 19, 1995, p. 61-65.

RABARDEL P., *Les hommes et les technologies. Approche cognitive des instruments contemporains*, Armand Colin, Paris, 1995, hal-01017462.

RESNICK, M. (2014, August). « *Give P's a chance: Projects, peers, passion, play* », *Constructionism and creativity: Proceedings of the third international constructionism conference*, Austrian computer society, Vienna, August 2014, p. 13-20.

ROMERO M. et SANABRIA J. « Des projets de robotique pédagogique pour le développement des compétences du XXIe siècle » dans ROMERO M., LILLE B. et SANABRIA J., *Usages créatifs du numérique pour l'apprentissage au XXIe siècle*, 2017, p. 17-124.

SINCLAIR N. et BRUCE C., « *New opportunities in geometry education at the primary school* », *ZDM Mathematics Education*, n° 47, 2015, p. 319–329.

SOURY-LAVERGNE S., « Les technologies pour la géométrie à l'école primaire », *Le colloque de la COPIRELEM*, IREM et IUFM des Pays de la Loire, juin 2013, Nantes, France, p. 44-56 (hal-01577944).

TEMPERMAN G., ANTHOONS C., DE LIÈVRE B. et DE STERCKE J. (2014). « Tâches de programmation avec Scratch à l'école primaire : observation et analyse du développement des compétences en mathématique », *frantice.net*, n° 9, novembre 2014, p. 94-105.

TROUCHE L., « Environnements Informatisés et Mathématiques : quels usages pour quels apprentissages ? », *Educational Studies in Mathematics*, vol. 55 (1-3), 2004, p. 181-197.

VENDEIRA C. et COUTAT S., « C'est une montagne ou une trompette ? Entre perception globale et caractéristiques des formes aux cycles 1 et 2 », *Grand N*, Institut de recherche sur l'enseignement des mathématiques (Grenoble), n° 100, 2017, p. 79–104

VERGNAUD G., « La pensée est un geste, comment analyser la forme opératoire de la connaissance », *Enfance*, n° 1, 2011, p. 37-48.

VERGNAUD G., « La théorie des champs conceptuels », *Recherches en didactique des mathématiques*, vol. 10/2-3, 1990, p. 135-170.

Table des illustrations

Merci aux auteurs pour les prises de vues en classe et les documents « élèves » fournis pour cet ouvrage.

Hatier s'engage pour l'environnement en réduisant l'empreinte carbone de ses livres. Celle de cet exemplaire est de : 900 g éq. CO_2
Rendez-vous sur www.hatier-durable.fr

PAPIER À BASE DE FIBRES CERTIFIÉES

Achevé d'imprimer par l'Imprimerie de Champagne à Langres — France
Dépôt légal : 10802-8/01 — Juillet 2024